车联网路由及安全关键技术

孙罡 虞红芳 宋良均 著

科学出版社
北京

内 容 简 介

本书基于作者多年的研究成果，详细介绍车联网路由及安全的关键技术。本书围绕城市车联网中的数据转发、动态场景下的路由决策、用户隐私保护、移动通信安全和群体数据感知等核心问题展开，从理论分析到算法设计、从数学建模到仿真实验对车联网路由及安全研究进行多方面论述。

本书可作为车联网路由及安全相关技术的参考指南，供车联网领域的研究人员、IT企业系统和网络管理人员及想要了解和研究车联网技术的读者使用。

图书在版编目（CIP）数据

车联网路由及安全关键技术／孙罡，虞红芳，宋良均著．－－北京：科学出版社，2024.11．－－ISBN 978-7-03-079438-3

Ⅰ.U469-39

中国国家版本馆CIP数据核字第2024YP3978号

责任编辑：武雯雯／责任校对：彭　映
责任印制：罗　科／封面设计：墨创文化

科学出版社 出版
北京东黄城根北街16号
邮政编码：100717
http://www.sciencep.com

成都锦瑞印刷有限责任公司 印刷
科学出版社发行　各地新华书店经销

*

2024年11月第 一 版　　开本：B5（720×1000）
2024年11月第一次印刷　印张：18 3/4
字数：378 000

定价：199.00元
（如有印装质量问题，我社负责调换）

序

物联网作为 21 世纪极具影响力的网络模式之一，获得了巨大的成功。将物联网与现有的互联网进行整合，实现了人类社会与物理系统的整合。在这个整合的网络当中，存在能力超级强大的中心计算机群，能够对整合网络内的人员、机器、设备和基础设施进行实时的管理和控制，在此基础上，人类可以以更加精细和动态的方式管理生产和生活，达到"智慧"状态，从而提高资源利用率和生产力水平，改善人与自然之间的关系。

车联网作为物联网中的关键技术之一，在交通堵塞控制、交通安全控制、交通信息服务、商业运营服务四大方面促进了智慧城市的发展。在车联网中，装载在车辆上的电子标签通过无线射频等识别技术，可以实现在信息网络平台上对车辆的多维属性信息及静态、动态信息的提取和有效利用，根据不同的功能需求对所有车辆的运行状态进行有效监管并提供综合服务，使各类先进的网络技术有机地运用于整个交通管理体系，以达到解决智慧城市建设中道路交通问题的目的。反之，随着智慧城市顶层设计与总体规划的不断完善，交通信息化乃至智能交通的行业发展也为车联网开辟了广阔的发展空间，并通过智能交通业态的发展进一步提升了车联网发展的速度。

该书作者对车联网路由及安全等问题有着长期且深入的研究。书中内容基于作者近年来的研究成果整理而成，列出了较为全面的参考文献，免去了读者烦琐的查阅工作。该书汇集了作者近年来在车联网路由及安全方面取得的重要成果，以及作者的一些研究心得，非常值得探讨和学习。书中用专门的章节介绍了车联网的概念、历史、网络特征和发展趋势，作者提出的关于车联网路由和安全的框架机制和相关算法对开展后续的研究工作有较好的借鉴作用。

总体而言，这是一本推动车联网路由和安全方面研究工作的好书，特别适合从事车联网工作的研究生、教师和科技人员阅读。我愿意向有意从事车联网研究工作的读者推荐这本书。

中国工程院院士 李乐民

前　言

随着近年物联网技术的高速发展，万物互联的时代已经来临。车联网作为物联网中实现智慧城市的关键一环也迎来了巨大的机遇和广阔的发展空间。随着车联网用户的日益增加，传统的网络路由及安全技术已经不能满足当今车联网环境中的动态性、高速移动性和高负载性。在这样的背景下，针对车联网路由及安全技术的研究得到了广泛重视。在车联网路由及安全技术中，传统设计的网络模式不再固定不变。车联网通过引入路边单元对车辆进行分布式管理，实现车联网或车辆之间的协作与互助。车联网路由技术利用位置路由、感知路由和生物智能路由等新兴技术解决了节点的高移动性对路由的影响并提高了路由的健壮性和适应性。基于网络的稳定路由，车联网安全技术增加了对车辆动态和大规模接入的安全管理机制，降低了传统安全接入管理模式的时延，提高了车联网的安全性。因此，车联网路由及安全技术在满足网络车辆实时动态通信方面表现出了巨大优势。

作者从 2011 年开始从事车联网的相关研究工作，并在该领域积累了一系列研究成果。为了给广大读者一个关于车联网路由及安全研究的较为完整和系统的介绍，本书汇集权威学术期刊和会议关于车联网路由及安全技术的介绍，以及作者近年来在车联网路由及安全方面的重要研究成果，系统介绍车联网的主要概念和各类路由及安全的关键技术。希望本书能成为对车联网研究人员而言有价值的读物，起到抛砖引玉的作用。

研究生喻明月、张凤、张益静、孙丝雨、刘雪、胡凯文、蔡帅等参与了全书的资料整理、图表绘制和文字校对工作，李乐民院士在本书的撰写过程中给予了很多宝贵的意见和建议，在此一并表示衷心感谢。

限于作者知识水平，书中不足之处在所难免，恳请广大读者不吝批评指正。

目 录

第1章 车联网概述 ... 1
1.1 车联网背景 ... 1
1.1.1 概念 ... 1
1.1.2 发展历史 ... 2
1.2 车联网网络 ... 4
1.2.1 层级结构 ... 4
1.2.2 网络特征 ... 6
1.2.3 通信技术 ... 7
1.3 当前热点与发展趋势 ... 10
1.3.1 网络路由技术 ... 10
1.3.2 隐私安全技术 ... 12
1.3.3 群智感知技术 ... 13
1.3.4 节能技术 ... 14
1.4 本章小结 ... 14
参考文献 ... 14

第2章 车联网中基于公交车中继的路由算法 ... 16
2.1 研究背景 ... 16
2.2 研究现状 ... 17
2.3 混合传输框架下的公交车中继路由算法 ... 17
2.3.1 问题描述 ... 17
2.3.2 算法设计 ... 18
2.3.3 仿真结果及分析 ... 28
2.4 面向静态终点的公交车轨迹辅助路由算法 ... 35
2.4.1 问题描述 ... 35
2.4.2 网络模型 ... 36
2.4.3 算法设计 ... 37
2.4.4 仿真结果及分析 ... 49
2.5 本章小结 ... 57
参考文献 ... 57

第3章 车联网中基于停放车辆中继的路由算法 ... 60
3.1 研究背景 ... 60
3.2 研究现状 ... 61
3.3 多障碍物下的停放车辆辅助中继路由算法 ... 61
3.3.1 问题描述 ... 61
3.3.2 算法设计 ... 63
3.3.3 仿真结果及分析 ... 76
3.4 能量均衡下的停放车辆辅助路由调度算法 ... 84
3.4.1 问题描述 ... 84
3.4.2 算法设计 ... 85
3.4.3 仿真结果及分析 ... 96
3.5 本章小结 ... 101
参考文献 ... 101

第4章 车联网中基于仿生学的路由算法 ... 104
4.1 研究背景 ... 104
4.2 研究现状 ... 104
4.3 基于鱼群优化的车联网单播路由算法 ... 105
4.3.1 问题描述 ... 105
4.3.2 人工鱼群算法 ... 106
4.3.3 系统建模 ... 111
4.3.4 路由算法描述 ... 116
4.3.5 仿真结果及分析 ... 121
4.4 基于细胞运动的车联网广播路由算法 ... 125
4.4.1 问题描述 ... 125
4.4.2 细胞运动模型 ... 126
4.4.3 系统建模 ... 129
4.4.4 路由算法描述 ... 134
4.4.5 仿真结果及分析 ... 135
4.5 本章小结 ... 139
参考文献 ... 139

第5章 车联网中的分布式路由算法 ... 141
5.1 研究背景及现状 ... 141
5.2 交叉路口下的分布式路由算法 ... 142
5.2.1 问题描述 ... 142
5.2.2 网络模型 ... 143
5.2.3 算法设计 ... 144

5.2.4 仿真结果及分析 ································· 164
　5.3 本章小结 ··· 172
　参考文献 ·· 172

第6章 车联网中基于车辆雾的通信安全 ············· 174
　6.1 研究背景 ·· 174
　6.2 研究现状 ·· 174
　6.3 雾计算下车联网安全长时监控算法 ················· 175
　　6.3.1 问题描述 ··································· 175
　　6.3.2 算法设计 ··································· 176
　　6.3.3 FBIA 安全性分析 ···························· 184
　　6.3.4 仿真结果及分析 ····························· 189
　6.4 云雾结合下车联网通信安全算法 ··················· 194
　　6.4.1 问题描述 ··································· 194
　　6.4.2 网络模型 ··································· 195
　　6.4.3 框架设计 ··································· 198
　　6.4.4 仿真结果及分析 ····························· 207
　6.5 本章小结 ··· 211
　参考文献 ·· 212

第7章 车联网中群体数据感知安全 ··················· 214
　7.1 研究背景 ·· 214
　7.2 研究现状 ·· 215
　7.3 隐私保护下的数据感知算法 ······················· 216
　　7.3.1 问题描述 ··································· 216
　　7.3.2 设计思路 ··································· 217
　　7.3.3 仿真结果及分析 ····························· 229
　7.4 隐私保护下的用户激励算法 ······················· 238
　　7.4.1 问题描述 ··································· 238
　　7.4.2 设计思路 ··································· 240
　　7.4.3 性能分析与网络仿真 ························· 255
　7.5 本章小结 ··· 261
　参考文献 ·· 261

第8章 网联电动汽车能量交易安全 ··················· 263
　8.1 研究背景及现状 ·································· 263
　8.2 PHEV 能量安全交易算法 ·························· 264
　　8.2.1 问题描述 ··································· 264
　　8.2.2 能量安全交易机制 ··························· 267

vii

8.2.3　优化模型 273
　　　8.2.4　求解算法 279
　　　8.2.5　仿真结果及分析 282
　8.3　本章小结 289
参考文献 289

第1章 车联网概述

随着通信技术的飞速发展，物联网成为继计算机、互联网和移动通信之后的新一代热点问题。随着汽车行业的发展和国民收入的不断增加，汽车保有量也飞速增长。在汽车与网络高速发展的背景下，通过无线网络连接所有汽车的车联网应运而生。当今，由于城市道路容量饱和且车辆日益增多，交通问题与环境污染问题也日益突出，越来越多的人把解决问题的希望放在车联网上。因此，车联网成为汽车与通信产业共同关注的焦点问题，是未来智能交通系统(intelligent transportation system，ITS)的重要组成部分。

1.1 车联网背景

1.1.1 概念

根据车联网产业技术创新战略联盟的定义，车联网(internet of vehicles，IOV)是以车内网、车际网和车载移动互联网为基础，按照约定的通信协议和数据交互标准，在车与车(vehicle-to-vehicle，V2V)、车与路(vehicle-to-roadside，V2R)、车与人(vehicle-to-human，V2H)及车与网(vehicle-to-internet，V2I)之间进行无线通信和信息交换的大系统网络，是能够实现智能化交通管理、智能动态信息服务和车辆智能化控制的一体化网络，是物联网技术在交通系统领域的典型应用[1]。车联网是物联网在汽车领域的一个细分应用，是移动互联网、物联网向业务实质和纵深发展的必经之路，是未来信息通信、环保、节能、安全等发展的融合性技术。

对于车联网中的所有节点设备，它们之间通过多种通信方式进行数据交互，其总体的通信模型如图 1-1[2]所示。

在车联网中，所有移动车辆和停放车辆都安装有车载通信终端、RFID(radio frequency identification，射频识别)、GPS(global positioning system，全球定位系统)和各种类型的传感器，通过这些设备可以获取车辆的基本信息和道路环境信息，包括车辆的行驶速度、行驶方向和路面情况等。如图 1-1 所示，车联网支持多种组网通信技术，如通过使用 VANETs(vehicular ad-hoc networks，车载自组织网络)技术将所有车辆进行组网通信或通过基站与所有车辆建立通信互联等。另外，车联网支持将多种异构网络通过路由器或交换机等设备统一接入互联网，对车联网中的所有节点进行统一管理，再综合所有车辆信息和道路环境信息，利用数据分析和人工智能技术进行交通管控，从而构建一套完整的智能交通系统解决方案，为驾驶员提供良好的驾驶体验，也为交管人员提供良好的管控能力。

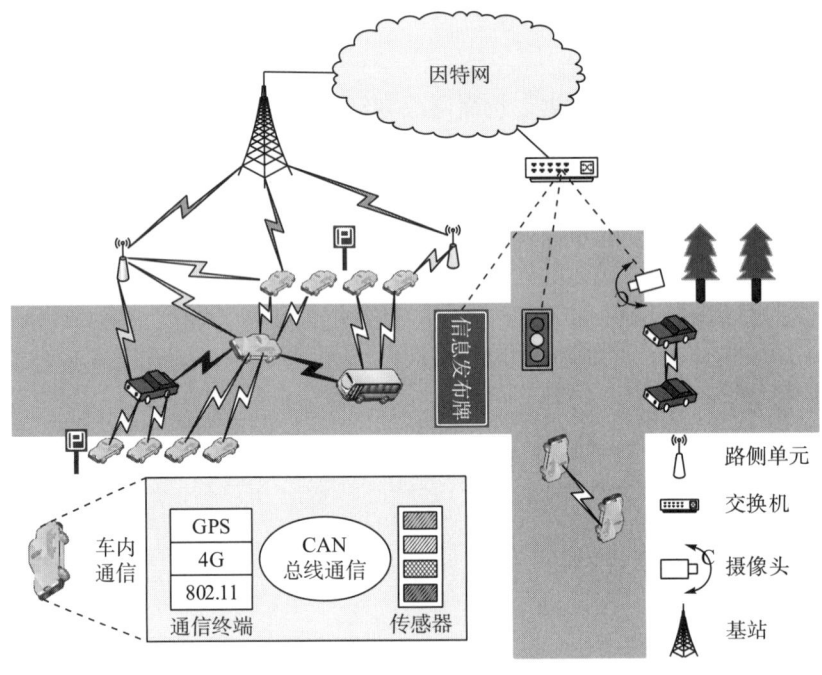

图 1-1　车联网通信模型

1.1.2　发展历史

随着新一代 ITS 的发展，各国的交通发展都离不开车联网产品的研发和更新，车联网成为国内外众多研究者投入大量精力和时间的研究领域。因此，车联网正处于国内外交通业创新和城市发展的中心位置，也正面临网络技术爆发的关键时期，大量的新型网络功能、服务和技术应运而生，使车联网向多服务化、高智能化方向演进。

2015 年，美国推出了 ITS 的五年规划（2015—2019）[2]。以"改变社会前进方式"作为该五年规划的主题，提出了两个技术目标：加快自动驾驶和实现网联汽车应用。它定义了六个项目大类：加速部署、企业数据、自动辅助驾驶、网联汽车、互操作性和新兴能力。加速部署是这六个项目大类的最终目标；企业数据和互操作性是 ITS 发展的基石；网联汽车、自动辅助驾驶和新兴能力是 ITS 技术发展的三个手段。

此外，由欧盟委员会建立的 C-ITS(协同智慧交通)平台[3]在车联网单元任务配置中具有重要作用。这是欧盟委员会为了在各欧盟成员方之间部署可统一管理且相互连通的 C-ITS 功能而构建的一个囊括欧盟委员会、各成员方相关部门和该平台的利益相关方在内的合作框架。同时，为了共同制定和分享 ITS 的技术规范，欧盟相关成员方和交通运营管理机构建立了 C-Roads 平台以部署、测试和协调跨站点的互操作活动。

2016 年，日本发布了适用于高速公路的无人驾驶和自动辅助驾驶的实施路线报告书[3]，目标是在 2020 年前实现车辆在日本部分地区的自动驾驶功能。此外，日本内务和通信部组建了以加速日本车联网行业发展为目标的交通研究小组，日本汽车工业协会提出了车联网服务功能的潜在应用范例，日本跨部委创新战略促进计划评估了基于无线访问技术的车联网适用服务的有效性，并于 2017 年进行了上述适用服务的多道路综合测试。

截至 2019 年底，韩国集中开发了应用于交通事故多发路段的智能辅助车联网功能，并基于全面实现交通事故百分之百实地实时处理和最大化降低事故中人员伤亡和财产损失的原则部署了智能辅助交通的道路试点[3]。

近年来，我国在车联网行业也加大了人力物力的投入力度。2016 年，工业和信息化部印发了《车联网(智能网联汽车)直连通信使用 5905～5925MHz 频段管理规定(暂行)》，规划了将 5905～5925MHz 频段共 20MHz 带宽的专用频率资源用于基于长期演进(long time evolution，LTE)技术形成的车到"一切"(vehicle-to-everything，V2X)的车联网直连通信技术[4]。2018 年，工业和信息化部发布了《国家车联网产业标准体系建设指南(电子产品和服务)》《国家车联网产业标准体系建设指南(总体要求)》和《国家车联网产业标准体系建设指南(信息通信)》等政策[5]，进一步推动了车联网行业的健康可持续发展和标准化进程，促进了国内车联网的发展。2019 年，车联网的智能化和网联化加速融合，中国车联网行业市场的投资达到 574 亿元。随着网络技术的进一步发展，国内车联网的市场规模持续扩大，2020 年 2 月底，国家发展和改革委员会等 11 个部门联合印发了《智能汽车创新发展战略》，对中国的智能化车联网发展做出了具有指导意义的路线规划图，明确表示推动 5G 和车联网的协同建设，到 2025 年实现"人-车-路-云"的高度协同，新一代车用无线通信网络 5G-V2X 基本满足智能汽车发展的需要，技术创新、产业生态、基础设施等领域的智能汽车中国标准基本形成。该文件的出台对智能驾驶、车路协同 V2X 市场的发展形成了直接推动，国家推进车联网建设的步伐进一步加快。当下在 5G 基础设施建设、汽车或电子设备普及、电动汽车快速发展的三大基础上，车联网市场将进入快速发展期。2020 年，国家对车联网行业的投资金额为 1075 亿元左右，而该金额将在未来几年逐步增加，到 2025 年预计投资近 2100 亿元[5]。

随着车联网中相关技术的推进和更新，其用户数量也在逐年增长。2019 年，中国车联网市场的用户数量近 3000 万辆；2022 年该市场规模超过 4500 万辆，其中自动驾驶车辆和驾驶辅助车辆的占比为 45%左右[6]。可以预计，智能网联车辆将在未来几年持续发热，中国的车联网技术将迎来频繁更新的时代。而在全球化视角下，到 2020 年，全球各国车联网智能化市场投资超过 6500 亿元，渗透率超过 40%，此外超 60%的汽车将使用车联网功能及相关服务。预计到 2025 年，全球的车联网渗透率将再提升 20%以上，或可达到 65%，市场投资将近万亿元[7]。

1.2 车联网网络

1.2.1 层级结构

为了提供城市车联网所需的计算资源和计算能力、数据存储和处理能力及存储分析和决策能力，同时为了满足城市车联网对大规模数据采集和处理的需求，网络中的智能设备需要进行多重行为交互，其总体的分层模型如图 1-2[8]所示。

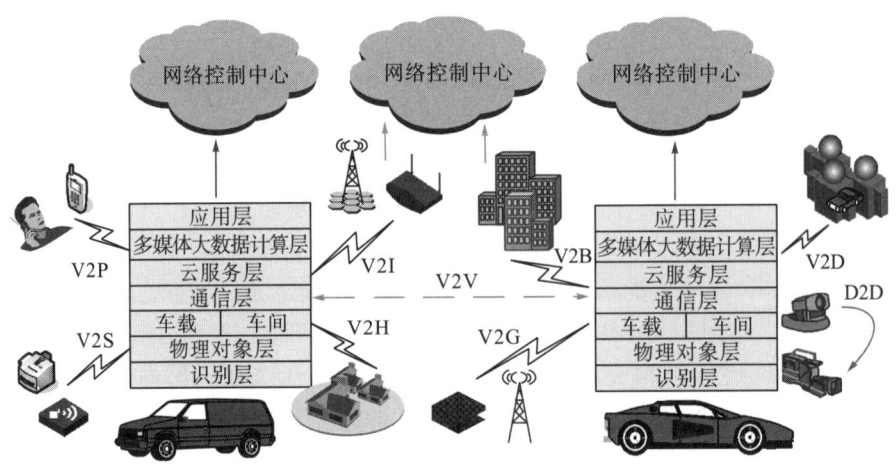

图 1-2　总体分层模型

V2P(vehicle-to-pedestrian，车对行人通信)；V2S(vehicle-to-satellite，车对卫星通信)；V2B(vehicle-to-base station，车对基站通信)；V2G(vehicle-to-grid，车对电网通信)；V2D(vehicle-to-device，车对设备通信)；D2D(device-to-device，设备对设备通信)

图 1-3 给出了车联网的层级架构及各层的主要功能。该架构有七个核心层，分别是识别层、物理对象层、车载-车间设备层、通信层、云服务层、多媒体大数据计算层和应用层。

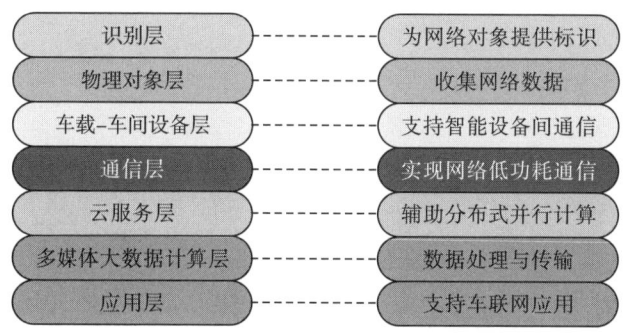

图 1-3　车联网层级架构及各层主要功能

1) 识别层

识别层可以为每个对象提供明确的标识。一般来说，车联网中的物体可以分为两类：车辆和非车辆物体。识别层有命名和寻址两个重要功能。对于非车辆对象，它的标识是产品名称或产品代码。由于两个或多个非车辆对象在网络中可能具有相同的标识，因此寻址方案（如 IPv4、IPv6）可用于重复命名对象的唯一标识。对于车辆对象，其标识可以是车辆识别号或身份证书号，它是一个包括车辆索引号的唯一代码。

2) 物理对象层

物理对象层从车联网收集数据，并将数据传输到车载-车间设备层进行进一步处理。车辆对象在城市车联网中具有单一模式的特点，而非车辆对象可以具有单个模式（如嵌入式传感器、可穿戴传感器）或多个模式［如可以分解为具有图像模式和信号（语音）模式的多媒体视频帧］。该层可以通过不同的网络对象和采集模式来收集所需数据。

3) 车载-车间设备层

车载-车间设备层与通信层使该车联网架构支持所有类型的交互模型，包括 V2V、V2R、V2I、V2B、V2H、V2X、V2G、V2P、V2D、V2S 和 D2D 交互。具有两个子层，为车载子层和车间子层，分别支持车辆内和车辆间的行为交互。

4) 通信层

通信层用于连接网络中不同的异构对象以提供特定服务。其目标是在嘈杂的通信通道和多跳网络中实现低功耗通信。在车联网中，主要考虑在车载-车间设备层之上使用蜂窝或全球微波接入互操作（world interoperability for microwave access，WiMax）技术以确保上层标准的准确制定。通信层还具有为移动互联网和多媒体应用程序提供可接入通信平台的能力。

5）云服务层

云服务层由私有云或公共云形成。云虚拟化技术提供了分布式或并行计算的基础，以实现车联网应用程序的可伸缩性。云计算为客户端提供了硬件计算平台、基础架构和软件服务。云服务层的硬件基础为大数据采集提供了高可靠性和高速率的计算响应。而云服务层所提供软件服务的重要组成部分是访问中心，它控制授权用户的接入访问以确保车联网环境的安全性。

6）多媒体大数据计算层

多媒体大数据计算层由三个子层组成，分别为数据预处理子层、大数据计算子层和智能传输子层。该层的硬件成分包括从数据中心、并行图形处理器平台到现场可编程门阵列和片上系统的各种计算组件。其软件成分包括智能运输系统的信息库功能，该信息库包括安全信息、导航信息和实时交通信息等。同时，它也包含云服务平台的其他智能成分，并且允许智能对象将其数据发送到云数据中心以进行实时处理和结果交付。

7）应用层

应用层以智能应用程序为代表，覆盖范围包括交通安全性和效率的辅助应用、基于多媒体的信息娱乐应用和基于网络的实用应用程序。应用层包括基本的管理系统，如汽车导航系统、交通信号控制系统、集成管理系统等，并将层层数据和信息反馈给最终用户，这些用户再基于多媒体大数据计算层对接收的信息进行评价和分析。

1.2.2 网络特征

车联网是通信网络技术的一种应用。区别于其他无线网络，车联网具有独有的网络特征，既有其他无线网络不具备的特有优势，又有自身的局限性。车联网主要具备以下几个网络特征[9]。

(1) 持续的能量供应。对于大多数无线网络，如无线传感器网络(wireless sensor networks，WSN)，通信节点的功耗问题严重制约通信技术的发展。然而，车联网中的车辆可以为车载通信设备提供持续的能量供应。

(2) 较强的计算能力。车联网中的车辆可以携带具备高性能、高可靠性的计算设备、通信设备和传感设备。因此，可以认为节点的计算能力是不受限的。

(3) 定位能力。车联网中的车辆安装有相应的 GPS 设备，能够提供车辆的位置信息。利用这些位置信息可以为车辆的行驶决策提供相关支持。

(4) 复杂的网络环境。对于车辆本身，复杂多变的环境和周围的建筑物等都会给无线数据传输造成障碍，影响信号的收发质量，造成通信链路质量的不稳定。另外，通过车-车、车-路及车-网通信，车联网可以连通整个路段、街区甚至整个城市。在这样的环境中，网络节点数目众多，连通性复杂，构成了大规模无线网络通信场景。因此，为了适应大规模通信环境应用服务的需求，车联网的通信技术需具备较大的吞吐量。

(5) 车辆的动态性。对于车联网中的车载环境，其呈现出复杂高动态的网络环境特征。这主要包括两层含义。第一，车辆节点的移动速度快且变化范围大，车辆本身是高动态的。第二，受街道红绿灯等交通限制的影响，处于整个车联网环境中的节点密度随时间和地点的变化而发生变化。所以，整个车联网的网络拓扑是高动态变化的，通信链路的生存周期比较短，节点间的通信链路呈现出一种时断时通的不稳定状态。因此，为了适应高速变化的车载环境，车联网通信技术必须能够适应网络的动态变化，以应对车联网中的不稳定通信连接问题。

(6) 网络分域特性。由于地域和时间的差异，城市道路与高速道路的节点密度分布存在差异，城市中心与郊区地带的节点密度分布有所不同，高峰时间段与非高峰时间段的节点密度也不同，故车联网在时间和空间上呈现出一种分域的特性。因此，对于车联网研究来说，如何在这种随时间和空间变化的网络分域的情况下保证数据包的高效可靠传输，是一个亟需解决的难题。

(7) 隐私安全。对于车联网来说，上层应用通常与车辆 ID 和位置信息密切相关，同时数据的明文传输容易被拦截和篡改。另外，车辆在一定程度上代表了车主的一些信息，如从家到单位固定的行驶轨迹、到某些特殊地点(如医院)等信息，如果不采取任何保护措施，这些信息极有可能被获取，造成车主信息泄露。因此，在车联网中，如何在保证网络通信的前提下保障用户的隐私安全并实现消息的安全传输，也是车联网技术研究的一大难题。

1.2.3 通信技术

车联网中的业务应用按照不同的服务需求主要分为安全类、效率类和信息服务类三类。图 1-4 给出了各类业务应用的具体描述和相对应的通信指标。

在车辆自组织网络中，车辆通信以无线通信为主。而无线接入技术是无线通信的关键，可为车辆与车辆、车辆与 RSU(road side unit，路侧单元)、车辆与基础设施之间的通信提供无线接口。车联网中的主要无线接入技术有 Cellular(蜂窝)、专用短程通信(dedicated short range communications，DSRC)技术、Wi-Fi、WiMax(无限城域网)、蜂窝车联网技术(cellular vehicle to everything，C-V2X[11])。为了满足以上通信需求，目前车联网中使用最广泛的无线通信技术是 DSRC 和 C-V2X。

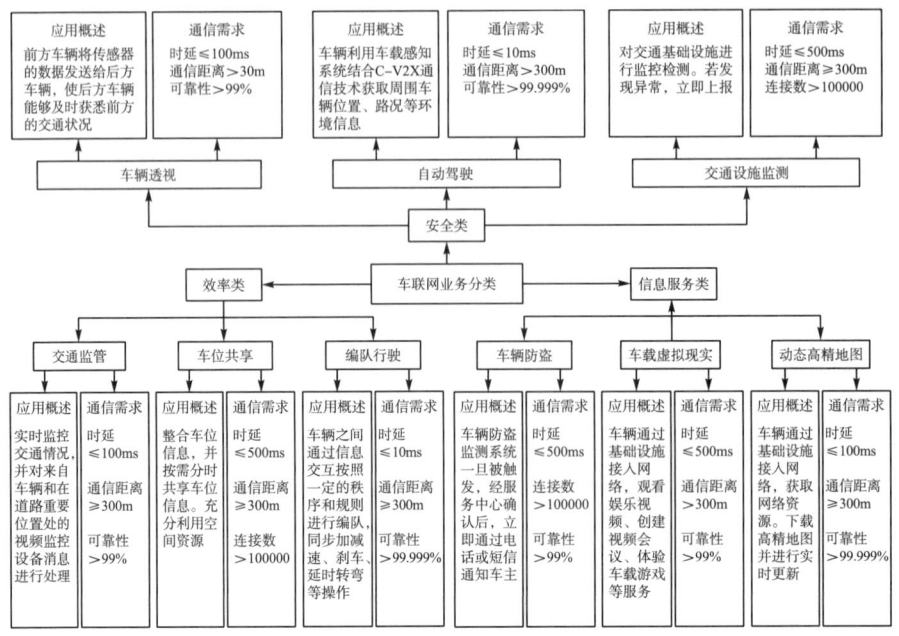

图1-4 车联网中应用及通信要求[10]

(1) Cellular。其是移动通信网络的基本结构方式，由多个小区组成。每个小区由一个发射机和接收机组成的基站来提供服务。每个小区分配一组信道频率，多个距离较远的小区可以重复利用相同的频率，实现频谱复用。由3GPP (the 3rd generation partnership project，第三代合作伙伴计划) 发展而来的LTE标准是基于蜂窝网络的车联网的关键推动者。由于基站具有较广的覆盖范围和高渗透率，所以蜂窝技术能够提供寿命相对较长的V2I连接。和其他通信技术相比，蜂窝技术能够提供较强的通信能力，并支持小范围内多个车辆节点的同时接入。蜂窝技术中的信道和传输模式能够有效减少传输延迟并提高通信能力。设备与设备 (D2D) 间的通信通过频谱复用为两个车辆节点提供短距离直接连接，因此能够缓解由频谱资源有限引起的问题。

(2) DSRC。其基于IEEE 802.11p协议，由IEEE 802.11 Wi-Fi标准修订而来，是专门用于车辆交换消息的无线通信技术。DSRC为车辆与车辆之间及车辆与路边单元之间提供短程和中程通信服务，并向车辆或路边单元提供安全或非安全消息。DSRC能够在高速移动的场景和恶劣天气条件下工作，具有高可靠性和安全性。其具有较低的通信时延，尤其是在小区域范围内具有高数据传输速率，但在车辆密度较大的环境中，DSRC的性能较差。在WAVE环境中，车辆的移动速度高达200km/h，无线通信的覆盖范围为300~1000m，数据传输速率为3~27Mbps[①]。图1-5为DSRC的频段信道划分。在车联网通信环境中，DSRC主要有两种用途：

---

① bps为传输速率的单位，即bits per second，表示为bit/s。

一是用于建立车辆与车辆之间的通信连接,通过保持车辆间的安全距离和广播交通事故预警来保证交通安全;二是用于建立车辆与路边基础设施间的通信连接,通过最优路径规划和实时交通信息上报来缓解交通压力[12]。

图 1-5　DSRC 的频段信道划分

(3) WLAN/Wi-Fi。无线局域网 (wireless local area network,WLAN) 或 Wi-Fi 使用 802.11 系列协议,能够为车联网中车辆与车辆间的通信及车辆与基础设施间的通信提供无线接入。IEEE 802.11 标准可提供无线连接;IEEE 802.11a 工作在 5GHz,能够在户内 38m 及户外 140m 的范围内提供 54Mbps 的数据传输速率;802.11g 工作在 2.4GHz,具有与 IEEE 802.11a 相同的数据传输速率和覆盖范围;IEEE 802.11b 工作在 2.4GHz,能够提供 11Mbps 的上行数据传输速率[13]。Wi-Fi 具有低比特开销和高峰值吞吐量,有利于对数据传输速率要求较高的车联网应用。然而,由于每个 Wi-Fi 接入点的覆盖范围有限且车辆的移动性大,所以 Wi-Fi 技术在车联网中的运用面临间歇性连接的问题。

(4) WiMax。即 802.16 无线城域网,主要用在城市型局域网络[14]。WiMax 是一种无线通信技术,旨在提供高数据传输速率并实现数据身份验证,能够支持低至 30Mbps 且高至 70Mbps 的数据传输速率。WiMax 包括 IEEE 802.16d 标准和 IEEE 802.16e 标准。其中,IEEE 802.16d 标准用于固定基站,能够提供 70Mbps 的高数据传输速率和 48km 的覆盖范围。IEEE 802.16e 又称为移动 WiMax 标准,能够提供高服务质量,并且能够在较大的传输范围内提供可靠的、高服务质量 (quality of service,QoS) 的通信服务[15]。

(5) C-V2X。该技术是以 3G/4G/5G 等蜂窝网络为基础的一种无线通信技术,用于提供车联网中车辆与车辆、基础设施、道路及互联网之间的全方位连接。C-V2X 技术是由 3GPP 对 LTE 标准的扩展开发而来,它经历了从 LTE-V2X 到 5G-V2X 的不断发展,既支持当前存在的 LTE-V2X 应用程序[16],又支持新生的应用程序。C-V2X 可以提供 PC5 (直接通信接口) 和 Uu (蜂窝通信接口) 两种接口。同时,C-V2X 存在两种工作模式:一种是蜂窝通信,可通过 Uu 接口建立基站和终端之间的连接,基站充当集中式控制中心与数据转发中心[17];另一种是直接通信,不需要经过基站的转发,可直接通过 PC5 接口实现车与车、人、路之间的连接,即 D2D 通信。这两种通信模式的存在使 C-V2X 技术可以适应更复杂的车联网应用场景,因此在车联网中得以广泛应用。

1.3 当前热点与发展趋势

如前所述，车联网的发展与物联网和通信技术的发展息息相关。近年来，随着研究的深入，当前热点已经逐渐向更具多元化和细节的领域延伸。如图 1-6 所示，这些新的发展方向在已有研究的基础上，进一步尝试和挖掘新兴理论与传统车联网的交叉与结合，以进一步完善智慧城市车联网。

图 1-6　当前车联网的研究热点

1.3.1　网络路由技术

车联网路由协议研究一直是车联网中颇具挑战的研究领域之一，也是研究热点之一。车联网复杂的通信环境和拓扑结构给路由协议算法带来了极大的挑战。当前的车联网路由技术可划分为两种类型，即单播路由协议和广播路由协议，具体如图 1-7[17]所示。下面将对这两种类型的路由协议进行详细介绍和阐述。

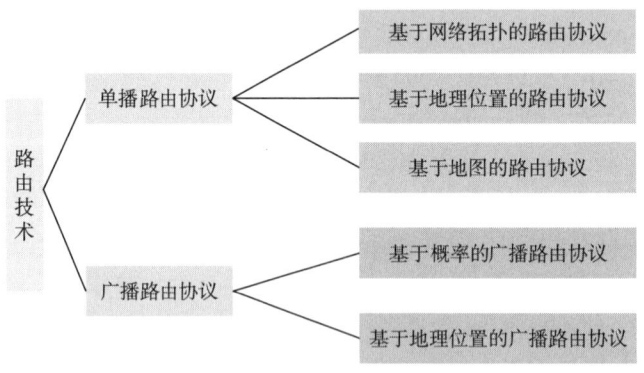

图 1-7　路由技术分类图

1. 单播路由协议

单播路由协议是指从源节点通过多跳将数据传输到目的节点的路由技术，具体分类如下所述[18]。

1）基于网络拓扑的路由协议

根据网络路由的建立方式，可以将基于网络拓扑的路由协议划分为两种，分别是主动式路由协议（proactive route protocol，PRP）和反应式路由协议（reactor route protocol，RRP）。

主动式路由协议又称为表驱动路由协议，它通过洪泛广播的方式周期性地向其他节点通告本地路由表，然后在每个节点维护到达其他节点的路由信息表，通过查询路由信息表，数据包能够很快地找到通往目的节点的路由。主动式路由协议的优点主要体现在端到端的延迟最小，它非常适合网络拓扑结构变化不大的通信场景。但是，它通常难以高效地在拓扑结构变化较快的通信环境进行路由，大量的广播消息将造成通信负担加重，所以主动式路由协议在车联网的应用场景中十分受限[1]。

反应式路由协议与主动式路由协议完全不同，它所采取的策略是被动优化路由。当节点之间没有传输需求时，协议节点不会主动交流路由信息。而当节点之间有传输需求时，源节点向全网广播请求分组，并逐级传递到目的节点，此时就可以通过响应分组逐级回溯寻找路径节点，从而寻找到一条完备的传播路径。但是，由于洪泛问题，该类型协议的适用网络规模受限，同时在拓扑快速变化的网络场景中，其应用范围也十分受限。

2）基于地理位置的路由协议

在基于位置的路由协议中，每个节点首先通过车辆感知技术获取自身相关的位置信息，然后通过综合分析这些信息并利用全网寻路算法寻找数据转发的下一个节点。每个节点周期性地广播包含自身位置等的消息到附近的所有邻居节点，邻居节点根据这些信息在不同情况下做出相应的转发策略。与前者不同的是，基于位置的路由协议不会根据路由表来建立路由，而是基于位置的相对关系来确定转发规则，这可以在一定程度上减少洪泛机制带来的通信负载，在网络规模较大的车联网环境中占有极大的优势。

3）基于地图的路由协议

在基于地图的路由协议中，每个节点首先通过车辆定位技术获取自身的地理位置信息，然后结合地图信息，根据具体的路径算法完成路由。早期有简单的A-Star（A 星）路由算法和 Dijkstra（迪杰斯特拉）算法，前者以交通流量统计为基础，需要对实时的交通流量数据进行统计，后者则需要对整个道路情况进行权重评估。后来，Louvre 协议采用节点自主统计车辆密度的方法周期性地向周围节点广播数据包，并与周围相连节点交换密度信息。在实际实现中，为了准确计算车辆密度，可在路边架设接入点（access point，AP）来完成统计车辆密度的任务，以减少额外的带宽损耗。由于地图能够反映车联网移动通信场景的状况，所以此类路由协议能够建立相对稳定可靠的传输路径，但整体来说，对基于地图的路由协议的研究较少，相关的成熟算法也较少。

2. 广播路由协议

广播路由协议是指从单个源节点向周围所有节点发送数据包的路由技术。这类路由协议的核心问题就是解决广播风暴问题和链路超载问题。

1) 基于概率的广播路由协议

在基于概率的广播路由中，车辆在进行数据转发时是根据概率 P 进行操作的，此算法存在一些缺点，例如，如果想对一个目标区域进行均匀覆盖，该算法就难以做到，而且当车辆数量少且节点密度较低时，不排除所有节点都不进行转发的情况。有学者根据这些不足提出了改进的 P-坚持方法，经过实践证明，改进后的方法可以大幅降低信息冗余和丢包率。

2) 基于地理位置的广播路由协议

现如今车辆都配置了 GPS 系统，可以随时知道车辆的具体地理位置信息，此类算法就是将贪婪周边协调点路由算法(greedy perimeter stateless routing，GPSR)和地理位置算法相结合产生的。实验表明，这种广播路由算法能够有效降低丢包率，提高信息的可达率。但是，注意应用此算法的前提是车辆都安装有相关设备，系统能准确获取车辆实时的地理位置信息。

1.3.2 隐私安全技术

由于车联网中包含了大量的信息，恶意攻击者会以其为目标窃听用户的隐私信息或阻碍相关机构使用车联网进行数据采集。用户的隐私得不到有效保护将导致车联网中的用户流失，同时如果不能保证信息收集的准确性，就不可能为数据需求中心提供可靠、真实、有效的数据。

车联网中常见的恶意车辆攻击有重放攻击、伪装攻击、验证器模拟攻击、中间人攻击和女巫攻击[19]，其具体含义如下：重放攻击是一种主动攻击，攻击者记录一个通信会话，并在以后重放整个会话或部分会话；伪装攻击是指攻击者模仿用户欺骗认证者的攻击方法；验证器模拟攻击是攻击者通过伪造验证者以欺骗验证用户的攻击；中间人攻击则是一种拦截和有选择地修改通信数据以模拟通信实体的攻击方法；女巫攻击是车联网中最常见的一种攻击方法，是指恶意节点可以模仿多个身份来欺骗其他节点的攻击方式。

在车联网中，为了增加用户的参与度，需要保护用户的隐私信息，提高网络的安全性，使用户不会在使用车联网功能期间泄露身份和路线等信息。因此，对车联网用户进行安全认证是实现隐私保护的重要手段，也是近年和未来数年车联网领域的研究热点之一。

1.3.3 群智感知技术

为了给网络用户提供更丰富、更全面的服务，服务提供商需要根据位置、周边环境和历史需求数据准确定位用户，而推动城市发展的社会科学研究和通信技术研究也需要大量的数据作为实验基础。近年来，车联网的用户数量剧增，使车联网已经成为一个大型的交互式信息网络，并由此获得了各种各样的数据信息。它使用车载单元(on board unit，OBU)和传感器设备收集环境和道路状态信息，为数据中心提供城市规划信息、天气状况、空气湿度等数据，或者为城市交通机构的路况检测和道路控制提供基本的预测数据。因此，信息感知已成为车联网极为重要的一项功能，在城市规划和发展方面具有不容忽视的作用(图1-8)。

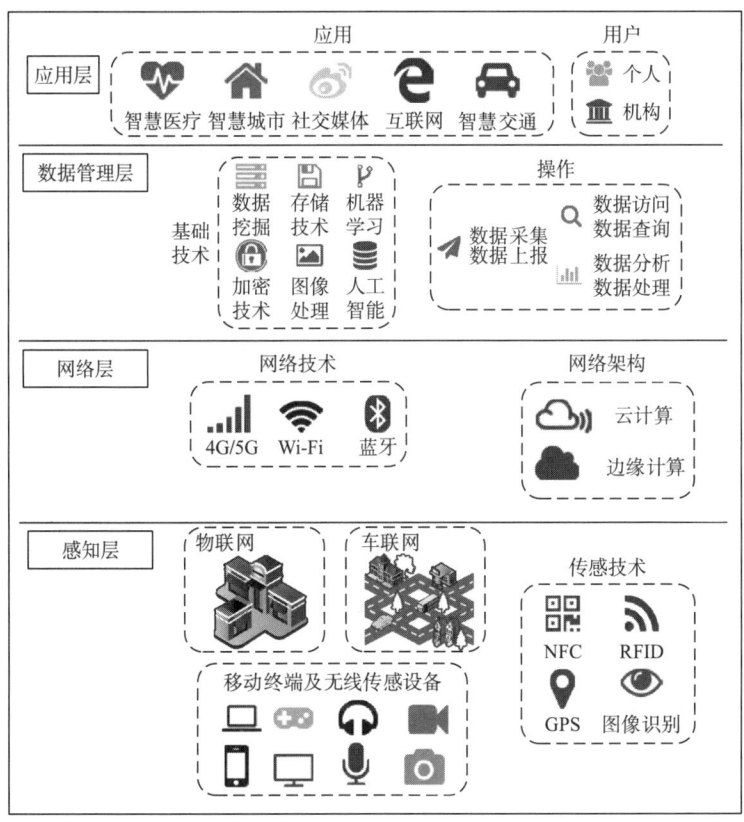

图1-8　移动群体感知系统模型

NFC(near field communication，近场通信)。

在移动群体感知中，基于不同的感知数据类型和需求，存在面向不同领域的移动群体感知应用，群体感知用户向移动群体感知应用平台咨询所需要的数据，移动群体感知应用服务提供者通过处理将数据需求转化为可执行的感知任务并由网络将任务派发给愿意参与感知任务的平台参与者，参与者利用符合感知需求的移动终端配备的传感器对任务的一系列数据进行采集，随后上报给服务提供者或其外包的云数据中心，服务提供者根据数据需求利用现有的数据分析技术对数据进行处理汇总，最后形成可用的数据结果并反馈给数据需求用户。另外，为了鼓励更多拥有感知能力的实体参与群体感知，一般的移动感知系统都会提供激励机制来支持群体感知的实施[20]。移动群体感知系统在为各个领域提供类型丰富的数据服务的同时，也面临各种数据安全、隐私保护、资源与能源消耗等的挑战。

1.3.4 节能技术

随着车联网应用的发展，资源短缺问题日益严重，节能问题不可忽视。车联网的产业链长，涉及产业角色多，跨界融合特征突出，从上游到下游涵盖了制造业和服务业两大领域。未来服务类企业的数量和产值将占据车联网产业的绝大部分，尤其是车联网信息服务提供商将成为车联网产业链中的核心角色。如何利用各类通信网络技术构建面向车联网与典型场景业务需求的应用架构，以及如何在架构中合理高效地管理车载云资源，为车辆用户提供低时延、高可靠性的服务，也是车联网相关研究的关键所在。

1.4 本章小结

本章简要介绍了车联网的背景、发展历史、网络架构、研究热点与发展趋势，展现了车联网在当今智慧城市中的重要性和不可替代性。车联网由物联网衍生而来，其中车辆可以借助现代无线通信技术，通过车载终端设备实现车与车、车与路之间的信息传输和共享。此外，车联网是互联网技术应用于智能交通领域的具体形式，是实现未来智能交通不可替代的有效途径。在后续章节中，将为读者具体介绍本章所述的各类研究热点。

参 考 文 献

[1] 朱红梅. 车联网:移动互联网催生的下一个热点[J]. 通信世界, 2015, 9: 22.

[2] 奎丽萍, 罗桂兰. 车联网研究现状及发展[J]. 中国科技信息, 2015(S4): 118-120, 113.

[3] 佚名. 车联网深度报告[R]. 香港: 申港证券, 2020 年 2 月 29 日.

[4] 程琳琳. 车联网无线电频率规划发布 20MHz 用于 LTE-V2X[J]. 通信世界, 2018, 31: 10.

[5] 佚名. 工信部: 车联网标准体系指南发布自动驾驶发展迎来新机遇[J]. 电子元器件与信息技术, 2018, 5: 63-65.

[6] 王雷, 王传磊. 车联网及关键技术的应用分析[J]. 物联网技术, 2018, 8(7): 63-65.

[7] 史立东. 进阶之路, 从 V2X 步入 5G 车联网[R]. 深圳: 金溢科技, 2019 年 7 月 15 日.

[8] Ang L M, Seng K P, Ijemaru G K, et al. Deployment of IoV for smart cities: Applications, architecture, and challenges[J]. IEEE Access, 2019, 7: 6473-6492.

[9] 朱丽娜. 车联网中的路由技术研究[D]. 西安: 西安电子科技大学, 2015.

[10] 刘琪, 洪高凤, 邱佳慧, 等. 基于 5G 的车联网体系架构及其应用研究[J]. 移动通信, 2019, 43(11): 57-64.

[11] Al-Fuqaha A, Gharaibeh A, Mohammed I, et al. Online algorithm for opportunistic handling of received packets in vehicular networks[J]. IEEE Transactions on Intelligent Transportation Systems, 2019, 20(1): 285-296.

[12] Zhou H B, Xu W C, Chen J C, et al. Evolutionary V2X technologies toward the internet of vehicles: Challenges and opportunities[J]. Proceedings of the IEEE, 2020, 108(2): 308-323.

[13] Ullah A, Yaqoob S, Imran M, et al. Emergency message dissemination schemes based on congestion avoidance in VANET and vehicular FoG computing[J]. IEEE Access, 2019, 7: 1570-1585.

[14] Chahal M, Harit S. Towards software-defined vehicular communication: Architecture and use cases[C]//2017 International Conference on Computing, Communication and Automation (ICCCA), Greater Noida, 2017: 534-538.

[15] Kandar D, Paul B S. Downlink data transmission between WiMAX-DSRC communication systems[C]//2017 IEEE International Conference on Power, Control, Signals and Instrumentation Engineering (ICPCSI), Chennai, IEEE, 2017: 119-123.

[16] 蔺宏良, 黄晓鹏. 车联网技术研究综述[J]. 机电工程, 2014, 31(9): 1235-1238.

[17] 陈山枝, 时岩, 胡金玲. 蜂窝车联网(C-V2X)综述[J]. 中国科学基金, 2020, 34(2): 179-185.

[18] 陈杨. 车联网路由协议研究[D]. 成都: 电子科技大学, 2014.

[19] Eziama E, Tepe K, Balador A, et al. Malicious node detection in vehicular ad-hoc network using machine learning and deep learning[C]//2018 IEEE Globecom Workshops, 2018: 1-6.

[20] Wang X O, Cheng W, Mohapatra P, et al. ARTSense: anonymous reputation and trust in participatory sensing[C]//2013 IEEE InfocomConference, Italy, 2013: 2517-2525.

第 2 章　车联网中基于公交车中继的路由算法

随着科学技术的发展和经济水平的提升，道路上的车辆数量呈现出持续增长的趋势。相关数据统计显示，截至 2020 年底，全国机动车总数量约为 3.72 亿辆，其中汽车数量占机动车总数量的 75%。在城市道路中，我国主要城市的公交线网覆盖率达 78.9%，距站点 500m 之内的公共交通覆盖率达 66.1%，公交车线路的重复系数为 6.1。与此同时，各城市还在大力发展公共交通系统，其线网覆盖率逐年攀升，因此，利用公共交通作为通信中继节点具有现实可行性。本章将介绍利用公交车作为车联网通信中继的相关技术研究。

2.1　研 究 背 景

根据腾讯 2018 年的旅游报告，交通拥堵、停车困难和缺乏实时交通信息是目前亟须解决的三大问题[1]，在此之际，ITS 应运而生。作为 ITS 的重要组成部分，车载自组织网是学术界和工业界公认可以改善交通监控、管理能量资源、舒适驾驶、预防道路事故及保障车辆数据的传输安全的技术[2]。目前，我国已将车联网列为新基建的重要领域之一。

作为实现智能交通和未来智慧城市的主要途径之一[3,4]，VANETs（车载自组织网络）是一种特殊的移动自组织网络，针对 MANETs（mobile ad-hoc networks，移动自组织网络）设计的传统路由协议已不再适合 VANETs 复杂的环境约束和通信要求。在 VANETs 中，车辆节点的移动特性使网络拓扑不断变化，路由是一项非常困难的任务。因此，针对 VANETs 环境的局限性及动态网络的特性，基于传统的路由协议，设计一种高效、可靠的路由协议为巨量车辆提供高质量通信是车联网面临的挑战，而研究高效、可靠的路由协议也成为车联网研究的重点和难点。

2.2 研究现状

车联网体系结构分为车对车(V2V)和车对基础设施(V2I)两种通信框架。V2V架构可以实现车辆间的信息共享和数据通信。V2I架构能够使车辆接入互联网，实现远距离通信，满足安全应用的紧急信息传输需求。DSRC(专用短程通信技术)采用IEEE802.11p协议通信，无线传输距离约300m。车联网环境中的车辆节点具有移动速度快、移动随机、分布不均匀等特点，所以网络拓扑不断变化。当车辆密度较低时，将信息传输给远处车辆具有一定难度，所以仅利用V2V实现车辆间的通信是不现实的。于是，基于V2I的网络架构受到了学者和研究机构的广泛关注[5]，并于近年提出一些适用于车联网通信的混合传输框架[6,7]。

作为一种特殊的自组织网络，车辆自组织网络继承了移动自组织网络的路由技术。区别于一般的移动自组织网络，车联网节点具有高移动性，因此移动自组织网络的路由技术已不再适应动态变化的车联网环境。为了解决这一问题，许多研究者开始关注车联网路由技术的研究。有的研究者提出了基于移动自组织网络路由算法的改进算法，将其应用在车联网环境中并取得了较好的性能；有的研究者基于城市车联网环境特性提出了新的路由策略。这些基于混合传输框架提出的路由协议均充分利用了V2I通信方式的优势，通过优化网关节点的选择过程，使车辆节点接入互联网，进而提高数据包的路由传输性能。

2.3 混合传输框架下的公交车中继路由算法

2.3.1 问题描述

车联网中的数据可以分为两种类型，即紧急数据和普通数据。其中，紧急数据包括交通事故、道路损坏、救护车之间传输的文本和视频信息，这类消息必须以最小的延迟传送到目的节点，稍有延误就会造成生命的损失，还可能带来巨大的经济损失。因此，这类紧急消息的传输对时延和可靠性具有极其严苛的要求。另一种是普通数据，如商业广告宣传、娱乐视频新闻获取、数据信息备份，这类消息旨在为目的节点提供数据信息服务，保证用户需求在一定时间内得到响应，对消息的传输时延和可靠性需求并不敏感。针对此类普通数据消息，大部分研究工作采用存储转发的逐跳方式进行传输。

车载自组织网是由位置和行驶轨迹时刻变化的车辆节点组成的，其中每个车辆节点都被视为一个单独的移动通信载体并进行数据包的中继转发。DSRC是一种专门用于车与车及车与路之间通信的短距离无线通信技术。在进行数据包传输时，车辆节点之间可以在 DSRC 所支持的通信覆盖范围内进行直接通信；而对于通信半径外的车辆节点，则可以通过其他节点的中继进行逐跳转发，直至传输到目的节点。由于车辆节点的行驶路线受道路结构的约束，行驶轨迹和速度受驾驶员习惯及主观意识的影响，所以车辆节点的位置时刻变化，进而使整个网络拓扑结构发生动态改变，导致数据包在传输过程中因已经建立好的通信链路断开而路由失败，这对传输时延要求敏感的数据包的路由性能影响尤为显著。因此，DSRC 通信很难保证这类数据包低时延、高可靠性的服务质量要求，造成消息传输失败，给城市交通带来一定的安全隐患。

针对 DSRC 通信技术传输的局限性，基于 V2I 的混合网络传输框架得到学者和研究机构的广泛关注，同时也有一些混合网络架构陆续提出。在 V2I 的网络体系结构中，第三代蜂窝系统 UMTS（universal mobile telecommunications system，通用移动通信系统）是一种固定的基础设施，可以提供远程有效的数据传输；第四代蜂窝系统 LTE 在 UMTS 的基础上增加了容量并提高了速率。与上述两种技术相比，5G 作为新一代移动通信技术，融合了当前多种先进技术，在传输时延、可靠性及通信覆盖范围等方面均有显著提升，甚至可以实现 1ms 的端到端传输时延，满足了车联网中各类应用业务的通信指标需求，已被广泛提出应用到车联网中。然而，虽然 5G 蜂窝设施的传输速率高、传输距离远，但仅使用 5G 蜂窝系统传输网络中所有类型的数据包势必会造成网络带宽的极大浪费，而且对一些传输性能要求较低的数据包是完全没有必要的，特别是在数据流量很大的情况下可能带来较大的拥塞，进而使整个网络传输性能下降。

作为一种公共交通系统，公交车能够为乘客提供便利的出行服务，也可以辅助车联网中的数据传输。一方面，基于公交车行驶路线构成的骨干网络可以保证覆盖城市的所有区域，有利于将消息传送到普通车辆出现较少的位置；另一方面，相比于普通车辆，公交车的通信传输半径较大，可以扩大数据包的传输范围，尤其是在车辆密度较低的情况下。

通过上述分析可以发现，使用公交车作为辅助中继有利于提高数据包的传输性能，5G 蜂窝技术的高效传输特性能够满足车联网中不同种类消息严苛的通信指标需求。基于以上考虑，本书提出混合传输框架下的公交车中继路由算法。

2.3.2 算法设计

本节针对不同种类数据包的传输需求问题给出相应的解决方案。首先，给出整体的消息传输网络架构。其次，为了降低通信链路断开的概率，提出基于时间预测的邻居表更新机制。最后，详细阐述并分析基于公交车辅助的时延非敏感型数据包路由算法与基于 5G 蜂窝网的时延敏感型数据包路由算法。

1. 算法概述

通过问题描述及上述分析，针对车联网中不同种类数据包的传输需求，本节提出在 V2V 和 5G 蜂窝网混合框架下的基于公交车中继的网络传输架构。首先，将数据包分为时延敏感型和时延非敏感型两种类型，然后根据不同类型数据包的通信传输需求，设计不同的消息转发策略，避免全部占用一条链路传输带来的链路拥塞。针对时延非敏感型数据包，考虑到自组织网比高性能的 5G 蜂窝网具有更低的传输成本，同时公交车具有通信传输范围大、轨迹覆盖城市各个位置的特点，故使用公交车作为辅助中继节点传输此类数据包；针对时延敏感型数据包，利用 5G 蜂窝网时延低、可靠性高、通信覆盖范围广的优势进行高效传输。

图 2-1 为本节提出的在 V2V 和 5G 蜂窝网混合框架下的基于公交车中继的混合消息传输网络架构，其中道路上行驶的车辆包括公交车和普通车辆两种类型。针对此架构做出如下假设。

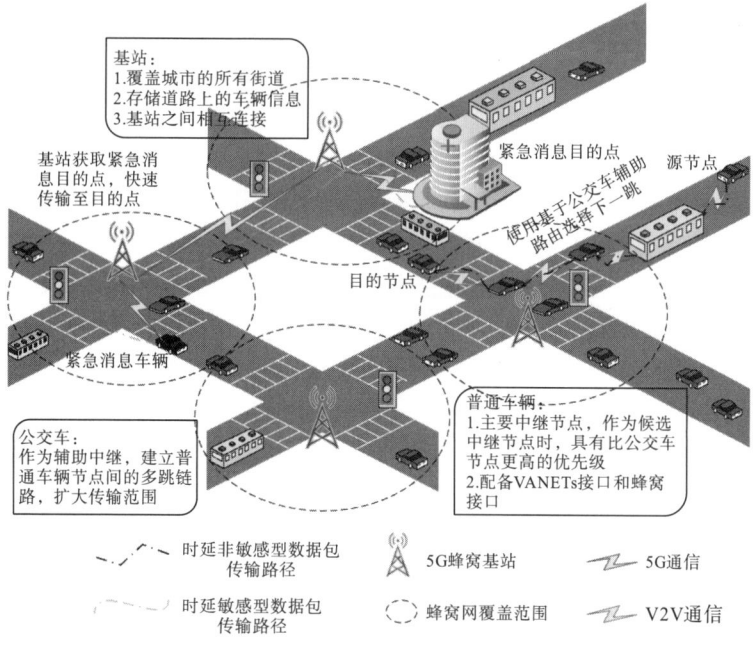

图 2-1 混合消息传输网络架构

（1）5G 蜂窝基站覆盖城市的每一条街道，基站之间相互连接并存储整个城市道路上的信息。

（2）所有车辆都配备车载单元和 GPS，每辆车可以通过 GPS 获取自己及其周围车辆的位置信息、速度信息，这些信息有助于在转发数据包时制定路由决策，选取最佳的下一跳。

（3）道路上行驶的车辆包括普通车辆和具有固定行驶轨迹的公交车，每一辆车都配备 5G 蜂窝基站和 VANETs 接口。车辆节点之间可以通过 VANETs 接口进行通信，车辆节点和 5G 蜂窝基站之间通过蜂窝接口进行通信。两个基站之间可以直接传输数据。

(4)进行下一跳路由选择时，普通车辆节点的优先级高于公交车节点。

针对时延非敏感型数据包的传输，采用基于公交车辅助中继的路由策略，图 2-1 是该策略在转发数据包时的一种传输场景。在源节点向目的节点发送数据包的过程中，可以看出在当前源节点周围的一跳邻居范围内不存在普通车辆节点，所以为了扩大传输范围，源节点将选择公交车作为中继节点并向其转发数据包，然后按照提出的路由策略依次选取普通车辆作为中继节点进行逐跳转发。如果在此过程中转发失败，当前节点则会携带数据包并在遇到合适的中继节点时转发，直到将数据包成功传输至目的节点为止。

针对时延敏感型数据包的传输，图 2-1 给出其中一种传输场景。在图 2-1 的混合消息传输网络架构中，道路上高速行驶的黑色车辆的驾驶员因某些原因突然感到身体不适，无法继续正常驾驶，急需紧急救援，在此危急时刻数据包的传输时间就是生命时间。此时携带紧急消息的车辆立即向距离自己最近的 5G 蜂窝基站上传紧急数据包，基站在接收到数据包后，立即获取数据包目的点的信息，即图 2-1 中右上角所示的医院位置。基站先对此目的点的位置进行评估，如果该目的点在其通信覆盖范围内，那么直接将数据包传送到目的点；如果该目的点不在其通信覆盖范围内，那么将数据包交付给其他基站进行传输。

图 2-2 为本节提出的数据包路由传输算法的执行流程图。当有数据包需要传输时，首先确定数据包的类型，如果是时延非敏感型的普通数据包，那么使用基于公交车辅助的路由策略中继转发；如果是时延敏感型的数据包，那么通过 5G 蜂窝网进行高速、可靠传输。

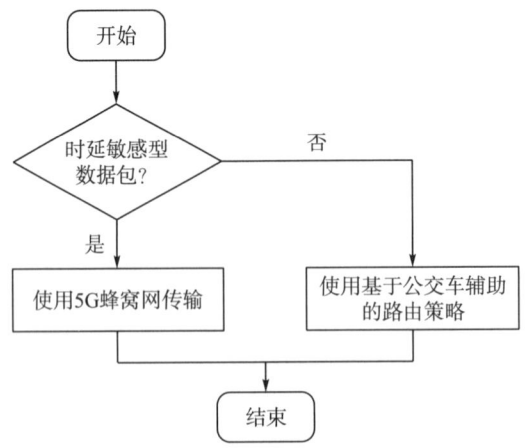

图 2-2　数据包路由传输算法流程

2. 基于时间预测的邻居表更新机制

本书中，车辆节点间通过周期性发送 Hello 数据包动态地获取邻居节点的信息，Hello 数据包中封装着车辆节点的身份标识 ID、位置矢量信息、速度矢量信息。如图 2-3 所示为其具体结构。车辆节点间通过 Hello 数据包的交互来维护节点各自的邻居列表 NeighborList，当前节点每收到一个来自其他车辆节点的 Hello 数据包，就会更改其 NeighborList 中对应的信息。NeighborList 的结构如图 2-4 所示，包括邻居节点身份类型标识 Vehicle_Type、邻居节点身份标识 ID、位置矢量 P、速度矢量 V。其中，邻居节点的身份类型包括普通车辆节点和公交车节点两种，Vehicle_Type 值为 1 时代表普通车辆节点，值为 0 时代表公交车节点。

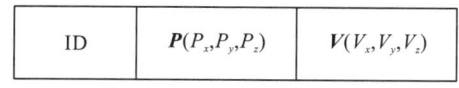

图 2-3 Hello 数据包结构

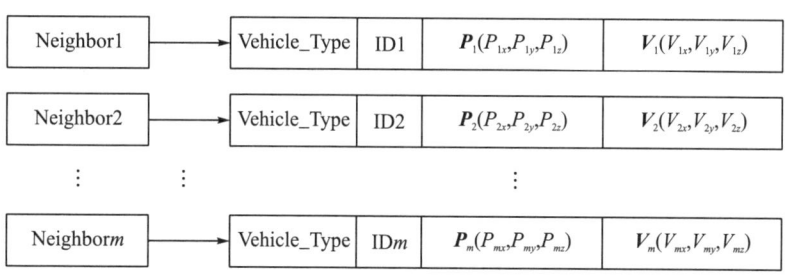

图 2-4 邻居列表结构

节点在发送数据包时，根据邻居列表中的信息制定路由策略，并选择合适的下一跳作为中继节点转发数据包。VANETs 中的车辆节点具有很高的移动性，其行驶速度和位置时刻变化，节点之间的通信链路会频繁断开，邻居列表的有效时间极短，因此 Hello 数据包的更新周期对路由决策具有重要影响。如果周期设置太长，邻居列表中的信息停滞时间过长，导致邻居节点在转发数据包前就已经行驶到通信范围外，但由于长时间未更新邻居列表，所以当前节点仍按照邻居列表中的信息将此节点选为下一跳中继并转发数据包，从而导致路由失败；如果周期设置过短，频繁发送 Hello 数据包将增加网络开销，同时也会影响正常数据包的传输。

针对此问题，本节提出基于时间预测的邻居表更新机制。该机制利用车辆节点的位置信息和状态信息对 Hello 数据包的更新周期进行预测，避免因邻居列表中信息失效导致通信链路断开带来的路由失败问题。

图 2-5 为车辆节点的运动模型。假设车辆节点间的无线通信范围为 R，t 时刻节点 M、N 的速度和位置坐标分别为 $(V_M、V_N)$ 和 (P_{M_x}, P_{M_y})、(P_{N_x}, P_{N_y})。两节点的速度矢量与水平方向夹角分别为 θ_M、θ_N。

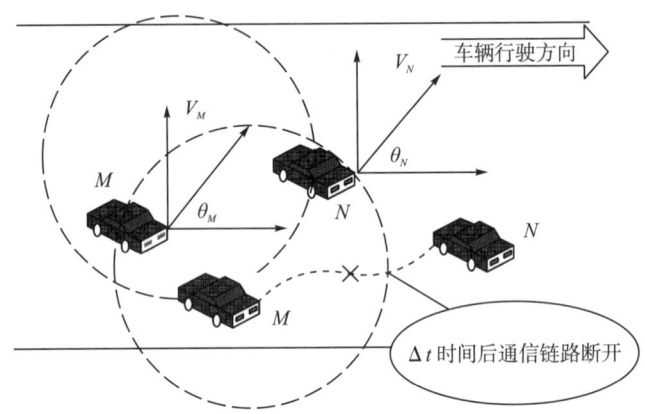

图 2-5 车辆节点的运动模型

首先，计算车辆节点经过 Δt 时间后的位置坐标，再根据位置坐标信息推导出链路的存活时间。

$$v = v + a \times \Delta t \tag{2-1}$$

$$x = x + \left(v \times \Delta t + \frac{1}{2} \times a \times \Delta t^2 \right) \cos \theta \tag{2-2}$$

$$y = y + \left(v \times \Delta t + \frac{1}{2} \times a \times \Delta t^2 \right) \cos \theta \tag{2-3}$$

将两车之间的距离记为 L，则

$$L = \sqrt{(P_{M_x} - P_{N_x})^2 + (P_{M_y} - P_{N_y})^2} \tag{2-4}$$

计算经过 Δt 时间后两车之间的距离 L，如果两车之间的距离 L 大于通信范围 R，那么表明原来建立的通信链路已断开。节点 M 和邻居节点 N 间的链路存活时间 $T_{\text{live}(M \to N)}$ 如式 (2-5) 所示，即

$$T_{\text{live}(M \to N)} = \frac{-(A \times B + C \times D) + \sqrt{(A^2 + C^2) \times R^2 - (A \times D - B \times C)^2}}{A^2 + C^2} \tag{2-5}$$

其中

$$A = V_M \cos\theta_M - V_N \cos\theta_N \tag{2-6}$$

$$B = P_{M_x} - P_{N_x} \tag{2-7}$$

$$C = V_M \sin\theta_M - V_N \sin\theta_N \tag{2-8}$$

$$D = P_{M_y} - P_{N_y} \tag{2-9}$$

因此，节点 M 的 Hello 数据包发送周期可以估计为

$$T_{\text{hello}}(M) = \min\left(T_{\text{live}(M\to N)}\right) \tag{2-10}$$

式中，$1 \leq N \leq$ NeighborNums，NeighborNums 为节点 M 的邻居节点的总数目。

通过对 Hello 数据包的发送时间进行预测，可以将邻居表的更新时间控制在合理范围，增加邻居节点信息的时效性，从而避免因更新时间过长造成的路由失败或频繁更新带来的开销问题。

3. 基于公交车辅助的时延非敏感型数据包路由

GPSR 只是单纯地将距离作为下一跳选择的约束条件，并没有考虑车辆行驶方向的影响，这很容易导致一种情况：被选择的下一跳节点满足距离约束条件，但其行驶轨迹却不断远离目的节点，当该节点被选作下一跳节点后，若其周围一跳范围内没有邻居节点存在，则被选作下一跳节点且背离目的节点行驶的车辆就会携带数据包朝不断远离目的节点的方向行驶，致使数据包的路由路径偏离正确的传输方向，从而带来不必要的传输时延，甚至导致路由失败。特别是携带数据包的车辆节点在高速行驶的情况下，影响更加严重。

如图 2-6 所示，假设节点 A 为源节点，节点 B、C、D 分别是节点 A 的邻居节点，节点 E 为目的节点。当节点 A 有数据包要发送时，按照 GPSR 算法的思想，节点 A 将数据包转发给距离节点 E 最近的节点 D，但节点 A 应选择邻居节点 C 而非节点 D 作为下一跳中继节点，因为节点 D 虽然距离目的点最近，但其行驶方向与目的节点 E 相反。假设此时数据包转发给邻居节点 D，在节点 D 收到数据包后因距离目的节点还有一段距离，而此时其邻居范围内不存在一跳中继节点，节点 D 将选择携带数据包向与目的节点相反的方向移动，并且距离节点 E 越来越远，最终导致数据包被丢弃。

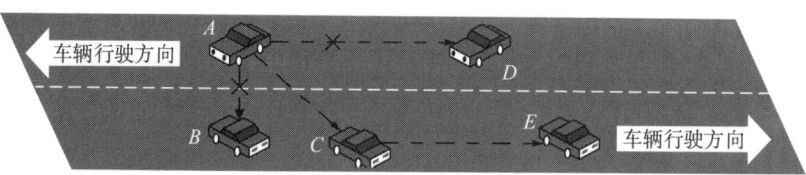

图 2-6　节点行驶方向的影响

针对上述问题，本节提出基于行驶方向和距离的路由算法。当传输范围内同时存在多个节点时，本节将行驶方向和距离作为下一跳选择的约束条件。

图 2-7 给出了下一跳中继节点选择的示意图。假设当前源节点为 S，目的节点为 D，下一跳中继节点为 R，三者的速度分别为 V_S、V_D 和 V_R，位置分别为 P_S、P_D 和 P_R，ΔRD 为节点 R 和 D 之间的相对距离矢量。

$$\begin{cases} V_S = (V_{S_x},\ V_{S_y}),\ P_S = (P_{S_x},\ P_{S_y}) \\ V_D = (V_{D_x},\ V_{D_y}),\ P_D = (P_{D_x},\ P_{D_y}) \\ V_R = (V_{R_x},\ V_{R_y}),\ P_R = (P_{R_x},\ P_{R_y}) \\ \Delta RD = \left(P_{D_x} - P_{R_x},\ P_{D_y} - P_{R_y}\right) \end{cases} \quad (2\text{-}11)$$

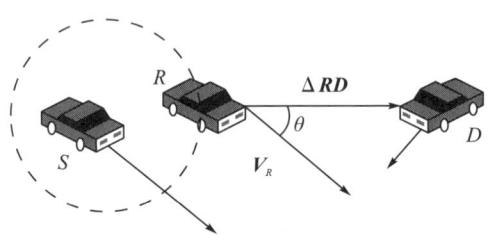

图 2-7 下一跳节点的选择

下一跳中继节点 R 和目的节点 D 之间的距离记为 Distance_{RD}，源节点 S 和目的节点 D 之间的距离记为 Distance_{SD}，则

$$\text{Distance}_{RD} = \sqrt{(P_{D_x} - P_{R_x})^2 + (P_{D_y} - P_{R_y})^2} \quad (2\text{-}12)$$

$$\text{Distance}_{SD} = \sqrt{(P_{D_x} - P_{S_x})^2 + (P_{D_y} - P_{S_y})^2} \quad (2\text{-}13)$$

下一跳中继节点 R 的速度 V_R 与目的节点和中继节点之间的相对距离矢量 ΔRD 的夹角记为 θ，则

$$\theta = \arccos\theta \quad (2\text{-}14)$$

$$\cos\theta = \frac{V_R \cdot \Delta RD}{|V_R| \cdot |\Delta RD|} = \frac{V_{R_x} \times \left(P_{D_x} - P_{R_x}\right) + V_{R_y} \times P_{D_y} - P_{R_y}}{\sqrt{(V_{R_x})^2 + (V_{R_y})^2} \times \sqrt{(P_{D_x} - P_{R_x})^2 + (P_{D_y} - P_{R_y})^2}} \quad (2\text{-}15)$$

此夹角能够反映下一跳中继节点相对于目的节点的行驶方向。当 $\theta > 90°$ 时，$\cos\theta$ 值为负值，若沿此方向行驶，二者之间的距离将增大，表明下一跳中继节点

正在驶离目的节点；反之，当 $\theta < 90°$ 时，表明当前下一跳中继节点正在驶向目的节点。

最后，综合考虑行驶方向与距离的影响，计算出每一个邻居节点的权重值 $\text{Weight}_{\text{value}}$，如式(2-16)所示。拥有最大权重值的节点将被选为下一跳中继节点，其中 α、β 分别为方向和距离的权重影响因子，并满足式(2-17)。

$$\text{Weight}_{\text{value}} = \alpha \times \cos\theta + \beta \times \frac{\text{Distance}_{SD} - \text{Distance}_{RD}}{\text{Distance}_{SD}} \quad (2\text{-}16)$$

$$\alpha + \beta = 1 \quad (2\text{-}17)$$

时延非敏感型数据包只要在一定时间内被转发到目的节点即可。因此，在没有合适的下一跳中继节点时，当前节点采用存储-转发策略携带数据包，直到遇到合适的中继节点。

公交车具有固定的行驶轨迹，能够覆盖整个城市的主干道，并且其通信传输范围较普通车辆大。因此，当一跳范围内没有合适的普通车辆节点时，可以将公交车作为辅助的中继节点，扩大传输范围，从而有利于提高端到端的传输成功率。当候选的邻居列表中有多辆公交车时，当前节点通过查询公交线路，选择距离目的地最近且靠近目的地行驶的公交车作为下一跳中继节点。

因此，基于公交车辅助的时延非敏感型数据包的路由算法的具体执行流程如算法 2-1 所示。

算法 2-1：基于公交车辅助的时延非敏感型数据包路由算法

S=源节点
D=目的节点
N=下一跳节点
1:　while $N \neq D$ 时 do
2:　　if 数据包存活时间达到
3:　　　丢弃数据包
4:　　else if NeighborCar $\neq$ null then
5:　　　计算 S 的 NeighborCar 中每个节点的 $\text{Weight}_{\text{value}}$
　　　　选择权重值最大的普通车辆节点作为 N
　　　　转发数据包给 N
6:　　else if NeighborBus $\neq$ null then
　　　　S 选择距离目的地最近且靠近目的地行驶的公交车作为 N
　　　　转发数据包给 N
7:　　else
　　　　当前节点携带数据包，直到遇到合适的 N
8:　　end if
9:　end while

---

4. 基于 5G 蜂窝网的时延敏感型数据包路由

5G 蜂窝网引入移动边缘计算 (mobile edge computing, MEC) 技术。通过在用户终端设备附近部署边缘计算,数据无须传送到远端数据中心便可被处理,极大地缩短了传输距离,减少了数据转发时经过的网络节点个数,从而降低了传输时延。这样,传输至 MEC 的数据在网络边缘就可以被处理,而不需要经过核心网回传,降低了通信时延。相比于云计算多用户共享计算资源的工作模式[8],MEC 采用服务邻近少量用户的方式,减轻了同时处理多用户负载的带宽压力,进而降低了数据处理的计算时延。

毫米波具有丰富的频谱资源,其所处频段在 30~300GHz,对应的波长为 1~10mm。文献[9]指出,处于 60GHz 频段的毫米波每传输 1km,功率损耗为 16dB。与 4G 相比,5G 更具有场景化和较佳的性能,其用户端的数据传输速率比 4G 快百倍,传输时延相当于 4G 的 10%左右,支持的连接密度是 4G 的 10 倍以上。

图 2-8 为 5G 蜂窝网在车联网中应用的系统模型,车辆节点可以通过 5G 蜂窝基站将信息数据上传到云平台,经过 MEC 分析处理后,再按照不同业务进行网络切片,最后通过 5G 蜂窝网传送给终端车辆节点。

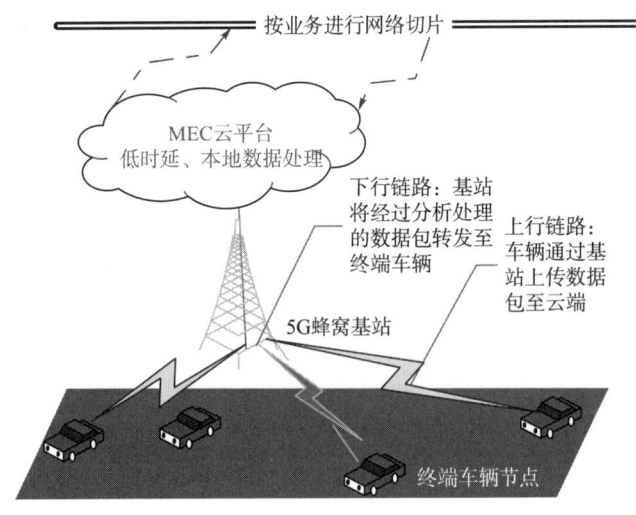

图 2-8 5G 车联网系统模型

时延敏感型数据包的传输时延主要来自车辆节点和 5G 蜂窝网之间的无线传输。下面给出对其传输时延的详细分析,5G 蜂窝网使用毫米波进行无线传输,根据文献[10]和文献[11]中毫米波的信道传输模型,相距为 d 的发送端和接收端之间的无线信道传输损耗可以用式(2-18)计算,其中,$\xi \sim (\sigma^2)$。

$$\text{PL}[\text{dB}] = 69.6 + 20.9\lg d + \xi \tag{2-18}$$

根据文献[12],在只考虑噪声的条件下,接收端即 5G 蜂窝基站处的信噪比 SNR 可用式(2-19)计算。

第 2 章 车联网中基于公交车中继的路由算法

$$\mathrm{SNR}[\mathrm{dB}] = P_s[\mathrm{dB}] - \mathrm{PL}[\mathrm{dB}] - N_0 W_{\mathrm{mW}}[\mathrm{dB}] \tag{2-19}$$

式中，P_s 为发送端节点的发送功率；N_0 为高斯白噪声的功率谱密度；W_{mW} 为 5G 蜂窝网中的毫米波频带带宽。当接收端的信噪比 SNR 大于信噪比门限值 S_{th} 时，接收端基站便可以接收发送端车辆节点的消息，即在通过单跳转发的无线传输链路中，消息传输成功的概率 P_f 可以用式(2-20)计算。

$$\begin{aligned}
P_f &= P(\mathrm{SNR}[\mathrm{dB}] \geqslant S_{\mathrm{th}}[\mathrm{dB}]) \\
&= P(P_s[\mathrm{dB}] - \mathrm{PL}[\mathrm{dB}] - N_0 W_{\mathrm{mW}}[\mathrm{dB}] \geqslant S_{\mathrm{th}}[\mathrm{dB}]) \\
&= P(\mathrm{PL}[\mathrm{dB}] \leqslant P_s[\mathrm{dB}] - S_{\mathrm{th}}[\mathrm{dB}] - N_0 W_{\mathrm{mW}}[\mathrm{dB}]) \\
&= P(\xi \leqslant P_s[\mathrm{dB}] - S_{\mathrm{th}}[\mathrm{dB}] - N_0 W_{\mathrm{mW}}[\mathrm{dB}] - 69.6 - 20.9 \lg d) \\
&= \frac{1}{2}\left\{ 1 + \mathrm{erf}\left(\frac{\varphi(d)}{\sqrt{2}\sigma} \right) \right\}
\end{aligned} \tag{2-20}$$

式中，$\mathrm{erf}(\cdot)$ 为误差函数，且

$$\varphi(d) = P_s[\mathrm{dB}] - S_{\mathrm{th}}[\mathrm{dB}] - N_0 W_{\mathrm{mW}}[\mathrm{dB}] - 69.6 - 20.9 \lg d \tag{2-21}$$

用毫米波进行通信传输，消息从发送端到接收端的时间长度为 t_{slot}，可以得到消息的单跳传输时延，即车辆节点将数据包转发到 5G 蜂窝基站的传输时延 $T_{\mathrm{hop}}(d)$ 的表达式为

$$T_{\mathrm{hop}}(d) = \frac{t_{\mathrm{slot}}}{P_f} = \frac{2 t_{\mathrm{slot}}}{1 + \mathrm{erf}\left(\dfrac{\varphi(d)}{\sqrt{2}\sigma} \right)} \tag{2-22}$$

因此，5G 蜂窝网可以实现低时延、高速率、大带宽传输，其下行速率可以达到 500Mbit/s，上行速率可以达到 100Mbit/s，端到端最小延迟为 1ms。

通过上述分析，基于 5G 蜂窝网的时延敏感型数据包路由算法的具体执行流程如算法 2-2 所示。

算法 2-2：基于 5G 蜂窝网的时延敏感型数据包路由算法

S=源节点
D=目的节点
1： S 将数据包转发至距离自己最近的基站
2： 基站对收到的数据包进行处理
3： **if** D 在当前基站的通信覆盖范围内
4： 　将数据包直接发送到 D
5： **else**
6： 　当前基站通过搜索找到距离 D 最近的基站
7： 　借助该基站将数据包转发到 D
8： **end**

2.3.3 仿真结果及分析

本节使用网络仿真模拟器 OMNet++ 和车载网络通信仿真框架 Veins 对前面阐述的基于公交车中继的路由算法进行仿真测试，然后选取相应的对比算法比较其路由性能，并给出仿真结果及分析。

1. 仿真环境及参数设置

本书的仿真平台搭建在 64 位 win7 系统上，使用网络仿真模拟器(OMNet++ 5.4.1)和车载网络通信仿真框架(Veins 4.7.1)对车载网络中数据包的路由传输过程进行仿真模拟；使用道路交通仿真软件(Sumo 0.30.0)创建公交车的行驶线路和普通车辆的行驶轨迹；仿真地图的范围为 2000m×2000m。表 2-1 给出了本节仿真参数的设置。

表 2-1 仿真参数表

参数	数值
仿真地图范围/m²	2000×2000
每条路上车道数量	2
车辆速度/(m/s)	5～30
车辆数量/辆	100～500
通信半径/m	250
5G 覆盖范围/m	1000
MAC 协议	IEEE802.11p
传输速率/Mbps	6
数据包大小/bytes	512
数据包发送间隔/s	1
仿真时间/s	100

每一个车辆节点都有一个初始位置、速度、加速度和行驶方向，整个网络每隔 1s 随机产生一对源目节点进行数据包的传输。将本书提出的在 V2V 和 5G 蜂窝网混合传输框架下基于公交车中继的路由算法记为 BRR-5G，将 V2V 模式下的基于公交车辅助的时延非敏感型数据包的路由算法记为 BRR。为了比较 5G 蜂窝网的引入对数据包路由性能的影响，分别对 BRR-5G 和 BRR 算法进行仿真测试，并选取文献[13]中的 V2R 算法作为对比算法，该算法主要以路侧单元(RSU)作为辅助基础设施，使用无线传输和有线传输结合的方式转发数据包。

2. 仿真结果分析

为了分析路由算法的性能，选取数据包传输成功率、端到端时延、平均传输跳数作为衡量路由性能的指标。本节分别仿真了不同网络场景对路由算法的数据包传输成功率、端到端时延及平均端到端传输跳数的影响。

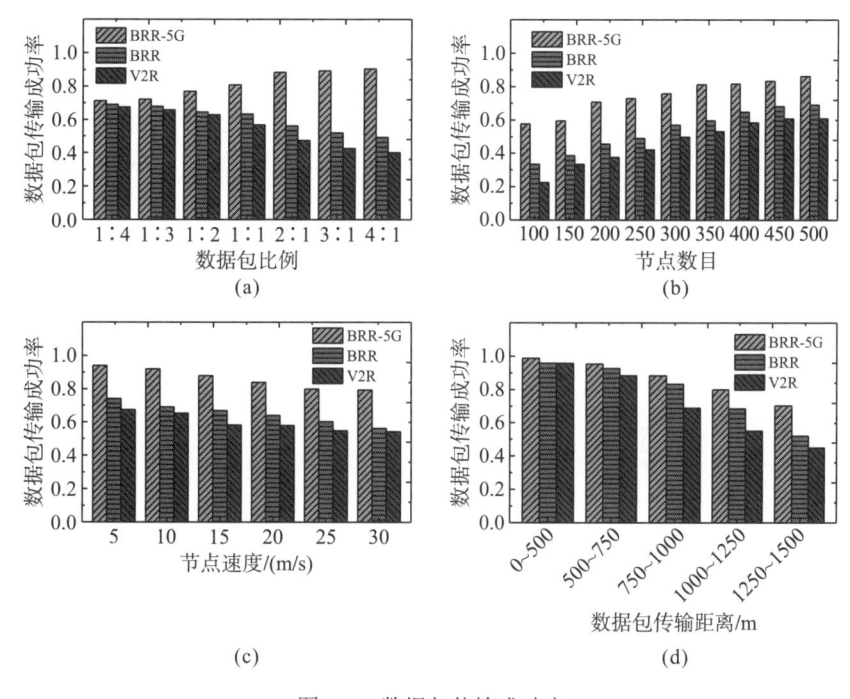

1) 数据包传输成功率

数据包传输成功率是指目的节点成功接收的数据包总数目与源节点发送的数据包总数目之比。本节分别仿真了不同数据包比例、节点数目、节点速度、数据包传输距离的数据包传输成功率，结果如图 2-9 所示。

图 2-9 数据包传输成功率

(a) 传输成功率随数据包比例的变化； (b) 传输成功率随节点数目的变化；
(c) 传输成功率随节点速度的变化；   (d) 传输成功率随数据包传输距离的变化

图 2-9(a) 表示在数据包总数目一定的情况下，两种类型的数据包在不同比例（时延敏感型数据包总数目：时延非敏感型数据包总数目）下的数据包传输成功率。其中，时延敏感型数据包由总数目的 1/5 增加到总数目的 4/5。从图中可以看出，随着时延敏感型数据包所占比例的增加，BRR-5G 算法的数据包传输成功率逐渐增大，BRR 算法和 V2R 算法的数据包传输成功率逐渐减小，BRR 算法的性

能优于 V2R 算法。这是因为基于混合传输框架的 BRR-5G 算法使用不同的传输机制传输两种类型的数据包，避免了全部采用单一传输方式导致的链路拥塞。同时，在数据包总数目一定的情况下，随着时延敏感型数据包数目的增加，BRR-5G 算法使用具有传输时延低、可靠性高的蜂窝网传输时延敏感型数据包，而另外两种算法的传输时延由于无法满足时延敏感型数据包时延的需求，所以数据包在未到达目的节点之前便因存活时间到达而被丢弃，数据包传输成功率下降。因此，5G 蜂窝网的引入有助于提高数据包的传输成功率。BRR 算法的数据包传输成功率优于 V2R 算法，这是因为 BRR 算法通过对邻居列表的更新时间进行预测，保证了邻居列表中节点信息的时效性，提高了通信链路的稳定性；并且当在一跳范围内没有普通车辆节点存在时，使用公交车作为辅助的转发节点，扩大了通信范围，提高了数据包传输成功率。

图 2-9(b) 表示不同节点数目下的数据包传输成功率。其中，节点数目在 100～500 均匀增加。从图中可以看出，在节点数目增加的同时，三种算法的传输成功率逐渐提升。主要原因是随着节点数目的增加，网络的连通度增大，所以节点间数据包逐跳传输的成功率也增加。由于 5G 蜂窝网的覆盖范围大，传输距离远，所以在节点数目较少的情况下，其传输性能所受的影响较小。相比于 V2R 算法，BRR 算法在网络连通度较低的情况下通过采用存储转发策略，同时使用行驶轨迹途经目的点的公交车携带数据包，提高了数据包传输成功率。V2R 算法优先使用 RSU 传输数据包，但 RSU 的传输容量有限，随着节点数目的增加，RSU 处理的数据包数量增多，无法立即处理的数据包就会被存储在缓存队列中，于是某些数据包因等待时间过长而被清除，故数据包传输成功率降低。

图 2-9(c) 表示不同节点速度下的数据包传输成功率。其中，节点速度在 5～30m/s 均匀增加。从图中可以看出，三种算法的数据包传输成功率受节点速度变化的影响不大，BRR-5G 算法和 BRR 算法的性能优于 V2R 算法。这是因为相对于 V2R 算法而言，BRR 算法通过计算邻居节点间通信链路的生存时间及时更新邻居列表的信息，避免了因节点运动速度过快而导致的通信链路失效。BRR-5G 算法使用基于公交车辅助的路由策略转发普通类型的数据包，所以具有和 BRR 算法相似的变化趋势，但由于其使用 5G 蜂窝网传输时延敏感型数据包，所以它比只使用单一传输方式的 BRR 算法具有更高的数据包传输成功率。

图 2-9(d) 表示不同数据包传输距离下的数据包传输成功率。从图中可以看出，当数据包传输距离小于 500m 时，三种算法的数据包传输成功率相近。随着传输距离的逐渐增加，三种算法的数据包传输成功率逐渐下降。BRR-5G 算法和 BRR 算法的性能优于 V2R 算法。这是因为 BRR-5G 算法使用 5G 蜂窝网传输时延敏感型数据包能够保证长距离传输的可靠性，避免了多跳转发过程带来的路由失败。相比于 V2R 算法，BRR 算法在长距离传输过程中使用具有固定行驶轨迹且途经目的点的公交车辅助转发扩大了传输范围，并在一跳范围内无可用中继节点时能

够携带数据包直到目的节点，从而提高了数据包的传输成功率。

综上所述，在不同数据包比例、节点数目、节点速度和数据包传输距离的条件下，BRR 算法的数据包传输成功率优于 V2R 算法。同时，BRR-5G 算法引入了 5G 蜂窝网辅助传输，这在一定程度上提高了数据包传输成功率。

2) 数据包端到端时延

数据包端到端时延是指在从开始发送数据包到目的节点接收到数据包为止的整个传输过程中，成功传输的数据包总时延与成功接收的数据包总数目之比，即平均时延。本节分别仿真了不同数据包比例、节点数目、节点速度、数据包传输距离下的端到端时延，结果如图 2-10 所示。

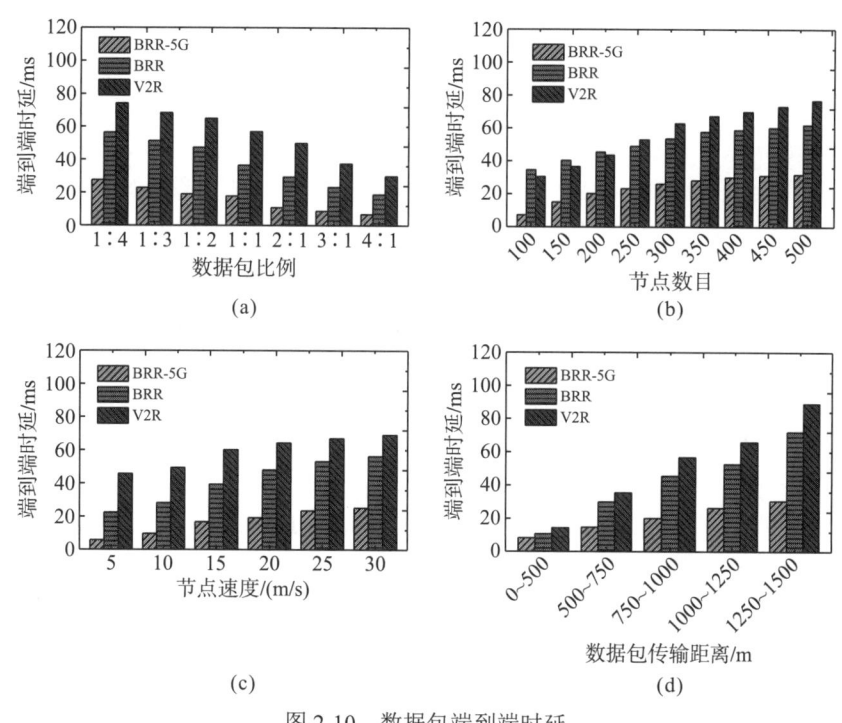

图 2-10 数据包端到端时延

(a) 端到端时延随数据包比例的变化； (b) 端到端时延随节点数目的变化；
(c) 端到端时延随节点速度的变化； (d) 端到端时延随数据包传输距离的变化

图 2-10(a) 表示在数据包总数目一定的情况下，两种类型的数据包在不同比例(时延敏感型数据包总数目：时延非敏感型数据包总数目)下的端到端时延。从图中可以看出，三种算法的端到端时延随着数据包比例(时延敏感型数据包总数目：时延非敏感型数据包总数目)的增加而降低。相比于 BRR 算法和 V2R 算法，

BRR-5G 算法的性能最优，而 BRR 算法优于 V2R 算法。这是因为在数据包总数目一定的情况下，随着时延敏感型数据包数目的增加，普通类型数据包的传输数量减少，BRR-5G 算法基于混合网络传输框架，使用具有低时延的蜂窝网传输时延敏感型数据包，从而极大地降低了平均端到端时延。相比于 V2R 算法，BRR 算法在进行中继节点选择时，选取距离目的节点最近且行驶方向和目的节点同向的节点作为下一跳，所以减少了反向行驶的车辆节点携带数据包产生的存储时延，缩短了数据包的传输时延。

图 2-10(b) 表示在不同节点数目下的端到端时延。从图中可以看出，在节点数目增加的同时，三种算法的端到端时延也在增大。主要原因在于节点数目的逐渐增加使 BRR 算法和 V2R 算法进入周边转发模式，当算法处于周边转发模式时，中间节点的转发次数会产生大量冗余，这一过程使传输时延增加。当节点数目分别为 100、150 和 200 时，BRR 算法的传输时延高于 V2R 算法，这是因为其节点数目少，网络连通度低，在找不到合适的中继节点时，BRR 算法采用存储转发策略，从而使端到端时延增大。随着节点数目的增加，BRR 算法的端到端时延低于 V2R 算法，这是因为节点数目增加，V2R 算法的网络负载变大，RSU 的缓存队列存储了较多的数据包，需要很长的排队等待时间，所以端到端传输时延增加。BRR-5G 算法使用基于公交车中继的路由策略转发普通类型的数据包，故具有和 BRR 算法相似的变化趋势，但由于其使用 5G 蜂窝网传输时延敏感型数据包，有效地提升了数据传输速率，因此比 BRR 算法具有更低的端到端时延。

图 2-10(c) 表示在不同节点速度下的端到端时延。从图中可以看出，在节点速度增加的同时，三种算法的端到端时延呈逐步上升的趋势。这是因为节点速度增加，节点间通信链路的稳定性下降，链路断开的概率变大，数据包重新路由的存储等待时间增加了端到端时延。相比于 V2R 算法，一方面，BRR 算法通过计算邻居节点间通信链路的生存时间并及时更新邻居列表的信息，避免了无效节点的选取；另一方面，BRR 算法使用公交车作为辅助节点，相比于普通车辆，公交车的行驶速度均匀缓慢，因而能够在一定程度上保证通信链路稳定，减少数据包重新路由的存储等待时间，从而改善了端到端时延。5G 蜂窝网支持高移动性的网络场景，所以节点速度的变化对其影响并不大，但节点速度的增加导致其位置变化较快，目的节点的位置时刻变化，因此数据包需要经过多个基站中转才可以将其传输至目的节点。

图 2-10(d) 表示数据包在不同传输距离下的端到端时延。从图中可以看出，当传输距离小于 500m 时，三种算法的端到端时延差异不大，随着数据包传输距离的增加，三种算法的端到端时延逐渐变大。与 V2R 算法和 BRR 算法相比，BRR-5G 算法的性能最优。这是因为长距离传输时，数据包经过一系列节点的转发过程，由于目的节点的位置是时刻变化的，所以在选择路由路径时，需要不断地根据目的节点的位置信息变化选取合适的中继节点，故增加了端到端传输时延。BRR-5G 算法使用蜂窝网传输时延敏感型数据包，其覆盖范围大，传输距离长，数据包无

须经过多跳转发便可传输至目的节点,所以端到端时延最小。V2R 算法使用 RSU 转发数据包,但 RSU 的覆盖范围有限,在长距离传输时,RSU 无法把数据包直接传送至距离目的节点最近的中继节点,所以数据包需要经过多跳通信才能到达目的节点,同时数据包在到达 RSU 后首先存储在缓存队列中等待处理,故增加了端到端时延。BRR 算法在选择中继节点时,通过对邻居列表的更新时间进行计算,可以实时地获取到目的节点的位置信息,并选取合适的中继节点,减少了数据包重新路由的次数,从而降低了端到端时延。

综上所述,在不同数据包比例、节点数目、节点速度和数据包传输距离的变化下,BRR 算法的端到端时延性能优于 V2R 算法。同时,BRR-5G 算法引入蜂窝网进行辅助传输,在一定程度上降低了数据包的端到端时延。

3) 数据包平均传输跳数

平均传输跳数是指在数据包从源节点传输至目的节点的过程中,所经过中间节点转发的总次数与成功传输的数据包总数目之比。本节分别仿真了不同数据包比例、节点数目、节点速度、数据包传输距离下端到端的平均传输跳数,结果如图 2-11 所示。

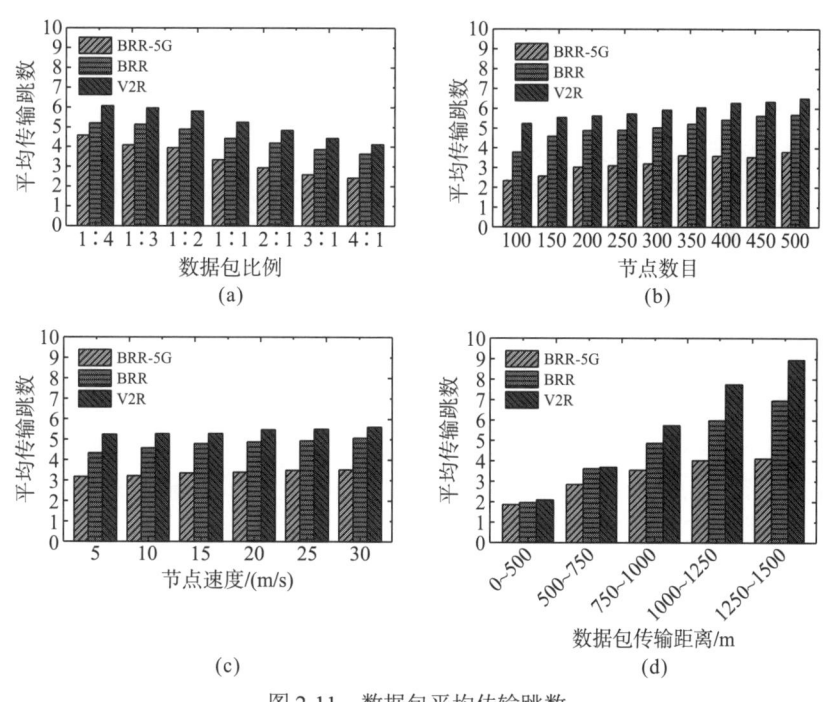

图 2-11 数据包平均传输跳数

(a) 平均传输跳数随数据包比例的变化; (b) 平均传输跳数随节点数目的变化;
(c) 平均传输跳数随节点速度的变化; (d) 平均传输跳数随数据包传输距离的变化

图 2-11(a)表示在数据包总数目一定时，两种类型的数据包在不同比例(时延敏感型数据包总数目：时延非敏感型数据包总数目)下的平均传输跳数。从图中可以看出，随着时延敏感型数据包比例的增加，三种算法的数据包端到端平均传输跳数呈下降趋势。相比于 BRR 算法和 V2R 算法，BRR-5G 算法的性能最优，而 BRR 算法的性能优于 V2R 算法。这是因为 BRR-5G 算法使用 5G 蜂窝网传输时延敏感型数据包，其覆盖范围大，传输距离长，数据包无须经过多跳转发便可被传送到目的节点，因而端到端平均传输跳数最小。相比于 V2R 算法，BRR 算法在进行中继节点选择时，一方面，综合相对于目的节点的距离和行驶方向确定下一跳中继节点，避免了冗余节点的选择；另一方面，使用公交车节点进行辅助转发，扩大了数据包一跳传输的距离，从而减小了端到端的平均传输跳数。

图 2-11(b)表示在不同节点数目下的端到端平均传输跳数。从图中可以看出，三种算法的端到端平均传输跳数随节点数目的增加而增大，主要原因在于节点数目的逐渐增加使 BRR 算法和 V2R 算法进入周边转发模式，当算法处于周边转发模式时，中间节点的转发次数会产生大量冗余，数据包被多次转发，这一过程会导致平均端到端跳数增加。V2R 算法使用 RSU 转发数据包，随着节点数目的增加，RSU 的负载变大，当传输容量低于阈值时，数据包被重新传输给附近的车辆节点，接收到数据包的节点需要根据目的节点的位置重新选择下一跳中继节点，由此增加了数据包的转发次数，导致端到端的平均传输跳数增大。而 BRR 算法使用公交车节点辅助转发，扩大了传输范围，增加了数据包的一跳传输距离，这在一定程度上减小了端到端的平均传输跳数。

图 2-11(c)表示在不同节点速度下的端到端平均传输跳数。从图中可以看出，随着节点运动速度的增加，三种算法的端到端平均传输跳数呈上升趋势。这是因为随着速度增加，节点间通信链路的稳定性下降，链路断开的概率变大，数据包重新路由的存储等待过程增加了数据包被转发的次数，导致端到端平均传输跳数增加。BRR-5G 算法使用 5G 蜂窝网传输时延敏感型数据包，其覆盖范围大，传输距离远，数据包无须经过多跳转发便可被传输给目的节点，因此端到端的平均传输跳数最小。BRR 算法相比于 V2R 算法具有较好的性能，这是因为 BRR 算法通过计算邻居节点间的通信链路生存时间及时更新邻居列表，避免了无效节点的选取，减少了数据包被转发的次数。

图 2-11(d)表示数据包在不同传输距离下的端到端平均传输跳数。从图中可以看出，当传输距离小于 500m 时，三种算法的端到端平均传输跳数的差异不大，随着数据包传输距离的增加，三种算法的端到端平均传输跳数呈上升趋势。与 V2R 算法和 BRR 算法相比，BRR-5G 算法的性能最佳。结合图 2-10(d)的数据包传输距离对端到端传输时延影响的结果分析，很容易得出图 2-11(d)中的结果。

综上所述，在不同数据包比例、节点数目、节点速度和数据包传输距离的影响下，BRR 算法的平均传输跳数优于 V2R 算法。同时，BRR-5G 算法引入 5G 蜂窝网进行辅助传输,在一定程度上减小了数据包的平均传输跳数。

2.4 面向静态终点的公交车轨迹辅助路由算法

2.4.1 问题描述

在车联网中,装备有车载单元的移动车辆可以不借助道路基础设施自发形成自组织网络[14,15]。当源节点与其通信范围内的某个节点进行通信时,通信节点使用 DSRC 技术,通过它们之间的单跳链接进行直接通信;相反,源节点通常采用多跳转发的方式与目的节点进行通信,借由其与目的节点之间的中继车辆以"携带-转发"的模式转发数据包[16,17]。然而,受司机主观意识和道路交通等多种因素的影响,车辆的移动具有随意性和无规律性,所以节点在网络中的分布不均匀[18]。在车辆节点密集的网络中,中继车辆能够高效地以"携带-转发"的方式转发数据包,并且能够取得良好的路由性能;在车辆节点稀疏的网络中,中继车辆在转发数据包的过程中很难找到下一跳中继节点,而这将引起丢包和重传。另外,车联网节点的高移动性将造成网络拓扑结构频繁改变[19,20]。因此,传统移动自组织网络的路由方法已不再适用于城市车联网。

作为车联网基础设施,沿道路部署的路边单元能够对车联网中的数据进行暂时存储和转发,故其能够充当路由器来辅助车辆通信[21]。然而,依靠 RSU 进行数据传输的路由性能受 RSU 数量和位置的限制。只有在网络中密集地部署 RSU 才能实现 RSU 可用性的最大化和稳定的数据包传输服务,否则在 RSU 覆盖范围之外将有盲区存在[22]。但是,RSU 的部署和管理会造成大量的开销,同时受限的地理位置将造成 RSU 与快速移动的车辆的连接时间非常短暂[23]。因此,通过部署大量 RSU 来提高路由性能的路由策略是不可取的。

在城市中,公交车遍布城市的主干道,有着固定的行驶线路和发车间隔[24,25]。与一般车辆相比,公交车网络具有覆盖范围广、分布相对均匀、固定行驶线路和规律性服务等特点[26]。基于公交车网络的特点,许多研究者发现公交车网络非常适合应用于城市车联网中车辆与固定节点通信的路由设计。为了解决城市车联网路由设计中存在的问题,研究者提出了基于公交车的车联网架构和基于公交车线路的路由策略。但是,现有的基于公交车的路由策略都是以节点为中心的路由思想,它们将公交车作为路由过程中的唯一中继,并基于公交车的轨迹信息选择中继公交车。然而,事实上,位于不同行驶线路上的公交车只能在它们行驶线路的重叠部分相遇。在数据包路由的过程中,若相邻两跳的中继公交车具有不同的行驶线路,则只有当这两个中继节点在其线路的重叠部分相遇时才能进行数据包的传递；一旦中继节点错过了相遇，就需要等待它们下一次相遇，而这在实际的道路交通中经常发生。另外，在已有的基于公交车的路由策略中，公交车是唯一的中继节点，而普通车辆只能作为通信中的端节点，因此公交车承担了网络中所有数据的转发任务；同时，公交车的数量远少于普通车辆的数量，因此现有的基于公交车的路由策略可能会引起网络拥塞。

根据城市公交车网络的特点，公交车网络有利于城市车联网中的车辆与固定节点的通信，从而在一定程度上提高了路由性能。但是，针对城市车联网中车辆与固定节点通信的问题，如何解决现有的基于公交车路由存在的问题并改进现有的基于公交车的路由策略使其具有高效的路由性能仍有待研究。

2.4.2 网络模型

针对城市车联网中车辆与固定节点的通信，本书提出基于公交车的两层车联网结构，如图 2-12 所示。在基于公交车的两层车联网结构中，所有车辆节点装备有车载单元和 GPS，能够通过短距离无线通信技术（如 DSRC）与通信范围内的其他车辆节点进行通信；底层节点作为辅助中继寻找符合条件的下一跳中继公交车并建立两个中继公交车节点之间的多跳链路；公交车作为主要中继节点构成了高层网络，与底层节点相比，高层节点还具有数字地图、城市公交车线路信息和较大的车载处理单元，其主要功能有为待传数据包制定路由路径、寻找下一跳中继公交车和转发信息。

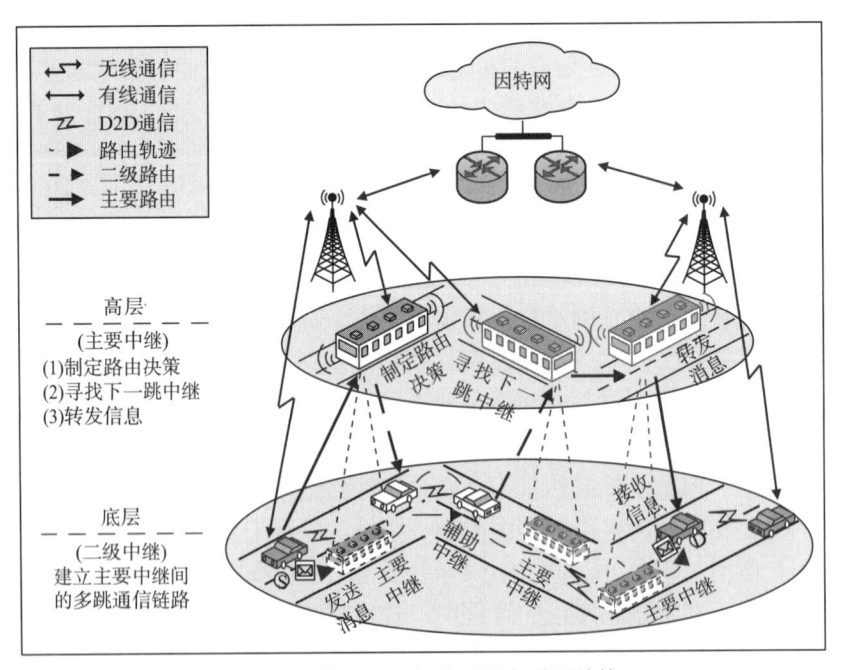

图 2-12 基于公交车的两层车联网结构

在本书提出的基于公交车的车联网结构中,高层节点和底层节点都具有接收、发送和转发数据包的能力。因此,信息传输不再完全依赖于公交车中继,充分发挥了车辆自组织网络的优点。每个车辆节点通过周期性地广播车辆的信标(Beacon)消息来实现相邻节点间的感知。Beacon 消息的格式如图 2-13 所示,包括车辆节点标识、车辆位置向量、车辆速度向量、车辆所在街道 ID。每个节点还在本地存储一个邻居信息(NeighborInfo)表来保存通信范围内邻居节点的信息,通过周期性地检查并删除 NeighborInfo 表中过期的邻居节点来管理 NeighborInfo 表。NeighborInfo 表的结构如图 2-14 所示,包括邻居节点标识 ID、位置向量 P、速度向量 V、所在街道标识 RoadID 及与邻居节点的连接生命周期(link lifetime,LT)。

| ID | $P<P_x,P_y,P_z>$ | $V<V_x,V_y,V_z>$ | RoadID |

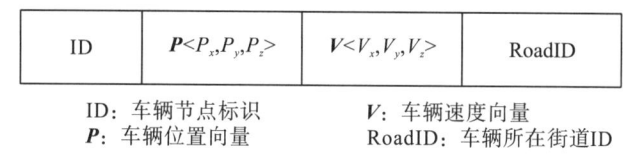

ID:车辆节点标识　　　　　V:车辆速度向量
P:车辆位置向量　　　　　RoadID:车辆所在街道 ID

图 2-13　Beacon 消息格式

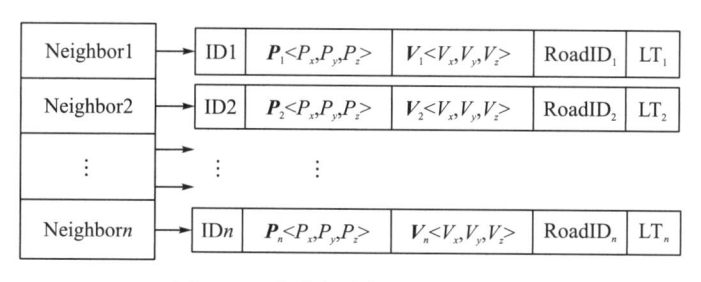

Neighbor1	→	ID1	$P_1<P_x,P_y,P_z>$	$V_1<V_x,V_y,V_z>$	RoadID$_1$	LT$_1$
Neighbor2	→	ID2	$P_2<P_x,P_y,P_z>$	$V_2<V_x,V_y,V_z>$	RoadID$_2$	LT$_2$
⋮	→	⋮	⋮	⋮	⋮	⋮
Neighbor$n$	→	IDn	$P_n<P_x,P_y,P_z>$	$V_n<V_x,V_y,V_z>$	RoadID$_n$	LT$_n$

图 2-14　本地存储邻居信息表格式

2.4.3　算法设计

针对城市车联网中车辆与固定节点通信的路由所面临的问题,本节提出基于公交车轨迹并以街道为中心的路由(bus trajectory-based street-centric routing,BTSC)方案。首先,根据公交车的轨迹信息建立基于公交车轨迹的路由图。然后,为具体的通信对象选取一组街道序列来指定数据包的路由轨迹。在路由过程中,当下一跳中继公交车位于当前中继公交车的范围内时,当前中继公交车通过单跳链路向下一跳中继公交车转发数据包;否则,当前中继公交车将采用基于蚁群优化算法的转发策略(forwarding strategy with ACO,FACO)来传递数据包。公交车执行蚁群优化算法来发现下一跳中继公交车,并搜索一条与下一跳中继公交车之间的多跳链路。若该多跳链路上的中继节点为普通车辆,辅助中继以"携带-转发"的方式将数据包传递给下一跳中继公交车。在整个路由过程中,公交车作为主要中继来制定路由决策并发现下一跳中继,普通车辆作为辅助中继在两个主要中继之间建立多跳链接。

1. 基本思想

在城市环境中,公交车遍布城市街道,覆盖范围较广,具有分布相对均匀、固定线路和规律性服务等特点。基于公交车的优点,本节针对车辆与固定节点通信提出 BTSC 算法来提高其通信性能。首先,根据公交车线路轨迹信息,分析每条街道出现公交车的概率,并基于公交车轨迹建立能够反映每条街道公交车出现概率的路由图。然后,在路由前,BTSC 算法根据目的节点的位置信息选择一组公交车出现概率较大的街道序列作为路由轨迹。由于中继车辆采用"携带-转发"的方式传递数据包,当中继车辆行驶路线偏离路由轨迹时,数据包的转发方向也将偏离路由路径,从而引起丢包和重传。为了避免因数据包转发方向偏离选择的路由路径引起的丢包问题,本节提出两个路由路径选取指标,即街道连贯性概率(probability of street consistency,PSC)和路径连贯性概率(probability of path consistency,PPC),旨在选出一组公交车密度大且路径连贯性高的街道序列。BTSC 方案将采用路由路径选择算法(selection algorithm of the routing rath,SRP)选择出路由路径。最后,在路由过程中,每个中继公交车将沿路由路径选出下一跳中继公交车并向该中继公交车转发数据包。若当前中继公交车在其通信范围内找到了下一跳中继公交车,则当前中继公交车可以通过单跳链接将数据包传递给下一跳中继公交车;否则,当前中继公交车将采用基于蚁群优化算法的转发策略来搜索下一跳中继公交车并与之建立一条稳定的多跳链路,以提高公交车的转发机会。本节提出的 BTSC 算法采用两层中继思想,即公交车作为主要中继节点进行路由决策并发现下一跳中继公交车,普通车辆作为辅助中继在主要中继之间进行多跳转发。

本节提出的 BTSC 算法包括基于公交车轨迹的路由图构建过程、路由路径选择过程和基于蚁群优化算法的转发策略,其执行过程如图 2-15 所示。BTSC 方案的应用场景如图 2-16 所示。

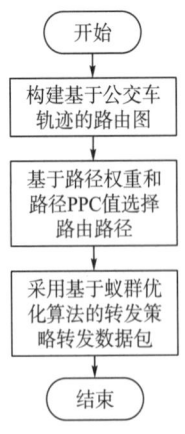

图 2-15 BTSC 方案执行过程

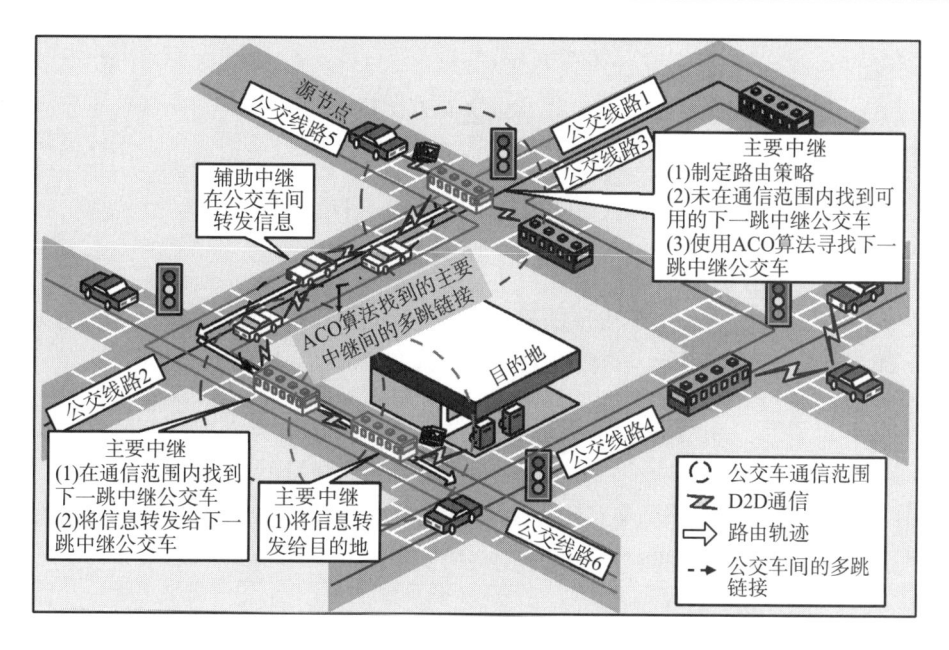

图 2-16 基于公交车轨迹的路由应用场景

2. 基于公交车轨迹的路由图构建

在城市中，公交车遍布城市主干道，任意一条公交车线路由多个连续路段组成，而大多数街道可能有多条公交车线路经过。具有不同行驶路线的公交车只可能在其行驶轨迹重合的部分相遇，这些公交车线路重合的部分可能是某个路段也可能是某个十字路口。通过分析公交车线路信息，对路段上公交车出现的概率进行定义，见定义 2-1 和定义 2-2。

定义 2-1（公交车 b 出现在路段 r 的概率）：若公交车 b 经过路段 r，则公交车 b 出现在路段 r 的概率为路段 r 的长度与公交车 b 的线路长度之比，如式(2-23)所示。

$$P_b(r) = \frac{L_r}{L_b} f_b(r) \tag{2-23}$$

其中

$$f_b(r) = \begin{cases} 1, & \text{若公交车} b \text{经过街道} r \\ 0, & \text{其他} \end{cases} \tag{2-24}$$

式中，L_r 和 L_b 分别为街道 r 的长度和公交车 b 的线路长度；$P_b(r)$ 为公交车 b 出现在街道 r 的概率且满足式(2-25)。

$$\begin{cases} 0 \leqslant P_b(r) \leqslant 1 \\ \sum_{r \in \mathcal{S}} P_b(r) = \dfrac{\sum_{r \in \mathcal{S}} L_r f_b(r)}{L_b} = 1 \\ P_b(r_i \cup r_k) = P_b(r_i) + P_b(r_k) \end{cases} \qquad (2\text{-}25)$$

式中，$\mathcal{S}$ 代表所有街道组成的集合。

定义 2-2（路段 r 公交车出现的概率）：路段 r 公交车出现的概率为所有经过路段 r 的公交车出现在路段 r 的概率之和，如式(2-26)所示。

$$P_r = \frac{1}{N_{\text{Bus}}} \sum_{b \in \mathcal{B}_r} P_b(r) = \frac{1}{N_{\text{Bus}}} \sum_{b \in \mathcal{B}_r} \frac{L_r}{L_b} f_b(r) \qquad (2\text{-}26)$$

式中，N_{Bus} 为公交车线路数量；$\mathcal{B}_r$ 为所有经过街道 r 的公交车线路组成的集合；P_r 为街道 r 出现公交车的概率且满足式(2-27)。

$$\begin{cases} 0 \leqslant P_r \leqslant 1 \\ \sum_{r \in \mathcal{S}} P_r = \dfrac{1}{N_{\text{Bus}}} \sum_{r \in \mathcal{S}} \sum_{b \in \mathcal{B}_r} P_b(r) = 1 \\ P_{r_i \cup r_k} = P_{r_i} + P_{r_k} \end{cases} \qquad (2\text{-}27)$$

基于公交车线路的路由图表示为 $G=(V, E, W)$，其中各符号定义如下。

顶点集合 V 由实际道路图中的所有十字路口组成。对于任意顶点 $v_i \in V$，其表示实际道路图中的十字路口 i。

边集合 E 由实际道路图中的所有街道路段组成。对于任一边 $e_{i,j} \in E$，其表示实际道路图中的十字路口 i 和十字路口 j 之间的路段 $r_{i,j}$。由于 $r_{i,j}$ 和 $r_{j,i}$ 表示的是同一路段，则有 $e_{i,j}=e_{j,i}$。

权重集合 W 由每条街道上公交车出现的概率组成。对于任一权重 $\omega_{i,j} \in W$，其表示边 $e_{i,j}$ 对应的权重，反映路段 $r_{i,j}$ 上出现公交车的概率。

边权重与该边对应街道上公交车出现的概率成反比，权重越大表示边所对应街道上公交车出现的概率越小。若某路段 $e_{i,j}$ 没有公交车线路经过，记该边对应的权重 $\omega_{i,j}=\infty$。公交车线路的双向性满足 $\omega_{i,j}=\omega_{j,i}$。权重的计算如式(2-28)所示：

$$\omega_{i,j} = \begin{cases} \dfrac{1}{P_{i,j}}, & \text{若 } P_{i,j} \neq 0 \\ \infty, & \text{其他} \end{cases} \qquad (2\text{-}28)$$

式中，$P_{i,j}$ 为路段 $e_{i,j}$ 上公交车出现的概率，见式(2-26)。

3. 路由路径的选择

在车辆自组织网络中,中继车辆节点以"携带-转发"模式进行数据转发,因此,车辆密度越高的路段其路由性能越好。为了优化路由性能,根据公交车轨迹的路由图,BTSC 算法将选择一组公交车密度高的街道序列作为路由路径。如图 2-17 所示,左上方的源节点与右下方的目的地之间有 3 条可用的路由路径,分别是 $P_1(E_1, E_5, E_7, E_8)$、$P_2(E_4, E_2, E_7, E_8)$、$P_3(E_4, E_6, E_3, E_8)$,其中线路 P_1 和 P_2 的公交车密度比 P_3 的更加密集,更适合作为路由路径。然而,在以街道为中心的路由方法中,数据包的传播方向易受中继车辆移动方向的影响:若中继车辆在偏离路由路径前未找到可用的下一跳中继车辆,则数据包会因中继车辆的携带而远离目的地,从而导致丢包或重新路由。为了解决上述问题,提出街道连贯性概率(PSC)来描述相邻街道之间公交车线路的连续性。基于 PSC,提出路径连贯性概率(PPC)来评判路由路径。PPC 值越高的路径表示路径上的公交车行驶轨迹偏离路由路径的机会越小,该路径就越适合作为路由路径。PSC 和 PPC 的定义分别见定义 2-3 和定义 2-4。

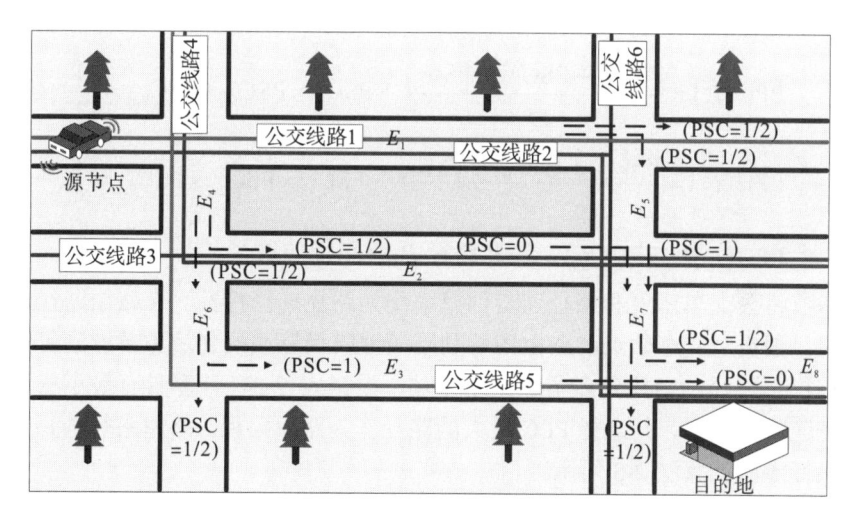

图 2-17 公交车轨迹

定义 2-3(街道连贯性概率):对于两个相邻路段 a 和 b,经过路段 a 的公交车线路有 N_a 条,经过路段 b 的公交车线路有 N_b 条,连续经过路段 a 和路段 b 的公交车线路有 $n_{a,b}$ 条,则路段 a 到路段 b 的连贯性概率如式(2-29)所示,路段 b 到路段 a 的连贯性概率如式(2-30)所示。

$$\text{PSC}_{a,b} = \frac{n_{a,b}}{N_a} \tag{2-29}$$

$$\mathrm{PSC}_{b,a} = \frac{n_{b,a}}{N_b} \qquad (2\text{-}30)$$

式中，$n_{a,b} = n_{b,a}$，但 N_a 和 N_b 不一定相等。因此，$\mathrm{PSC}_{a,b}$ 和 $\mathrm{PSC}_{b,a}$ 也不一定相等。

定义 2-4（路径连贯性概率）：若路径 p 依次经过街道 $r_k, r_{k+1}, \cdots, r_n$，则该路径的连贯性概率如式（2-31）所示。

$$\mathrm{PPC}(p) = \prod_{i=k}^{n-1} \mathrm{PSC}_{i,\,i+1} \qquad (2\text{-}31)$$

若路径 p 存在某个 PSC 值为 0 的路段，则路径 P 的 PPC 值也为 0，从而忽略了路径中其他具有非零 PSC 值的路段对路径连贯性概率的贡献。为了解决这个问题，对路径连贯性概率进行修订，如式（2-32）所示。

$$\mathrm{PPC}(\mathrm{path}) = \frac{1}{n-k} \sum_{i=k}^{n-1} \mathrm{PSC}_{i,\,i+1} + \prod_{i=k}^{n-1} \mathrm{PSC}_{i,\,i+1} \qquad (2\text{-}32)$$

在图 2-17 中，$\mathrm{PSC}_{1,5} = 1/2$、$\mathrm{PSC}_{5,7} = 1$、$\mathrm{PSC}_{7,8} = 1/2$、$\mathrm{PSC}_{4,2} = 1/2$、$\mathrm{PSC}_{2,7} = 0$，则有

$$\mathrm{PPC}(P_1) = \frac{\mathrm{PSC}_{1,5} + \mathrm{PSC}_{5,7} + \mathrm{PSC}_{7,8}}{3} + \mathrm{PSC}_{1,5} \times \mathrm{PSC}_{5,7} \times \mathrm{PSC}_{7,8} = \frac{11}{12}$$

$$\mathrm{PPC}(P_2) = \frac{\mathrm{PSC}_{4,2} + \mathrm{PSC}_{2,7} + \mathrm{PSC}_{7,8}}{3} + \mathrm{PSC}_{4,2} \times \mathrm{PSC}_{2,7} \times \mathrm{PSC}_{7,8} = \frac{1}{3}$$

由于 $\mathrm{PPC}(P_1) > \mathrm{PPC}(P_2)$，因此路径 P_1 是更优的选择。

本节将公交车密度和路径连贯性概率作为路径选择指标。在路由路径选择的过程中，根据公交车轨迹的路由图并利用最短路径算法找到从源节点到目的节点的最小权重路径；当找到多条最短路径时，根据式（2-31）计算具有最小权重路径的路径连贯性概率，并选择 PPC 最大的路径作为路由路径。路由路径选择算法的具体执行步骤如算法 2-3 所示。

算法 2-3：路由路径选择算法

SP = 源节点
DP = 目的地位置
P = 路由路径候选集
公交车：
1：利用最短路径算法计算从 SP 到 DP 的最小权重路径 p（其为一组街道序列）
2：将所有的最短路径 p 添加到路由路径集合 P
3：**for** 集合 P 中的每条路由路径 p **do**
4：根据式（2-31）计算 PPC(p)
5：**end for**
6：从集合 P 中选择具有最大 PPC 值的路径 p 作为路由路径

4. 基于蚁群优化算法的转发策略

在路由过程中，携带数据包的中继需要沿路由路径选择下一跳中继，以保证数据包沿路由路径到达目的地。在选择下一跳中继节点时，携带数据包的中继节点采用贪婪方式选择路由路径上更靠近目的地的公交车作为下一跳中继。本书定义下一跳中继公交车选取条件(qualification of relay，QR)，如定义 2-5 所示。

定义 2-5(下一跳中继公交车选取条件)若数据包的路由路径为一组街道序列 $\boldsymbol{R}$，当前携带数据包的中继公交车位于街道 $R[i]$ 上，则下一跳中继公交车需要满足条件"其所在街道位于 $R[i] \sim R[n-1]$ 中的任意街道上"。

在 BTSC 算法中，基于定义 2-5 的下一跳中继公交车选取条件，携带数据包的公交车可以根据数据包的路由路径确定下一跳中继公交车的条件。若当前中继公交车的通信范围内存在满足条件的公交车，则当前中继公交车将从满足条件的公交车中选择与其连接时间最长的公交车作为下一跳中继公交车，并向选择的下一跳中继公交车转发数据包；否则，当前中继公交车将采用基于蚁群优化算法的转发策略，并借助普通车辆作为辅助中继来找到满足条件的下一跳中继公交车。在路由过程中，公交车作为主要中继以"携带-转发"的方法传递数据包，而普通车辆则作为辅助中继查找下一跳中继公交车。

1) 连接生命周期

假设车辆的通信半径均为 R。对于任意两辆车 C_i 和 C_j，车辆 C_i 的位置向量和速度向量分别为 $\boldsymbol{P}_1$ 和 $\boldsymbol{V}_1$，车辆 C_j 的位置向量和速度向量分别为 $\boldsymbol{P}_2$ 和 $\boldsymbol{V}_2$，车辆 C_i 和 C_j 之间的距离向量和速度差向量分别为 $\Delta \boldsymbol{D}$ 和 $\Delta \boldsymbol{V}$，矢量 $\boldsymbol{P}_1$、$\boldsymbol{V}_1$、$\boldsymbol{P}_2$、$\boldsymbol{V}_2$、$\Delta \boldsymbol{D}$、$\Delta \boldsymbol{V}$ 分别如下所示。

$$\boldsymbol{P}_1 = \begin{bmatrix} x_1 \\ y_1 \end{bmatrix}, \boldsymbol{V}_1 = \begin{bmatrix} v_{x1} \\ v_{y1} \end{bmatrix}, \boldsymbol{P}_2 = \begin{bmatrix} x_2 \\ y_2 \end{bmatrix}, \boldsymbol{V}_2 = \begin{bmatrix} v_{x2} \\ v_{y2} \end{bmatrix}, \Delta \boldsymbol{D} = \begin{bmatrix} x_2 - x_1 \\ y_2 - y_1 \end{bmatrix}, \Delta \boldsymbol{V} = \begin{bmatrix} v_{x2} - v_{x1} \\ v_{y2} - v_{y1} \end{bmatrix}$$

将车辆 C_i 与 C_j 间的距离随时间的变化表示为 $D(t)$，如式(2-33)所示。

$$\begin{aligned} D(t)^2 &= \left[x_2(t) - x_1(t)\right]^2 + \left[y_2(t) - y_1(t)\right]^2 \\ &= |\Delta \boldsymbol{V}|^2 t^2 + 2[\Delta \boldsymbol{D} \cdot \Delta \boldsymbol{V}] t + |\Delta \boldsymbol{D}|^2 \end{aligned} \quad (2\text{-}33)$$

若 $D(t)^2 \leqslant R^2$，车辆 C_i 与 C_j 在 t 时刻位于彼此的通信范围内，所以它们能够直接进行通信。假设初始距离 $|\Delta \boldsymbol{D}| \leqslant R$，车辆 C_i 与 C_j 之间的连接时间为 $T(l_{i,j})$，则在 $T(l_{i,j})$ 内它们能够进行通信，$T(l_{i,j})$ 的计算如式(2-34)和式(2-35)所示。

$$T(l_{i,j}) = \begin{cases} \infty & , \text{若} \Delta V = 0 \\ 0 & , \text{若} |\Delta D| = R \text{且} \cos(\Delta D, \Delta V) \geq 0 \\ \dfrac{-B + \sqrt{B^2 - 4AC}}{2A} & , \text{其他} \end{cases} \quad (3\text{-}34)$$

其中

$$\begin{cases} A = |\Delta V|^2 \\ B = 2 \cdot \Delta D \cdot \Delta V \\ C = |\Delta D|^2 - R^2 \\ \cos(\Delta D, \Delta V) = \dfrac{\Delta D \cdot \Delta V}{|\Delta V||\Delta D|} \end{cases} \quad (2\text{-}35)$$

若 C_i、C_j 以相同的速度(大小相等、方向相同)移动,则它们在速度发生变化之前能够一直保持连接,即 $T(l_{i,j}) = \infty$;若 C_i 与 C_j 的初始距离为 R 且它们的初始速度差 ΔV 和距离 ΔD 的夹角为 $-90° \sim 90°$,则单跳链接已经断开了,即 $T(l_{i,j}) = 0$。

在 $T(l_{i,j})$ 内,C_i、C_j 的速度分别服从高斯分布 $\upsilon_i \sim N(\mu_i, \sigma_i^2 t)$ 和 $\upsilon_j \sim N(\mu_j, \sigma_j^2 t)$,它们之间的速度差 $\Delta \upsilon$ 服从高斯分布,即 $\Delta \upsilon \sim N\left[\mu_i - \mu_j, (\sigma_i^2 + \sigma_j^2)t\right]$。

根据文献[27]的定义,链路可靠性是指两辆车之间的直接通信继续在指定时间段内连续可用的概率,它的计算如式(2-36)和式(2-37)所示。

$$r_t(l_{i,j}) = \begin{cases} \int_t^{t+T(l_{i,j})} f(T) \mathrm{d}T & , \text{若} T(l_{i,j}) > 0 \\ 0 & , \text{其他} \end{cases} \quad (2\text{-}36)$$

$$f(T) = \frac{2R}{\sqrt{2\pi}\sigma T^2} \mathrm{e}^{-\frac{\left(\frac{2R}{T} - \mu\right)^2}{2\sigma^2}}, \quad T \geq 0 \quad (2\text{-}37)$$

式中,μ、σ 分别为车辆 C_i 与 C_j 速度差的均值和方差,即 $\mu = \mu_i - \mu_j$,$\sigma = \sqrt{\sigma_i^2 + \sigma_j^2}$。

根据文献[28]的定义,两辆车之间预期的连接生命周期如式(2-38)所示。

$$\mathrm{LT}(l_{i,j}) = r_t(l_{i,j}) T(l_{i,j}) \quad (2\text{-}38)$$

在本节提出的基于蚁群优化算法的转发策略中,蚁群优化算法用来寻找下一跳中继公交车,并同时找到与下一跳中继公交车的多跳链路。引入多跳链路连接时长和多跳链路延迟作为衡量链路可靠性的指标,链路连接时间越长且链路延迟越低表示链路越可靠。在本书中,携带数据包的中继公交车称为源公交车。若源公交车 V_1 经过 $n-1$ 跳找到下一中继候选公交车 V_n,V_1 和 V_n 的多跳链路 $P=\{V_1,V_2,\cdots,V_n\}$,其中 $V_2 \sim V_{n-1}$ 为 V_1 与 V_n 之间的辅助中继(即普通车辆)。此时,用来寻找下一跳中继公交车的蚁群优化算法可以建模成一个优化问题,目标函数如式(2-39)所示。

$$\max F(P) = \varphi \frac{\mathrm{LT}(P)}{1+\mathrm{LT}(P)} + (1-\varphi)\frac{1}{1+D(P)} \tag{2-39}$$

其中

$$\begin{cases} \mathrm{LT}(P) = \min\left(\mathrm{LT}(l_{i,i+1})\right), \ i \in [1, n-1] \\ D(P) = \sum_{i \in [1, n-1]} D(l_{i,i+1}) \\ D(P) < D_{\mathrm{th}} \end{cases} \tag{2-40}$$

式中,$\mathrm{LT}(P)$、$D(P)$ 分别为多跳链路 P 的链路连接时长和链路传输时延;D_{th} 为链路传输时延门限值;$\mathrm{LT}(l_{i,j})$ 为车辆 V_i 与 V_j 间的单跳连接生命周期,计算如式(2-40)所示;$D(l_{i,j})$ 为车辆 V_i 与 V_j 的传输延迟;$\varphi \in (0,1)$ 是一个权重,表示路径 P 的连接时长和传输延迟对功能函数的影响程度。

2) 蚁群优化算法的建立

当源公交车(即携带数据包的中继公交车)在其通信范围内找不到合适的下一跳中继公交车时,可采用蚁群优化算法在其通信范围外找到合适的下一跳中继公交车并同时找到源公交车与下一跳中继公交车间的多跳链路。蚁群优化建立的目的是快速找到下一跳中继公交车。在蚁群优化算法建立的过程中,每个车辆节点保存有与其邻接节点之间的启发式函数值和信息素,以便最终找到最优的下一跳中继公交车和源公交车与下一跳中继公交车间的多跳链路。

蚁群优化算法的执行过程使用了两种消息,即请求蚂蚁(ask ant,AA)和响应蚂蚁(response ant,RA)。请求蚂蚁的包结构如图 2-18 所示,包括源公交车标识 SenderID、下一跳中继公交车选取条件 QR、请求蚂蚁的生命周期 TTL 和用于记录请求蚂蚁经过多跳链路上的中继车辆 ID 序列的中继表 RelayTable。响应蚂蚁的包结构如图 2-19 所示,包括发送车辆 ID(即蚁群优化算法找到的下一跳中继公交车 ID)、接收车辆 ID(即蚁群优化算法的源公交车 ID)、响应蚂蚁返回的多跳链路 RelayTable、响应蚂蚁沿多跳链路返回过程中各单跳链路的连接生命周期 LTs 和单跳链路上的传输延时 Delays。

SenderID	QR	TTL	RelayTable

SenderID为AA的发送车辆ID；
QR为下一跳中继公交车选取条件；
TTL为AA的生命周期；
RelayTable为中继表，记录AA经过的多跳链路上的中继车辆ID序列。

图 2-18　请求蚂蚁 AA 格式

SenderID	ReceiverID	RelayTable	LTs	Delays

SenderID为RA的发送车辆ID；
ReceiverID为RA的接收车辆ID；
RelayTable为中继表，RA的发送车辆与接收车辆间的多跳链路；
LTs为记录RA传输过程中多跳链路上的每个单跳链路的连接生命周期；
Delays为记录RA传输过程中多跳链路上的每个单跳链路的传输延时。

图 2-19　响应蚂蚁 RA 格式

蚁群优化算法的执行过程包括请求阶段、发现阶段、响应阶段和选择阶段。

(1) 请求阶段

携带数据包的公交车 S 将生成并发送带有下一跳中继公交车选择条件(定义2-5)的请求蚂蚁，设置接收响应蚂蚁的定时器，只有在门限时间内返回的响应蚂蚁才有效。设置请求蚂蚁的个数和接收响应蚂蚁的定时器分别为 N_{ant} 和 D_{th}。

(2) 发现阶段

每个接收到请求蚂蚁的车辆节点首先将自己的 ID 记录在请求蚂蚁的中继表中。若接收车辆是普通车辆(即辅助中继)，则判断蚂蚁的生命周期(设为 $D_{th}/2$)是否结束，如果未结束则继续传输该请求蚂蚁，否则停止传输；若接收车辆是公交车(即主要中继)，则判断其是否满足条件 QR，如果不满足条件则在请求蚂蚁生命周期未结束前继续传输该请求蚂蚁，否则返回响应蚂蚁。在选择下一个节点时，车辆将根据存储在节点的信息素和当时的链路信息按照式(2-41)的概率选择邻节点。

$$p_{i,j}(t) = \begin{cases} \dfrac{\left[\tau_{ij}(t)\right]^{\alpha}\left[\eta_{ij}(t)\right]^{\beta}}{\sum_{s\in\mathcal{N}(i)}\left[\tau_{is}(t)\right]^{\alpha}\left[\eta_{is}(t)\right]^{\beta}}, & \text{若 } j\in\mathcal{N}(i) \\ 0, & \text{其他} \end{cases} \quad (2\text{-}41)$$

式中，$\mathcal{N}(i)$ 为节点 i 的邻居节点集合；$\tau_{ij}(t)$ 为 t 时刻节点 i 存储的与节点 j 之间的

信息素强度；$\eta_{ij}(t)$ 为 t 时刻节点 i 存储的与节点 j 之间的启发函数，该启发函数反映了 t 时刻链路 $l_{i,j}$ 的状态；α、β 分别为信息素启发因子和期望值因子，反映了残留信息素的相对重要程度和启发函数期望值的相对重要程度。η_{ij} 的计算如式 (2-42) 所示。

$$\eta_{ij} = \varphi \frac{\mathrm{LT}(l_{i,j})}{1+\mathrm{LT}(l_{i,j})} + (1-\varphi)\frac{1}{1+D(l_{i,j})} \tag{2-42}$$

(3) 响应阶段

当请求蚂蚁找到满足条件 QR 的公交车时，公交车将返回一个响应蚂蚁。响应蚂蚁中带有请求蚂蚁发现的路径信息(即中继表)，响应蚂蚁按照中继表逆序返回发起请求蚂蚁的源公交车 S。在返回过程中，响应蚂蚁按照式(2-39)更新路径上每条链路的启发函数值，并按照式(2-43)更新每个节点的信息素强度。

$$\tau_{ij} = (1-\delta)\tau_{ij} + \delta\eta_{ij} \tag{2-43}$$

式中，$\delta \in (0,1)$ 是一个权重，表示 η_{ij} 对 τ_{ij} 更新所占的比重。在蚁群优化算法中，每个节点保存的信息素随着时间的推移而自动挥发[28]。每隔 Δt 时间，信息素将按照式(2-44)进行挥发。

$$\tau_{ij}(t+\Delta t) = \begin{cases} (1-\rho_{ij}(t))\tau_{ij}(t), & \text{若}\ \tau_{ij}(t) > \tau_0 \\ \tau_0, & \text{其他} \end{cases} \tag{2-44}$$

式中，τ_0 为信息素初值；$\rho_{ij}(t) \in (0,1)$ 为信息素挥发系数；$\tau_{ij}(t)$ 为 t 时刻信息素强度；$\tau_{ij}(t+\Delta t)$ 为 $(t+\Delta t)$ 时刻的信息素强度。

考虑到车联网节点的快速移动性会造成网络拓扑的快速变化，为了避免请求蚂蚁使用无效链路，信息素应该在链路存续时间结束前挥发到初始状态。这样，若某个邻居节点在一段时间内没有被访问，则其信息素接近初始值 τ_0。在链路的生存时间 $\mathrm{LT}(l_{i,j})$ 结束时，信息素的强度应该近似于初始值，因此信息素的初值 τ_0 与 t 时刻信息素强度 $\tau_{ij}(t)$ 的关系如式(2-45)所示。

$$\tau_0 = (1-\rho_{ij}(t))^\theta \tau_{ij}(t) \tag{2-45}$$

式中，θ 为在生存时间 $\mathrm{LT}(l_{i,j})$ 内信息素挥发的次数，如式(2-46)所示，信息素挥发系数的计算如式(2-47)所示。

$$\theta = \frac{\mathrm{LT}(l_{i,j})}{\Delta t} \tag{2-46}$$

$$\rho_{i,j}(t) = 1 - \sqrt[\theta]{\frac{\tau_0}{\tau_{ij}(t)}} \qquad (2\text{-}47)$$

(4) 选择阶段

公交车 S 在发出请求蚂蚁后的一段时间内（设为 D_{th}）接收响应蚂蚁，并利用式 (2-39) 计算每个响应蚂蚁存储的多跳链路的目标函数，然后选取具有最大目标函数的多跳链路上的候选公交车作为下一跳中继公交车，沿着该多跳链路并借助辅助中继将数据包传递给下一跳中继公交车。

基于蚁群优化算法的转发策略如算法 2-4 所示，其中使用的蚁群优化的实现过程如算法 2-5 所示。

算法 2-4：基于 ACO 的转发策略算法 FACO

QR = 下一跳中继公交车的条件
NR = 下一跳中继公交车
CNR = 下一跳中继公交车候选集合
公交车：
1：**for** B_i 收到的每个数据包 **do**
2：　**for** B_i 中的每个邻居节点 b_i **do**
3：　　**if** b_i 满足条件 QR **then**
4：　　　将 b_i 加入 CNR
5：　　**end if**
6：　**end for**
7：　**if** CNR 为空 **then**
8：　　使用 EACO 算法找到下一跳中继公交车
9：　**else**
10：　　$NR = CNR$ 中与 B_i 的连接生命周期最长的 b_i
11：　**end if**
12：　向 NR 转发数据包
13：**end for**

算法 2-5：ACO 建立算法 EACO

QR = 下一跳中继公交车的条件
P = 中继公交车间的多跳链路候选集
源公交车：
1：生成 N_{ant} 个带有 QR 的请求蚂蚁 AA
2：按概率随机选择邻居节点发送 AA
3：等待响应蚂蚁
车辆 V_i：
4：**for** 收到的每个 AA **do**
5：　将 V_i 的 ID 添加到 AA 的 RelayTable 中
6：　**if** AA 生命周期结束 **then**
7：　　丢弃 AA
8：　**else**
9：　　**if** V_i 是公交车且满足条件 QR **then**
10：　　　生成响应蚂蚁 RA，并返回源公交车

```
11:    else
12:        按概率随机选择邻节点转发 AA
13:    end if
14: end if
15: end for
16: for $V_i$ 收到的每个响应蚂蚁 RA do
17:    更新本地存储启发式函数 $\eta$ 和信息素 $\tau$
18:    将 RA 转发给 RelayTable 中的下一跳
19: end for
源公交车：
20: while 等待时间小于门限时间 $D_{th}$ do
21:    for 收到的 RA do
22:        更新启发式函数 $\eta$ 和信息素 $\tau$
23:        计算目标函数值
24:        将 RA 的 RelayTable 记录的多跳链路和目标函数值一起记录到 $P$ 中
25:    end for
26: end while
27: 从 $P$ 中选择目标函数值最高的多跳链路的目标节点为下一跳中继公交车
28: 沿选中的多跳链路将数据包传递到选中的下一跳中继公交车
```

2.4.4 仿真结果及分析

本节基于网络仿真软件 OMNeT++ 和车载通信仿真框架 Veins 对前文阐述的基于公交车轨迹的以街道为中心的路由算法进行仿真测试，并分析其性能。

1. 仿真环境及参数设置

仿真平台搭建在 Win7(64 位)系统上，仿真软件采用开源的多协议网络仿真软件 OMNeT++，通信框架采用开源的车联网通信框架 Veins。仿真地图是从 OpenStreetMap 上导出的成都市一环内的地图，并将该区域的所有主干道作为仿真街道(图 2-20)。仿真区域面积大约为 $(5.8 \times 5.9) \mathrm{km}^2$，包含 58 个十字路口和 100 条街道。

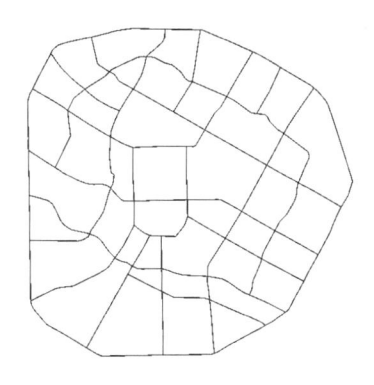

图 2-20 仿真街道图

该仿真使用了由车辆移动模拟器 SUMO(0.30.0) 生成的 20 条公交车线路，如图 2-21 所示。在仿真中，共有 400 辆公交车运行在这 20 条公交车线路上。根据网络中普通车辆的数量，仿真场景可分为稀疏网络、一般网络和密集网络，这些网络中普通车辆的数量分别设置为 2000、4000 和 6000。普通车辆随机地分布在网络中，而公交车则沿其固定线路移动。

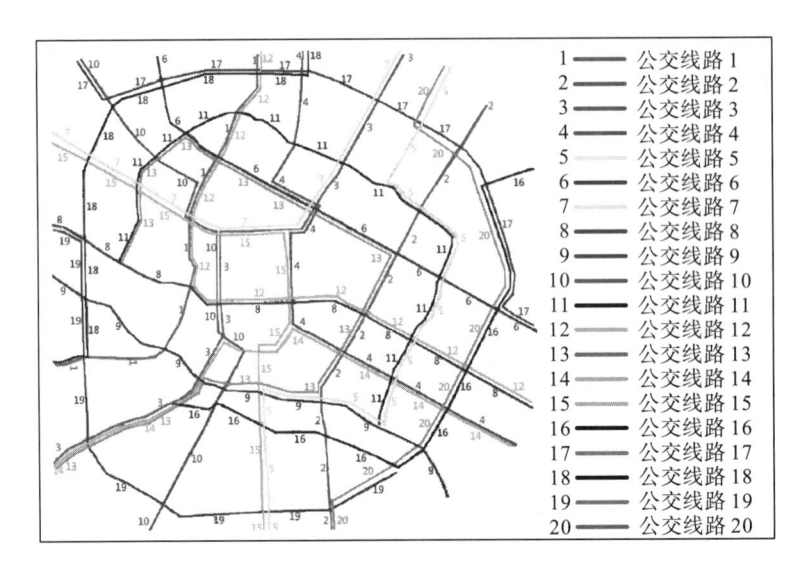

图 2-21　公交车线路图

为了评估路由性能，将包传输率和平均端到端时延作为评估路由性能的指标。包传输率是成功收到的分组数与发送分组数之比，反映了路由的可靠性；平均端到端时延是数据分组从源节点到目的节点所需要的平均时间，反映了路由的有效性。

为了更好地衡量路由性能，引入两个已有路由算法与本章提出的 BTSC 算法进行比较。对比算法分别为 AQRV[29] 和 CBS[30] 算法。

AQRV 算法是一种动态选择路由路径的方法，根据实时路况为消息传输制定一条到目的节点的路由路径。考虑到路由路径的包传输率、传输时延和连接概率，利用蚁群优化算法寻找源节点到目的节点的最优路径。CBS 算法是一种基于公交车中继的路由模式，通过分析公交车线路的特点建立一个接触图，接触图中的顶点表示公交车线路，接触图中的边代表该边的两个邻顶点所代表的两条公交车线路会发生相遇，接触图中的边权重表示该边的两个邻接顶点所代表的两条公交车线路相遇的概率。CBS 算法通过群落检测技术将公交车线路分为多个群落，并得到基于公交车的路由骨干图。基于路由骨干图，利用最短路算法获得从源节点到目的地的公交车中继路径。在 CBS 中，公交车是唯一的中继节点，只有公交车才能中继数据包。

2. 仿真结果分析

为了分析路由算法对不同车辆密度网络的适应能力,通过设置网络中普通车辆的数量将仿真网络分为稀疏网络、一般网络和密集网络,这三种网络中普通车辆的数量分别为 2000、4000 和 6000。在这三种仿真网络中,分别测试三种路由算法的包传输率和平均端到端时延随不同传输距离和通信半径的变化。根据通信半径的大小,每种网络场景下的测试又分成 4 组,这 4 组的通信半径分别设置为 200m、400m、600m 和 800m。在这 4 组仿真中,分别测试包传输率和平均端到端时延随传输距离的变化。其他仿真参数如表 2-2 所示。

表 2-2 仿真参数表

参数	具体取值
仿真地图面积/km^2	(5.8×5.9)
MAC 协议	IEEE 802.11p
通信半径/m	200、400、600、800
传输速率/Mbps	6
车辆速度/(km/h)	10~40
公交车线路数量	20
仿真时长/s	4000
蚁群优化参数	$\tau_0=0.3$,$\delta=0.7$,$\varphi=0.6$,$\alpha=8$,$\beta=5$,$\Delta t=1\text{s}$,$N_{\text{ant}}=10$,$D_{\text{th}}=10\text{s}$

在稀疏网络中,包传输率和平均端到端时延随通信半径和包传输距离的变化分别如图 2-22 和图 2-23 所示。在图 2-22 和图 2-23 中,通信半径分别设置为 200m、400m、600m 和 800m。由图可知,BTSC、AQRV 和 CBS 在这 4 种不同通信半径的仿真中具有相似的变化趋势。在这三种算法中,包传输率随传输距离的增加呈下降趋势,而平均端到端时延随传输距离的增加呈上升趋势。与其他两种算法相比,随着包传输距离的增加,BTSC 的平均端到端时延增加得缓慢,包传输率下降得缓慢。因此,本书提出 BTSC 算法的性能在不同包传输距离下可保持相对稳定。横向比较,随着通信半径的增加,三种算法的包传输率都呈上升趋势,而平均端到端时延都呈下降趋势,这表明通信半径越大,三种算法的性能越好。这是因为在相同的包传输距离下,通信半径越大,在路由过程中数据包经历的转发跳数越少;随着转发次数的减少,包路由的成功率越高且传输时延越低。

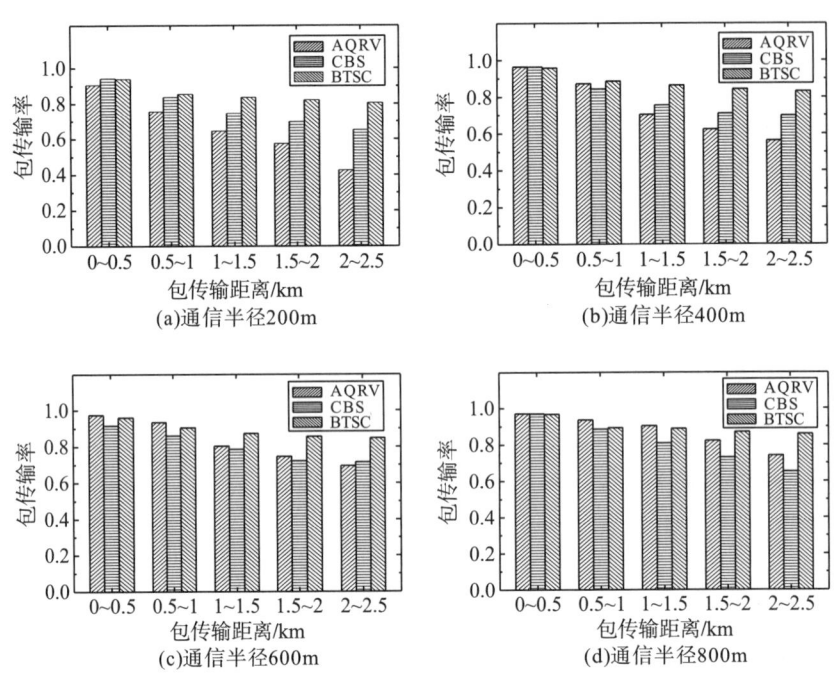

图 2-22　稀疏网络的包传输率

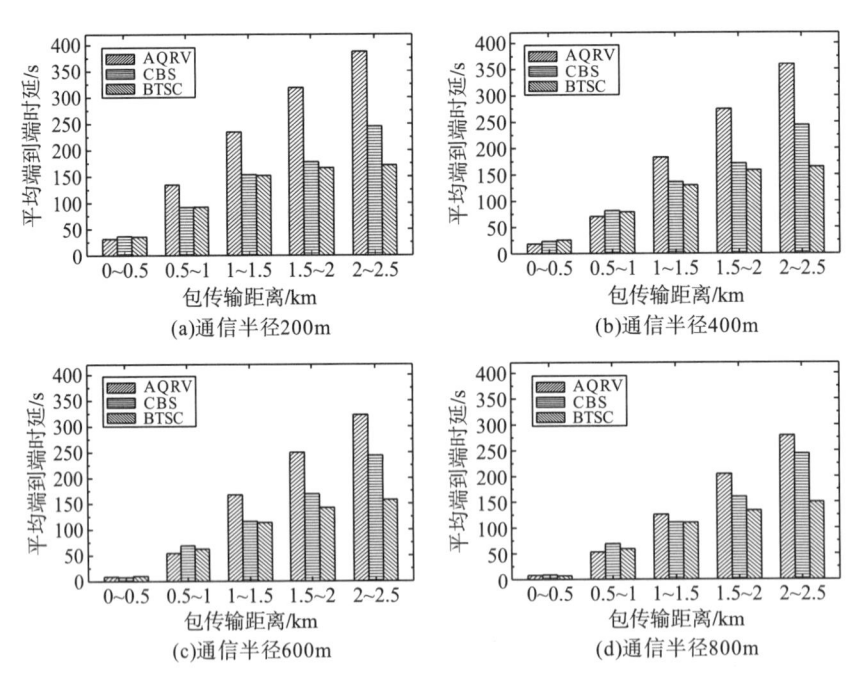

图 2-23　稀疏网络的平均端到端时延

在一般网络中，包传输率和平均端到端时延随通信半径和包传输距离的变化分别如图 2-24 和图 2-25 所示。其中，通信半径分别设置为 200m、400m、600m 和 800m。由图可知，随着包传输距离的增加，三种算法的包传输率呈下降趋势；随着通信半径的增加，三种算法的包传输率呈上升趋势。与其他两种算法相比，当传输距离大于 1500m 时，BTSC 算法的包传输率随传输距离的增加呈缓慢下降的趋势。这意味着 BTSC 算法对包传输距离具有良好的收敛性。由图可知，随着包传输距离的增加，三种算法的平均端到端时延呈上升趋势。如图 2-24 和图 2-25 所示，当传输距离小于 500m 时，三种算法的包传输率高于 0.9 且平均端到端时延低于 25s。这是因为当包传输距离不高于通信半径时，大多数的数据包都是以单跳链接的形式进行传输，因此这三种算法都能取得较好的路由性能。然而，当包传输距离超过 1000m 时，与 AQRV 和 CBS 算法相比，本章提出的 BTSC 算法的性能最高。

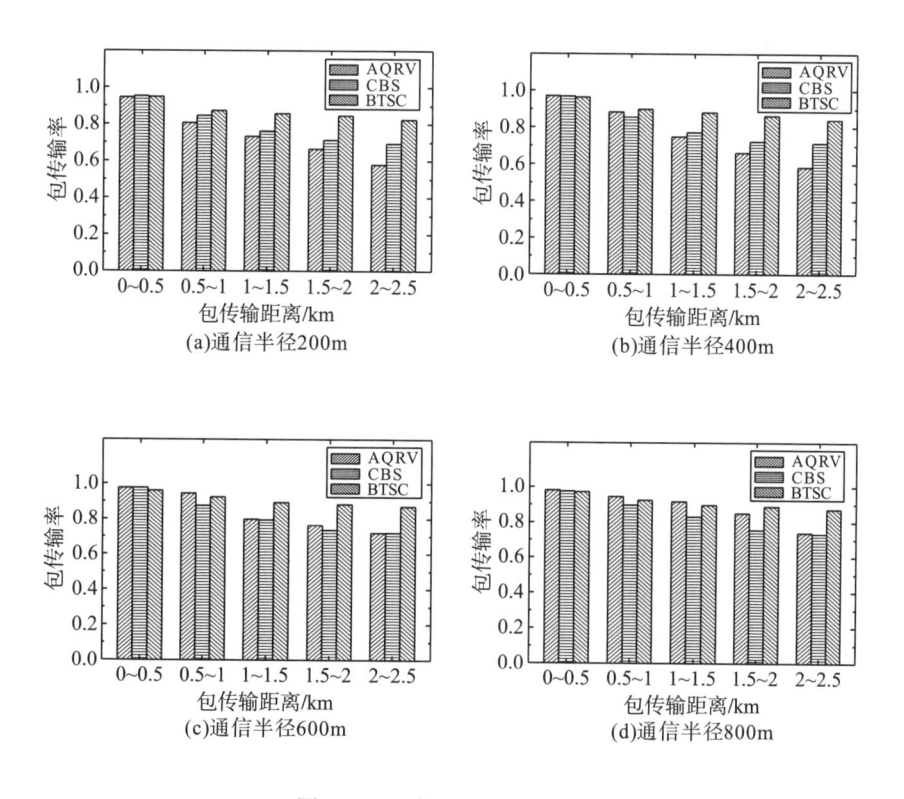

图 2-24　一般网络的包传输率

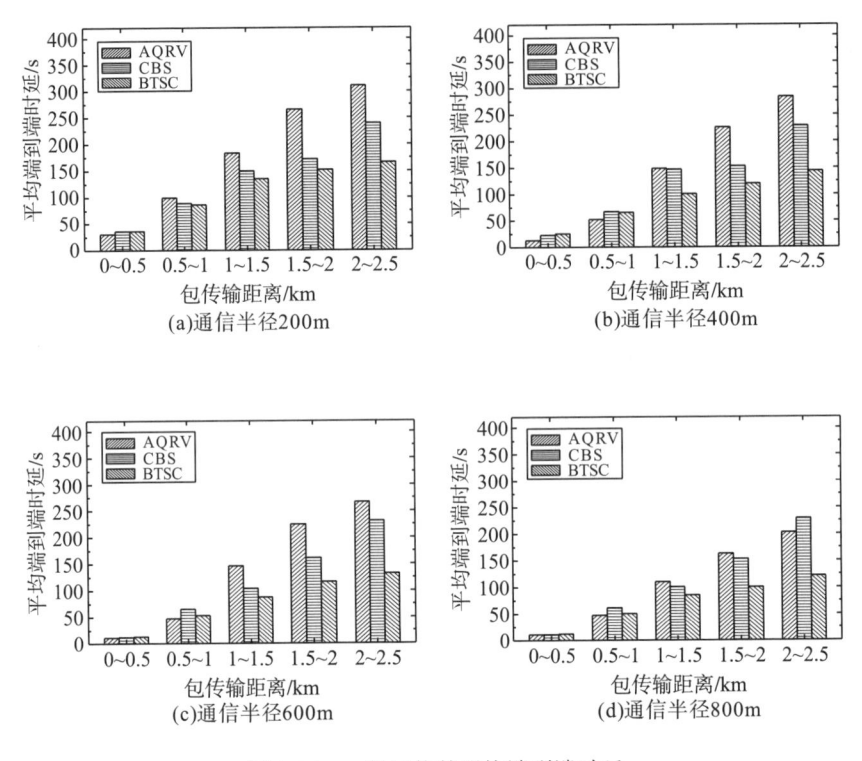

图 2-25　一般网络的平均端到端时延

在密集网络中，包传输率和平均端到端时延随通信半径和包传输距离的变化分别如图 2-26 和图 2-27 所示。其中，通信半径分别设置为 200m、400m、600m 和 800m。由图可知，随着通信半径的增加，三种算法的平均端到端时延呈下降趋势；随着包传输距离的增加，三种算法的平均端到端时延呈上升趋势。与稀疏网络和一般网络相比，密集网络中三种算法的包传输率和平均端到端时延随不同的传输距离和通信半径变化具有相似的变化趋势。与前两种仿真网络的结果相比，在密集网络中，AQRV 算法的性能优于本书提出的 BTSC 算法。这是因为 AQRV 算法使用的蚁群优化算法使其在车辆密集的情况下能够快速找到下一跳中继。尽管本书提出的 BTSC 算法也采用了蚁群优化策略，但 BTSC 算法采用了两层中继的模式——公交车作为主要中继而其他车辆作为辅助中继，所以当传输距离较短时，AQRV 算法的性能优于 BTSC 算法。但是，两层中继的路由策略使 BTSC 算法具有更高的收敛性和稳定性。

第 2 章 车联网中基于公交车中继的路由算法

图 2-26 密集网络的包传输率

图 2-27 密集网络的平均端到端时延

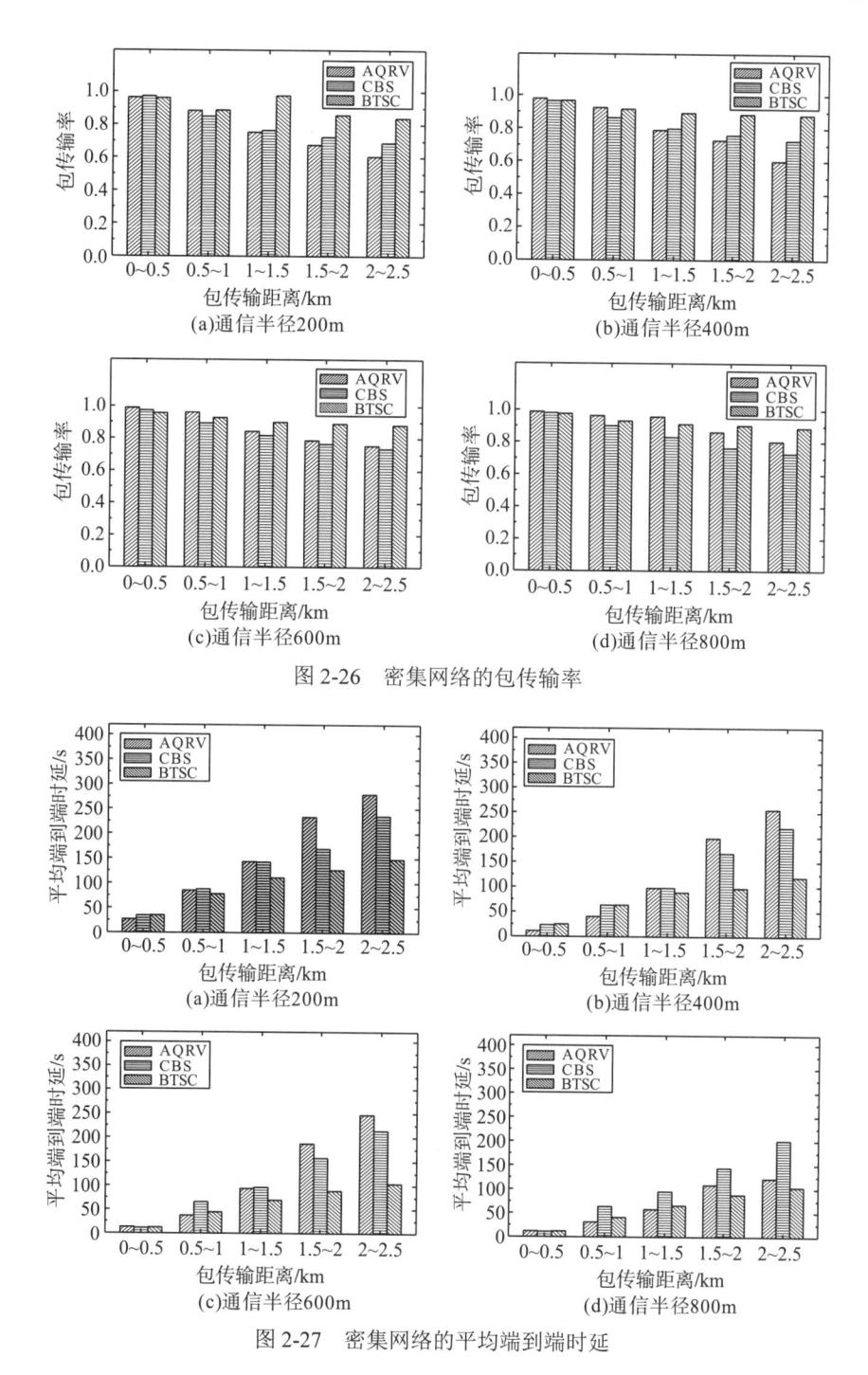

比较稀疏网络、一般网络和密集网络的仿真结果，在这三种网络中，包传输距离和通信半径对包传输率和平均端到端时延具有相似的影响，具体表现如下。

(1)随着传输距离的增加,在稀疏网络、一般网络和密集网络中,三种算法的包传输率呈下降趋势,而平均端到端时延呈上升趋势。

(2)随着通信半径增加,在稀疏网络、一般网络和密集网络中,三种算法的包传输率和平均端到端时延性能有所改善。

(3)随着传输距离的变化,BTSC 算法在稀疏网络、一般网络和密集网络中都具有很好的收敛性和稳定性。

综上,在不同车辆密度的网络中,包传输距离和通信半径对路由性能具有相似的影响;与另两种算法相比,本书提出的 BTSC 算法在三种网络中都具有良好的稳定性能。

为了比较 AQRV 算法、CBS 算法和 BTSC 算法对不同车辆密度网络的适应度,本节测试了三种算法在不同车辆密度网络中的性能变化。在这三种具有不同车辆密度的网络中,稀疏网络、一般网络和密集网络具有相同的公交车数量,而普通车辆的数量分别为 2000、4000 和 6000。在这组测试中,通信半径的取值范围为 200~800m,包传输距离的取值范围为 100~2500m。包传输率和平均端到端时延随车辆密度的变化如图 2-28 和图 2-29 所示。由图 2-28 可知,随着车辆密度的增加,AQRV 算法和 BTSC 算法的包传输率呈上升趋势,而 CBS 算法的包传输率保持相对稳定。由图 2-29 可知,随着车辆密度的增加,AQRV 算法和 BTSC 算法的平均端到端时延呈下降趋势,而 CBS 的平均端到端时延仍保持相对稳定。这是因为在 AQRV 算法和 BTSC 算法中,普通车辆与公交车都能作为中继来转发数据包,所以普通车辆密度的增加有利于提高路由性能;而 CBS 算法仅使用公交车作为中继来转发数据包,故 CBS 算法的路由性能并不会随普通车辆密度的增加而改变。由于 BTSC 算法采用两层中继的思想,与另两种算法相比,BTSC 算法在包传输率和平均端到端时延方面的性能更高。

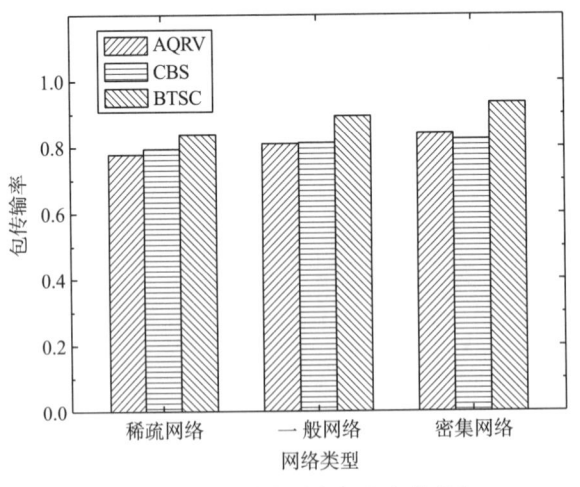

图 2-28 包传输率随车辆密度的变化

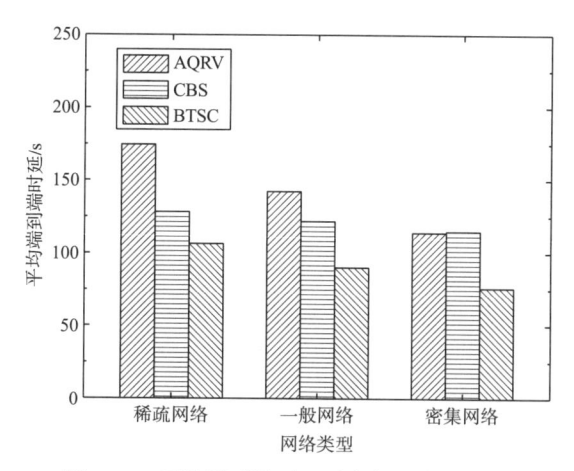

图 2-29 平均端到端时延随车辆密度的变化

比较三种算法在不同包传输距离、通信半径和车辆密度影响下的路由性能，本书提出的 BTSC 算法对具有不同车辆密度的网络具有更好的适应能力，并且具有更好的包传输率和平均端到端时延。

2.5 本章小结

本章针对以城市公交车作为网络中继的问题，基于 V2V 和 5G 蜂窝网混合传输框架，提出了一种基于公交车辅助的路由算法以满足车联网中不同种类数据包的传输需求。该算法首先将车联网中的数据包分为时延敏感型和时延非敏感型两种类型，利用 5G 蜂窝网时延低、可靠性高、网络覆盖范围广的优势传输时延敏感型数据包。通过分析公交车线路轨迹信息，建立了基于公交车轨迹的路由图，并利用蚁群优化的转发策略，使用蚁群优化算法找到了中继公交车间稳定的多跳链路，从而提高了车辆数据的转发机会并降低了延迟，提高了包传输率。

参 考 文 献

[1] Xing M, He J P, Cai L. Utility maximization for multimedia data dissemination in large-scale VANETs[J]. IEEE Transactions on Mobile Computing, 2017, 16(4): 1188-1198.

[2] Taleb T, Benslimane A. Design guidelines for a network architecture integrating VANET with 3G & beyond networks[C]//2010 IEEE. Global Telecommunications Conference, Miami, FL, USA. IEEE, 2010: 1-5.

[3] Liu C F, Zhang G, Guo W S, et al. Kalman prediction-based neighbor discovery and its effect on routing protocol in

vehicular ad hoc networks[J]. IEEE Transactions on Intelligent Transportation Systems, 2020, 21(1): 159-169.

[4] Sun G, Song L J, Yu H F, et al. V2V routing in a VANET based on the autoregressive integrated moving average model[J]. IEEE Transactions on Vehicular Technology, 2019, 68(1): 908-922.

[5] Lin Z P, Tang Y L. Distributed multi-channel MAC protocol for VANET: an adaptive frame structure scheme[J]. IEEE Access, 2019, 7: 12868-12878.

[6] Sivaraj R, Gopalakrishna A K, Chandra M G, et al. QoS-enabled group communication in integrated VANET-LTE heterogeneous wireless networks[C]//2011 IEEE 7th International Conference on Wireless and Mobile Computing, Shanghai, China. IEEE, 2011: 17-24.

[7] 中华人民共和国国家统计局. 国家数据[DB/OL]. http://data.stats.gov.cn/search.htm?s=%E4%BA%A4%E9%80%9A%E4%BA%8B%E6%95%85, 2019-1-24.

[8] Mao Y Y, You C S, Zhang J, et al. A survey on mobile edge computing: The communication perspective[J]. IEEE Communications Surveys & Tutorials, 2017, 19(4): 2322-2358.

[9] Jerbi M, Meraihi R, Senouci S M, et al. GyTAR: Improved greedy traffic aware routing protocol for vehicular ad hoc networks in city environments[C]//Proceedings of the 3rd International Workshop on Vehicular Ad Hoc Networks. Los Angeles CA USA. ACM, 2006: 88-89.

[10] Feteiha M F, Hassanein H S. Enabling cooperative relaying VANET clouds over LTE—a networks[J]. IEEE Transactions on Vehicular Technology, 2015, 64(4): 1468-1479.

[11] Liang L, Peng H X, Li G Y, et al. Vehicular communications: a physical layer perspective[J]. IEEE Transactions on Vehicular Technology, 2017, 66(12): 10647-10659.

[12] Li S K, Li Z P, Ge X H, et al. Multi-hop links quality analysis of 5G enabled vehicular networks[C]//2017 9th International Conference on Wireless Communications and Signal Processing, Nanjing. IEEE, 2017: 1-6.

[13] Gao H H, Liu C, Li Y, et al. V_2VR: Reliable hybrid-network-oriented V2V data transmission and routing considering RSUs and connectivity probability[J]. IEEE Transactions on Intelligent Transportation Systems, 2021, 22(6): 3533-3546.

[14] Li T, Li J, Liu Z L, et al. Differentially private Naive Bayes learning over multiple data sources[J]. Information Sciences, 2018, 444: 89-104.

[15] Huang Z G, Liu S L, Mao X P, et al. Insight of the protection for data security under selective opening attacks[J]. Information Sciences, 2017, 412: 223-241.

[16] Gao C Z, Cheng Q, He P, et al. Privacy-preserving Naive Bayes classifiers secure against the substitution-then-comparison attack[J]. Information Sciences, 2018, 444: 72-88.

[17] He J P, Cai L, Pan J P, et al. Delay analysis and routing for two-dimensional VANETs using carry-and-forward mechanism[J]. IEEE Transactions on Mobile Computing, 2017, 16(7): 1830-1841.

[18] Datta A. Modified Ant-AODV-VANET routing protocol for vehicular ad hoc network[C]// 2017 1st International Conference on Electronics, Materials Engineering and Nano-Technology (IEMENTech). Kolkata, India. IEEE, 2017: 1-6.

[19] Li J, Sun L C, Yan Q B, et al. Significant permission identification for machine-learning-based android malware

detection[J]. IEEE Transactions on Industrial Informatics, 2018, 14(7): 3216-3225.

[20] Rani R S. Infrastructure based routing protocols in vehicular ad hoc network: a review[C]// 2017 International Conference on Computing, Communication and Automation (ICCCA), Greater Noida. IEEE, 2017: 476-481.

[21] Brendha R, Prakash V S J. A survey on routing protocols for vehicular Ad Hoc networks[C]// 2017 4th International Conference on Advanced Computing and Communication Systems (ICACCS), Coimbatore, India. IEEE, 2017: 1-7.

[22] Kim D, Velasco Y, Wang W, et al. A new comprehensive RSU installation strategy for cost-efficient VANET deployment[J]. IEEE Transactions on Vehicular Technology, 2017, 66(5): 4200-4211.

[23] Bachir A, Benslimane A. A multicast protocol in ad hoc networks inter-vehicle geocast[C]// The 57th IEEE Semiannual Vehicular Technology Conference, 2003. VTC 2003-Spring, Jeju, Korea. IEEE, 2003:2456-2460.

[24] Wang J H, Liu K, Dai P L, et al. Cooperative information services based on predictable trajectories in bus-VANETs[C]//2016 IEEE 18th International Conference on High Performance Computing and Communications; IEEE 14th International Conference on Smart City; IEEE 2nd International Conference on Data Science and Systems (HPCC/SmartCity/DSS), Sydney, Australia. IEEE, 2016, 951-958.

[25] Zhang L, Jia S C, Liu Z S, et al. Bus-ads: bus trajectory-based advertisement distribution in VANETs using coalition formation games[J]. IEEE Systems Journal, 2017, 11(3): 1259-1268.

[26] Zhang F S, Liu H, Leung Y W, et al. CBS: community-based bus system as routing backbone for vehicular ad hoc networks[J]. IEEE Transactions on Mobile Computing, 2017, 16(8): 2132-2146.

[27] Eiza M H, Ni Q. An evolving graph-based reliable routing scheme for VANETs[J]. IEEE Transactions on Vehicular Technology, 2013, 62(4): 1493-1504.

[28] Eiza M H, Owens T, Ni Q. Secure and robust multi-constrained QoS aware routing algorithm for VANETs[J]. IEEE Transactions on Dependable and Secure Computing, 2016, 13(1): 32-45.

[29] Zhang F S, Jin B H, Wang Z Y, et al. On geocasting over urban bus-based networks by mining trajectories[J]. IEEE Transactions on Intelligent Transportation Systems, 2016, 17(6): 1734-1747.

[30] Zhang F S, Liu H, Leung Y W, et al. CBS: community-based bus system as routing backbone for vehicular ad hoc networks[J]. IEEE Transactions on Mobile Computing, 2017, 16(8): 2132-2146.

第3章 车联网中基于停放车辆中继的路由算法

在城市道路环境中主要分布着两种类型的车辆，分别是移动车辆(moving vehicles，MV)和停放车辆(parked vehicles，PV)。车辆的停放行为通常是指驾驶人在生活工作中对车辆进行的室内或室外停放行为。当车辆停放在路边时，其本身可以作为一种车联网通信资源存在。在现有的车联网中，停放车辆上的设备资源处于无人利用的浪费状态，因此利用停放车辆来改善车联网的性能可以有效提高对车辆资源的利用率。

3.1 研究背景

车联网中所有车辆节点的通信，需要将能量供应作为基础支撑。由于车辆在行驶过程中能够连续为车内的蓄电池进行充电，所以可以认为在传统车载自组织网络中，移动车辆节点没有能量的限制。因此，不必考虑车联网移动节点能量不足的情况，也无需任何节能措施。但是，对于停放车辆来说，情况则完全不同。由于车辆在停放状态时无法持续地对车内的蓄电池进行充电，所以可以认为在车载自组织网络中，停放车辆节点存在能量的限制。因此，对于停放车辆，有必要采取相应的节能措施以保证车辆的正常点火启动等基本功能。

对于安装在车辆内部的车载终端，其配备有相应的通信天线和网卡。通信天线和网卡在不同的工作负荷下有着不同的能量消耗[1]。虽然这样的能量消耗对于车辆节点的蓄电池容量而言是很小的，但仍然有必要设计相应的能量管理机制以最大化蓄电池的使用效率。

总而言之，停放车辆依靠蓄电池的能量供应能够为车联网提供一定的通信资源。利用停放车辆提供的通信资源可为车联网的传输中继、服务部署和功能扩展提供有效支持。

3.2 研究现状

在现有的车联网中，停放车辆上的设备资源处于无人利用的浪费状态，因此越来越多的学者在研究如何充分利用停放车辆资源以改善车联网性能。其中，文献[2]提出利用停放车辆数量多、停放时间长和分布广泛等特性，将停放车辆作为服务扩展点，以扩大互联网接入功能；文献[3]提出让停放车辆承担 RSU(路侧单元)的工作，以解决 RSU 安装维护成本过高的问题；文献[4]提出将停放车辆作为存储器，以解决数据存储问题等；文献[5]提出将停放车辆作为中继节点以缓解车联网的通信压力，解决通信质量低甚至无法通信等问题；文献[6]提出可以让停放车辆执行一些与隐私安全相关的工作，如分发证书吊销列表(certificate revocation list, CRL)；文献[7]提出可以使用停放车辆以完成消息的分发工作，即只要从停放车辆旁边路过的车辆就能很容易且立即接收信息，从而降低移动车辆的传输时延，改善用户体验。但是，这些车联网应用是基于所有停放车辆都有足够能量或停放车辆在停放后仍能继续充电的前提，这显然与实际情况不符。在车联网中，当移动车辆处于行驶状态时，车辆会不断地对蓄电池进行充电，因此无须考虑节能问题。但是，当车辆熄火处于停放状态后，蓄电池无法继续充电，此时停放车辆的剩余能量是有限的。因此，如何优化停放车辆的节能效率是当前车联网研究面临的问题之一。

3.3 多障碍物下的停放车辆辅助中继路由算法

3.3.1 问题描述

在 VANET 中，车辆之间通过 DSRC 协议进行通信，DSRC 是一个短距离到中等距离范围的通信服务协议，能够在 V2V 通信中向车辆传递数据消息[8,9]。VANET 中的所有车辆都安装有支持 DSRC 的通信设备，所以它们都可以使用 DSRC 进行通信传输[10]。例如，对于某些车辆安全的应用，车辆会使用该协议周期性地向周围车辆发送协同感知信息(cooperative awareness messages, CAM)[11]和分散环境通知信息(decentralized environmental notifications, DEN)[12]，以协助车辆感知周围道路环境和交通状况。

但是，在实际城市环境中，建筑物、广告牌和大型汽车等障碍物[13,14]产生的阴影效应将造成 V2V 通信信号的大幅衰落[15,16]，同时在城市郊区地段或凌晨时间段，移动车辆的大量减少使 V2V 通信无法建立，这些都将导致车辆安全消息无法准确及时地传递到其他车辆，从而给城市交通带来严重的安全隐患[17]。因此，如何在阴影效应和远距离通信的影响下保证消息及时[18]传递到其他车辆是车联网通信研究的热点之一[19]。

如图 3-1 所示，城市道路环境主要存在两种车辆无法通信的场景，分别是因移动车辆间距离大于无线通信距离而导致信号无法到达对端的场景，以及移动车辆间因障碍物遮挡而导致信号大幅衰落的场景。

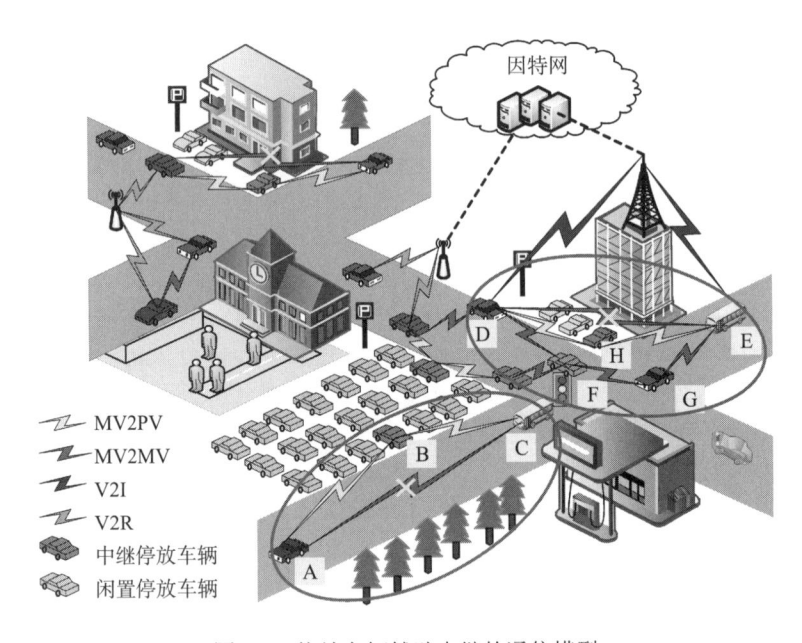

图 3-1 停放车辆辅助中继的通信模型

对于第一种场景，如图 3-1 中的车辆节点 A 和节点 C 所示，节点 A 和节点 C 因相距太远而无法建立通信连接。在这种场景下，由于两个节点之间没有其他移动车辆，因此仅使用移动车辆进行通信中继是无法完成通信的。这时，可以通过道路两边的停放车辆进行中继来实现车与车之间的通信。也就是说，车辆节点 A 可以先将数据消息递交给停放车辆节点 B，然后由停放车辆节点 B 将数据消息中继传递到目的车辆节点 C。在这种场景下，停放车辆能在一定程度上改善因通信距离过大而导致的通信受阻问题。

对于第二种场景，如图 3-1 中的车辆节点 D 和节点 E 所示，车辆间因建筑物的遮挡，通信信号受阴影效应的干扰出现大幅衰落，从而无法维持通信连接。在这种场景下，有两种方法可以实现车辆节点间的通信。第一种方法，由于两个车辆节点间存在其他移动车辆，所以可以通过多跳移动车辆中继的方式来实现通信。也就是说，车辆节点 D 可以通过中间的移动车辆节点 F 和节点 G 进行中继从而与目的车辆节点 E 建立通信连接。但是，该方法增加了通信跳数，可能会造成消息传递的时延大幅增加[20]，从而出现车辆信息未及时交付的情况[21]，存在一定的局限性[22]，此外还可能造成数据传输发生冲突[23]，严重情况下还会导致系统崩溃[24]。第二种方法，可以通过同时利用建筑物周围的停放车辆和移动车辆进行消息中继。也就是说，车辆节点 D 可以通过停放车辆节点 H 中继将消息传递到车辆节点 E，这样就能很好地避免上述问题。在这种场景下，停放车辆能在一定程度上改善因障碍物阴影效应而导致的信号衰落问题。

通过对上面两种场景的分析可以发现，利用停放车辆辅助中继可以在一定程度上保障车与车之间的通信质量。但是，对于如何利用停放车辆完成通信中继，目前还存在一些问题亟待解决，包括如何判断车辆节点附近其他车辆的行驶状态、如何动态维护车辆节点附近的可中继车辆集合、如何从可中继车辆集合中选择合适的中继节点、如何协同利用停放车辆和移动车辆进行消息中继及在不造成广播风暴和链路超载的前提下提高通信效率。

3.3.2 算法设计

本节针对停放车辆辅助中继面临的问题设计相应的解决方案。首先，通过对问题进行分析提出停放车辆辅助中继路由算法的整体逻辑，然后对路由算法的周期性 Hello 数据包交互机制、候选中继列表更新子算法、通信链路质量评估子算法及候选中继列表优选子算法进行详细阐述和分析。

1. 算法概述

由 3.3.1 节可知，利用停放车辆辅助中继完成车与车之间的通信需要解决一些问题。判断车辆节点附近其他车辆的行驶状态，可以通过 Hello 数据包广播方式来交换附近车辆的状态信息；动态维护车辆节点附近的可中继车辆集合，可以通过周期性地交换车辆信息并进行动态分析；从可中继车辆集合中选择合适的中继节点，可以基于链路质量选择固定比例的车辆作为再广播的车辆节点。

基于上述思想，为了在移动车辆和停放车辆中选择合适的中继节点以解决车联网 V2V 通信问题，同时又不会造成负面影响，本章提出一种综合多因素的停放车辆辅助中继路由算法(parked vehicle assisted relay routing，PVARR)。PVARR 算法综合考虑了距离、链路质量、车辆状态等因素，并根据相应策略选出最优的中继节点作为消息转发节点。PVARR 算法主要划分为 4 个部分，分别是周期性 Hello 数据包交互机制(periodic Hello packet exchange mechanism，PHPEM)、候选中继列表更新(candidate relay list update，CRLU)子算法、通信链路质量评估(communication link quality estimation，CLQE)子算法及候选中继列表优选(candidate relay list selection，CRLS)子算法。

因此，对于停放车辆辅助中继路由算法，其具体执行步骤如算法 3-1 所示。

算法 3-1：停放车辆辅助中继路由算法（PVARR）

1：**输入**：源车辆节点 v_s，车辆节点集合 V_{all}
2：**begin**
3：设置并初始化 candidateRelayListMap
　其存储内容格式为<Vehicle，List<Vehicle>>
4：设置并初始化 candidateRelaySignalStrengthListMap
　其存储内容格式为<Vehicle，Map<Vehicle，List<SignalStrength>>>
5：设置并初始化 candidateRelayLinkQualityMap
　其存储内容格式为<Vehicle，Map<Vehicle，LinkQuality>>
6：设置并初始化 selectedRelayListMap
　其存储内容格式为<Vehicle，List<Vehicle>>
7：**THREAD** 周期性 Hello 数据包交互 **do**
8：**while** TRUE **do** [**PERIOD** = T_{update}]
9：重置所有数据表 Map
10：调用候选中继列表更新子算法 CRLU，输入所有车辆信息 V_{all}
11：返回 candidateRelayListMap 和 candidateRelaySignalStrengthListMap
12：调用通信链路质量评估子算法 CLQE，输入 candidateRelaySignalStrengthListMap
13：返回 candidateRelayLinkQualityMap
14：调用候选中继列表优选子算法 CRLS，输入 candidateRelayLinkQualityMap
15：返回 selectedRelayListMap
16：**end while**
17：**END THREAD**

如上述算法所示，车联网中的所有车辆将一直运行周期性 Hello 数据包交互过程，并通过候选中继列表更新子算法、通信链路质量评估子算法和候选中继列表优选子算法周期性地计算和维护车辆的可中继车辆集合。

另外，针对如何协同利用停放车辆和移动车辆进行消息中继，可以使用定时发送的广播路由算法来优化数据包传输效率。

如图 3-2 所示，当某个车辆节点接收到广播消息时，首先判断是否需要广播且是否已经广播，若无须广播或已经广播过则放弃广播，若没有则根据消息中的控制信息设置自身广播等待时间，并根据本地 PVARR 算法返回的选中中继列表信息确定广播中继节点列表及对应的等待时间，并写入自身广播消息的控制消息中，以此类推，消息便通过多跳方式完成广播。由于每个节点最多广播一次消息，同时在进行中继选择时不会选择链路质量差的邻接车辆进行消息广播，另外，该过程使用自定义等待时间进行再次广播的机制，因此在一定程度上能避免广播风暴和链路超载。

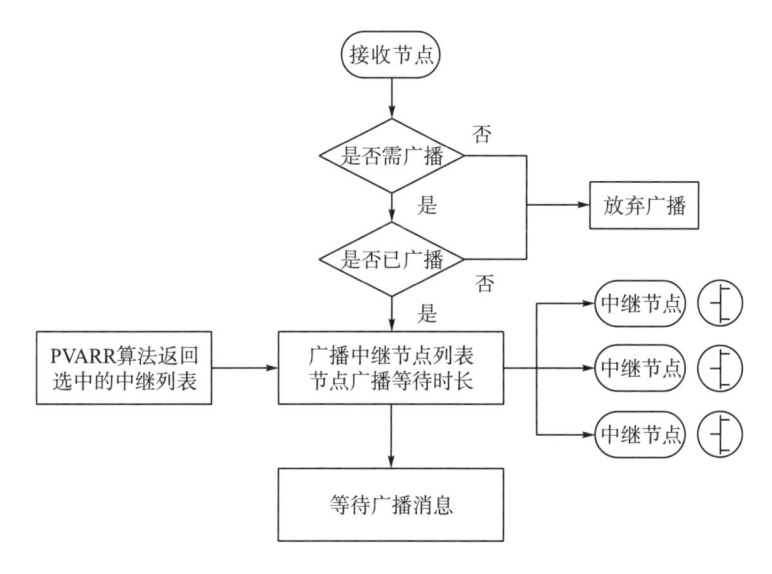

图 3-2　节点广播数据包处理流程图

该算法的主要创新点在于以下两点。

(1) 利用闲置的停放车辆作为中继节点,有效地解决了城市环境中因障碍物而引起的阴影效应问题,以及在移动车辆密度较低的区域缺少合适中继的远距离通信受阻问题。

(2) 在进行广播中继节点选择时,综合考虑车辆状态、链路质量、通信距离和相对方位等多个因素,而非单纯依赖通信距离单一因素,进而使停放车辆和移动车辆能够相互配合,协同完成广播过程。

2. 周期性 Hello 数据包交互机制

在 VANET 中,所有车辆在开始传输数据消息前,都会首先通过广播 Hello 数据包对周围环境进行探测,也就是需要获取其单跳邻居节点的信息,从而选择合适的中继车辆节点进行消息的广播转发。但是,由于移动车辆具有动态性,车辆的单跳邻居节点信息也在不断发生变化,因此需要执行周期性 Hello 数据包交互机制来动态地更新车辆单跳邻接节点信息。

在周期性 Hello 数据包交互机制 PHPEM 中,车辆周期性地广播携带自身相关信息的 Hello 数据包,接收处理来自其他车辆的 Hello 数据包信息,从而完成对附近车辆的状态识别并对周围车辆关联链路的通信质量进行评估。另外,Hello 数据包只存活一跳,接收到 Hello 数据包的车辆不再进行转发,因此它可以作为通信信号强度检测的探测包。

Hello 数据包的格式如图 3-3 所示,包括数据包标识 ID、源车辆网络地址 SVNA、源车辆位置坐标 SVLC、集群标识 CID 和邻接车辆列表 ALV。数据包标识 ID 主要用于唯一标识一个 Hello 数据包。

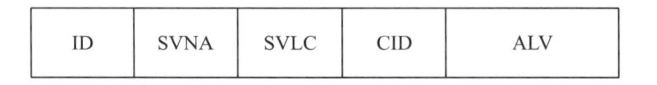

ID	SVNA	SVLC	CID	ALV

图 3-3　Hello 数据包格式

源车辆网络地址(source vehicle network address，SVNA)保存着该车辆节点对应的无线 MAC 地址，源车辆位置坐标(source vehicle location coordinates，SVLC)保存着由 GPS 或 GNSS(全球导航卫星系统)获得的源车辆的地理位置坐标信息。

集群标识(cluster ID，CID)标识了车辆所处的集群且仅对停放车辆有意义，它提供了一种有效区分移动车辆和停放车辆的方法。整个城市道路被等距离地划分为多个集群，每个集群里的停放车辆都标记有其所处集群对应的 CID，而移动车辆的 CID 都设置为 NULL。于是，接收到 Hello 数据包的车辆便可以根据 CID 来判定发送 Hello 数据包的车辆是移动车辆还是停放车辆。

邻接车辆列表(adjacency list of vehicles，ALV)保存着所有相邻单跳车辆节点的 MAC 地址，车联网中的所有车辆都会在本地维护该 ALV 信息。

在进行 Hello 数据包广播时，需要重点关注两个时间参数，分别是 Hello 数据包发送时间间隔 T_{hello} 和 ALV 更新时间间隔 T_{update}。

对于 Hello 数据包发送时间间隔 T_{hello}，VANET 中的每个车辆每隔 T_{hello} 的时间都会将自身的 ALV 信息封装在 Hello 数据包中并广播到周围车辆，周围车辆分析接收到的 Hello 数据包后更新自身的 ALV 信息。对于 Hello 数据包发送时间间隔 T_{hello} 的取值，如果 T_{hello} 太小，Hello 数据包的频繁发送将占用大量的 CPU 资源和网络带宽，出现业务数据无法发送的情况；如果 T_{hello} 太大，那么 ALV 信息更新的空窗期增加，造成车辆邻接节点信息不准确。因此，根据 802.11 标准，对于无线 Beacon 帧时隙(beacon interval，BI)的建议取值为 BI=100ms。在进行 VANET 中的 T_{hello} 取值时，考虑到 Hello 数据包的实际应用场景，这里选择 200ms 作为 Hello 数据包发送间隔 T_{hello} 的建议值。

对于 ALV 信息更新时间间隔 T_{update}，VANET 中的每个车辆在对当前 ALV 信息维护 T_{update} 时间后就会认为当前 ALV 信息已经过期，从而将 ALV 信息重置，然后再根据接收的 Hello 数据包信息更新自身的 ALV 信息。更新时间间隔 T_{update} 的取值对于整个邻接车辆更新算法十分重要。如果 T_{update} 值太大，那么可能出现因未及时更新邻接状态而选择无法将通信车辆作为中继节点而导致通信中断的情况；如果 T_{update} 值太小，那么可能会造成资源的大量浪费。因此，根据文献[25]所述，这里选择 5s 作为 ALV 信息更新时间间隔 T_{update} 的建议值。

3. 候选中继列表更新子算法

在路由算法过程中，需要不断通过可中继性分析并选出候选中继节点信息，从而有效避免因网络拓扑快速变化而导致的通信中断问题。针对整个过程，本节提出候选中继列表更新子算法 CRLU。

对于 ALV 信息的更新过程，主要是根据接收到的 Hello 数据包中的 SVNA 信息和 CID 信息进行 ALV 信息的动态更新。在该算法中，ALV 信息的更新过程为：对于某个车辆节点，当其接收到来自其他车辆节点的 Hello 数据包时，首先根据 CID 信息判断该车辆节点是否为移动车辆，若该车辆节点是移动车辆，则将该车辆节点加入自身的 ALV 中，若该车辆节点是停放车辆，则通过比较自身 CID 和该车辆节点 CID 是否相等来判定自身和该车辆节点是否处于同一个停放车辆集群，若相等，则说明处于同一个集群，此时不会将该车辆节点加入自身 ALV 中，这样能够有效避免消息在同一 CID 内部因停放车辆间多次复制广播而造成的带宽浪费。

例如，如图 3-4 所示，节点 A、B、C 是在路上行驶的移动车辆，节点 D、E 是停放在建筑物门口的停放车辆，其中移动车辆 A 除能与移动车辆 B 通信外，还能与停放车辆 D 和 E 正常通信，但由于建筑物的遮挡，A 和 C 之间无法正常通信；同理，停放车辆 D 能与移动车辆 A、B、C 和停放车辆 E 正常通信，但 D 和 E 同为停放车辆且 CID 相同，故在其 ALV 中并未加入同一区域的停放车辆 E。于是，车辆 A 和 D 的 Hello 数据包内容如图 3-5 所示。

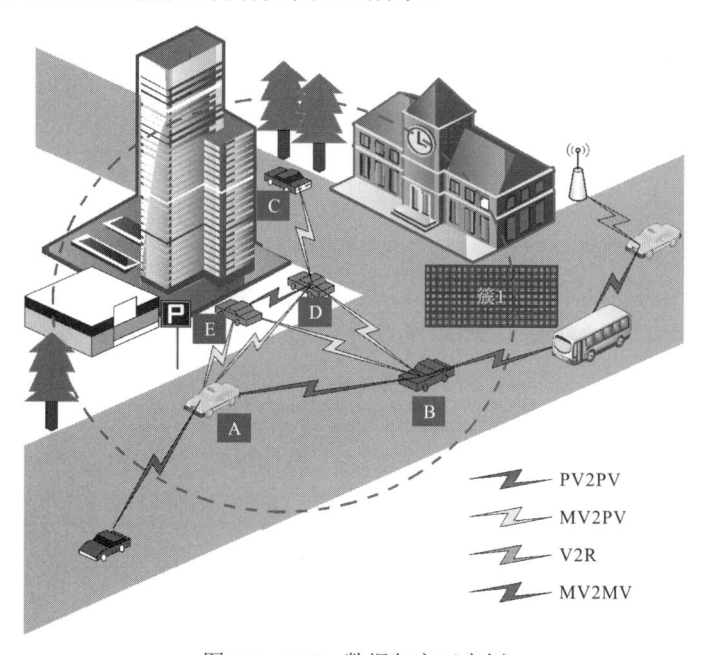

图 3-4 Hello 数据包交互实例

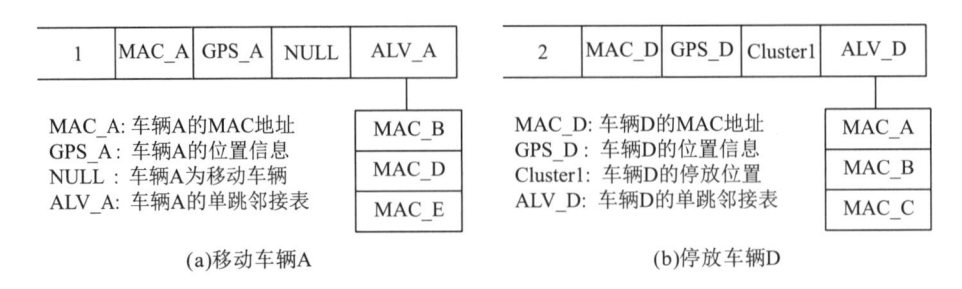

| 1 | MAC_A | GPS_A | NULL | ALV_A |

MAC_A：车辆A的MAC地址
GPS_A：车辆A的位置信息
NULL ：车辆A为移动车辆
ALV_A：车辆A的单跳邻接表

ALV_A
MAC_B
MAC_D
MAC_E

(a)移动车辆A

| 2 | MAC_D | GPS_D | Cluster1 | ALV_D |

MAC_D：车辆D的MAC地址
GPS_D：车辆D的位置信息
Cluster1：车辆D的停放位置
ALV_D：车辆D的单跳邻接表

ALV_D
MAC_A
MAC_B
MAC_C

(b)停放车辆D

图 3-5　不同车辆的 Hello 数据包内容

在确定某个车辆节点的 ALV 后，还需要解决如何确定该车辆节点的候选中继列表的问题。对于候选中继车辆，其表示与该车辆节点存在通信链路的车辆节点，即存在可中继性。在该算法中，可中继性的判断过程为：对于某个车辆节点，当其接收来自其他车辆节点的 Hello 数据包时，提取该车辆节点的 ALV 信息并分析，如果该车辆节点的 ALV 中包含自身，那么说明自身发送的消息也可以到达该车辆节点，因此自身与该车辆节点存在通信链路，该车辆节点就是可中继车辆节点。

例如，如图 3-6 所示，假设节点 A 发送给节点 C 的 Hello 数据包丢失，而发送给其他节点的 Hello 数据包都可以正确传递，此时节点 A 接收到节点 B 发送的数据包中的 ALV 将包含节点 A 自身，则可以认定节点 A 和 B 能够互相中继消息；而节点 C 发送给节点 A 的数据包中的 ALV 中只有节点 B，却没有自身 C，则表明节点 C 并未收到节点 A 发送的数据包，这两点之间无法正常中继消息。

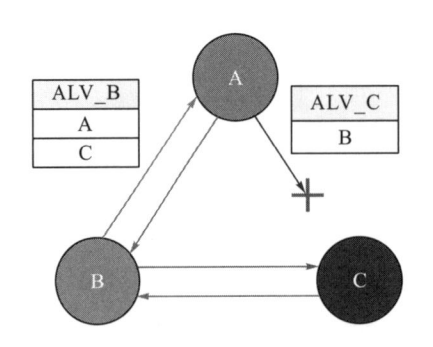

图 3-6　节点可中继性判定实例

因此，对于候选中继列表更新子算法，其具体执行步骤如算法 3-2 所示。

算法 3-2：候选中继列表更新子算法(CRLU)

1：输入：所有车辆节点 V_{all}
2：输出：候选中继车辆 candidateRelayListMap 和 candidateRelaySignalStrengthListMap
3：**begin**

```
 4: for v in V_all do
 5:   THREAD BroadcastHelloPacket        /*广播 Hello 数据包*/
 6:   THREAD UpdateCandidateRelayList    /*更新候选中继列表*/
 7:   将 v 对应的 CandidateRelayList 信息和 CandidateRelaySignalStrengthList 信息
      分别存入 candidateRelayListMap 和 candidateRelaySignalStrengthListMap
 8: end for
 9: 返回 candidateRelayListMap 和 candidateRelaySignalStrengthListMap
10: end
11: thread_function BroadcastHelloPacket do
12:   while TRUE do
13:     更新 t_start 为当前时间，同时 t_n = t_start
14:     while t_n - t_start < T_hello do
15:       广播携带当前 ALV 信息的 Hello 数据包
16:       更新 t_n 为当前时间
17:     end while
18:   end while
19: thread_function UpdateCandidateRelayList do
20:   while TRUE do
21:     if 接收到 Hello 数据包 then
22:       提取 SVNA 和 CID 及对应的 ALV 信息，并测量对应的信号强度 SS
23:       if CID = = NULL 或 CID 不等于 v 对应的 CID then
24:         将 SVNA 对应的车辆 v_tmp 添加至 v 对应的 ALV 中
25:         if v_tmp 的 ALV 中包含 v then
26:           将 v_tmp 添加至 v 对应的 CandidateRelayList 中
27:           将 v_tmp 对应的 SS 添加至相应的 CandidateRelaySignalStrengthList 中
28:         end if
29:       end if
30:     end if
31:   end while
```

4. 通信链路质量评估子算法

选择通信质量高的链路进行消息中继可以提高整个数据传输过程的通信质量，因此为了提高车与车之间的数据通信质量，有必要对车辆关联的所有链路的通信质量进行评估。针对该问题，本节提出通信链路质量评估子算法（CLQE）。

对于通信链路质量评估的方法，文献[25]提出将固定时间段内正确接收的数据包数量作为评估链路质量的标准。假设节点 A 和 B 之间存在通信链路，如果按照该方法，需要统计一定时间内节点 B 能够收到的 Hello 数据包数量，再将其与节点 A 发送的数据包数量相比，并以此作为该链路的质量。但是，该方法存在一定的局限性。例如，假设节点 A 在一个统计周期内发送 100 个数据包。现有可中继节点 B，它在 5 个周期内接收的数据包数量分别为[100, 100, 100, 0, 0]，这可能是车辆节点 A 行驶到建筑物遮挡区域而导致通信中断。此时，通过该方法计算的 AB 通信链路质量为 300/500=0.6。另外，有可中继节点 C，它在 5 个周期内接收的数据包数量分别为[0, 0, 80, 100, 100]，这可能是车辆行驶出建筑物遮挡区域。此时，该方法计算的 AC 通信链路质量为 280/500=0.56。单从链路质量指标可以看出，AC 链路质量不如 AB 链路质量，但事实并非如此。因此，基于固定时间段数据包统计的通信链路质量评估方法在一定程度上会影响评估值的准确性。

于是，针对传统链路质量评估算法中的不足，本节提出基于自回归积分滑动平均(autoregressive integrated moving average，ARIMA)模型的链路质量评估算法。该算法首先对在邻接车辆列表更新时间间隔 T_{update} 内采集的所有 Hello 数据包的接收信号强度指示(received signal strength indication，RSSI)组成的序列进行处理，得到链路相对信号强度时间序列(link relative signal strength time series，LRSSTS)。其次，利用改进的 ARIMA 模型预测算法对 LRSSTS 进行数学拟合，再根据拟合得到的数学模型对通信链路质量进行综合评估。最后，再通过校正公式计算得到较为准确且符合实际场景的链路质量评估值。下面，将对其中的细节进行详细分析和阐述。

首先，对于通信车辆，它可以使用车载设备对 Hello 数据包的接收功率进行分析，从而得到对应的 RSSI 值。然后，通过数学处理进行归一化，即与标准最大接收功率进行对比，即 $RSSI_i / RSSI_{stdmax}$，从而得到取值范围在[0,1]的链路相对信号强度(link relative signal strength，LRSS)。于是，对于某条 Hello 数据包传输链路，在邻接车辆列表更新时间间隔 T_{update} 内的所有链路相对信号强度可以构成一个时间序列，记为 $X = \{x_1, x_2, \ldots, x_n\}$，其中，$n = T_{update} / T_{hello}$。

其次，使用改进的 ARIMA 模型预测算法对链路相对信号强度序列进行建模预测，整体流程如图 3-7 所示。

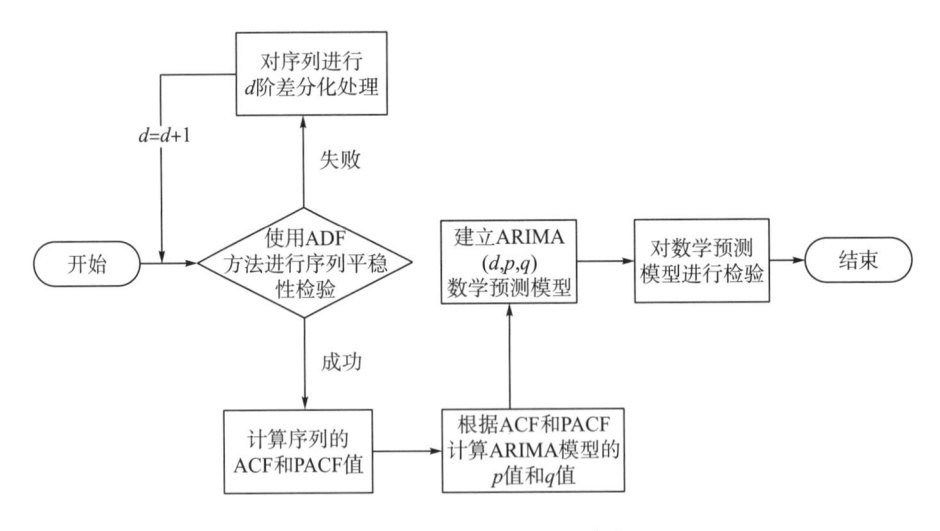

图 3-7 链路质量预测处理流程

ACF(autocorrelation function，自相关函数)；PACF(partial autocorrelation function，偏自相关函数)

如图 3-7 所示，对 LRSSTS 序列 X 进行预测的过程主要分为如下几个步骤。

1) 平稳性检验

对于 LRSSTS 序列 X，其平稳性主要与两点相关：序列均值是常数，与时间无关；序列的自相关函数只与时间间隔相关，而与具体时刻无关。因此，对于序列 X 的平稳性检验，可以使用 ADF(augmented dickey-fuller) 方法进行判断。

具体处理过程如式(3-1)~式(3-3)所示，即

$$\nabla x_t = \rho x_{t-1} + \beta_1 \nabla x_{t-1} + \ldots + \beta_p \nabla x_{t-p} + \varepsilon_t \tag{3-1}$$

$$\rho = \phi_1 + \phi_2 + \ldots + \phi_p - 1 \tag{3-2}$$

$$\beta_1 = -\phi_{j+1} - \phi_{j+2} - \cdots - \phi_p, \quad j = 1, 2, \cdots, p-1 \tag{3-3}$$

综上，若序列 X 平稳，则需要满足 $\rho < 0$。若序列 X 非平稳，则至少存在一个单位根，即 $\rho = 0$。因此，可以通过 ADF 检验方法验证序列 X 的所有特征根是否都在单位圆内，从而确定序列 X 是否为平稳时间序列。在实际实现中，可以使用 Python 中的 statsmodels.tsa.stattools.adfuller 函数对序列的平稳性进行检验。

2) 平稳化处理

经过平稳性检验，若 LRSSTS 序列 X 是不平稳的，则可以通过平稳化处理步骤对整个序列进行处理。一般地，可以使用对数处理、平滑处理、分解处理和差分处理等方法来完成对序列的平稳化处理。本节使用最常见的差分法作为平稳化处理的方法。

对于非平稳随机序列 X，其 1 阶差分表示为 ∇x_t，即有

$$\nabla x_t = x_t - x_{t-1} \tag{3-4}$$

对于 2 阶差分，它是对 1 阶差分序列再进行 1 阶差分运算，记为 $\nabla^2 x_t$，即有

$$\nabla^2 x_t = \nabla x_t - \nabla x_{t-1} \tag{3-5}$$

依此类推，序列 X 的 d 阶差分的计算如式(3-6)所示，即有

$$\nabla^d x_t = \nabla^{d-1} x_t - \nabla^{d-1} x_{t-1} \tag{3-6}$$

在对 LRSSTS 进行差分处理后，需要对差分后的序列再次进行 ADF 检验，然后再根据检验结果确定是否需要继续进行差分操作，如果该序列仍然是不平稳的，那么需要再次进行差分操作，直到序列平稳为止。在实际实现中，可以使用 Python 中的 pandas.DataFrame.diff 函数来对序列进行差分处理。通过该步骤，可以得到需要进行序列差分处理的阶数，将该值记为 d。

3)计算 ACF 和 PACF 值

为了选择合适的模型进行拟合,首先需要求出 LRSSTS 序列 X 的 ACF 自相关系数 $\hat{\rho}$ 与 PACF 偏自相关系数 $\hat{\phi}_{kk}$ 的值,计算公式如式(3-7)~式(3-9)所示,即有

$$\hat{\rho}=\frac{\sum_{t=1}^{n-k}(x_{t}-\overline{x})(x_{t+k}-\overline{x})}{\sum_{t=1}^{n}(x_{t}-\overline{x})^{2}}, \quad \forall 0<k<n \tag{3-7}$$

$$\hat{\phi}_{kk}=\frac{\hat{D}_{k}}{\hat{D}}, \quad \forall 0<k<n \tag{3-8}$$

$$\hat{D}=\begin{vmatrix} 1 & \hat{\rho}_{1} & \cdots & \hat{\rho}_{k-1} \\ \hat{\rho}_{1} & 1 & \cdots & \hat{\rho}_{k-2} \\ \vdots & \vdots & & \vdots \\ \hat{\rho}_{k-1} & \hat{\rho}_{k-2} & \cdots & 1 \end{vmatrix} \quad \cdots \quad \hat{D}_{k}=\begin{vmatrix} 1 & \hat{\rho}_{1} & \cdots & \hat{\rho}_{1} \\ \hat{\rho}_{1} & 1 & \cdots & \hat{\rho}_{2} \\ \vdots & \vdots & & \vdots \\ \hat{\rho}_{k-1} & \hat{\rho}_{k-2} & \cdots & \hat{\rho}_{k} \end{vmatrix} \tag{3-9}$$

在实际实现中,可以使用 Python 中的 statsmodels.graphics.tsaplots.plot_acf 和 plot_pacf 函数对序列 X 进行 ACF 和 PACF 的图像绘制。

4)计算 ARIMA 模型参数 p 和 q

对于 ARIMA 模型参数 p 和 q 的求解一般有两种方法:第一种方法是观察自相关系数 ACF 图和偏自相关系数 PACF 图来人工确定参数 p 和 q;第二种方法是使用阿凯克信息准则(Akaike information criterion,AIC)和贝叶斯信息准则(Bayesian information criterion,BIC)自动确定参数 p 和 q。本节使用第二种方法来求解。

对于 AIC,其原理是找到参数 p 和 q 使式(3-10)值最小,其中,δ_d^2 为序列残差的方差,N 为序列长度。

$$\mathrm{AIC}(p,q)=\ln \delta_d^2+\frac{2(p+q)}{N} \tag{3-10}$$

BIC 的要求更为严格,其要求式(3-11)值最小。

$$\mathrm{BIC}(p,q)=\ln \delta_d^2+(p+q)\frac{\ln N}{N} \tag{3-11}$$

当然,在确定阶数时还可以根据经验法进行一定限制。例如,当 N=20~50 时,最大阶数为 N/2;当 N=50~100 时,最大阶为 N/3~N/2;当 N=100~200 时,最大阶

数为 $2N/\ln(2N)$。

在实际实现中，可以通过设定参数 p 和 q 的最大备选值 max_ar 和 max_ma，并使用 Python 中的 statsmodels.tsa.stattools.arma_order_select_ic 函数来自动选择最佳的 ARIMA 模型参数 p 和 q。对于最大备选值 max_ar 和 max_ma，默认均为 5。

5) 构建 ARIMA 模型

通过前面的步骤即可确定 ARIMA 模型的 d、p 和 q 的值，由此可以计算链路相对信号强度序列的数学模型 ARIMA(d,p,q)。基于此模型，便可以对链路相对信号强度进行预测评估。在实际实现中，根据步骤 4 求出的参数 p 和 q，使用 Python 中的 pyflux.ARIMA 函数计算对应的 ARIMA 模型函数，并通过 arima_model.fit('MLE') 对模型进行评估。

于是，通过 ARIMA 模型预测算法可以得出链路相对信号强度评估值 ϑ_i。但是，由于停放车辆的信号稳定性相较于移动车辆更好，因此可以基于链路另一侧的车辆状态来动态调整链路质量评估结果。于是，链路质量评估值 (link quality estimator, LQE) 可以基于车辆状态进行调整，具体的链路质量校正公式如式 (3-12) 所示，即有

$$LQE = \begin{cases} v_i \times a, & v_i \text{为移动车辆} \\ v_i \times b, & v_i \text{为停放车辆} \end{cases} \quad (3\text{-}12)$$

式中，a 和 b 分别为移动车辆和停放车辆的选择权重，且满足 $a+b=1$。一般地，移动车辆选择权重 a 默认为 0.42，而停放车辆选择权重 b 默认为 0.58。

因此，对于链路质量评估子算法，其具体执行流程如算法 3-3 所示。

算法 3-3：通信链路质量评估子算法 (CLQE)

1: **输入**：所有车辆节点 V_{all}，候选中继信息 candidateRelaySignalStrengthListMap
2: **输出**：候选中继通信链路质量信息 candidateRelayLinkQualityMap
3: **begin**：
4: **for** v **in** v_{all} **do**
5:   **for** v_c **in** v 对应的候选中继列表 **do**
6:    从 candidateRelaySignalStrengthListMap 中获取 v_c 对应的相对信号强度列表 LRSSTS
7:    调用 ArimaPredict 函数对 LRSSTS 序列 ts 进行预测评估，返回值为 ss_c
8:    将 ss_c 代入链路质量校正公式，得到链路质量评估值 lq_c
9:    将通信链路质量的评估值添加至对应的 RelayLinkQuality 中
10:   **end for**
11:   将 RelayLinkQuality 添加至 candidateRelayLinkQualityMap 中
12: **end for**
13: 返回 candidateRelayLinkQualityMap
14: **end**
15: **function** ArimaPredict(ts) **do**
16:   设置并初始化差分阶数 d 为 0

17:	**while** $d < D_{max}$ **do**
18:	ret = adfuller(*ts*)
19:	**if** ret < 0.01 **then** *break*
20:	**else then**
21:	对 *ts* 进行 *d* 阶差分处理，同时 *d*=*d*+1
22:	**end if**
23:	**end while**
24:	调用 arma_order_select_ic(*ts*) 计算对应的 *p* 值和 *q* 值
25:	调用 pyflux.ARIMA 函数对 *ts* 进行模型化
26:	调用 arima_model.predict 对链路质量进行预测

5. 候选中继列表优选子算法

当确定节点周围邻接车辆节点与其通信链路的质量后，停放车辆辅助中继路由算法的核心工作之一就是确定应该选择哪些车辆作为下一跳广播中继节点。针对该问题，本节提出候选中继列表优选子算法 CRLS。

首先，为了保证消息尽可能地广播到更大的范围，CRLS 算法根据候选中继节点的相对方位进行分类，主要包括东南、西南等 8 个方向，如图 3-8 所示，因此可以将所有候选中继节点划分为 8 个不同的集合，每个集合对应特定的方位区域。这样，CRLS 算法只需依次从每个方位对应的集合中选出特定比例的节点即可。

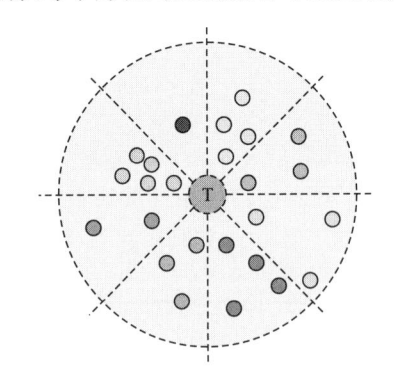

图 3-8　候选中继节点列表划分示意图

其次，当从每个方位对应的集合中进行进一步筛选时，CRLS 算法不仅会参考链路质量评估值，而且会将两个车辆节点间的距离作为影响因素。因此，CRLS 算法设置了节点选择权重（node selection weight，NSW），其计算公式为 NSW = LQE×*d*，其中，LQE 为链路质量预测评估值，*d* 为节点间的距离。为了避免选择到通信质量极差又相距很远的中继节点，在进行中继节点选择时，必须满足节点间距离小于平均距离，即 $d \leqslant \bar{d}, \bar{d} = (d_1 + d_2 + d_3 + \cdots + d_n)/n$。也就是说，被选择的中继节点必须在所有节点的平均距离内，这样能够避免选择到相距较远的车辆节点。另外，为了尽可能降低广播负载，CRLS 算法选择每个集合中 NSW 值前 SELECT_PERCENT 比例的车辆节点，该值默认为 30。

再者，为了避免所有节点同时广播数据，造成网络传输流量突发，CRLS 算法对每个方位所对应中继节点集合选中的节点设置了不同的再次广播等待时间。具体策略是，中继节点 NSW 越大，则中继等待时间越短。因此，本节设置中继等待时间 $t_i = i \times \sigma$，其中，参考文献[25]设置的等待单位时间 $\sigma = 10\text{ms}$，i 为 NSW 的排序索引。对于停放车辆的候选中继节点，因停放车辆的通信稳定性和强大的处理能力，相较于移动车辆节点的中继等待时间可以设置得更短，本节设置停放车辆的默认中继等待时间为 $\text{rand}(0, t_i)$。

最后，将所有方位所对应集合中 CRLS 算法选中的车辆节点进行统一整合，即可得到选中的中继节点列表。

如图 3-9 所示，节点 A 与节点 B、C、D 和 E 均可互相通信，其中节点 E 为停放车辆，并且节点 C 处于节点 A 的西南方向，而节点 B、D 和 E 处于节点 A 的东南方向。于是，节点 A 在选定下一次中继节点时，首先将所有候选中继节点划分为 C 和 BDE 集合，然后分别求得每个集合中的节点所对应的 NSW 值，并将结果进行降序排列，可得表 3-1。可见，由于节点 D 排在第一，故无须等待直接转发，停放车辆节点 E 的等待时间为 $0 \sim \sigma$ 的随机数，而节点 B 需要在等待 2σ 的时间后，才可以进行中继转发。

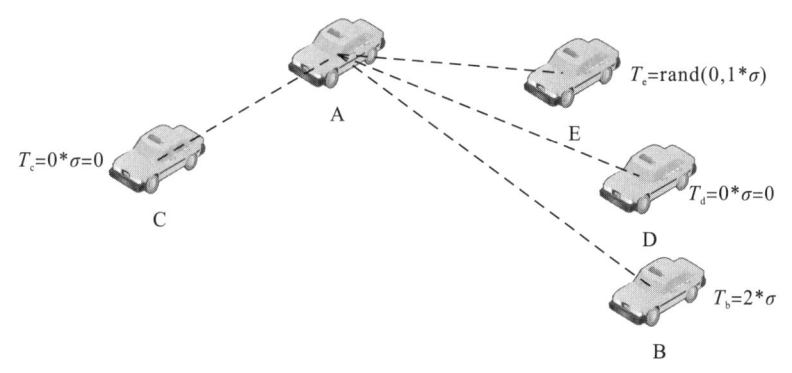

图 3-9 车辆 A 候选中继节点分布图

表 3-1 车辆 A 候选中继节点信息表

数组下标	节点编号	LQE	d	NSW
0_0	C	0.7	80	56
1_0	D	0.7	100	70
1_1	E	0.8	80	64
1_2	B	0.5	120	60

因此，对于候选中继列表优选子算法，其具体处理流程如算法 3-4 所示。

算法 3-4：候选中继列表优选子算法（CRLS）

1： **输入**：所有车辆 V_{all}，候选中继列表信息 candidateRelayLinkQualityMap
2： **输出**：选中中继车辆列表映射表 selectedRelayListMap
3： **begin**
4： **for** v in V_{all} **do**
5：   获取 v 对应的候选中继列表链路质量信息 candidateRelayLinkQuality
6：   设置并初始化不同方位对应的集合 directionCandidateRelayLists
7：   **for** v_r in candidateRelayList **do**
8：   计算 v_r 对应的节点选择权重 NSW
9：   根据 v_r 的相对方位，将 v_r 添加至对应的方位集合 directionCandidateRelayList 中
10：   **end for**
11：   **for** dcrl in directionCandidateRelayLists **do**
12：   以 NSW 降序方式对 dcrl 中的所有节点排序
13：   **for** idx in $[0, \text{dcrl.size} \times \text{SELECT\_PERCENT})$ **do**
14：   获取选中节点 dcrl.get(idx)，记为 s
15：   **if** 选中节点 s 为移动车辆 **then**
16：   设置 s 的中继等待时间 $w = idx \times \sigma$
17：   **else if** 选中节点 s 为停放车辆 **then**
18：   设置 s 的中继等待时间 $w = \text{rand}(0, idx) \times \sigma$
19：   **end if**
20：   将 s 存入 v 对应的方位选中中继列表 subSelectedRelayList
21：   **end for**
22：   将 subSelectedRelayList 添加至 selectedRelayList
23：   **end for**
24：   更新 selectedRelayListMap
25： **end for**
26： 输出 selectedRelayListMap
27： **end**

3.3.3 仿真结果及分析

本节使用 JAVA 进行仿真实验平台的搭建，对前文阐述的停放车辆辅助中继路由算法进行仿真测试，并对比分析仅使用移动车辆和同时使用停放车辆的路由算法的性能。

1. 仿真环境及参数设置

由于地图环境的选择对整个性能评估效果有着极大的影响，因此本节选择城市最常见的街道区域作为算法仿真的实际测试环境。

图 3-10(a) 所示为成都市成华区某街区的卫星图。通过比例尺对该实际区域进行测量，得到了如图 3-10(b) 所示的仿真地图。如图 3-10(b) 所示，整个仿真环境共包括 9 个十字路口、12 条双向道路和 4 处大型建筑物。对于所有十字路口，通过字母 A～I 分别进行标识。

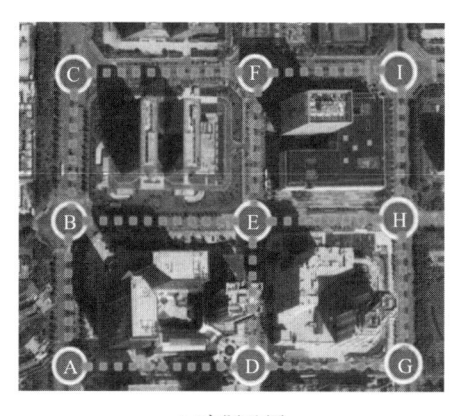

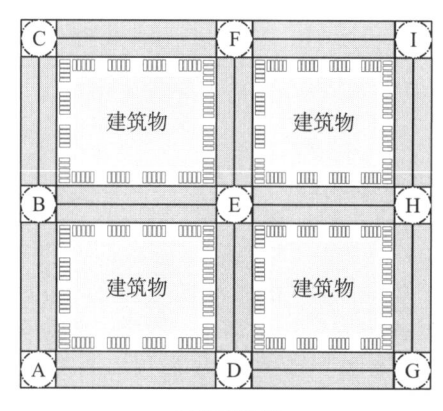

第 3 章　车联网中基于停放车辆中继的路由算法

(a)实际地图　　　　　　　　　　(b)仿真地图

图 3-10　仿真测试地图

另外，每条道路都有一定数量的路边侧方停车位，等距离分布在道路两边，可提供车辆的临时停放。对于整个仿真环境，基本参数如表 3-2 所示。

表 3-2　仿真环境参数

参数	主要包含内容	具体取值
建筑物一类	[ABED]	<1160m，860m>
建筑物二类	[BCFE]	<1160m，960m>
建筑物二类	[DEHG]	<960m，860m>
建筑物三类	[EFIH]	<960m，960m>
道路一类	AB、DE、HG	<900m，10m>
道路二类	BC、EF、HI	<1000m，10m>
道路三类	AD、BE、CF	<1200m，10m>
道路四类	DG、EH、FI	<1000m，10m>

在进行仿真时，仿真车辆主要分为移动车辆和停放车辆。基于不同的仿真规模，设置不同的车辆密度，如表 3-3 所示。对于不同车辆密度的仿真，根据车辆密度在不同道路上设置相应数量的移动车辆和停放车辆，以实现区域内车辆的均匀分布。

表 3-3 仿真车辆密度参数

车辆类型	车辆密度/(辆/km²)		
	最小值	最大值	步进值
移动车辆	20	240	20
停放车辆	80	400	40

对于仿真车辆，假定其配备有符合 IEEE 802.11p 标准的无线收发器、GPS 定位设备和数据处理单元。同时，设定车辆的行驶速度在 3.0~20.0m/s，并且它们的基本参数与中型 SUV 的规格参数一致。另外，根据文献[26]的阐述，设定车辆间最大通信距离为 250m。对于仿真车辆的基本参数，具体如表 3-4 所示。

表 3-4 仿真参数表

参数	具体取值
车辆速度/(m/s)	3.0~20.0
车辆长度/m	4.9
车辆宽度/m	2.1
车辆间最大通信距离/m	250
Hello 数据包产生间隔/ms	200

2. 仿真结果分析

本节首先对通信链路质量评估子算法中 ARIMA 模型的拟合过程进行仿真测试。为了验证 ARIMA 模型能够对 LRSSTS 进行较好的拟合，设置了三种不同的场景，并对 ARIMA 模型的预测结果进行对比，具体如图 3-11 所示。

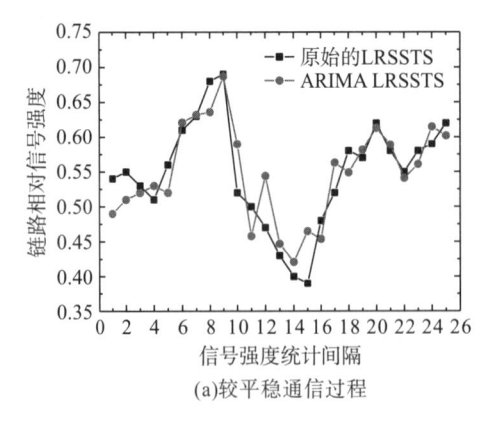

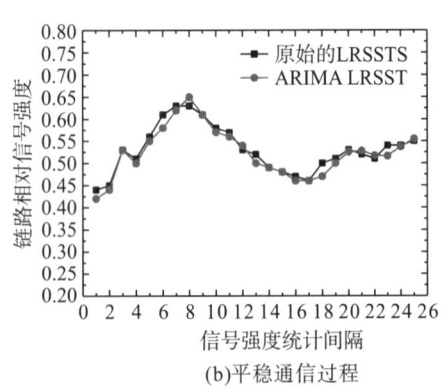

(a)较平稳通信过程

(b)平稳通信过程

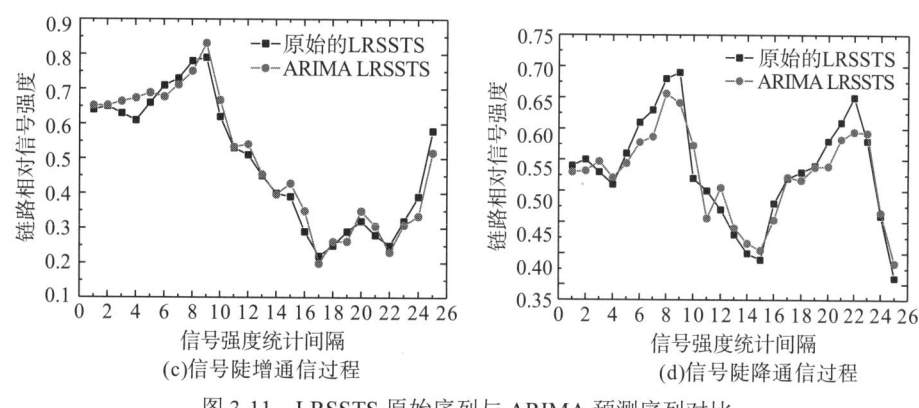

(c)信号陡增通信过程　　　　　　　(d)信号陡降通信过程

图 3-11　LRSSTS 原始序列与 ARIMA 预测序列对比

图 3-11(a)和图 3-11(b)表示在车辆相对行驶状态比较稳定的情况下 ARIMA 模型对 LRSSTS 的拟合程度。图 3-11(a)对应场景是两个车辆在城市道路上均直线平稳行驶，图 3-11(b)对应场景是两个相距较近的车辆在城市主干道上同向直线低速行驶。因此，图 3-11(b)的 LRSSTS 相较于图 3-11(a)更平稳。同时可以得出，ARIMA 模型预测算法在两个场景下都能进行很好的拟合。图 3-11(c)和图 3-11(d)分别表示在车辆相对行驶状态存在急剧变化的情况下 ARIMA 模型对 LRSSTS 的拟合程度。图 3-11(c)对应场景是车辆驶出障碍物遮挡区域，车辆间的信号强度大幅直线上升，图 3-11(d)对应场景是车辆间通信受前方大型汽车或其他障碍物遮挡，车辆间的信号强度大幅直线下降。由以上结果可知，尽管信号强度发生了大幅变化，ARIMA 模型仍然能够很好地拟合信号强度的变化情况并准确预测通信链路质量。综上可知，尽管车联网通信场景呈现出多态变化，车辆行驶环境不断变化，但 ARIMA 模型预测算法都能很好地完成链路质量的预测功能，同时整个算法过程的平均处理时间在 30ms，效率很高。

在经过多种车辆相对行驶状况下的链路相对信号强度仿真测试后，对停放车辆辅助中继路由算法 PVARR 进行相关仿真，其对比算法是文献[25]提出的双向稳定通信(b-directional sable communication，BDSC)路由算法，此算法根据链路质量和距离再选择广播节点，但仅考虑移动车辆，并没有关注停放车辆，对比本书提出的 PVARR 算法，通过表 3-5 中的参数对算法性能进行评估。

表 3-5　仿真指标说明

参数	说明
数据包交付率	消息从源节点发出到其他所有节点成功接收的比例
数据包交付时延	消息从源节点发出到其他节点所消耗的时间
数据包交付质量	消息从源节点发出到其他节点途径所有链路质量的乘积

对于数据包交付质量,其具体计算方法是计算传递时每一跳链路质量的乘积,这在一定程度上能够说明在不同算法下数据包传输链路质量的基本关系。

首先,分别测试在 BDSC 算法和 PVARR 算法的场景中,在不同车辆密度情况下的数据包交付率。

如图 3-12(a)所示,随着移动车辆密度的增大,两种算法的数据包交付率均呈上升趋势。这是由于对特定大小的区域,当移动车辆密度增大时,移动车辆的数量增加,可用于中继的车辆增加,从而提高了车辆传递消息的数据包交付率。另外,在 PVARR 算法中,当同时使用停放车辆进行数据包传递时,其整体的数据包交付率高于仅使用移动车辆的 BDSC 算法。这是由于当同时使用停放车辆时,车辆间的通信可以借助路边停放车辆进行中继,这样能够极大地提高移动车辆间的数据包交付率。

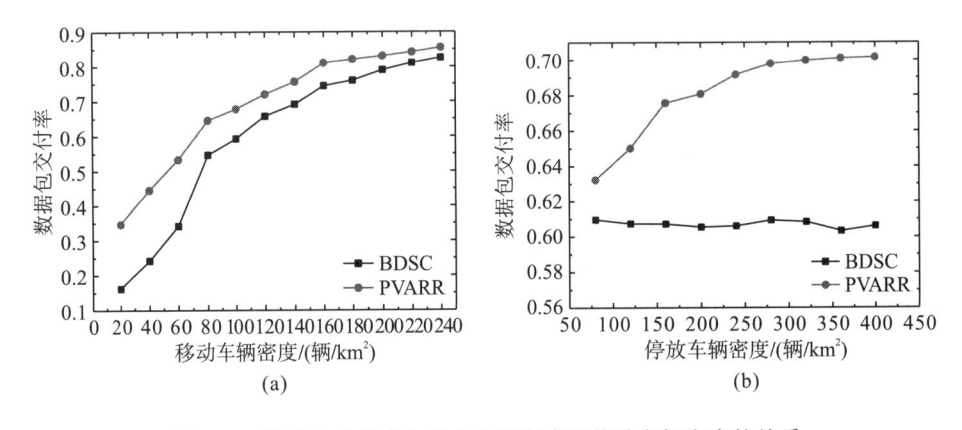

图 3-12 数据包交付率与移动车辆密度和停放车辆密度的关系

图 3-12(b)主要描绘了数据包交付率与路边停放车辆密度的关系。从图中可以看出,对于 BDSC 算法,其数据包交付率与路边停放车辆密度并无明显关联,呈现出等均值的平稳过程。但是,PVARR 算法的数据包交付率随着停放车辆的增加呈现正相关关系。这是由于当同时使用停放车辆进行中继时,路边停放车辆的增加能够提高移动车辆消息中继到其他移动车辆的概率。另外,从图中可以发现,在 PVARR 算法中,当停放车辆密度增加到一定值后,数据包交付率的增幅降低。这是因为停放车辆并不能保证覆盖所有的区域,选择部分节点机制可能存在某些通信死角的问题。

然后,对 BDSC 算法和 PVARR 算法的数据包交付时延进行仿真测试,并得出如下结果。

如图 3-13(a)所示,对于数据包交付时延,随着移动车辆密度的增大,两种算法的数据包交付时延逐渐减小。这是因为随着移动车辆密度的增加,车辆间消息传递的中继跳数呈下降趋势，因此整个数据包的交付时延减小。同时，由于消息在停放车辆上的等待时间较短，而在移动车辆上的等待时间较长，所以当采用同时使用停放车辆进行中继的 PVARR 算法时，消息广播时延较 BDSC 算法有较大的优化。

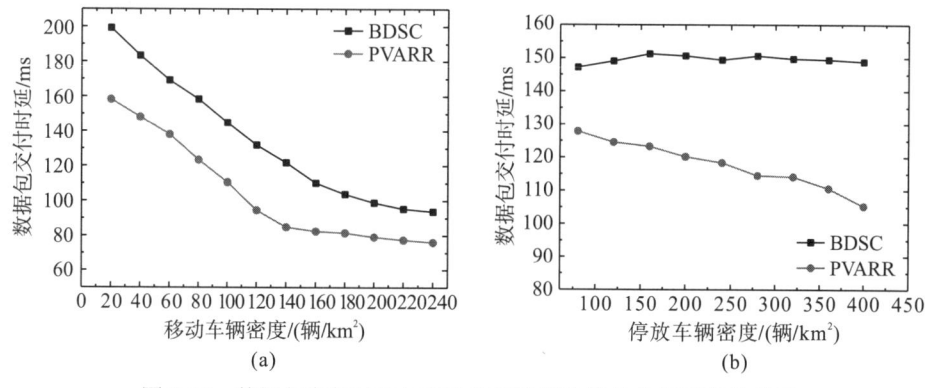

图 3-13　数据包交付时延与移动车辆密度和停放车辆密度的关系

如图 3-13(b)所示，对于 BDSC 算法，广播数据包交付时延呈现出等均值平稳趋势，这是由于整个仿真模式不依赖于停放车辆，因此停放车辆密度的改变并不影响仿真结果。相应地，在 PVARR 算法中，随着停放车辆密度的增加，移动车辆之间的消息传递时延呈下降趋势。呈现这种负相关关系的主要原因在于利用停放车辆作为中继能够大幅优化数据包的传输路径，从而优化数据包交付时延。

下面对两种中继模式下数据包交付质量的统计结果进行分析。

如图 3-14(a)所示，随着移动车辆密度的增加，两种算法的数据包交付质量均呈正相关趋势。主要原因在于，随着移动车辆的增加，移动车辆的可用中继车辆增加，能够优选出更好的消息传输路径，从而在很大程度上优化了数据包交付质量。另外，停放车辆相较于移动车辆能够在很大程度上提高消息质量，这也是 PVARR 算法的数据包交付质量优于 BDSC 算法的主要原因。

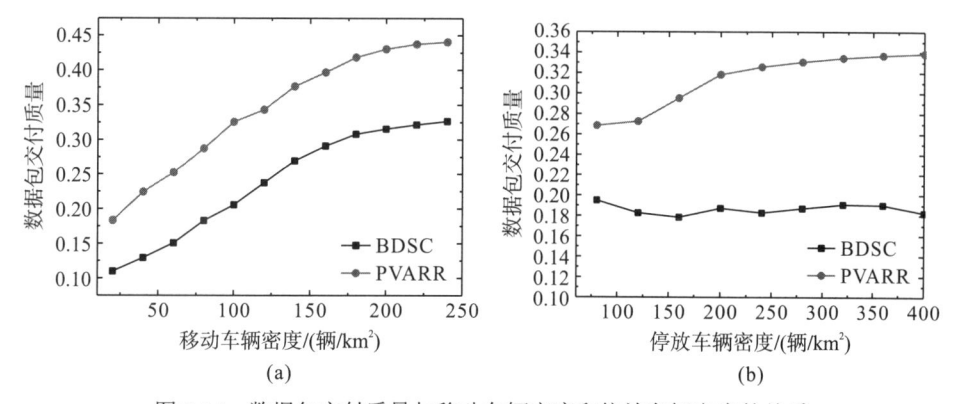

图 3-14　数据包交付质量与移动车辆密度和停放车辆密度的关系

如图 3-14(b)所示，当使用 PVARR 算法进行消息广播时，整个数据包交付质量与停放车辆密度呈正相关关系。停放车辆的中继功能为数据包传递提供了具有新的、稳定的高通信质量的中继选择，因此能够在一定程度上提高移动车辆间的数据包交付质量。相应地，当停放车辆密度达到某一阈值后，数据包交付质量的正相关性逐渐减弱。另外，在 BDSC 算法中，数据包交付质量呈现出平缓稳定的趋势，这是由于该算法不依赖于停放车辆进行中继，所以不受停放车辆密度的影响。

下面从距离维度来对比 BDSC 算法和 PVARR 算法的仿真统计结果。在仿真距离维度时，设置了多组仿真车辆，其通信距离保持不变，但具有不同的相对坐标场景，包括如图 3-15 所示的几种相对坐标场景。

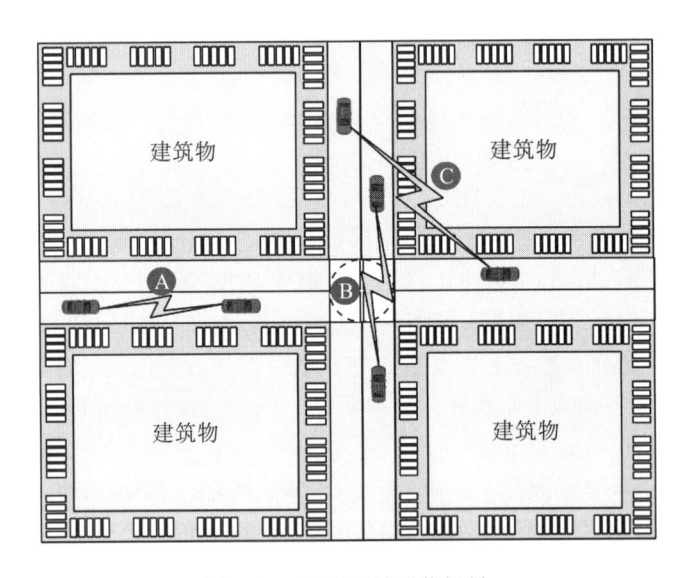

图 3-15　仿真测试通信场景

如图 3-15 所示，移动车辆的相对坐标场景有三种，分别是同一道路直线通信、跨十字路口直线通信和跨十字路口拐弯通信。这三种坐标场景能够基本覆盖所有的车辆通信场景。因此，在对特定距离进行仿真时，基于这三种相对坐标场景进行测试仿真。

首先关注不同距离和不同中继模式下的消息传递跳数。从图 3-16(a)中可以发现，随着移动车辆通信距离的增加，数据包交付经过的跳数也逐渐增加。同时，由于停放车辆参与消息中继传递，在特殊地图场景下尤其是十字路口的情况下，通过利用停放车辆中继可以让原本并不互通的移动车辆之间实现消息通信，但这将导致数据包传递跳数增加。因此，从整体上看，同时使用停放车辆的 PVARR 算法的数据包传递跳数稍大于仅使用移动车辆的 BDSC 算法。

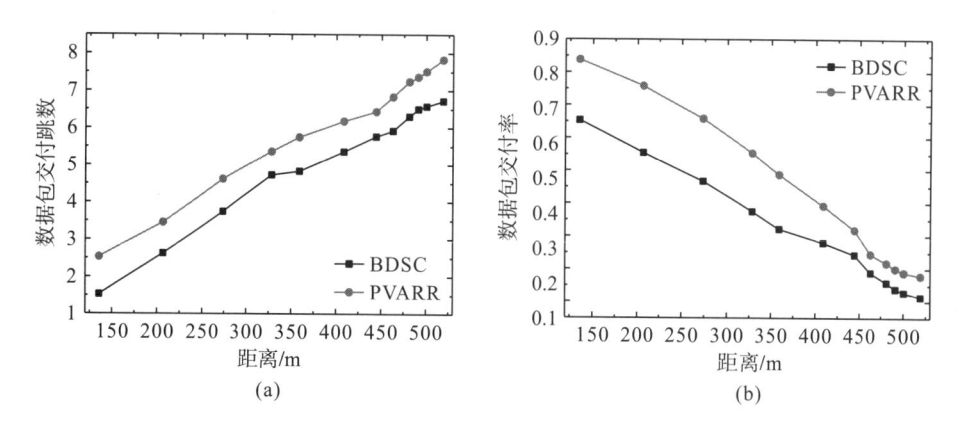

图 3-16 数据包交付跳数和数据包交付率与通信距离的关系

再关注不同距离和不同中继模式下的数据包交付率。对于距离与数据包交付率的关系，通过数据统计得到了如图 3-16(b)所示的折线图。随着移动车辆间通信距离的增加，数据包交付率呈负相关趋势。这是由于当通信距离增加时，受阴影效应和路径衰减的影响，消息信号强度减弱，同时消息传递跳数增加，因此整个数据包交付率与距离成反比。另外，由于停放车辆的中继功能，同时使用停放车辆的 PVARR 算法的数据包交付率整体优于 BDSC 算法。

图 3-17(a)是在不同距离和不同中继模式下数据包交付时延趋势的折线图。随着通信距离的增加，中继跳数和处理等待时延均增加，因此数据包交付时延呈上升趋势。由前文分析可知，通过停放车辆中继消息的等待时延和处理时延都远小于通过移动车辆中继消息的时延。因此，虽然同时使用停放车辆的 PVARR 算法的平均跳数大于仅使用移动车辆的 BDSC 算法的平均跳数，但其整体的数据包交付时延却优于 BDSC 算法。

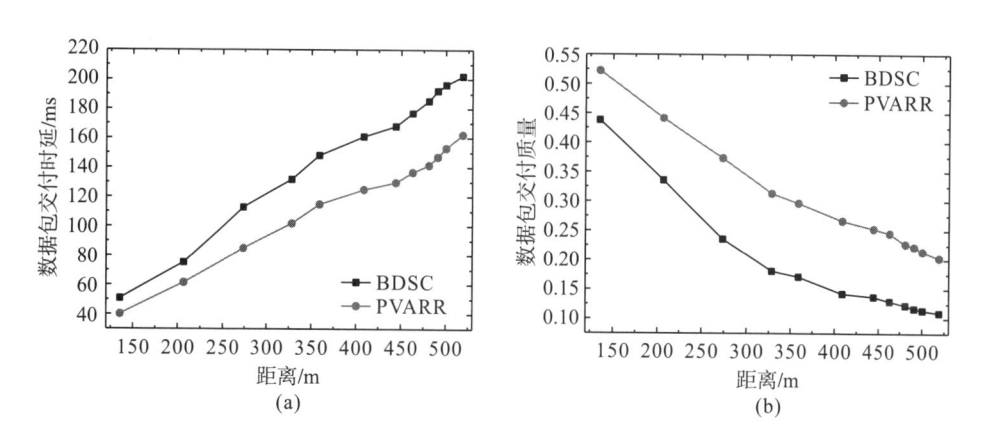

图 3-17 数据包交付时延和交付质量与通信距离的关系

最后，对两种中继模式下的数据包交付质量数据进行分析。如图 3-17(b) 所示，当移动车辆间的通信距离增加时，数据包交付质量逐渐降低。通信距离的增加会导致中继跳数和路径衰减相应增大，因此数据包交付质量随距离的增加而降低。通过对比两种不同中继模式下的数据包交付质量可以发现，PVARR 消息广播算法在进行消息中继时可在一定程度上提高车联网中数据包的整体交付质量。

3.4 能量均衡下的停放车辆辅助路由调度算法

3.4.1 问题描述

在城市 VANET 中，建筑物、交通灯和大型汽车等障碍物产生的阴影效应及由于车辆间距离太远而导致的通信无法建立会给城市交通带来严重的安全隐患。因此，基于实际需求，本节提出整合优化城市环境中停放车辆资源的车联网研究方案。在使用停放车辆作为 VANET 通信资源时，不可避免的问题就是如何对停放车辆的能量进行优化管理从而最大化停放车辆的服务时间。

对于停放车辆，其一，它能够解决当移动车辆很少时相距较远的移动车辆无法通信的问题；其二，它能够解决由城市障碍物产生的阴影效应而导致车辆之间无法正常通信的问题；其三，由于停放车辆功能简单且有充分的计算存储资源，又处于静止状态，所以相较于移动车辆，其通信链路质量更佳，处理时延更小。

如图 3-18 所示，在城市道路环境，当车辆间因阴影效应或远距离通信而导致车间通信无法建立时，需要依赖路边停放车辆作为通信中继来实现通信连接的建立。为了对停放车辆进行能量优化从而最大化停放车辆服务时间，这里必须解决两个问题：一是应该选择哪些停放车辆作为通信中继，二是如何控制停放车辆的中继工作模式行为。

对于第一个问题，当停放车辆数量很多时，并没有必要开启全部停放车辆的中继服务功能，因此可以选择其中部分停放车辆作为通信中继。如图 3-18 所示，当节点 A 与节点 B 由于远距离通信而无法建立通信连接时，可以选择停放车辆 C 作为通信中继节点，也可以选择停放车辆 D 作为通信中继节点。因此，VANET 停放车辆能量优化算法是一种从所有停放车辆中选出合适的停放车辆作为中继节点的策略。

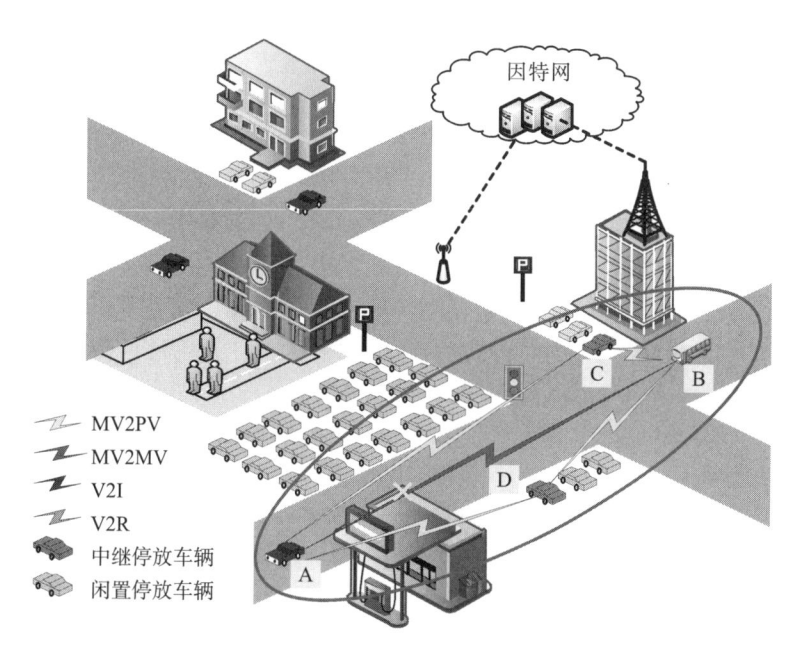

图 3-18　停放车辆应用场景示意图

对于第二个问题，由于整个 VANET 环境是动态变化的，所以停放车辆应该具备这样一种能力，即能够根据周围环境及其自身状态动态调节自身工作模式，从而尽可能延长自身的服务支持时间。当车辆处于停放状态时，由于无法继续向蓄电池充电，所有设备都处于关闭状态，此时车辆的能量就是有限的。如果迫使其一直持续工作，势必会造成能量的急剧下降，甚至会影响停放车辆的再次打火启动，这是利用停放车辆进行通信中继面临的一大难题。如图 3-18 所示，无论是选择车辆 C 还是车辆 D 作为中继节点，停放车辆 C 和停放车辆 D 都应该具备能够根据周围环境和自身状态动态开关自身服务的能力。因此，VANET 停放车辆能量优化算法必须提出一种能够动态调整停放车辆工作模式的策略。

因此，本书将结合上述两个问题，提出具有一定价值的停放车辆动态节能调度的能量优化解决方案。

3.4.2　算法设计

本节针对停放车辆能量优化问题设计相应的解决方案。首先提出解决方案的整体逻辑和创新点，然后对算法中的停放车辆中继选择子算法和停放车辆动态工作子算法进行详细阐述和分析。

1. 算法概述

对于停放车辆的节能优化，本章提出停放车辆动态节能调度算法(parked vehicle dynamic energy-saving scheduling, PVDESS)，该算法具体可以分为两个部分。

第一部分，确定需要工作的停放车辆。基于实际道路情况和车辆密度情况，根据车辆之间的连通性进行分簇，只有处于不同簇的停放车辆才需要提供中继服务。这样就可以选出真正需要开启服务的停放车辆，并将其余不需要提供服务的停放车辆置于关闭状态以实现能量节约。基于该问题，本节提出停放车辆中继选择(parked vehicle relay selection, PVRS)子算法。

第二部分，对已经确定需要工作的停放车辆进行节能调度优化。在第一部分的基础上，针对需要工作的停放车辆进行工作方式的优化，分析影响停放车辆工作的因素，并根据道路实际情况动态调整工作时长。例如，在服务需求量小时缩短工作时长，而在服务需求大时延长工作时长；在剩余电量多时延长工作时长，而在剩余电量不足时缩短工作时长。基于该问题，本节提出停放车辆动态工作(parked vehicle dynamic work, PVDW)子算法。

PVDESS 算法的主要创新点在于以下几点。

(1) 提出分簇的思想，根据移动车辆的连通性进行分簇，确定需要工作并提供服务的车辆，让其余车辆关闭以达到节能目的，同时保证服务的正常运行。

(2) 针对现有研究下固定时长的工作方式，分析影响车辆工作的因素，并设计合适的算法，使车辆能够根据这些因素进行工作模式的动态调整，从而更好地适应动态的车联网环境。

2. 停放车辆中继选择子算法

由前文论述可知，停放车辆作为通信中继节点进行消息转发能够在一定程度上解决车联网内的通信问题。本节首先提出分簇的概念，对于一个分簇，其中所有车辆都能通过单跳或多跳的方式进行相互通信。因此，整个车联网的通信场景可以分为两种，具体如下所述。

对于车联网通信场景一，如图 3-19 所示，所有移动车辆都处于同一个分簇中。在图 3-19 中，虽然建筑物周围有许多停放车辆，但由于移动车辆自身的中继作用，当其分布密度达到一定条件时，不需要任何停放车辆提供服务，此时同样可以达到很好的通信效果。

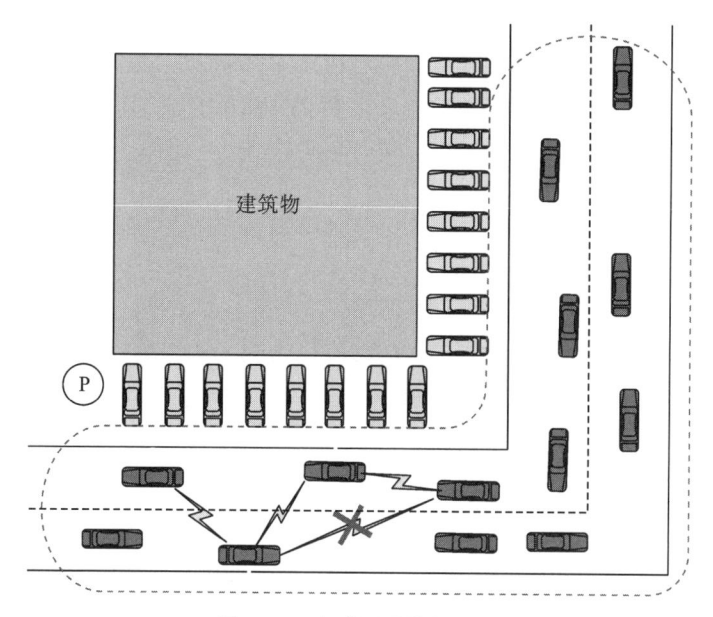

第 3 章　车联网中基于停放车辆中继的路由算法　　87

图 3-19　车联网通信场景一

如图 3-20 所示，移动车辆节点 A 和 D 虽然不在彼此的通信范围内，但却可以通过中间的移动车辆建立通信。也就是说，节点 A 可以先将信息发送给节点 B 进行中继转发。但是由于节点 B 也无法直接与节点 D 通信，因此需要通过节点 C 进行消息的进一步中继转发，从而使信息最终传递到节点 D，顺利完成本次通信过程。在这种情况下，道路两边的停放车辆无须开启任何服务，由移动车辆本身就可以完成相互通信。

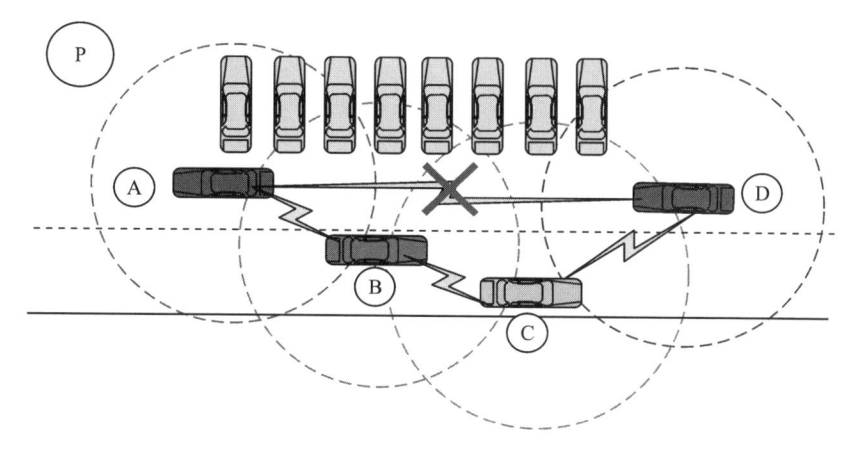

图 3-20　簇内车辆通信示意图

对于车联网通信场景二，如图 3-21 所示，并非所有移动车辆都处于其相邻移动车辆的通信范围内，这时区域内的所有移动车辆将被划分为多个分簇。在这种情况下，如果仅通过移动车辆进行中继，那么分簇与分簇之间的车辆是无法正常通信的。此时可以利用路边停放车辆进行消息中继，从而使不同分簇间的车辆能够进行正常通信。

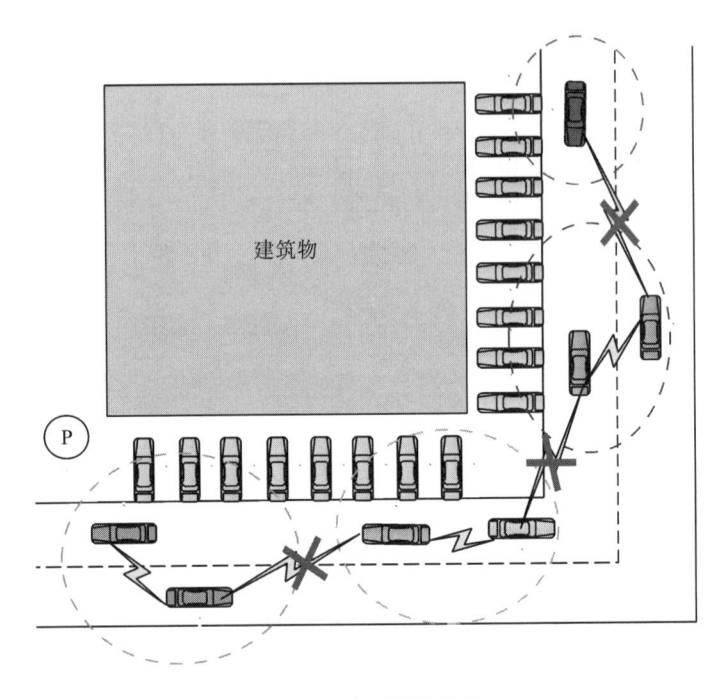

图 3-21 车联网通信场景二

如图 3-22 所示，移动车辆节点 A 和节点 B 在彼此的通信范围内，属于同一个分簇，而移动车辆节点 C 由于相距较远无法直接通信，所以被单独划分为一个分簇。在同一个分簇内的车辆间能正常通信，而不同分簇间的车辆无法完成通信过程。因此，为了解决不同分簇间移动车辆的通信问题，可以利用分簇间的停放车辆进行通信中继。此时，可以选择开启分簇间停放车辆的中继服务，这样既不会影响通信服务质量，也能够在一定程度上节约停放车辆的能量。

通过对以上两个场景的分析可以发现，如何对移动车辆进行分簇及如何选择需要开启服务的停放车辆是整个停放车辆中继选择算法首先需要解决的问题。

本书提出停放车辆中继选择子算法 PVRS 以解决上述问题，其思想基于聚类思想，即对所有移动车辆根据连通性关系进行分簇，然后将分簇间的停放车辆确定为需要开启中继服务的节点。

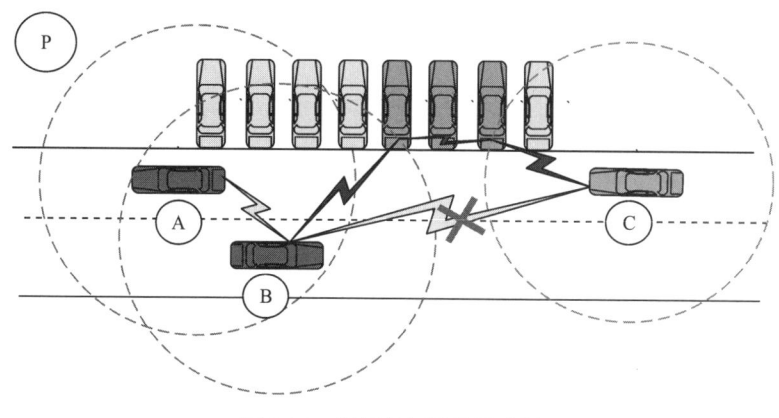

图 3-22 簇间车辆通信示意图

对于移动车辆分簇的过程，这里利用聚类思想进行分簇处理，具体工作逻辑如算法 3-5 所示。

算法 3-5：移动车辆分簇

1： 将所有移动车辆节点独立划分为 N 个分簇
2： repeat
3：   if 两个分簇内存在节点互连关系 then
4：   将这两个分簇合并，计算新分簇质心
5： until 分簇不发生变化

当完成移动车辆的分簇后，停放车辆中继选择子算法执行中继选择过程，具体流程为：首先，基于可连通性距离，根据分簇质心计算每个移动车辆分簇的覆盖范围；其次，遍历所有停放车辆节点，查找处于分簇间且可通信的停放车辆，将其加入选择中继列表，即为最终结果。

如图 3-23 所示，对于道路上分布的移动车辆和停放车辆，停放车辆中继选择子算法首先对所有车辆节点进行分簇，然后结合分簇覆盖范围及连通性关系，筛选出需要中继的停放车辆。

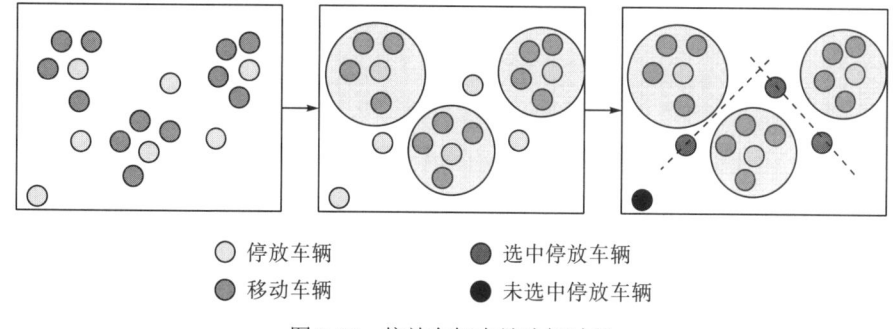

○ 停放车辆   ● 选中停放车辆
● 移动车辆   ● 未选中停放车辆

图 3-23 停放车辆中继选择过程

下面针对该算法，利用数学分析计算在不同分簇情况下需要开启中继服务的停放车辆数量。

假设道路的长度为 Dkm，在该道路上有 M_p 辆停放车辆，它们均匀分布在该道路上，密度为 ρ。车辆的最大通信范围为 R，根据前面的内容可知，移动车辆到达该道路的情况满足参数为 λ 的泊松分布，相邻移动车辆之间的距离满足参数为 $1/\lambda$ 的指数分布。

令 M_v 表示在此路段移动的车辆数量，因为车辆到达情况满足泊松分布[27]，则移动车辆数量为 m 的概率可表示为

$$P(M_v = m) = \mathrm{e}^{-\lambda D}\left(\frac{\lambda D^n}{m!}\right) \tag{3-13}$$

由泊松分布规律可知，在此路段上行驶的车辆平均数量表示为

$$E[M_v] = D \times \lambda \tag{3-14}$$

假设在此路段上有 m 辆车行驶，那么可以将这个路段看成被分隔为 $m+1$ 个小段路，其中每一段距离即 V_i 与 V_{i+1} 之间的距离为 d_i，而路段总长度为 D，所以有

$$D = \sum_{i=0}^{m} d_i \tag{3-15}$$

对于停放车辆，设其处于工作状态的功率为 P_{work}，处于空闲状态的功率为 P_{idle}。另外，对于整个道路上的所有停放车辆，设需要置于工作状态的停放车辆的平均数量为 M_{work}，而需要置于空闲状态的停放车辆的平均数量为 M_{idle}。设 P_{all} 表示所有停放车辆都处于工作状态时的总功率，P_{avg} 表示在上述工作模式下停放车辆的平均功率。于是，对于整个道路来说，节能效率 ω 可以表示为式(3-16)。而 P_{avg} 表示为式(3-17)。

$$\omega = \frac{P_{\text{all}} - P_{\text{avg}}}{P_{\text{all}}} = 1 - \frac{P_{\text{avg}}}{M_p \times P_{\text{work}}} \tag{3-16}$$

$$P_{\text{avg}} = p_a M_p P_{\text{idle}} + p_b \left(M_{\text{work}} P_{\text{work}} + M_{\text{idle}} P_{\text{idle}}\right) \tag{3-17}$$

式中，p_a 为只通过移动车辆便可通信的概率，即不需要停放车辆开启服务；p_b 为需要开启停放车辆才能正常通信的概率。另外，还需要满足式(3-18)：

$$\begin{cases} p_a = 1 - p_b \\ M_{\text{idle}} = M_p - M_{\text{work}} \end{cases} \tag{3-18}$$

第3章 车联网中基于停放车辆中继的路由算法

由上面的公式可以得出效率 ω 取决于 p_a 与 M_{work}，下面分别讨论这两个核心参数。

（1）P_a，即为仅通过移动车辆便可以通信的概率。

仅通过行驶车辆便可以通信，也就是上述车联网通信场景一的情况，令 $s_{max} = \max\{s_i, i=1,2,\cdots,M_v\}$ 表示相邻移动车辆间的最大距离。为了让所有车辆仅通过移动车辆便可通信，只需要让相距最远的相邻车辆处于可通信范围内即可，即 $s_{max} \leqslant R$。当其处于路段上有 m 辆车行驶的前提下，可以得到如下的条件概率如式(3-19)所示。

$$P[s_{max} \leqslant R | M_v = m] = \frac{P[s_{max} \leqslant R, M_v = m]}{P[M_v = m]}$$
$$= \frac{P[s_0 \leqslant R, s_1 \leqslant R, \cdots, s_n \leqslant R, M_v = m]}{P[M_v = m]} \quad (3\text{-}19)$$

通常地，每辆汽车在路上行驶是一个独立过程，同理它们之间的距离也是相对独立的，并且在同样的情况下，它们之间的距离小于通信距离 R 的概率也是相等的。由车联网领域的一些研究结果可知[28]，在路段上有 m 辆车的前提下，仅通过移动车辆便可正常通信的概率如式(3-20)所示。

$$P[s_{max} \leqslant R | M_v = m] = \sum_{k=0}^{\min\left(\frac{D}{R}, m+1\right)} \binom{m+1}{k} (-1)^k \left(\frac{D - k \times R}{D}\right)^m \quad (3\text{-}20)$$

于是，对于 p_a，其实际为在移动车辆数量为 m 时 $s_{max} \leqslant R$ 的概率，即

$$P_a = P[s_{max} \leqslant R | M_v = m] \quad (3\text{-}21)$$

（2）M_{work}，即需要开启工作的平均停放车辆数量。

对于依赖停放车辆作为中继的情况，正如通信场景二所示。在这种情况下，移动车辆之间的距离大于最大通信距离 R。此时，就需要使用停放车辆进行中继转发来保证正常通信。为了确定需要置于工作状态的停放车辆的平均数量，关键在于确定该道路上移动车辆的分簇情况。

根据上述公式和文献[29]所得结论，设单个分簇中移动车辆的数量为 n_v，则有

$$n_v = e^{-\lambda R} \times \sum_{k=1}^{M_v} k \left(1 - e^{-\lambda R}\right)^{k-1} \quad (3\text{-}22)$$

于是可以推出，整个道路可以划分的移动车辆分簇数 n_c 满足：

$$n_c = \frac{M_v}{n_v} \qquad (3\text{-}23)$$

同时，不难得出分簇之间的平均距离满足：

$$d_{avg} = \frac{D}{n_c} \qquad (3\text{-}24)$$

为了得到道路上簇的数目，首先需要分析移动车辆在整个道路上的通信情况。当只有一个分簇时，其通信情况如图 3-24 所示，那么无须开启停放车辆，即 m_{work} 的值为 0；当大于一个分簇时，其通信情况如图 3-25 所示。

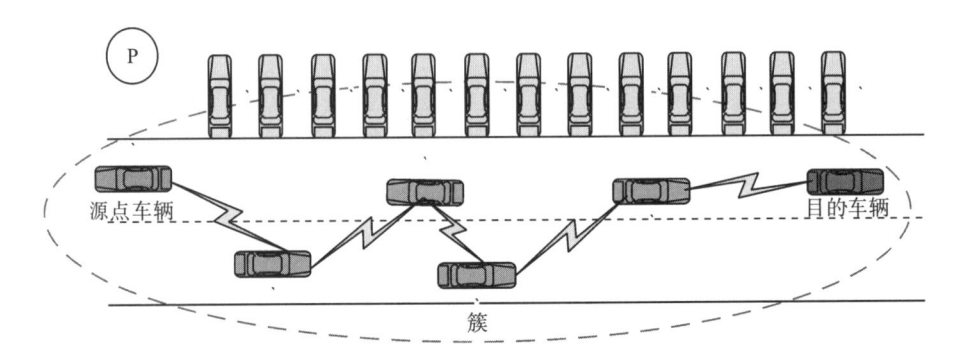

图 3-24 仅有一个分簇的通信情况

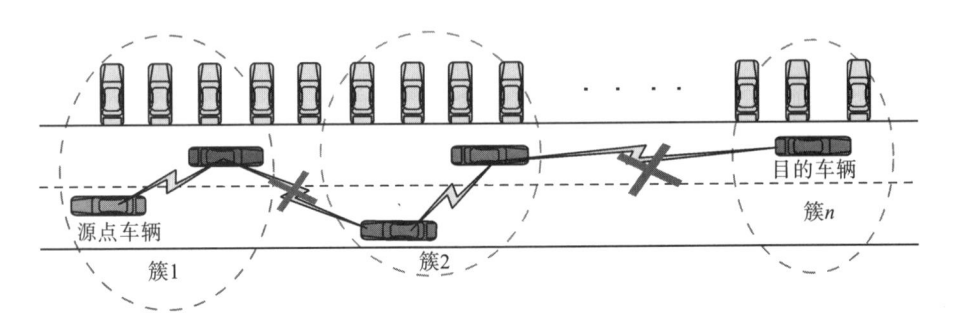

图 3-25 大于一个分簇的通信情况

由图 3-25 可知，当有大于一个分簇的通信情况时，簇的数目 n_c 与簇之间的跳数 h_c 存在一定关系，即

$$n_c = h_c + 1 \qquad (3\text{-}25)$$

由式(3-25)可知，确定车辆簇数的关键在于确定通信经过的跳数。同时，由前文内容可知，移动车辆间的距离服从指数分布，于是有

$$f(s)=\lambda \mathrm{e}^{-\lambda s} \tag{3-26}$$

同时可以得知，移动车辆间距离小于车辆最大通信距离的概率满足式(3-27)，即有

$$F(s)=P(s\leqslant R)=\int_0^R f(s)d(s)=1-\mathrm{e}^{-\lambda R} \tag{3-27}$$

对于 M_{work}，当子路段有 k 跳时，其概率为式(3-28)～式(3-30)，即

$$p(h_s=k)=C_{M_v}^{k-1}\cdot p(s>R)^{k-1}\cdot p(s\leqslant R)^{m+1-k} \tag{3-28}$$

$$p(s>R)=\int_R^\infty f(s)\mathrm{d}s \tag{3-29}$$

$$p(s\leqslant R)=\int_0^R f(s)\mathrm{d}s \tag{3-30}$$

因此，当有 k 跳时，需要置于工作模式的停放车辆数量 $M_{pw}=k\rho\cdot d_{\text{avg}}$。对于整个道路上需要置于工作状态的车辆数量为

$$M_{\text{work}}=\sum_{k=1}^{m_v+1}\left(\rho\cdot d_{\text{avg}}\cdot k\right)\cdot p(h_s=k) \tag{3-31}$$

于是，对于整个 VANET 通信环境，采用移动车辆分簇且簇间利用停放车辆通信的方式，其节能效率为

$$\omega=1-\frac{p_a\cdot M_p\cdot P_{\text{idle}}+(1-p_a)\cdot\left[M_{\text{work}}\cdot P_{\text{work}}+(M_p-M_{\text{work}})\cdot P_{\text{idle}}\right]}{M_p\cdot P_{\text{work}}} \tag{3-32}$$

3. 停放车辆动态工作子算法

停放车辆作为通信中继加入车联网后，其工作状态主要有三种，具体如下。
(1)工作(work)。提供中继服务，开启所有工作设备。
(2)空闲(idle)。不提供中继服务，只运行低功耗基本部件。
(3)停止(stop)。不提供中继服务，关闭所有设备。

这三种状态之间的转换关系如图 3-26 所示。当停放车辆电量达到门限值时，若车辆处于工作状态，则首先从工作状态进入空闲状态，并在完成所有资源的释放后进入停止状态。可见，其中的核心问题就是工作时间片如何获取及工作时间片的长度如何确定。

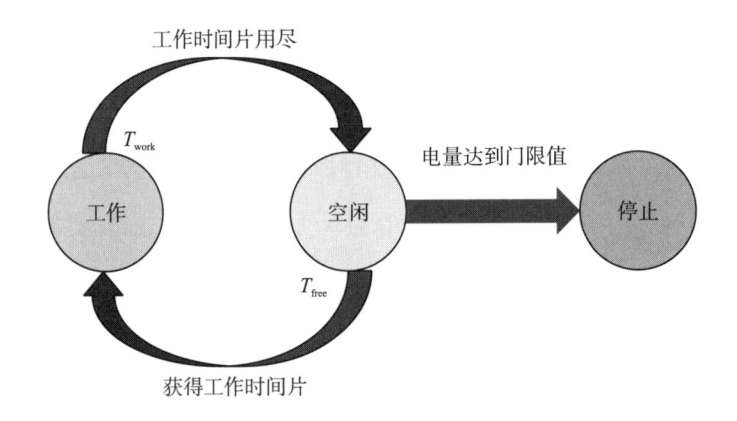

图 3-26 停放车辆工作状态转移图

为了对通信中继停放车辆进行动态节能优化，需要根据某些因素动态调整工作时间片长度，这些因素主要包括以下几点。

(1) 车辆剩余电量。根据剩余电量动态调整车辆的工作周期，当电量充足时，延长工作时间，以便提供更多服务；随着电量的消耗，相应地缩短工作时间以尽可能延长服务时间；最后，为了保证车辆后续的正常使用，当剩余电量低于一定临界值时，立即停止工作，并退出车联网。

(2) 交通业务需求量。在现实中，交通流量随时间变化，如上下班高峰期时，交通流量大，车辆对中继服务的需求就会增大；而在晚上时，交通流量小，只需少量停放车辆提供服务，其他停放车辆就可以关闭以节约电量。

(3) 可中继停放车辆数量。当停车场有大量停放车辆均可提供中继业务时，可减少每个车辆的工作时间，以便对业务进行均匀分配；当只有少数几辆车时，为了保证服务正常，可能需要每辆车延长工作时间。

表 3-6 列举了影响停放车辆工作时间的主要因素，包括剩余电量、服务需求和停车数量。工作周期 T 表示停放车辆状态调整的间隔时间，该值可由用户设置。在每个工作周期开始前，都需要对外界环境的这些因素进行探测，分别记为 Energy、Density、P_{num}，并在当前工作周期结束后重置。同时，记录这些影响因素的峰值，并作为计算下一个周期工作时间的参数，分别记为 H_{energy}、$H_{density}$ 和 H_{pnum}。另外，针对每个影响因子，根据用户需求设置不同的权重，不同权重又会影响其在单个周期内的工作时间。

第 3 章　车联网中基于停放车辆中继的路由算法

表 3-6　影响因素表

影响因素	变量名	峰值	权重
剩余电量	Energy	H_{energy}	a
服务需求	Density	$H_{density}$	b
停车数量	P_{num}	H_{pnum}	c

表 3-7 列出了停放车辆的两种状态，即工作状态和空闲状态，并记录了不同状态下的持续时间和功率，通过这些数据就可以计算在不同状态下消耗的电量和整个周期的耗电量。

表 3-7　车辆状态表

车辆状态	持续时间	功率
工作	t_{work}	P_{on}
空闲	t_{idle}	P_{idle}

计算每个周期内的工作时长 t_{work}，只需要计算工作占空比并将其与周期时长相乘即可。所谓工作占空比指的是一个周期内工作时间占整个周期的比例，即工作时长与周期时长之比。

通过以上对影响工作占空比因素的分析，设计如式(3-36)所示的占空比计算公式。当剩余电量和服务需求达到峰值且周围几乎没有停放车辆时，令占空比为 1，即持续工作；当剩余电量很低，服务需求比较小且停车数量足够多时，占空比减小，并缩短工作时间。工作占空比与剩余电量和服务需求成正比，与停车数量成反比。相关计算公式如式(3-33)~式(3-37)所示。

$$w_t = P_{on} \times t_{work} + P_{idle} \times t_{idle} \tag{3-33}$$

$$t_{work} + t_{idle} = T \tag{3-34}$$

$$a + b + c = 1 \tag{3-35}$$

$$f = \frac{\text{Energy}}{H_{energy}} \times a + \frac{\text{Density}}{H_{density}} \times b + \frac{H_{pnum} - P_{num}}{H_{pnum}} \times c \tag{3-36}$$

$$t_{work} = T \times f \tag{3-37}$$

因此，对于整个停放车辆动态工作算法，其具体流程如算法 3-6 所示。

算法 3-6：停放车辆动态工作算法 PVDW

1： 输入： 时段内的 H_{energy}、$H_{density}$、H_{pnum} 值
该时段的 Energy、Density、P_{num} 值
权值 a、b、c 及能量门限值 W
2： **while** TRUE **do**
3：   计算出 t_{work} 和 t_{idle}
4：   调用 WorkProcess(t_{work}，t_{idle})
5： **end while**
6： **function** WorkProcess(t_{work}，t_{idle}) **do**
7：   **if** energy < W **then**
8：   调用 idle process(t_{idle})；
9：   **end if**
10：   **while** $t < t_{work}$ **do**
11：   开启服务；
12：   **end while**
13：   调用 IdleProcess(t_{idle})
14： **end**
15： **function** IdleProcess(t_{idle}) **do**
16：   **if** System.energy < W **then**
17：   停止工作
18：   **end if**
19：   **while** $t < t_{idle}$ **do**
20：   开启空闲模式
21：   重新探测周围环境，记录所需能量值
22：   **end while**
23：   再次计算 t_{work} 和 t_{idle}
24：   重新调用 WorkProcess(t_{work}，t_{idle})
25： **end**

3.4.3 仿真结果及分析

1. 仿真环境及参数设置

本节对前面提出的动态工作节能算法进行仿真，具体的仿真平台为 MATLAB。该仿真主要分为两部分，第一部分是针对停放车辆中继选择算法，对比在不同移动车辆密度、不同时间和不同停放车辆数量情况下该算法的节能情况；第二部分是对比车辆停放后在一直持续工作和以固定周期工作这两种工作方式下车辆剩余电量及其在不同环境因素下动态工作的效果，同时验证了在这两种工作方式下能够提供的服务量，并对服务的可用性进行仿真与分析。在实验中，为了保证实验的稳定性，可参考文献[21]，仿真参数设置如表 3-8 所示。

第3章 车联网中基于停放车辆中继的路由算法

表 3-8 仿真参数表

参数	数值
D/m	8000
R/m	200
P_{on}/W	6
P_{idle}/W	0.4
剩余电量/(A·h)	3.5
车辆速度/(m/s)	3~15

2. 仿真结果分析

下面详细介绍关于停放车辆选择算法部分的仿真结果。其中，λ 为移动车辆密度，ρ 为路段 D 的停放车辆数，即停放车辆密度，在进行与停放车辆密度无关的测试时，默认停放车辆密度为 0.025veh/m。

如图 3-27(a)所示，当移动车辆密度为 0.01veh/m 时，节能效率平均值大约为 40%；当移动车辆密度提升到 0.02veh/m 时，节能效率平均值提升到 65%；而当移动车辆密度为 0.03veh/m 时，节能效率几乎达到 90%。这表明移动车辆密度越大，车辆节能效率越高，这是因为路上的移动车辆密度越大，车辆可以直接通过移动车辆作为中继节点进行通信，于是可以关闭路边停放车辆的服务，从而提高了停放车辆的节能效率。

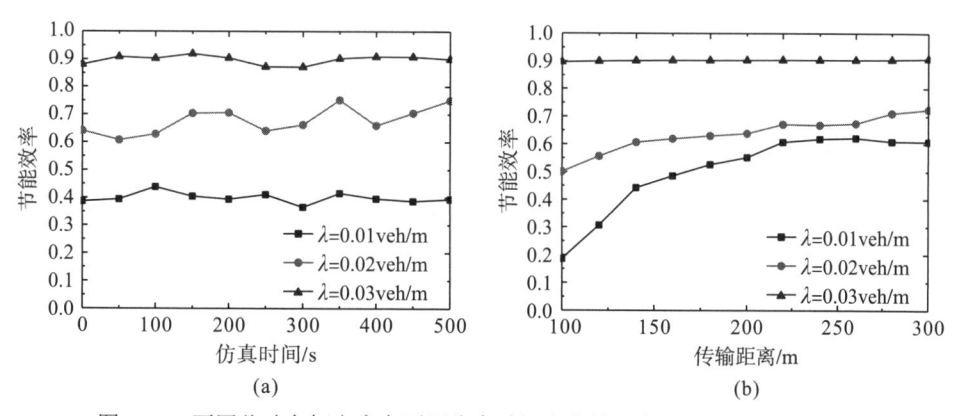

图 3-27 不同移动车辆密度在不同仿真时间和传输距离下的节能效率变化图

如图 3-27(b)所示，随着车辆通信传输距离的增大，节能效率明显提高，特别是当移动车辆密度达到 0.03veh/m 时，尽管车辆的最远通信范围改变，但车辆的节效率维持在 90% 左右。这是因为车辆通信距离越大，移动车辆通信的传输距离就越大，相距更远的车辆也可以直接通信，所需要停放车辆提供的服务需求量就会大幅度减小，从而使节能效率明显增加。同时，通过该结果也可以看出，移动车辆越密集，节能效率越高，因为其能减少停放车辆工作的数量。

如图 3-28(a)所示，随着停放车辆密度的增加，停放车辆的节能效率维持在一定水平，这充分论证了本节提出算法的稳健性，无论停放车辆的密度如何，系统的节能效率都十分稳定。因为当停放车辆密度较小时，则相应的所能提供服务的车辆也少；而当停放车辆密度较大时，能够提供服务的车辆就多，它们是同比增长的，从而使得效率维持在一定水平，这也说明节能效率和停放车辆密度是没有直接联系的，就算在停放车辆稀疏的环境中，此系统仍然能够起到节能作用。

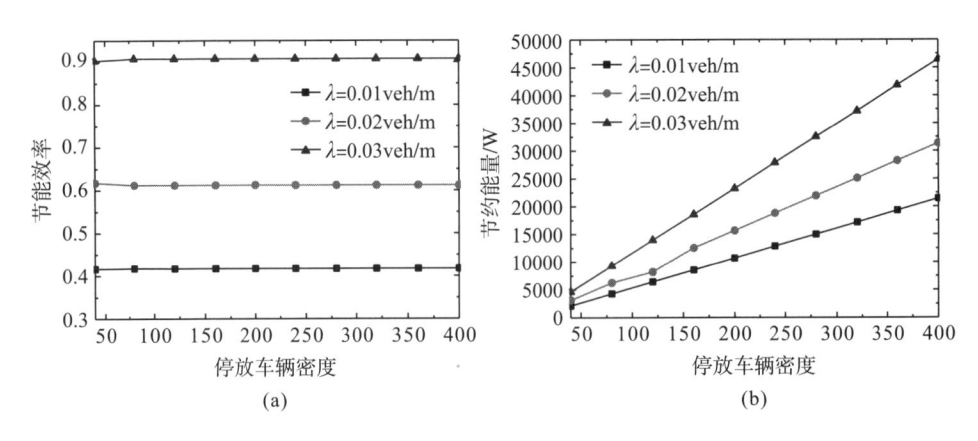

图 3-28　不同停放车辆密度下节能效率和节约能量变化图

由图 3-28(a)可知，停放车辆密度和节能效率并无直接关系，但停放车辆密度却与节约能量有着密切关系。由图 3-28(b)可知，随着停放车辆密度的增加，整个系统能够节约的能量呈现出线性增长的趋势。这是因为停放车辆密度越大，相应的在不需要开启服务路段的停放车辆增多，它们可以关闭服务以节约更多的能量。同时，在移动车辆密度不同的情况下，由图 3-28(b)可知，移动车辆密度 λ 值越大，移动车辆越多，需要开启停放车辆数就越少，所能节约的能量也就越多。

下面主要关注针对选定需要工作的停放车辆后，不同的工作方式对能量和服务量影响的仿真结果。由此可知，停放车辆的工作方式主要有三种，即本节提出的动态工作方式、持续工作方式和设置固定周期工作方式，仿真结果具体如图 3-29 所示。

图 3-29(a)表示在不同工作方式下能量的变化情况，从图中可以明显看出，在持续工作方式下停放车辆的耗能最快，大约 7h 就把电量耗尽；固定周期工作方式在大约 11h 耗尽能量；而在本节提出的动态工作方式下，车辆能耗下降明显更缓慢，可坚持工作近 15h，能满足大部分服务需求。

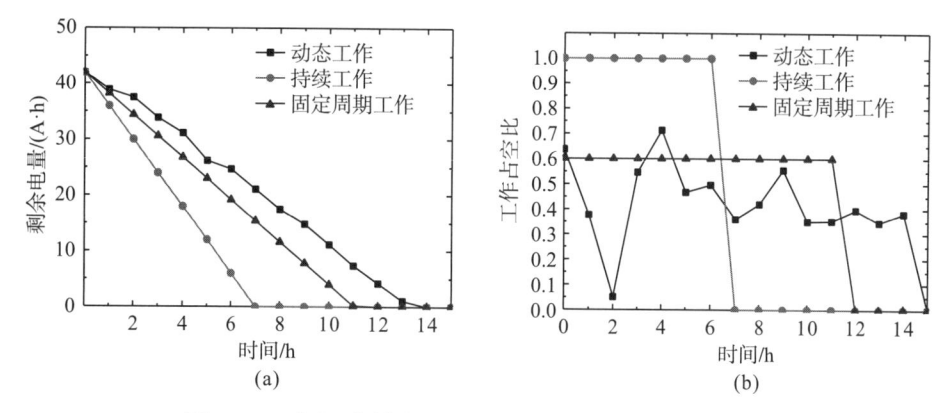

图 3-29　不同工作模式下剩余电量与工作占空比的变化图

图 3-29(b)表示在不同工作方式下，一个周期内工作占空比的变化情况。本章中周期 $T=1h$，在持续工作方式下，工作时长便是 1h，即工作占空比是 100%，但在这样的工作方式下，车辆只能持续提供 7h 左右的服务，然后车辆则无法工作，工作占空比下降为 0；对于固定周期工作方式，相比持续工作方式，其工作占空比大约为 0.6，但在 10 多个小时后因电量耗尽，工作占空比变为 0；对于本书提出的动态工作方式，可以明显看出其并不是一成不变的，而是会随着外界环境变化来动态调整工作时长，正是这种节能的工作方式，才使其能够提供最长时间的服务，相比前两种工作方式更加动态灵活。

如图 3-30(a)所示，针对本节提出的动态工作方式，测试了在不同时间段(即白天和晚上)该工作方式的工作占空比。从图中可以明显看出，在大多数情况下，白天的工作占空比高于晚上，这是由于晚上移动车辆减少，需要停放车辆提供的服务需求就少，同时晚上的停放车辆数量大幅增加，有数量较多的车辆可以分担服务压力，因此每辆车的工作时长也可以适当减少。但是，在某些时间段，晚上的工作占空比也可能超过白天，如晚上七点左右，因下班高峰期而导致服务需求量增加，工作占空比也会相应增加。

图 3-30(a)为在白天和晚上停放车辆工作时长的变化情况，图 3-30(b)代表不同工作方式在不同环境中所能提供的服务量。从图中可以明显看出，无论是在白天服务需求量大时，还是在晚上服务需求量小时，动态工作方式能提供最多的服务，其所能够服务的车辆数量远超过另外两种工作方式。另外，晚上需要的服务量也明显低于白天。

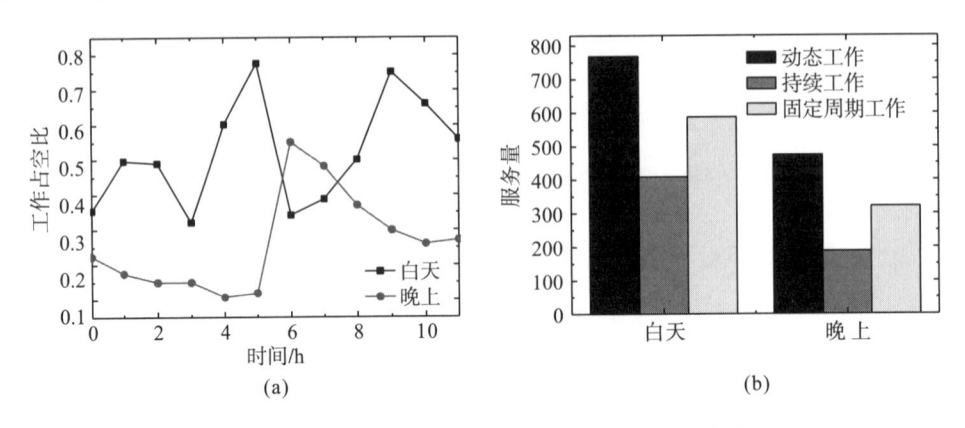

图 3-30 白天和晚上工作占空比与服务量的关系图

由于动态工作方式的工作时长主要取决于外界环境，这里就对外界环境因素进行仿真，以测试外界因素对工作时长的影响。

图 3-31(a) 是在不同停放车辆密度下工作时长的变化。从图中可以明显看出，随着停放车辆的增加，工作时长呈线性下降的趋势。这是因为停放车辆数量增加，大量的停放车辆能够分担服务需求，那么对于每一辆车，就不需要进行长时间工作。同时，通过设置不同的周期时长也可以得出，周期设置得越短，时间间隔越小，其工作时长也相应减少，这是因为车联网的移动特性，其周围环境是不断变化的，如果能将周期时长设置得短一点，那么它们更能根据外界环境去做适应性改变。

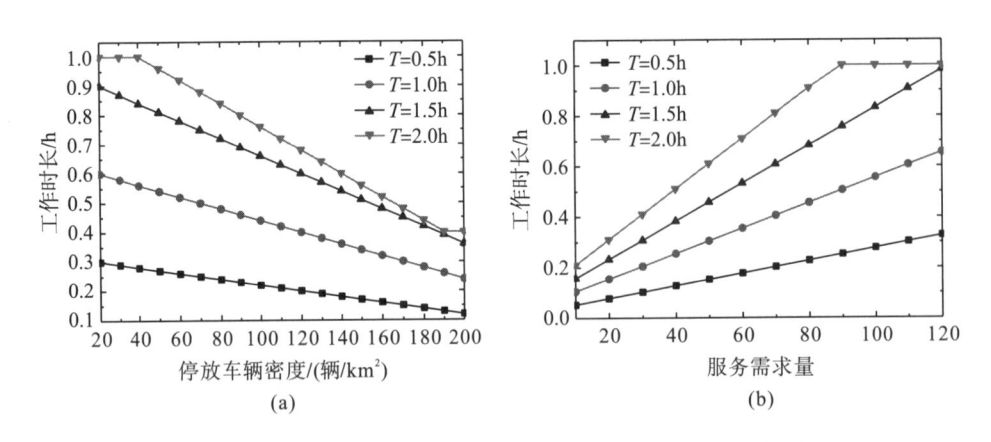

图 3-31 不同停放车辆密度与服务需求量下工作时长变化图

图 3-31(b) 是不同服务需求量下工作时长的变化情况。从图中可以明显看出，随着服务需求量的增加，停放车辆的工作时长呈线性上升的趋势，这与图 3-31(a) 的情形正好相反，因为外界服务需求量大，在停放车辆数量不变的情况下，只能通过增加工作时长来承担这些服务。同样地，在不同周期下，其工作时长的变化

规律与图 3-31(a)是相同的。

图 3-32 描述了在不同工作方式下服务量的变化趋势。从图中可以看出，在停放车辆工作初期，三种工作模式所能服务的车辆数量几乎相同，持续工作方式因其不间断地工作，服务累积量相比其他两种工作方式稍多一点，但大约在 7h 后，服务量持平，也就是无法继续提供服务了。固定周期工作服务量大约在 11h 也停止工作，而本节提出的动态工作方式能持续工作近 15h，相比持续工作方式，动态工作方式所服务车辆多近 350 辆，比固定周期工作方式多近 150 辆。

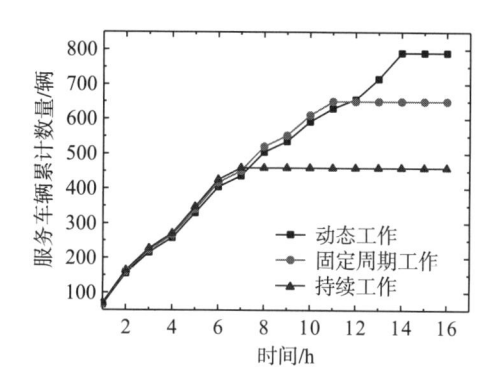

图 3-32　不同工作方式下服务量变化图

3.5　本章小结

本章基于车联网的研究背景，主要关注车与车通信的路由问题和停放车辆的节能问题，并提出利用停放车辆进行通信的路由算法和以停放车辆作为通信中继节点的节能算法。利用停放车辆进行通信的路由算法综合分析了链路质量、车辆状态等因素，使移动车辆和停放车辆能够协同配合，从而在保证不造成广播风暴和链路超载问题的前提下提高网络通信质量。针对停放车辆的节能调度算法由停放车辆中继选择算法和停放车辆动态工作算法组成，它能够根据移动车辆和停放车辆密度动态地选择中继车辆，并根据服务需求量等信息合理调整停放车辆的工作模式，极大地提高了停放车辆的节能效率。

参 考 文 献

[1] Tonguz O, Wisitpongphan N, Bai F, et al. Broadcasting in VANET[J]. 2007 Mobile Networking for Vehicular Environments, 2007: 7-12.

[2] Liu N, Liu M, Lou W, et al. PVA in VANETs: stopped cars are not silent[J]. Proceedings - IEEE Infocom, 2011, 8(1): 431-435.

[3] Reis A B, Sargento S. Leveraging parked cars as urban self-organizing road-side units[C].//Vehicular Technology Conference, IEEE, 2015: 1-5.

[4] Gu L, Zeng D Z, Guo S, et al. Leverage parking cars in a two-tier data center[C].//Wireless Communications and Networking Conference. IEEE, 2013: 4665-4670.

[5] Eckhoff D, Sommer C, German R, et al. Cooperative awareness at low vehicle densities: How parked cars can help see through buildings[C].//Global Telecommunications Conference, IEEE, 2011: 1-6.

[6] Eckhoff D, Dressler F, Sommer C. SmartRevoc: an efficient and privacy preserving revocation system using parked vehicles[C].//IEEE Conference on Local Computer Networks, IEEE, 2013: 827-834.

[7] Balen J, Martinovic G, Paridel K, et al. PVCM: assisting multi-hop communication in vehicular networks using parked vehicles[C].//International Congress on Ultra Modern Telecommunications and Control Systems, 2012: 126-129.

[8] Tiwari P, Kushwah R S. Traffic analysis for VANET using WAVE and WiMAX[C].//Communication Networks (ICCN), 2015 International Conference on IEEE, 2015: 343-346.

[9] Prakash U, Pal R, Gupta N. Performance evaluation of IEEE 802.11p by varying data rate and node density in vehicular ad hoc network[C].//Engineering and Systems (SCES), 2015 IEEE Students Conference on IEEE, 2015: 1-5.

[10] Patel N S, Singh S. A survey on techniques for collision prevention in VANET[C].//Wireless Communications, Signal Processing and Networking (WiSPNET), International Conference on IEEE, 2016: 1663-1666.

[11] Zhu W T, Gao D Y, Foh C H, et al. A collision avoidance mechanism for emergency message broadcast in urban vanet[C].//Vehicular Technology Conference (VTC Spring), 2016 IEEE 83rd, IEEE, 2016: 1-5.

[12] Yin K, Wang X B, Zhang Y L. Vehicle-to-vehicle connectivity on two parallel roadways with a general headway distribution[J]. Transportation Research Part C: Emerging Technologies, 2013, 29: 84-96.

[13] Qureshi M A, Noor R M, Shamshirband S, et al. A survey on obstacle modeling patterns in radio propagation models for vehicular ad hoc networks[J]. Arabian Journal for Science and Engineering, 2015, 40(5): 1385-1407.

[14] Li F, Wang Y. Routing in vehicular ad hoc networks: a survey[J]. IEEE Vehicular Technology Magazine, 2007, 2(2): 12-22.

[15] Sommer C, Eckhoff D, German R, et al. A computationally inexpensive empirical model of IEEE 802.11p radio shadowing in urban environments[C].//Wireless On-Demand Network Systems and Services (WONS), 2011 Eighth International Conference on IEEE, 2011: 84-90.

[16] Tian H Y, Mohri M, Otsuka Y, et al. LCE in-network caching on vehicular networks for content distribution in urban environments[C].//Ubiquitous and Future Networks (ICUFN), 2015 Seventh International Conference on IEEE, 2015: 551-556.

[17] Shen X, Cheng X, Yang L Q, et al. Data dissemination in VANETs: a scheduling approach[J]. IEEE Transactions on Intelligent Transportation Systems, 2014, 15(5): 2213-2223.

[18] Qureshi K N, Abdullah A H, Kaiwartya O, et al. Weighted link quality and forward progress coupled with modified

RTS/CTS for beaconless packet forwarding protocol (B-PFP) in VANETs[J]. Telecommunication Systems, 2016: 1-16.

[19] Sommer C, Joerer S, Segata M, et al. How shadowing hurts vehicular communications and how dynamic beaconing can help[J]. IEEE Transactions on Mobile Computing, 2015, 14(7): 1411-1421.

[20] Bousbaa F Z, Zhou F, Lagraa N, et al. Reducing transmission interferences for safety message dissemination in VANETs[C].//Wireless Communications and Mobile Computing Conference (IWCMC), 2015 International IEEE, 2015: 1205-1210.

[21] Oubbati O S, Lakas A, Lagraa N, et al. UVAR: An intersection UAV-assisted VANET routing protocol[C].//Wireless Communications and Networking Conference (WCNC), IEEE, 2016: 1-6.

[22] Virdaus I K, Kang M, Shin S, et al. A simulation study: Is the broadcast storming really harmful for emergency delivery in VANETs?[C].//Advanced Technologies for Communications (ATC), 2015 International Conference on IEEE, 2015: 666-670.

[23] Lima D S, Paula M R P, Roberto F M, et al. ProbT: a temporal probabilistic protocol to mitigate the broadcast storm problem in VANETs[C].//Information Networking (ICOIN), 2015 International Conference on IEEE, 2015: 7-12.

[24] de Melo Pires R, Arnosti S Z, Pinto A S R, et al. Experimenting broadcast storm mitigation techniques in FANETs[C].//System Sciences (HICSS), 2016 49th Hawaii International Conference on IEEE, 2016: 5868-5877.

[25] Rehman O, Ould-Khaoua M, Bourdoucen H. An adaptive relay nodes selection scheme for multi-hop broadcast in VANETs[J]. Computer Communications, 2016, 87: 76-90.

[26] Zhao H, Zhu J Q. Efficient data dissemination in urban VANETs: parked vehicles are natural infrastructures[J]. International Journal of Distributed Sensor Networks, 2012, 8(12): 151795.

[27] Sou S I, Tonguz O K. Enhancing VANET connectivity through roadside units on highways[J]. IEEE Transactions on Vehicular Technology, 2011, 60(8): 3586-3602.

[28] Darling D A. On a class of problems related to the random division of an interval[J]. Annals of Mathematical Statistics, 1953, 24(2): 239-253.

[29] Zheng H W, Zheng J. Energy efficiency analysis of a roadside relay point deployment for information delivery in VANET[C].//IEEE Global Communication Conference, IEEE, 2015: 1.

第4章　车联网中基于仿生学的路由算法

本章主要关注车载自组织网络中基于仿生学的消息路由算法研究，提出基于鱼群优化[1]模型的 VANET 单播路由算法和基于细胞运动(cell movement，CM)模型的 VANET 广播路由算法。

4.1　研究背景

根据各联合组织的评估，VANET 在安全、运输效率和信息娱乐方面都存在大量的潜在应用[2]。但是近年来，人们注意到在专用短程通信技术[3](DSRC)频谱上，美国联邦通信委员会(Federal Communications Commission，FCC)预留的频段在被交通安全相关应用使用后仍有大量剩余，于是许多其他应用相继出现[4]。因此，优化 VANET 通信技术可以让人们拥有更加安全、更加方便智能的出行体验。

然而，由于网络中的节点具有高速移动的特性，所以 VANET 的网络拓扑和网络情况时刻发生变化。据文献[5]和文献[6]可知，在 VANET 中使用原有的单播路由方法会导致数据包的传输成功率很低，例如，当车辆平均速度为 100km/h、通信范围为 250m 时，车载自组织网络中的通信链路寿命达到 15s 的概率仅为 57%[7]。此外，在 VANET 中使用简单的传统洪泛广播机制处理广播消息时将造成车载自组织网络的广播传输性能低下，出现广播风暴的概率极大[8]，因此亟须找到应对该问题的办法。

4.2　研究现状

目前关于 VANET 的路由算法研究大致可以分为单播路由和广播路由两类，其中单播路由又可分为基于拓扑和基于地理位置的两类技术，广播路由分为基于地理位置、基于概率选择、基于计数器的三类技术，具体如图 4-1 所示。

第 4 章　车联网中基于仿生学的路由算法

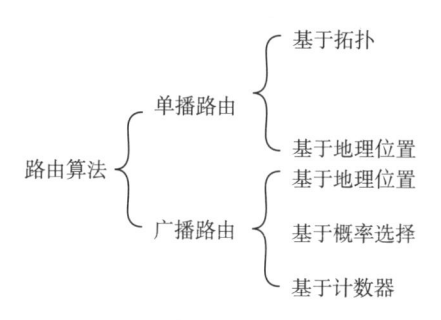

```
                    ┌ 基于拓扑
          ┌ 单播路由 ┤
          │         └ 基于地理位置
路由算法 ┤         ┌ 基于地理位置
          │         │
          └ 广播路由 ┤ 基于概率选择
                    │
                    └ 基于计数器
```

图 4-1　路由算法分类示意图

(1) 在基于拓扑的单播路由技术中，通过网络拓扑发现发送节点，为消息传输建立完整的路由路径，然后消息将严格按照此路径传输，相应算法有 AODV（源驱路由协议）[9]、TEMD[10]、PASRP[11]、VACO[12]等。在基于地理位置的单播路由技术中，消息传输未建立完备路径，只是根据当前地理位置及邻居的相关信息选择最优中继节点，从而保证消息传输的每一跳都是当前情况下通往目的节点的最优选择。具体算法有 GPSR[13]、URAS[14]等。

(2) 基于地理位置的广播路由技术主要是根据当前节点在上一次广播中的相对地理位置来决定是否重播。相关算法有 EAEP[15]、PGB[16]等。基于概率选择的广播路由的代表技术是 iMVA[17]。基于计数器的广播路由相关技术有基于计数器和概率的移动自组织网络广播机制 ECS[18]。

4.3　基于鱼群优化的车联网单播路由算法

4.3.1　问题描述

如图 4-2 所示，圆圈内的三辆车需要向目的节点 D 发送消息，此时 R_1、R_2 可帮助其进行消息中继。在基于拓扑的单播路由技术中，三辆车会建立一条经过 R_1 的传输路径 1 或经过 R_2 的传输路径 2，然后消息将严格按照路径 1 或路径 2 进行传输。在传输过程中可能因车速不同或红绿灯等情况而导致 R_1 或 R_2 脱离通信范围，从而造成通信链路中断，此时需要经过重新路由发现后才能进行传输，这就造成了消息传输的高时延和低到达率。而在基于地理位置的单播路由技术中，三辆车不会根据拓扑建立完整路由，只是根据自身的地理位置信息和周围情况选择最优的下一任中继。以 GPSR[13]来说，节点优先选择距离目的节点较近的邻居 R_1 作为下一任中继。随着三辆车的消息不断到达，R_1 需要同时处理多个消息并转发，从而造成设备负载过大，转发效率降低，消息到达时延增加，没有合理利用其他空闲资源。此外，如果 R_1 处理消息的时间过长，还可能因节点的移动性而导

致 R_1 和目的节点 D 互相脱离彼此的通信范围，以至于消息被丢弃。如果此时圆圈内的三辆车将部分消息交由 R_2 中继，那么肯定能够大幅降低传输时延，并提高传输成功率，提升性能。

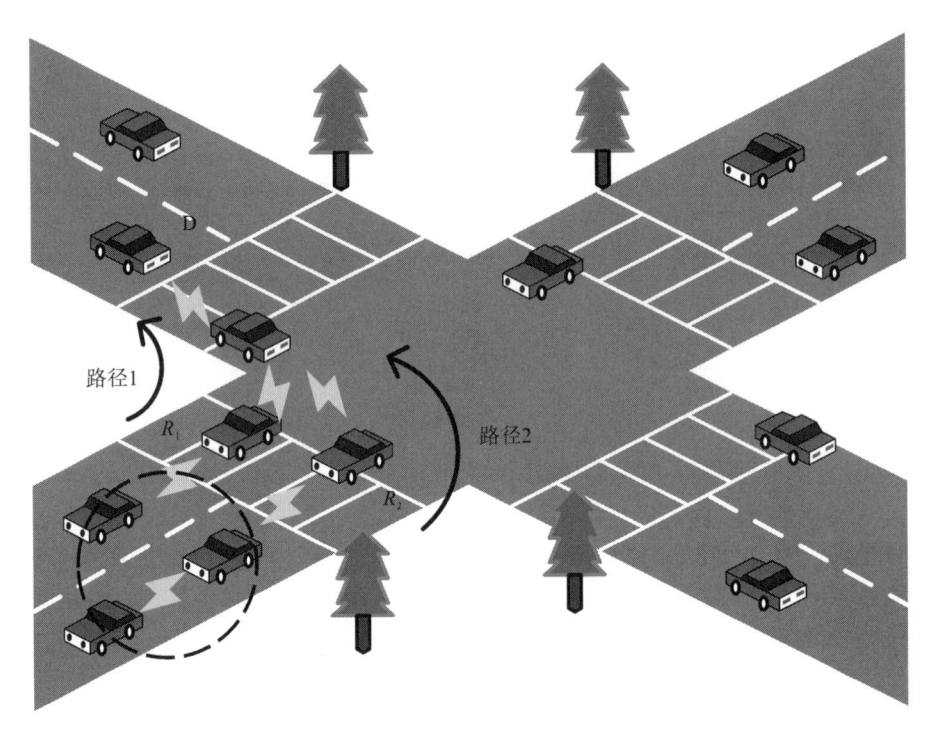

图 4-2　VANET 单播路由示意图

基于上述问题，本节提出利用鱼群优化算法在车载自组织网络中动态搜索性能优越的中继节点，使消息由设备负载空闲且传输成功率高的车辆进行转发。由于鱼群优化的快速收敛性，即使网络情况和拓扑频繁发生改变，鱼群优化还是能及时搜索到新的中继节点并告知当前区域内的车辆，让车辆节点在产生通信需求时，可以实时改变决策，将消息交给当前网络状态下通往目的节点方向上最优的中继节点进行转发。

4.3.2　人工鱼群算法

本节介绍人工鱼群算法，详细描述算法中鱼类搜索食物的三种行为并给出相应的伪代码。

不同于自然界中的其他生物，鱼类是没有领导者的，但每条鱼都具有自我组织的能力。人工鱼群算法(artificial fish swarm algorithm，AFSA)描述了在一片水域中，鱼类会通过自身或同伴的行为来寻找食物并聚集在食物浓度较高的区域。在实际应用中可以简单地理解为鱼群聚集的地方就是当前情况下的最优解。该算法由李晓磊在文献[1]中提出，这是一种模仿鱼类觅食、跟随、群聚行为的智能优化算法，该算法具有收敛速度快、效率高等优点，是解决优化问题的一种有效方法。目前该算法在负载均衡、数据挖掘、信号图像处理、改进神经网络、编码优化等方面具有广泛应用。鱼群优化中的鱼群主要有三种行为：①觅食行为，鱼类通过觅食行为寻找食物，并逐渐向食物浓度高的区域靠近；②跟随行为，鱼类找到食物后，其他同伴会跟随其轨迹向食物靠近；③群聚行为，鱼类会聚集在食物浓度较高的区域。

在人工鱼群算法中，鱼类寻找食物都是根据当前环境或当前邻居的状态进行的，这正好符合车辆自组织网络中每一次消息传输都需要根据当前时刻的网络环境和拓扑情况尽量做出最优决策的特点，两者兼容。因此，本节考虑将人工鱼群算法应用到车载自组织网络的单播消息路由中，帮助消息路由根据当前情况做出最佳决策。即使在 VANET 这种网络状态和拓扑频繁改变的网络中，人工鱼群算法也能快速搜索到新的最优中继节点以供消息传输使用，从而提升 VANET 的单播路由性能。下面详细介绍鱼群优化的三种行为。

1. 觅食行为（Prey）

如图 4-3 所示，鱼类在其视野范围内通过视觉感受附近区域的食物浓度并以此决定其移动方向，执行觅食行为。

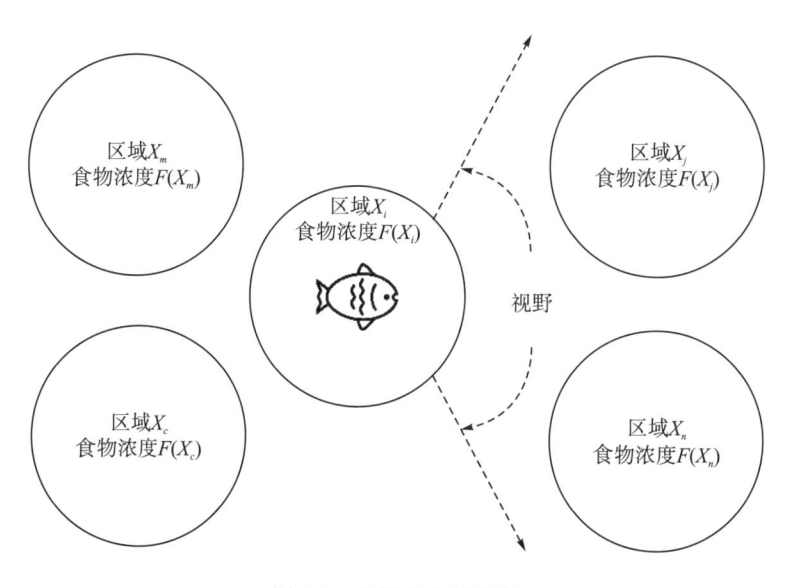

图 4-3　鱼类觅食示意图

在觅食行为中，假设某条鱼所在环境的当前状态为 X_i，食物浓度为 $F(X_i)$，在其视野范围（$D_{i,j}<\text{Visual}$）内随机寻找环境状态为 X_j 且食物浓度为 $F(X_j)$ 的地点。

$$X_j = X_i + \text{Visual}\cdot \text{Rand}() \tag{4-1}$$

如果满足 $F(X_i)<F(X_j)$，则按照式(4-2)向该方向前进一步：

$$X_i^{(t+1)} = X_i^{(t)} + \frac{X_j - X_i^{(t)}}{\left|X_j - X_i^{(t)}\right|}\cdot \text{Step}\cdot \text{Rand}() \tag{4-2}$$

否则，重新随机选择状态 X_j，并判断是否满足前进条件。如果反复几次仍未找到合适的 X_j，则按照式(4-3)随机移动一步：

$$X_i^{(t+1)} = X_i^{(t)} + \text{Step}\cdot \text{Rand}() \tag{4-3}$$

求极大值时需要满足 $F(X_i)<F(X_j)$，求极小值时需要满足 $F(X_i)>F(X_j)$，所以本节均讨论求极大值的情况。此外，鱼群优化为觅食行为增加了一个缺省行为：随机行为(random)。随机行为表示当前无法找到食物浓度较高的邻域，这时鱼类会在视野内随机移动。鱼群觅食行为算法的伪代码如算法4-1所示。

算法4-1：鱼群觅食行为

//邻域数量 N、X_j 区域的食物浓度 $F(X_j)$、当前环境食物浓度 $F(X)$

1: **for**($j=0$; $j<N$; $j++$)
2:    执行式(4-1)
3:    **if**(X_j 在视野范围内 && $F(X)<F(X_j)$)
4:       执行式(4-2)
5: **end if**
6: **end for**
7: **if**(当前没有移动)
8:    执行式(4-3)
9: **end if**

2. 跟随行为(Follow)

在鱼类觅食的过程中，当一条鱼或几条鱼找到食物时，其他伙伴会跟随过来。设当前鱼所在环境状态为 X_i，在其视野范围内（$D_{i,j}<\text{Visual}$）探索邻域伙伴所在位置 X_j 的食物浓度 $F(X_j)$，找到使得 $F(X_j)$ 最大的 X_j (即该伙伴已找到食物浓度较高的区域)，如果 $F(X_i)<F(X_j)$ 且 $N_j/N<\delta$（N_j 为 X_j 区域内鱼类数量，N 为鱼的总数，δ 为拥挤因子）表示 X_j 处的食物浓度较高且不太拥挤，那么鱼将按照式(4-2)

向位置 X_j 前进一步；否则找寻次优的 X_j，当多次尝试后仍无法找到时，执行觅食行为。如图 4-4 所示，当 $F(X_i)<F(X_n)$ 且 $N_n/N<\delta$ 时，鱼类会跟随同伴向区域 X_n 前进。跟随行为的伪代码如算法 4-2 所示。

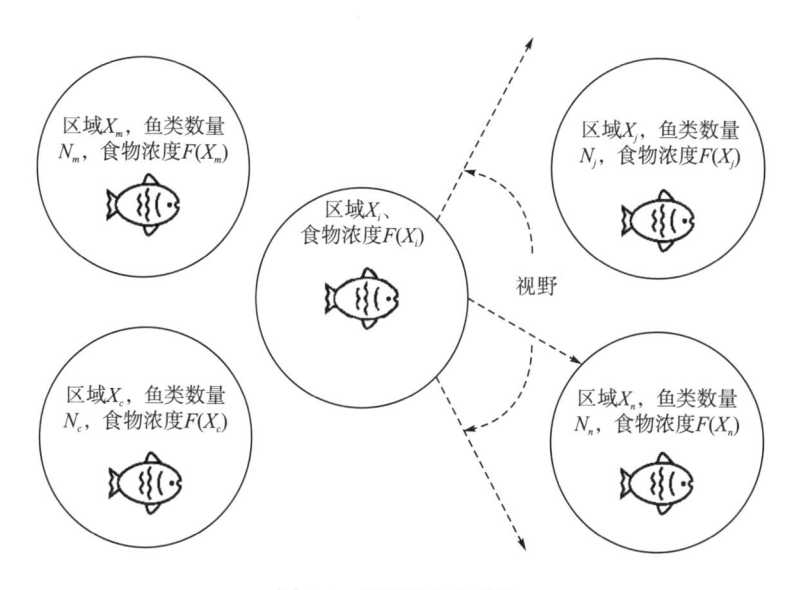

图 4-4　跟随行为示意图

算法 4-2：鱼群跟随行为

//邻域数量 N、X_j 区域鱼类数量 N_j、拥挤因子 δ

//当前环境食物浓度 $F(X)$、X_j 区域的食物浓度 $F(X_j)$

//食物浓度最高区域 X_{max} 的食物浓度 $F(X)_{max}$，初始化 $F(X)_{max} = -\infty$

1:　**for**($j=0$; $j<N$; $j++$)
2:　　**for**($i=0$; $i<N$; $i++$)
3:　　　**if**(X_i 在视野范围内 && $F(X_i)>F(X_j)_{max}$)
4:　　　　$F(X)_{max} = F(X_i)$
5:　　　　$X_{max} = X_i$
6:　　　**end if**
7:　　**end for**
8:　　**if**($N_{max}/N<\delta$ && $F(X)<F(X_{max})$) // N_{max} 为 X_{max} 区域中的鱼类数量
9:　　　执行式(4-2)
10:　　**else**
11:　　　将 X_{max} 从邻域中剔除//最优解不满足食物浓度比当前区域高或者最优解处过于拥挤，将其剔除，并寻找次优解

12: $F(X)_{max} = -\infty$

13: end if

14: end for

15: if(当前没有移动)

16:    执行觅食行为

17: end if

3. 聚集行为(Swarm)

生活中经常看到鱼类成群结队的场景,一是因为同类聚集区域的食物浓度一般比较高,二是因为成群是一种生活习惯,从而保证具有一定规律的群体可以避免危险。

$$X_i^{(t+1)} = X_i^{(t)} + \frac{X_c - X_i^{(t)}}{\left|X_c - X_i^{(t)}\right|} \cdot \text{Step} \cdot \text{Rand}() \qquad (4-4)$$

聚集行为描述了鱼群会大量聚集在食物附近区域的现象。设鱼当前所在环境为 X_i,在其视野范围内($D_{i,j}$<Visual)探索伙伴数量 N_c 及其中心位置 X_c。如果 X_c 所在位置的食物浓度 $F(X_c) > F(X_i)$ 且 $N_c / N_i < \delta$,则表示该伙伴群中心食物浓度较高且不太拥挤,这时鱼将按照式(4-4)向位置 X_c 前进一步;否则找寻次优的 X_c,当多次尝试后仍无法找到时,执行觅食行为。如图 4-5 所示,当 $F(X_i) > F(X_j)$ 且 $N_j / N < \delta$ 时,鱼类向区域 X_j 前进并与同伴聚集。鱼群聚集行为算法的伪代码如算法 4-3 所示。

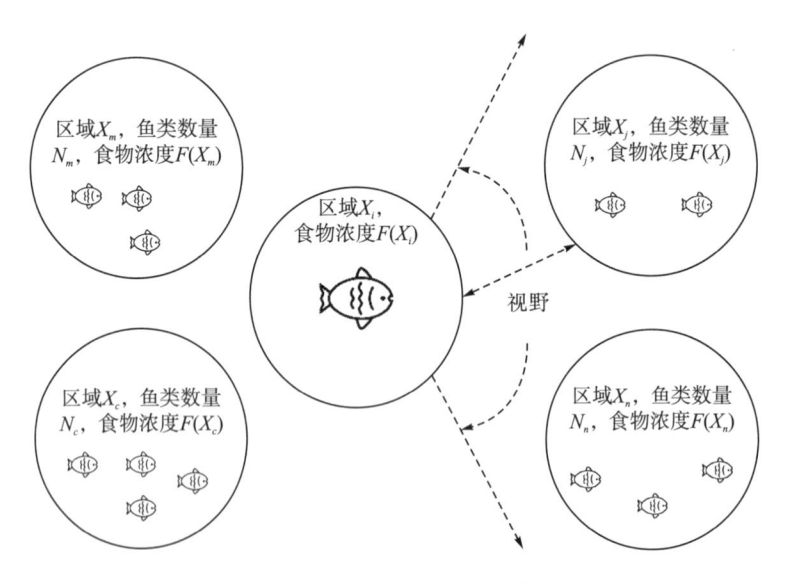

图 4-5 聚集行为示意图

算法 4-3：鱼群聚集行为

// 邻域数量 N、X_j 区域鱼类数量 N_j、拥挤因子 δ
// 当前环境食物浓度 $F(X)$、X_j 区域的食物浓度 $F(X_j)$
// 鱼类数量最多区域中的鱼类数量 N_{max}，初始化 $N_{max} = -\infty$

1: **for**($j = 0$; $j < N$; j++)
2:    **for**($i = 0$; $i < N$; i++)
3:       **if**(X_i 在视野范围内 && $N_i > N_{max}$)
4:          $N_{max} = N_i$
5:          $X_{max} = X_i$
6:       **end if**
7:    **end for**
8:    **if**($N_{max} / N < \delta$ && $F(X) < F(X_{max})$)
9:       执行式(4-4)
10:   **else**
11:      将 X_{max} 从邻域中剔除 // 最优解不满足食物浓度比当前区域高或最优解处过于拥挤，将其剔除并寻找次优解
12:      $N_{max} = -\infty$
13:   **end if**
14: **end for**
15: **if**(当前没有移动)
16:    执行觅食行为
17: **end if**

4.3.3 系统建模

本节利用鱼群优化中的三种行为(觅食、跟随、聚集行为)对车载自组织网络中的单播路由进行系统建模，并在三种行为的基础上增设一种新的仿生学行为(扩散行为)来提升模型的性能。

本模型将一片区域内由车辆组成的自组织网络类比作一片水域，并将设备负载较轻、传输成功率较高的车辆视为食物节点。网络中的每辆车会定时产生一种信标辅助消息——鱼群消息(fish message，FM)，FM 的视野范围即车辆的通信范围，鱼类前进的每一步［式(4-1)~式(4-4)中的 Step］视作 FM 从当前节点到下一节点的一跳传输。每辆车设置有设备负载状态 θ 和传输成功率 μ 两个状态参数。食物浓度由式(4-5)计算得到。

$$F(S_i) = \alpha \cdot \theta + \beta \cdot \mu \tag{4-5}$$

式中，α 和 β 分别为设备负载情况和设备传输成功率的权重。当 $F(S_i)$ 大于阈值 γ 时，车辆 S_i 为食物节点。鱼群消息通过自身的觅食行为或根据同伴的状态进行跟随和聚集行为，在网络中搜索食物节点并聚集在食物节点。于是，该区域内的消息中继任务主要由这些食物节点承担，一旦网络状态发生改变，FM 可通过新增的扩散行为脱离原食物节点并重新开始觅食行为，及时找到新的食物节点以供消息传输使用。在传统机制中，车辆在消息传输之前需要与邻居交换状态信息从而决定合适的中继。而在本模型中，由于网络中的鱼群消息一直循环执行上述过程，所以节点能够时刻感知周边的食物节点，当产生通信需求时，可以实时地将消息传输出去，避免了在发送之前需要等待与邻居交换信标消息。在节省这段时间的同时，本模型选择的中继节点是网络中设备负载轻、传输成功率高的节点，因此还能进一步减小传输时延，提高成功率。下面以鱼群的几种行为对车载自组织网络中的单播消息路由进行建模。

1. 觅食行为建模

在本模型中，主要根据以下三种情况对车载自组织网络中的单播路由进行觅食行为建模。

(1) 当网络中各车辆设备状态空闲，传输成功率高时，如图 4-6 所示，以 S_1 为例，根据鱼群优化算法，FM 在 S_1 处执行觅食行为。S_1 处的邻居状态如表 4-1 所示，其中 $\theta_2 = \theta_3$，$\mu_2 = \mu_3$，于是由式(4-5)得出 $F(S_2) = F(S_3) > \gamma$，S_2 和 S_3 均为食物节点，S_1 处的 FM 认为找到了两个食物节点，并将 S_2 和 S_3 添加到优先集合中。

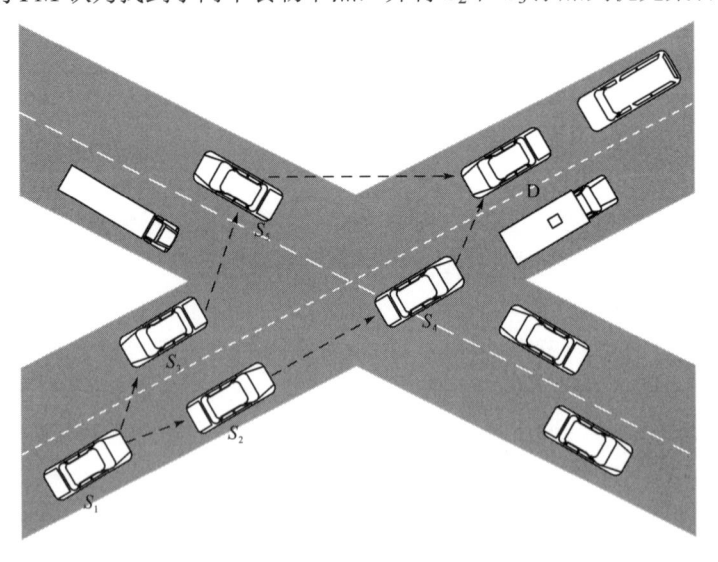

图 4-6 道路车辆情况示意图

表 4-1　S_1 邻居状态表

S_1 邻居	θ	μ
S_2	θ_2	μ_1
S_3	θ_3	μ_2

此时，FM 以式(4-6)给出的概率游向找到的某一食物节点，即

$$P(S_i) = \frac{\delta_i \cdot F(S_i)}{\sum_{S_i \in N_p} \delta_i \cdot F(S_i)} \tag{4-6}$$

式中，N_p 为由所有满足 $F(S_j) > \gamma$ 的邻居车辆组成的优先集合；δ_i 为 S_i 对应的拥挤因子。δ_i 由式(4-7)给出：

$$\delta_i = \frac{N - N_F}{N} \tag{4-7}$$

式中，N 为 FM 总数；N_F 为目标区域的 FM 数量。FM 在到达食物节点后判断当前区域是否拥挤，若不拥挤则停留在此处；反之，携带当前车辆是食物节点的信息随机游向任意邻居节点(随机行为)。概率由均匀分布概率密度函数式(4-8)给出：

$$P(S_i) = \frac{1}{N_{nei}} \tag{4-8}$$

式中，N_{nei} 为邻居数量。拥挤因子的设立可以避免所有 FM 聚集在一个食物节点。如果车辆周边有多个食物节点，受拥挤因子的影响，FM 会均匀地流向这些食物节点，从而为正常消息的传输提供更多选择，避免正常消息全部流向同一个食物节点，从而浪费其他食物节点的资源，造成算法的局限性。同时，在聚集了一定的 FM 后，食物节点将后续携带其相关信息的 FM 随机转发出去，使周围的邻居都能感知到该食物节点，并将后续的业务消息交由该食物节点转发。

(2) 当网络出现拥塞时，如图 4-7 所示，假设车辆 S_3 的设备负载较高，FM 在执行觅食行为时发现设备负载情况 $\theta_3 < \theta_2$，根据食物浓度计算公式(4-5)可以得出 $F(S_3) < \gamma < F(S_2)$。此时，S_2 仍为食物节点，S_3 不再是食物节点，所以 S_1 将 S_3 从自身优先集合中剔除，于是 S_1 处的后续 FM 会游向 S_2。为了提升模型的容错率，如果 S_1 还有其他邻居的食物浓度比较高且大于 γ，那么 FM 将以式(4-6)的概率来选择前进方向。

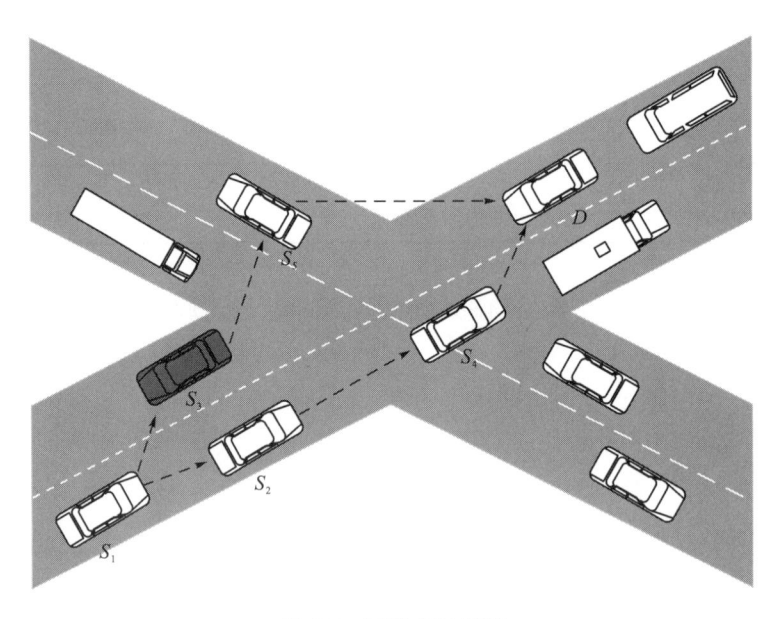

图 4-7　网络出现拥塞

(3) 当网络拓扑发生变化时，如图 4-8 所示，车辆 S_5 在向前行驶的过程中，$S_3 \rightarrow S_5$ 链路中断，S_3 无法找到合适的中继节点将消息传输出去，因此消息被丢弃。随着后续消息的到来，S_3 不断地丢弃消息而使丢包率增加，此时 $\mu_2 > \mu_3$，$F(S_2) > \gamma > F(S_3)$。S_1 更新优先集合，S_2 仍为食物节点，S_3 退出优先集合。如果在 S_1 处还有其他邻居的食物浓度大于 γ，则仍以式(4-6)给出的概率选择 FM 的前进方向。

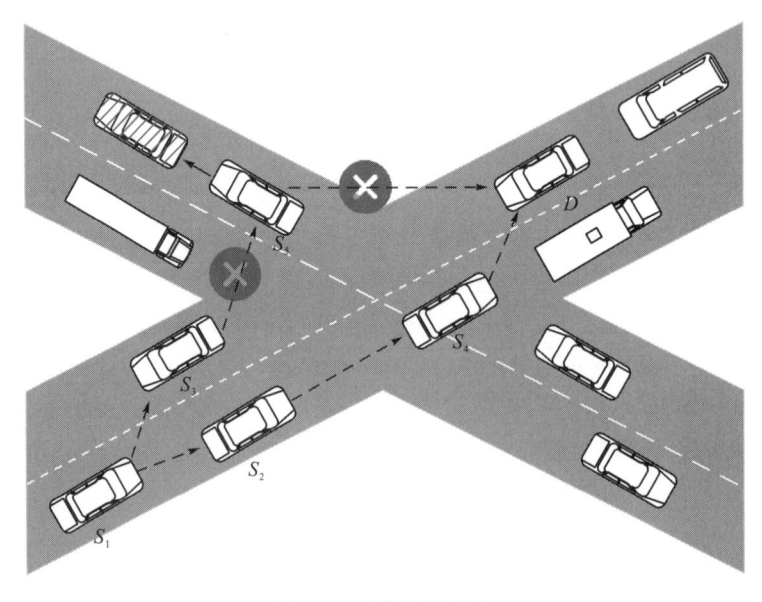

图 4-8　网络拓扑改变

觅食行为的伪代码如算法 4-4 所示。

算法 4-4：FM 的觅食行为

//车辆 S_0、鱼群消息 FM、优先集合 P

//S_0 邻居集合 $N(S_1, S_2, \cdots, S_j)$、拥挤因子 δ

//食物浓度和拥挤因子阈值 γ、σ

1:　**for**$(S_j \in N)$

2:　　　**if**$(F(S_j) > F(S_0) \,\&\&\, F(S_j) > \gamma)$

3:　　　　　S_j 加入 P

4:　　　**else if**$(F(S_j) > \gamma)$

5:　　　　　S_j 退出 P

6:　　　**end if**

7:　　**end for**

8:　**if**$(P \neq \phi)$

9:　　　FM 以式(4-6)给出的概率游向某一邻居 S_j

10:　**else if**$(\delta < \sigma)$

11:　　　FM 停留在 S_0 处

12:　**else**

13:　　　携带当前车辆信息，以式(4-8)给出的概率游向某一邻居 S_j

14:　**end if**

2. 跟随行为建模

跟随行为描述的是鱼类会跟随已经找到食物的伙伴的轨迹这一现象。聚集行为是指鱼类会聚集在食物浓度较高的区域，其也是由鱼类的跟随行为所致。所以在本模型中，统一将这两种行为归结为跟随行为。

正如前文所述，FM 在 S_1 处通过觅食行为成功找到一个或多个食物节点后，会将食物节点添加到优先集合中并为其设置拥挤因子 δ。对于后续到达 S_1 处的 FM，可以直接根据优先集合来判断自己前进方向。由于优先集合中的元素是伙伴已选择的方向，此处食物浓度比较高，而且数量远小于邻居表，所以跟随行为在提高探索效率的同时可以让后续 FM 更快地发现食物节点。如果优先集合中有一个或多个方向可供选择，那么 FM 将根据式(4-6)给出的概率来选择前进方向。如果优先集合中没有元素，表示之前没有伙伴找到食物，无法跟随，此时执行觅食行为。

跟随行为算法的伪代码如算法 4-5 所示。

算法 4-5：FM 的跟随行为

//车辆 S_0、鱼群消息 FM、优先集合 P

//S_0 邻居集合 $N(S_1, S_2, \cdots, S_j)$

1： **if**（$P \neq \varnothing$）

2：　　FM 以式(4-6)给出的概率游向某一邻居 S_j

3： **else**

4：　　执行觅食行为

5： **end if**

---

3. 扩散行为建模

为了更好地适应 VANET 动态变化的网络环境，本模型在鱼群优化的觅食、跟随、聚集三种主要仿生学行为的基础上增加了一种仿生学行为：扩散行为。扩散行为指在食物浓度较高的区域内，由于鱼群聚集，食物很快消耗殆尽，此时鱼群扩散开来并重新寻找食物。在本模型中表现为聚集在食物节点上的 FM 向网络中的其他节点扩散。

在本模型中，有两种情况会触发扩散行为：①食物节点在未来一段时间内会承载当前区域内绝大部分的中继任务，使食物节点的设备负载增加，传输效率降低；②由于网络拓扑发生改变(邻居车辆驶离食物节点的通信范围)，食物节点在接收到消息后无法转发，导致传输成功率降低。此时，聚集在食物节点上的 FM 认为该处食物已经消耗殆尽，执行扩散行为并重新寻找食物。周围节点收到扩散的 FM 后得知该食物节点已失效，于是更新自身优先集合并重新选择业务消息的中继。扩散行为算法的伪代码如算法 4-6 所示。

算法 4-6：FM 的扩散行为

//车辆 S_0、鱼群消息 FM、优先集合 P

//食物浓度阈值 γ

1： **if**（$F(S_0) < \gamma$）

2：　　聚集在此处的所有 FM 携带 S_0 的状态后执行觅食行为并扩散

3： **end if**

4.3.4 路由算法描述

本节将详细描述基于鱼群优化的 VANET 单播路由算法的细节。有了鱼群优化的辅助后，本节的路由算法核心思想如下。

(1)当产生通信需求时，源车辆 S_0 首先判断目的车辆 D 是否在自身通信范围内。若在，则直接将消息交给目的车辆，路由结束；反之，执行步骤(2)，选择消息的最优中继。

(2) 选择第一代候选节点。为了使消息的每一跳传输都向靠近目的节点的方向进行，当某邻居节点 S_j 与目的节点之间的距离 dis_{S_jD} 小于源节点和目的节点之间的距离 dis_{SD} 时，将其添加到第一代候选节点集合 $Q(S_1, S_2, S_3, \cdots)$ 中。若 Q 为空，丢弃数据包，否则消息将向远离目的节点的方向传输，容易出现回传和成环的问题；若 Q 不为空，执行步骤(3)。

(3) 选择第二代候选节点。为了使消息传输经过的跳数足够小，每次选择时应满足两个原则：①邻居节点 S_j 和目的节点 D 之间的距离 dis_{S_jD} 应尽量小，如图 4-9(a)所示，源节点 S_0 在向目的车辆 D 发送消息时应选择 S_2 作为中继以避免增加不必要的跳数；②源节点 S_0 至邻居节点 S_j 的方向 $S_0 \rightarrow S_j$ 与源节点 S_0 至目的节点 D 的方向 $S_0 \rightarrow S_D$ 之间的夹角 ω 应尽量小。如图 4-9(b)所示，源节点 S_0 在向目的车辆 D 发送消息时，在通信半径范围内应选择 S_2 或 S_3 作为中继节点，从而避免偏离传输方向，偏离目标车辆。

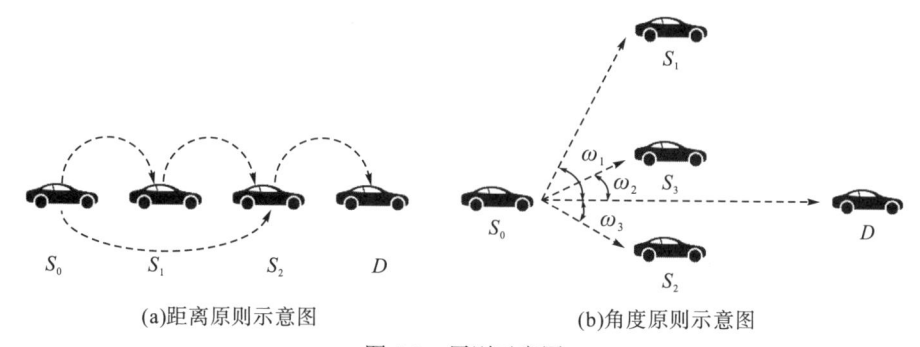

(a)距离原则示意图   (b)角度原则示意图

图 4-9 原则示意图

因此，本节使用 TOPSIS 方法[19]综合考虑 dis_{S_jD} 和 ω 两个因素，从集合 $Q(S_1, S_2, S_3, \cdots, S_m)$ 中选择第二代候选节点集合 $T(S_1, S_2, \cdots, S_n, n \leqslant m)$。TOPSIS 方法是一种理想目标相似性的顺序选优技术，在多目标决策分析中是一种非常有效的方法。

设集合 Q 中有 m 辆车，参数如表 4-2 所示。

表 4-2 距离夹角参数表

	dis_{S_jD}	ω
S_1	dis_{S_1D}	ω_1
S_2	dis_{S_2D}	ω_2
…	…	…
S_m	dis_{S_mD}	ω_m

对于 dis_{S_jD} 和 ω 这两个评价指标，建立如下特征矩阵：

$$D = \begin{bmatrix} x_{11} & x_{12} \\ x_{21} & x_{22} \\ \vdots & \vdots \\ x_{m1} & x_{m2} \end{bmatrix}$$

通过式(4-9)对特征矩阵进行规范化处理，得到规范化向量 r_{ij}，并建立 r_{ij} 的规范化矩阵。

$$r_{ij} = \frac{x_{ij}}{\sqrt{\sum_{i=1}^{m} x_{ij}^2}} \tag{4-9}$$

对于 dis_{S_jD} 和 ω 这两个评价指标，分别有权重 τ_1 和 τ_2。利用式(4-9)得到规范化矩阵，并由式(4-10)给出权重规范化矩阵。

$$v_{ij} = \tau_i \cdot r_{ij} \ (i=1,2,\cdots,m;\ j=1,2) \tag{4-10}$$

再根据权重规范化矩阵求得每个指标的最优解和最劣解。由于选择的目标距离短、夹角小，故权重规范化矩阵中各列的最小值为每个目标的最优解。

$$\begin{cases} A^* = \{\min\{v_{i1}\}, \min\{v_{i2}\}\} \\ A^- = \{\max\{v_{i1}\}, \max\{v_{i2}\}\} (i=1,2,\cdots,m) \end{cases} \tag{4-11}$$

由此可以得出集合 Q 中车辆的两个评价指标与其所对应最优解和最劣解之间的距离。

$$\begin{cases} S_i^* = \sqrt{(v_{i1}-a_1^*)^2 + (v_{i2}-a_2^*)^2} \\ S_i^- = \sqrt{(v_{i1}-a_1^-)^2 + (v_{i2}-a_2^-)^2} \end{cases} (a_i^* \in A^*,\ a_i^- \in A^{-1}) \tag{4-12}$$

因此，集合 Q 中每辆车的最终得分由式(4-13)给出：

$$S_i = \frac{S_i^-}{S_i^- + S_i^*} \tag{4-13}$$

选择分数较大的前 n 位加入第二代候选集合 $T(S_1, S_2, \cdots, S_n)$ 中。至此，候选节点能够较好地避免消息传输过程中的无意义传输，同时保证了每一次传输都尽量向目的节点靠近。

(4)选择最优中继。引入鱼群优化模型后，车载自组织网络中的FM一直执行人工鱼群算法并搜索食物节点。在搜索过程中，各节点可以得到关于食物节点的优先集合 P，此时只需要选择 $T \cap P$ 中的元素即可找到在通往目的节点方向上的食物节点。将消息交给这些负载较小且传输成功率高的食物节点进行中继，这样既保证了消息逐渐靠近目的节点，也提升了路由性能。若 $T \cap P = \varnothing$，查询邻居状态表，以式(4-5)计算邻居食物浓度，并选择当前非食物节点中食物浓度最大的节点。若 $T \cap P \neq \varnothing$，对于 $S_i \in T \cap P$，根据式(4-5)选择当前食物节点中食物浓度最大的节点即可。最后，将业务消息交给选择的邻居 S_j，S_j 收到消息后执行新一轮路由算法并选择下一任中继。算法的伪代码如算法4-7所示。

算法 4-7：消息路由算法

//车辆 S_0 收到需要转发的业务消息 MSG、目的车辆 D、优先集合 P
//S_0 邻居集合 $N(S_1, S_2, \cdots, S_j)$
1:　**if**(D 不在 S_0 的通信半径内)
2:　　　**for**($S_j \in N$)
3:　　　　　**if**($\mathrm{dis}_{S_j,D} < \mathrm{dis}_{S_0,D}$)
4:　　　　　　S_j 加入集合 Q
5:　　　**end if**
6:　　**end for**
7:　　**if**($Q \neq \varnothing$)
8:　　　　基于 TOPSIS，从集合 Q 中选择出集合 T
9:　　**else**
10:　　　丢弃 MSG，算法结束
11:　　**end if**
12:　　**if**($T \cap P \neq \varnothing$)
13:　　　　对于 $S_i \in T \cap P$，选择 $F(S_j)_{\max}$ 的邻居 S_j 作为 MSG 的中继
14:　　**else**
15:　　　　对于所有邻居，选择 $F(S_j)_{\max}$ 的邻居 S_j 作为 MSG 的中继
16:　　**end if**
17:　**else**
18:　　直接将 MSG 交给目的车辆 D
19:　**end if**

模型流程图 4-10(a) 和图 4-10(b) 分别为节点在收到业务消息和 FM 后的处理步骤。当某一节点产生通信需求时，如图 4-10(a) 所示，节点开始执行路由算法，首先判断目的节点是否在通信范围内，若在，则直接将消息转发给目的节点，路

由结束；若不在，则进行第一代和第二代候选节点集合的建立，若候选节点集合为空，则表示在通往目的节点的方向上没有合适的邻居，此时无法进行传输，丢弃消息，路由结束；若候选节点集合不为空，综合考虑鱼群优化搜索到的食物节点集合与第二代候选节点集合，若两个集合的交集为空，表明通往目的节点的方向上没有食物节点，于是选择该方向非食物节点中的最优节点；若不为空，选择食物节点中的最优节点即可。

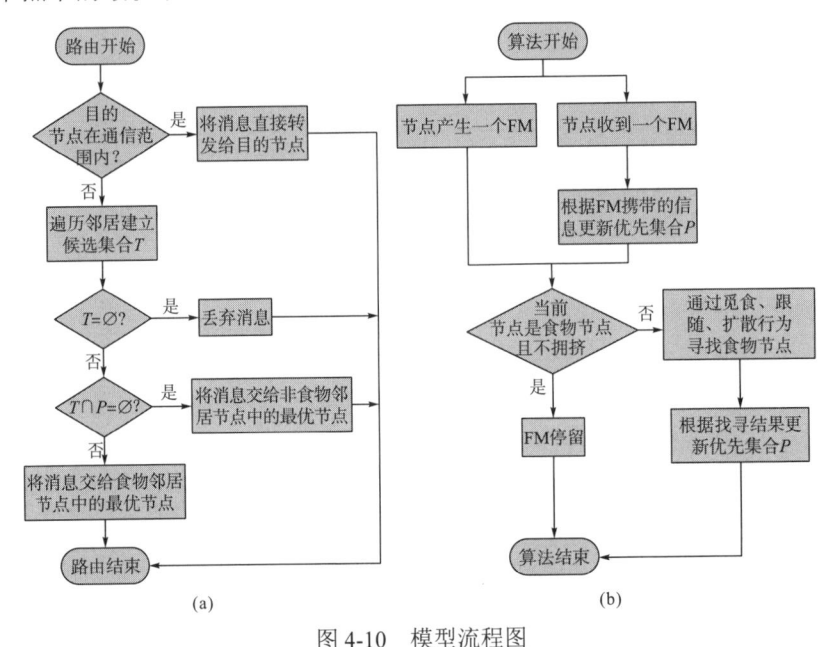

图 4-10　模型流程图

(a)节点收到业务消息后执行的路由算法流程图；(b)节点对到达此处的 FM 执行的人工鱼群算法流程图

在本模型中，每辆车都会定时产生 FM，这些 FM 游荡在 VANET 中，时刻搜索着食物节点，所以图 4-10(b)的人工鱼群算法一直处于进行状态。当节点产生 FM 时，首先根据自身状态判断自己是否为食物节点且自身节点是否空闲，若是，则 FM 停留在此处；若不是，FM 会在携带当前节点的状态信息通过觅食、跟随或扩散行为离开当前节点，并寻找网络中的食物节点。同时，当前节点根据 FM 在自身视野范围内的寻找结果更新优先集合。当节点收到 FM 时，首先根据携带的状态更新优先集合，因为该 FM 可能是食物节点为了防止过于拥挤而强制转发的，此时当前节点将该食物节点添加到优先集合中；也可能食物节点因资源消耗殆尽而导致聚集的 FM 执行扩散行为，此时节点将该食物节点从优先集合中删除。然后，同自身产生的 FM 一样，收到的 FM 进一步判断是否继续寻找食物节点。若继续寻找，当前节点也应该根据找寻结果再次更新自身优先集合。人工鱼群算法维护的优先集合 P 可在正常业务消息传输时，为节点选择更优的下一跳提供支持。

4.3.5 仿真结果及分析

本节详细介绍算法的仿真设计与实验参数,并详细分析所提出算法与另外三种算法的对比结果。

1. 仿真环境及参数设置

本书在 SUMO 上建立道路车辆模型,使用 Veins 框架在网络仿真平台 OMNET 上搭建实验环境。仿真中的主要参数如表 4-3 所示。仿真地图如图 4-11 所示,采用 2km × 2km 的地图[12]。

表 4-3　仿真实验参数设置

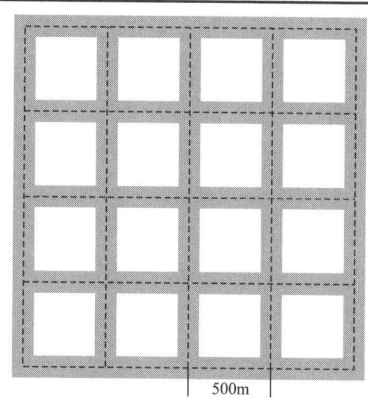

参数	参数值
仿真范围/km²	2×2
车辆通信半径/m	250
MAC 协议	IEEE802.11p
仿真时间/s	4000
车辆移动速度/(km/h)	50
基础信标消息周期/Hz	2
信标消息大小/bytes	20
鱼群消息产生周期/Hz	5
鱼群生存周期/Hops	20
鱼群消息大小/bytes	28
业务消息大小/bytes	128
业务消息流数/对	24

图 4-11　仿真地图

2. 仿真结果分析

本节选用同样基于仿生学的 VANET 路由算法 PASRP[11]和 URAS[14]进行对比。在 PASRP 中，作者利用蛛网模型为消息传输建立完整路由并从中选择最优解，而在 URAS 中，作者利用微生物模型为消息路由设计了一种启发式算法，使节点在传输消息时可以根据以往的传输经验进行学习，正反馈可使性能优越的节点以较大的概率被选择为下一跳；反之，性能较差的节点被选择的概率较小。此外，本算法也与作为无线自组织网络经典路由算法的 GPSR[13]和 AODV[9]进行了对比。GPSR 以贪心算法为基础，使当前节点在选择下一跳时总是选择距离目的节点最近的邻居节点作为中继。AODV 以需求为原则，当节点需要发送消息时，首先查询自身路由表信息，若有通往目的节点的路由信息则直接传输消息；反之，利用广播洪泛进行路由发现，获取到达目的节点的路由信息后再传输正常消息。本节提出的算法名为 FSR(Fish Swarm Routing)，本次仿真主要比较了消息平均到达时延、消息到达率和通信开销三个衡量单播路由性能的关键指标。

1) 消息平均到达时延

本次对比将消息平均到达时延定义为所有已成功到达目的节点的消息包裹自产生到被目的节点接收的时间差总和的平均值。控制业务消息产生速率为 10 个/s，改变车辆密度后，仿真得到了如图 4-12(a)所示的结果。当车辆密度较小时，传输成功率较低的通常是距离目的节点较近的消息包裹。而 PASRP 由于需要等待探测消息的回馈再为业务消息规划路由，AODV 也需要进行大量的路由发现才能正常地传输消息，故刚开始时 PASRP 和 AODV 的平均到达时延略大。随着车辆密度的增加，更多的消息能够到达目的节点，不会再被中途丢弃，所以整个时延呈上升趋势。对于车辆密度为 50(辆/km^2)时 AODV 存在拐点是因为 AODV 利用广播洪泛维护路由信息的机制在 VANET 中太低效，刚维护得到的路由信息可能已经改变了，如果消息仍按照该路由信息传输，那么其被丢弃的概率极大，这一点可由消息到达率的对比结果验证。因此，AODV 在丢包如此严重的情况下，网络中传输的业务消息较少，许多车辆的传输需求也相应减少，也就不会利用广播来维护路由。所以，AODV 在车辆较少的情况下，其网络拥塞的情况并不严重，在消息传输成功率低的同时，其传输时延也比较小。当车辆密度较大时，将出现许多可达路径，网络中节点的传输需求增多，维护路由的广播消息也相应增加，所以网络拥塞比较严重，消息传输时延增加。由于鱼群优化模型的帮助，在消息传输过程中，节点可以动态选择周围传输性能较好的节点传送消息，所以相较于对比算法，FSR 可以进一步减小消息传输时延。

控制车辆密度为 75(辆/km^2)，改变业务消息的产生速率后，仿真得到了如图 4-12(b)所示的结果，随着业务消息的增加，时延呈递增趋势。AODV 传输时延也比较低的原因同上面的分析一样，其路由维护机制在本质上的劣势使消息在传输过程中被大量丢弃，传输需求减少，网络不会产生严重拥塞。从图中可以看到，FSR 能够较好地控制消息平均到达时延。由两次仿真结果可知，FSR 能够将消息以更低的传输时延送至目的节点。

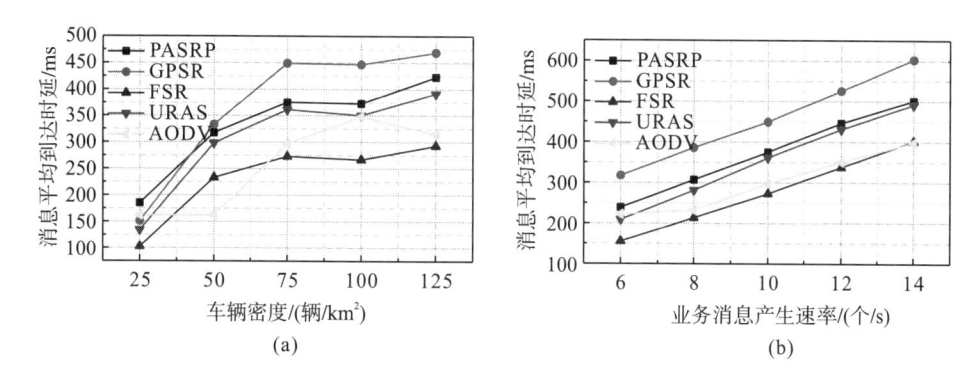

图 4-12 消息平均到达时延对比图

2) 消息到达率

本次对比将消息到达率定义为被目的节点成功接收的业务消息数量与网络中产生业务消息数量的比值。控制业务消息产生速率为 10 个/s，改变车辆密度后，仿真得到了如图 4-13(a)所示的结果。由于引入了鱼群优化模型，节点可以实时地找到周围传输成功率高的节点来转发消息，所以 FSR 可以有效地保证消息到达率。当车辆密度足够大时，PASRP 建立的完整路由可以更加充分地保证消息到达率，此时 FSR 在保证消息成功到达的性能上略差于 PASRP。相较于 PASRP 建立路由信息的机制，AODV 通过洪泛建立来维护路由信息无法高效适应车载自组织网络随时变化的网络拓扑，故 AODV 在保证消息到达率这一性能上处于劣势状态。

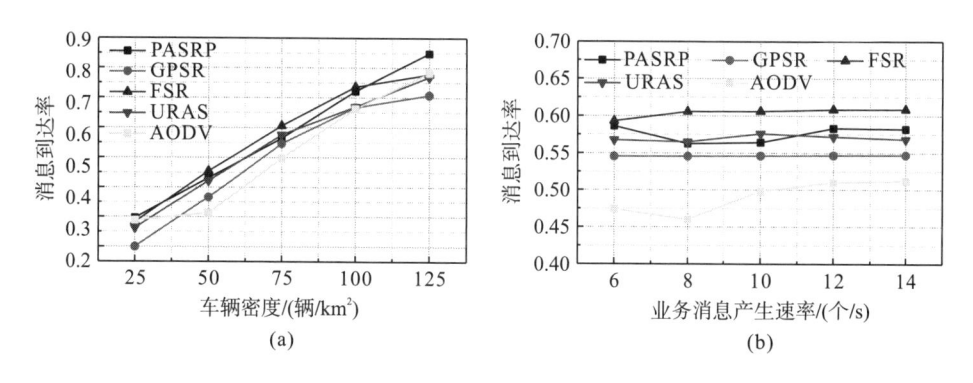

图 4-13 消息到达率对比图

控制车辆密度为 75 辆/km², 改变业务消息产生速率后, 仿真得到如图 4-13(b) 所示的结果。相较于三种对比算法, FSR 的消息传输成功率更高。由两次仿真结果可知, FSR 能够进一步提升 VANET 的消息传输成功率。

3) 通信开销

本次对比将通信开销定义为传输一个业务消息需要的平均辅助控制消息的字节数。控制业务消息产生速率为 10 个/s, 改变车辆密度后, 仿真得到了如图 4-14(a) 所示的结果。由于网络中需要存在一定的 FM, 而 PASRP 和 AODV 需要发送一定的蛛网探测消息和广播洪泛消息来建立完备的路由, 所以 FSR、PASRP 和 AODV 的通信开销整体高于 GPSR 和 URAS。当车辆密度较低时, 产生的辅助控制消息较少, 成功到达的业务消息也较少。当车辆密度增加后, 周期消息与辅助消息增加, 成功到达的业务消息增加, 此时通信开销短暂上升; 但随着车辆增多, 传输成功的业务消息的增长速率高于辅助控制消息的增长速率, 此时通信开销呈递减趋势。对于车辆密度为 50 辆/km² 时 AODV 存在拐点的原因与消息平均到达时延结果分析的原因一样, 即 AODV 利用广播洪泛维护路由信息的机制在 VANET 中太低效, 刚维护得到的路由信息可能已经改变了, 如果消息仍按照该路由信息传输, 那么其被丢弃的概率极大, 这一点由消息到达率的对比结果可以验证。因此, AODV 在丢包如此严重的情况下, 许多车辆的传输需求也相应减少, 所以也就不会利用广播去维护路由。因此, AODV 在车辆较少的情况下, 其通信开销反而较少。当车辆密度较大时, 出现许多可达路径, 网络中节点的传输需求增多, 维护路由的广播消息也增加, 整个通信开销较高。

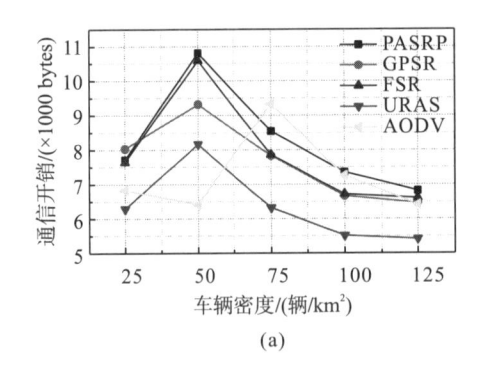

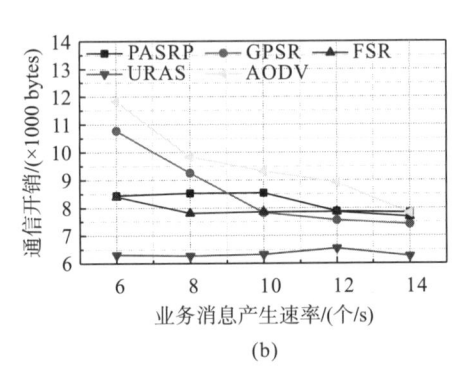

图 4-14 通信开销对比图

控制车辆密度为 75 辆/km², 改变业务消息产生速率后, 仿真得到了如图 4-14(b) 所示的结果, FSR 与 PASRP 的开销大致相当。当业务消息数量较少时, 网络拥塞情况较少, 需要的鱼群辅助消息较少, 此时 FSR 的通信开销低于 GPSR

和 PASRP；当业务消息数量增多，网络拥塞情况比较严重时，为了保持传输性能，FSR 需要的鱼群辅助消息数量相应增加，此时 FSR 的通信开销高于 GPSR 和 PASRP。由于在建立路由信息时，AODV 使用广播洪泛的机制，这种方式相较于 PASRP 来说更低效，所以将产生大量的通信开销。

以上仿真结果表明，本节所提的 FSR 算法能够在通信开销增加不大的前提下显著改善了 VANET 中消息到达的平均时延和消息到达率。

4.4 基于细胞运动的车联网广播路由算法

4.4.1 问题描述

在城市环境中，车流量密度呈现出区域化的特点。十字路口、市中心道路等区域的车流量密度大，郊区的车流量密度小。特别是在十字路口，不同时刻的车流量密度也不尽相同，随着上下班高峰期的到来，十字路口的车辆密度陡然增加，如果没有合理的广播算法，可能会导致严重的广播风暴，形成交通拥堵。具体情况如图 4-15 所示，当车辆 S 作为广播发起者进行第一次广播后，虚线圆圈内的邻居节点均会收到该消息。在传统洪泛机制中，虚线圆圈内除广播发起者 S 外的所有节点在收到广播消息后会再次广播该消息。经过第二次广播后，实线圆圈内的车辆也收到了该消息，然后进行第三次广播。此时，除实线圆圈外的车辆会收到消息外，虚线圆圈内的节点也会再次收到广播消息。不仅如此，在第二次广播时，节点 F 的广播也会造成节点 C 和节点 D 等虚线圆圈内的节点收到重复的广播消息。在第三次广播时，节点 A 的广播也使节点 E 和节点 B 等收到重复消息。如此反复会造成大量的重复传输，形成广播风暴，导致网络拥塞，堆积大量的广播冗余。

在基于地理位置的现有研究中，研究者提出尽量选择当前广播的边界节点进行重播，在此机制下，F 等不在广播边界的节点将不再广播消息。在基于概率选择的现有研究中，研究者提出根据车辆收到的重复消息数、行驶速度、行驶方向等因素让节点依概率进行重播，合理节点的重播概率大，不合理节点的重播概率小，以此避免全员广播，减少冗余。虽然这些技术能够有效地减少广播冗余，但仍无法避免广播已覆盖区域的节点会再次收到重复消息。

基于上述问题，本节提出利用细胞运动模型，在某些合理节点上使广播以合理的方向进行扩散。本节提出的广播算法不仅能够实现在许多已有算法中只选部分合理节点进行二次广播来减少冗余的思想，还能在每次广播时保证消息已覆盖区域内的节点不会重复收到消息，同时最小化未覆盖区域中的节点收到的重复消息数，在最大程度上降低冗余，提升车载自组织网络的广播性能。

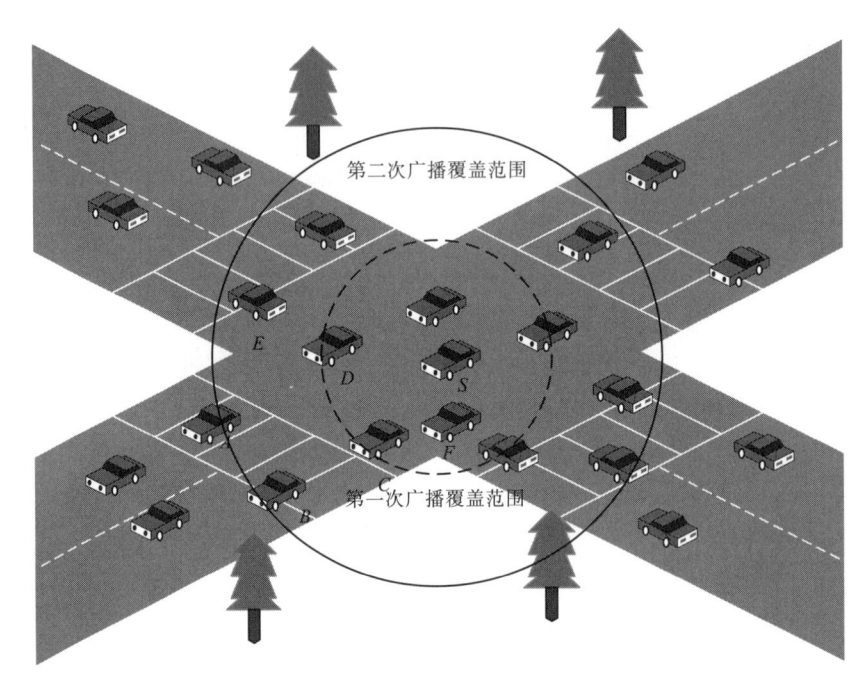

图 4-15　VANET 广播路由示意图

4.4.2　细胞运动模型

1665 年，英国科学家罗伯特·虎克（Robert Hooke，1635~1703 年）首次在显微镜下发现了生物体结构和功能的基本单位——细胞。而在许多原生动物和低等植物的细胞表面存在着大量的纤毛和鞭毛[20]。作为细胞表面突起状的延伸，纤毛与鞭毛通过向某一方向挥打使细胞运动。此外，纤毛和鞭毛这种类似于"划船"的动作还促使细胞表面的液体流动，具有重要的生物学意义[21]。

而许多微生物常具有趋于有利化学环境（引诱剂、正趋化作用）、规避有害化学环境（驱避剂、负趋化作用）的本能，这种本能简称为细胞的趋化性[22]（图 4-16）。以细菌这种微生物为例，具有运动能力的细菌能够通过其细胞表面的化学受体感受胞外环境化学信息的变化，从而产生相应信号控制鞭毛的摆动方向，促使细菌向有利的化学环境运动[23]。

在大自然的选择下，细胞进化出了多种趋化模式来适应周围环境的变化，如向温度舒适的环境靠近、向富含食物的环境靠近、向富含阳光的环境靠近（向日葵）及向含有利化学物质的环境靠近等。受到细胞根据自身趋化性并利用鞭毛向合理方向运动原理的启发，本节将细胞运动模型应用到车载自组织网络广播路由中，让广播消息模仿细胞运动，只向合理的方向前进，避免由不合理的扩散造成广播冗余。在本模型中，节点在广播时只让部分合理节点在合适的方向上进行二次重播，这样不仅能在每次广播时保证消息已覆盖区域内的节点不会重复收到消息，同时还能最小化未覆盖区域内节点收到的重复消息数，在最大程度上降低冗余，提升车载自组织网络的广播性能。

如图 4-16 所示，细胞表面的化学受体在感受到外界不同化学物质的刺激后产生信号并促使鞭毛挥动，使细胞向更舒适的环境运动。在图 4-16(a)中，细胞前方区域是富含引诱剂的有利化学环境，后方区域是富含趋避剂的有害化学环境。前侧受体受正向刺激并产生信号，控制前方鞭毛向后挥动，促使细胞向前运动，靠近有利区域，同时后侧受体受负向刺激并产生信号，控制后方鞭毛向后挥动，从而进一步促使细胞向前运动，远离有害区域。反之，如图 4-16(b)所示，细胞前方区域是富含趋避剂的有害化学环境，后方区域是富含引诱剂的有利化学环境。前侧受体受负向刺激并产生信号，控制前方鞭毛向前挥动，促使细胞向后运动，远离有害区域，同时后侧受体受正向刺激并产生信号，控制后方鞭毛向前挥动，再次促使细胞向后运动，靠近有利区域。据此，20 世纪 70 年代提出了细菌趋化性的系统模型[24-26]，即 Keller-Segel 模型(简称 K-S 模型)，其一般形式由式(4-14)描述的方程给出。

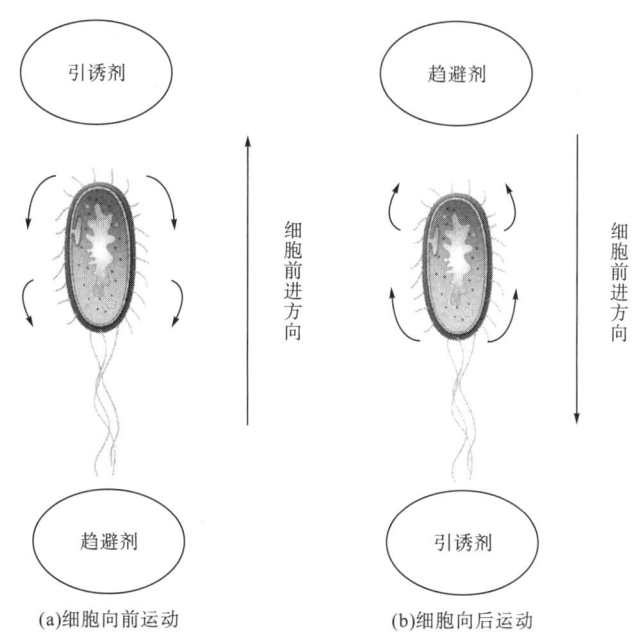

(a)细胞向前运动 (b)细胞向后运动

图 4-16 细胞运动示意图

$$\begin{cases} u_t = \nabla \cdot \left(\overbrace{d_1 \nabla u}^{\text{随机运动}} - \overbrace{A(u)B(v)C(\nabla v)}^{\text{趋化运动}} \right) + \overbrace{f(u, v)}^{\text{细菌繁殖与死亡}}, & x \in \Omega, \ t > 0 \\ v_t = \underbrace{d_2 \Delta v}_{\text{化学物质扩散}} + \underbrace{g(u, v)}_{\text{化学物质产生与消耗}}, & x \in \Omega, \ t > 0 \end{cases} \quad (4\text{-}14)$$

式中，u 和 v 分别为细菌种群密度和化学物质浓度；d_1、d_2 分别为细菌的随机移动强度和环境中化学物质的扩散程度。趋化运动表示化学物质浓度的空间变化对细菌定向运动产生的刺激，而其中函数 A、B 和梯度函数 C 分别为种群密度、化学物质浓度及其空间变化（梯度）对该趋化性运动强度的影响[27]。

不难看出，当前环境中细菌密度的改变主要受细菌随机运动和趋化运动的影响，即细胞的运动模式主要分为两种：随机运动和趋化运动。

1. 随机运动

随机运动指当前环境中各处化学浓度无明显差别时，细胞随机地向某一方向移动。如图 4-17 所示，假设每次运动过程促使细胞从当前阶段前进至下一阶段（第一阶段到第二阶段、第二阶段到第三阶段），如果此时细胞周围各方向上的化学浓度无明显差别，那么细胞会随机选择四个象限中的任意一个方向运动。

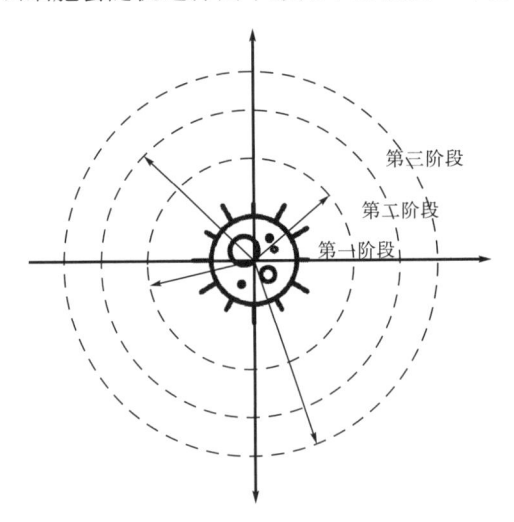

图 4-17 细胞随机运动示意图

此外，随机运动的另一个前提是不同阶段的浓度梯度没有明显差别，否则，细菌执行趋化运动。虽然处于第一阶段的细胞无法直接从当前阶段感受到浓度差，但上述 K-S 模型和大量实验表明[28]，梯度差是影响细胞趋化运动的一个重要因素。若第二阶段或第三阶段在某个方向上与第一阶段有明显的浓度差异，细胞还是能够间接感知并执行趋化运动。

2. 趋化运动

趋化运动指当细胞感受到某处的化学浓度明显高于其他区域时，通过鞭毛进行趋化运动，主动靠近或远离该区域。如图 4-18 所示，细胞周围各个方向上的化学物质浓度不尽相同。若第四象限的引诱剂浓度最高，则细胞摆动鞭毛向第四象限运动。若第四象限的趋避剂浓度最高，其余象限的趋避剂浓度无明显差别，则细胞摆动鞭毛向远离第四象限的方向运动。当其他象限的引诱剂或趋避剂浓度最高时，细胞也会执行类似的运动。此外，如前文所述，若不同阶段的化学物质浓度存在梯度差，细胞的趋化运动将受间接影响。例如，第一阶段在第一象限中的引诱剂浓度高于第二象限，但在第二阶段第二象限的浓度却高于第一象限，那么细胞也可能向第二象限运动。总之，细胞会向更适宜的化学环境运动。

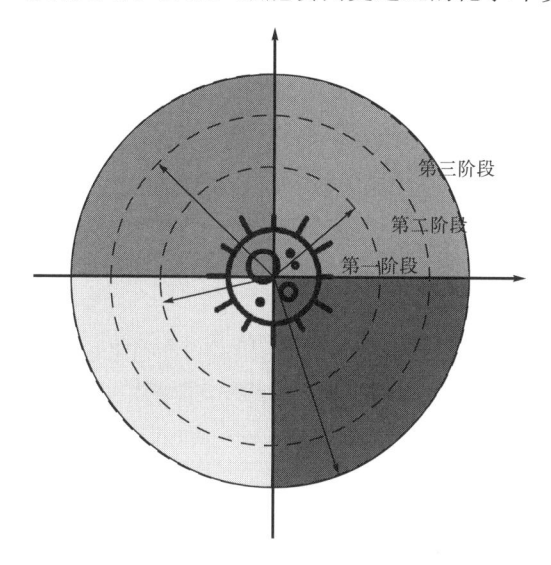

图 4-18　细胞趋化运动示意图

本节主要用以上两种细胞运动模式对车载自组织网络中的广播路由进行建模，使 VANET 中的节点在广播消息时模仿细胞运动，向未覆盖区域（即远离趋避剂的方向）进行扩散。

4.4.3　系统建模

本节将详细阐述如何利用上述细胞运动模型中的两种运动方式对车载自组织网络中的广播路由进行建模。

如图 4-19 所示，将当前车载自组织网络中的车辆节点视作细胞，当前车辆节点在通信范围内与其邻居节点之间的虚拟链路视作细胞表面的鞭毛。本模型的化学刺激分为引诱剂（正向刺激）、趋避剂（负向刺激）两种类型，广播消息为趋避剂。当 A 细胞收到来自 B 细胞的广播消息后，鞭毛 A 和鞭毛 B 受负向刺激，细胞 A 向远离细胞 B 的方向运动，此时定义细胞 A 处除鞭毛 A 和鞭毛 B 外的鞭毛受来自引诱剂的正向刺激，进一步引诱细胞 A 远离细胞 B。于是，以细胞运动方向作为节点 A 处新一轮广播的方向，从而避免节点 A 再次向节点 B 广播该消息，产生冗余。

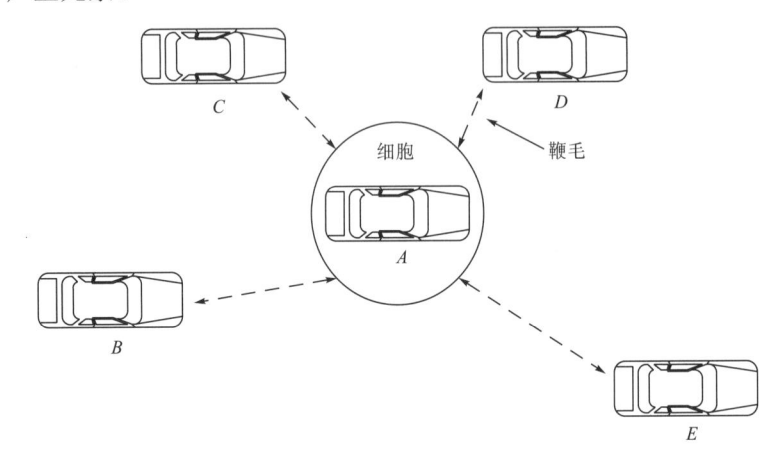

图 4-19　VANET 中的细胞运动模型

正如 4.4.2 节所述，细胞运动主要分为随机运动和趋化运动两种模式，因此在本模型中，车载自组织网络中的广播模式也分为两种：随机广播模式和趋化广播模式。

1. 随机广播模式

根据细胞随机运动原理，当细胞所处环境中各区域的化学浓度无明显差别时，细胞会朝一个方向随机运动。随机广播模式在车载自组织网络的表现为：当前区域没有广播消息，没有任何趋避剂，细胞能向任意方向运动，此时广播也能沿任意方向进行。而如果只朝某一个方向广播是无法满足要求的，此时本模型默认当前节点可在通信范围内向所有邻居节点广播此消息，减少不必要的多次传输。一般来说，一次广播的发起者将执行此模式。广播方向 ω（弧度制）由式(4-15)给出：

$$\omega = 2\pi \tag{4-15}$$

随机广播模式算法的伪代码如算法 4-8 所示。

算法 4-8：随机广播模式

//车辆 S、邻居集合 P
1：**if**($(P \neq \varnothing)$)
2：　　向 P 内所有邻居节点广播消息
3：**else**
4：　　路由结束
5：**end if**

2. 趋化广播模式

根据细胞趋化运动原理，当细胞所处环境中某一区域出现趋避剂时，细胞将摆动鞭毛，使其远离含有趋避剂的区域，趋化广播模式在 VANET 中表现为当节点收到广播消息时，认为该广播消息是趋避剂，接收该广播消息的鞭毛(传输链路)受负向刺激而摆动，使细胞向远离该区域的方向前进，而广播消息沿细胞运动方向被再次广播。如果一个节点收到的广播消息来自 A 区域，那么说明 A 区域的节点已收到该广播消息，不需要在二次广播时再向该区域内的节点进行广播。因此，该模式完美地模仿了细胞运动，使广播消息不再向已覆盖区域扩散。一般来说，除广播的发起者外，其他节点均执行此模式。

如图 4-20 所示，S_0 作为第一代广播节点广播消息后，S_1、S_2、S_3、S_4、S_5 都会收到该广播消息。在进行第二次广播时，以 S_3 为例，由于 S_3 收到的广播消息来自 S_0，所以默认鞭毛 S_3、S_0 受负向刺激，其余鞭毛受正向刺激。于是，在 S_3 处的细胞可以向 S_1、S_2、S_4、S_7、S_8 运动，S_3 参考自身细胞的运动方向进行广播，将消息广播至 S_1、S_2、S_4、S_7、S_8。到目前为止，本模型已经减少了重复广播至 S_0 的冗余，但 S_1、S_2、S_4 仍重复收到广播消息，故单独考虑某条传输链路是不够的，需要进行一定程度的范围扩张，使二次广播时 S_1、S_2、S_4 不再重复收到广播消息。因此，本模型对节点收到的广播消息的来源方向进行范围处理，将其从单条传输链路扩充为一个合理范围，使广播冗余进一步减少，更加合理地控制广播风暴。范围处理的过程如下。

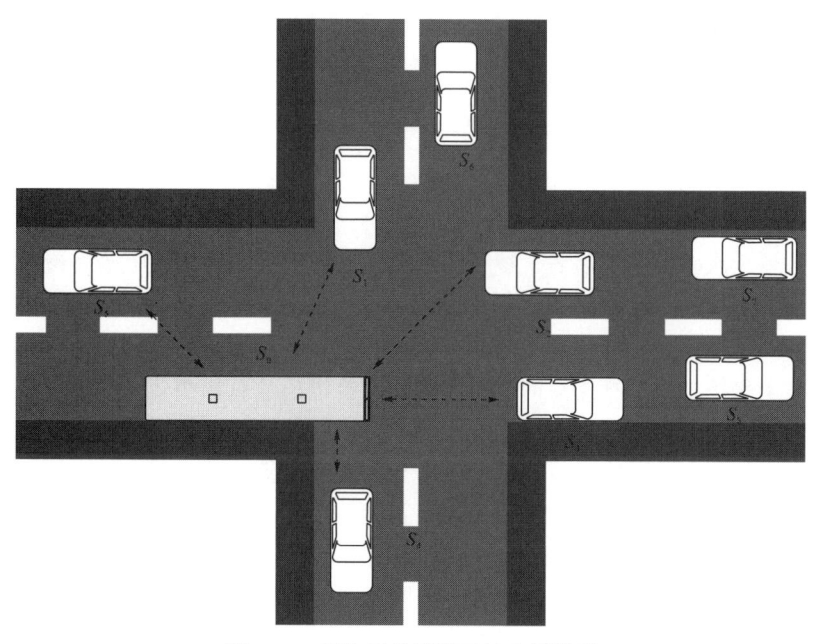

图 4-20 细胞运动模型下的广播模型

(1)广播接收者 R 根据其自身地理位置(x_1, y_1)与广播发送者 S 的地理位置 (x_2, y_2)建立空间分类函数式为

$$f(x) = A \cdot x + B \tag{4-16}$$

(2)接收者 R 在邻域内统计所有与发送者 S 距离小于其通信半径的邻居节点，即统计自身邻居节点与 S_0 邻域的交集，并根据这些邻居节点的地理位置使用空间分类函数式(4-16)将其分为上邻居 Up[$y>f(x)$]和下邻居 Down[$y<f(x)$]两类。

(3)在两类邻居中，以式(4-17)计算接收者 R 到邻居 N 的方向与接收者 R 到发送者 S 的方向之间的夹角 ω，从上邻居集合 Up 和下邻居集合 Down 中分别寻找使 ω 最大的邻居 N。

$$\cos\omega = \frac{RS^2 + RN^2 - SN^2}{2RS \cdot RN} \tag{4-17}$$

找到的 ω 以 ω^* 和 ω^- 表示，分别满足式(4-18)中的两个条件。

$$\begin{cases} \cos\omega^* = \min\left\{\cos\omega = \dfrac{RN^2 + RS^2 - SN^2}{2RN \cdot RS},\ N \in \text{Up}\right\} \\ \cos\omega^- = \min\left\{\cos\omega = \dfrac{RN^2 + RS^2 - SN^2}{2RN \cdot RS},\ N \in \text{Down}\right\} \end{cases} \tag{4-18}$$

在本模型中，$\omega' = \omega^* + \omega^-$ 范围内的鞭毛定义为受负向刺激，细胞摆动鞭毛使自身远离此范围，即向相反方向前进。于是，当前细胞运动方向范围 ω 由式(4-19)给出。

$$\omega = 2\pi - \omega' \tag{4-19}$$

对于 ω'，分以下两种情况进行讨论。

(1)如图 4-21(a)所示，当 $\omega'<\pi$ 时，表示当前接收者处于本次广播的边界区域，适合作为下一次广播的发起者。参考细胞的运动方向后，新一轮广播将覆盖细胞的运动范围，确保上次已收到该广播消息的节点不会因新一轮广播而重复收到消息。在图 4-20 中，经过范围处理后，模型不仅避免了 S_1、S_2、S_4 收到重复的广播消息，还确保在未来第二次广播结束时，S_6 收到的广播消息数量最小化。因为相较于洪泛机制，S_6 只收到来自 S_1 和 S_2 广播的消息，而不会收到来自 S_3 或其他节点的广播消息。在保证每次广播不让已收到消息的节点收到重复消息的同时，最小化每次广播结束后新节点收到消息时产生的冗余，从而进一步避免了广播风暴的产生。

(2)如图 4-21(b)所示，当 $\omega'>\pi$ 时，说明当前接收者 R 与本次广播的发送者距离不远，没有位于当前广播边界，此时接收者 R 的邻居节点大多都已经收到该广播消息，如果 R 再次广播将使当前区域内许多节点重复收到广播消息，造成大量无意

义的传输，形成广播冗余。而相较于当前接收者 R，还有更远的接收者 R_1、R_2 适合作为下一次广播的发起者，于是 R 不再广播消息。对于 R_1、R_2，它们又回到图 4-21(a) 的情况，采用趋化广播模式以最小冗余代价发起下一次广播。可见，范围处理还能使模型避免不合理的广播需求产生，进一步降低冗余，提升广播性能。

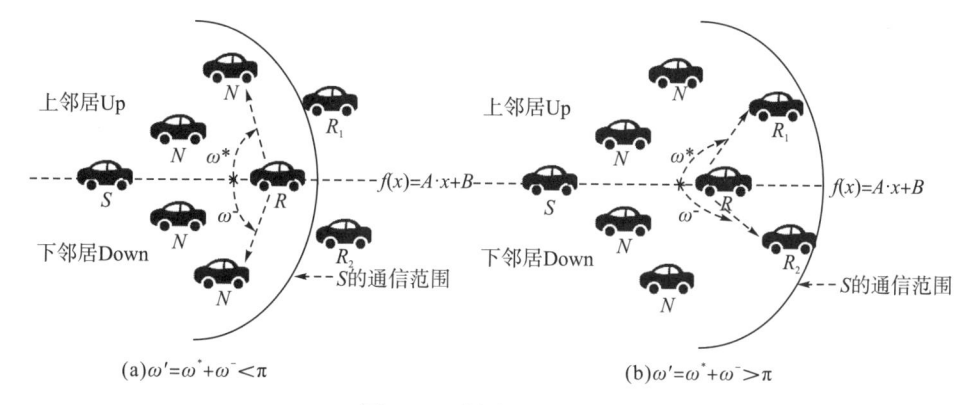

图 4-21　范围处理示意图

趋化广播模式算法的伪代码如算法 4-9 所示。

算法 4-9：趋化广播模式

//发送车辆 $S(x_1、y_1)$、接收车辆 $R(x_2、y_2)$

//接收车辆 R 邻居集合 N_{all}、发送车辆与接收车辆的公共邻居集合 P

1：　根据式(4-16)利用 $x_1、y_1、x_2、y_2$ 建立空间分类函数
2：　利用空间分类函数将集合 P 分为上邻居 Up 和下邻居 Down
3：　在集合 Up 和 Down 中通过式(4-17)找到满足式(4-18)的邻居并计算 ω^* 和 ω^-
4：　**if**($\omega^* + \omega^- < \pi$)
5：　　从邻居集合 N_{all} 中剔除处于 $\omega^+ + \omega^-$ 范围的邻居
6：　　**if**($N_{all} \neq \varnothing$)
7：　　　向 N_{all} 中所有邻居广播消息
8：　　**else**
9：　　　路由结束
10：　　**end if**
11：　**else**
12：　　路由结束
13：　**end if**

4.4.4 路由算法描述

本节详细描述提出的基于细胞运动模型的车载自组织网络广播路由算法。受细胞运动模型的启发，算法的核心思想如下。

(1) 若节点是广播的发起者，直接执行随机广播模式，向通信范围内所有邻居广播消息，路由结束。若不是，执行步骤(2)。

(2) 以自身地理位置和广播发送者的地理位置建立空间分类函数，并统计当前邻域内与发送者互为邻居的节点集合 N。

(3) 根据空间分类函数将集合 N 分为上邻居集合 Up 和下邻居集合 Down。

(4) 在上、下邻居集合中通过式(4-17)找到满足式(4-18)的邻居，使当前节点向发送者方向和当前节点与邻居方向之间的夹角 ω^* 和 ω^- 最大。将 $\omega' = \omega^* + \omega^-$ 夹角范围内的鞭毛(通信链路)定义为受负向刺激，当 $\omega' = \omega^* + \omega^- > \pi$ 时，当前节点不发起新一轮广播，路由结束。反之，当前节点以趋化广播模式开启新一轮广播，执行步骤(5)。

(5) 从当前邻居集合 N_{all} 中剔除处于该负向刺激范围内的邻居。剔除后，若 N_{all} 为空，表示在广播消息未覆盖区域内已经没有车辆，路由结束。反之，向 N_{all} 中剩余的邻居广播消息。

(6) 新的节点收到广播消息后，从步骤(1)重新执行，进行下一轮广播。

算法的伪代码如算法 4-10 所示。

算法 4-10：基于细胞运动的 VANET 广播路由算法

//车辆 S、邻居集合 N_{all}

1:　**if**(S 是广播发起者)
2:　　　执行随机广播模式，向邻域内所有邻居广播消息，路由结束
3:　**else**
4:　　　进行范围处理找到 $\omega^* + \omega^-$
5:　　　**if**($(\omega^* + \omega^-) < \pi$)
6:　　　　　从邻居集合 N_{all} 中剔除处于 $\omega^* + \omega^-$ 范围的邻居
7:　　　　　**if**($N_{all} \neq \varnothing$)
8:　　　　　　　向 N_{all} 中所有邻居广播消息
9:　　　　　**else**
10:　　　　　　　路由结束
11:　　　**end if**
12:　**else**

13:　　　路由结束
14:　　end if
15:　end if

模型流程图如图 4-22 所示。本模型中，节点在广播需求产生时，首先判断自身是否为广播的发起者，如果是，执行随机广播模式，对所有邻居广播该消息；反之，对收到此广播消息的通信链路进行范围处理，判断自身是否需要重播，如果需要，则根据范围处理得到的 $\omega' = \omega^* + \omega^-$ 对广播消息执行趋化广播模式，否则不重播。

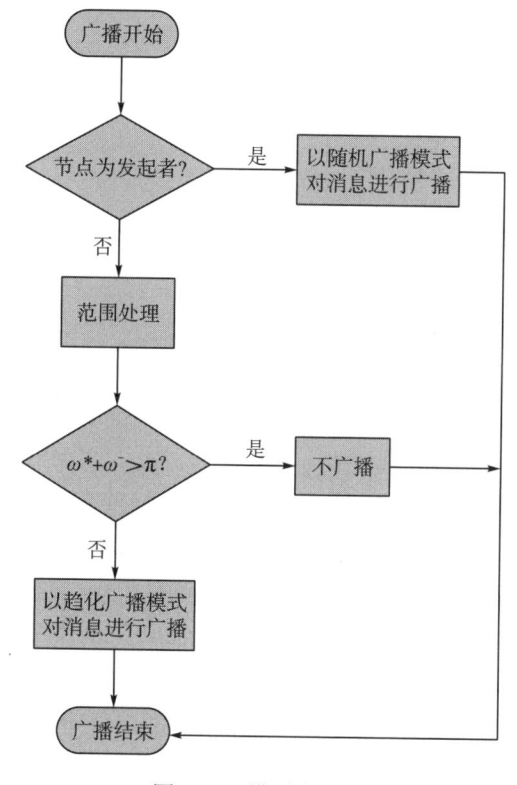

图 4-22　模型流程图

4.4.5　仿真结果及分析

本节详细介绍本节算法的仿真设计与实验，并分析本节提出的广播路由算法与对比算法的对比结果。

1. 仿真环境与参数设置

与第 3 章类似，本节仿真仍旧在 SUMO[10,29,30] 上建立道路车辆模型，使用

Veins[29,30]框架在网络仿真平台 OMNET[29,30]上搭建实验环境。仿真中的主要参数如表 4-4 所示。仿真采用 2km × 2km 的地图[21]，如图 4-11 所示。

表 4-4 仿真实验参数设置

参数	参数值
仿真范围/km²	2×2
MAC 协议	IEEE802.11p
仿真时间/s	800
车辆移动速度/(km/s)	50
基础信标消息频率/Hz	2
信标消息大小/bytes	20
广播消息产生周期/s	2
广播消息大小/bytes	128
广播消息数量/个	22

2. 仿真结果分析

本节提出的算法为 CMBR(Cell Movement Broadcast Routing)。对比算法选用来自文献[13]的面向 VANET 的智能多车辆属性决策广播协议 iMVA 和无线自组织网络经典路由算法 OLSR[31]。在 iMVA 算法中，节点收到广播消息后，将综合考虑自身与发送者之间的距离、发送者速度、方向、广播消息被重复接收的次数及当前环境车辆密度等多种因素，采用朴素贝叶斯分类器做出是否广播的决策。该对比算法是近年来研究车载自组织网络广播路由算法中综合考虑比较全面的算法。在 OLSR 算法中，节点之间通过交互控制消息为正常消息传输建立路由，而控制消息需要广播，因此本次对比主要使用 OLSR 算法中减少因广播控制消息而产生洪泛的部分。为了减少冗余，OLSR 算法中的节点只在其一跳邻居内选择部分节点(MPR)进行下一次广播，选择原则是 MPR 节点能够完全覆盖所有二跳邻居。本次对比主要比较消息平均到达时延、300ms 内消息覆盖率和网络中冗余包裹数量三个衡量广播路由性能的关键指标。

1) 消息平均到达时延

消息平均到达时延定义为当前仿真环境中所有理论上能收到广播消息的节点收到消息的时延平均值。控制通信半径为 250m，改变车辆数量，仿真得到了如图 4-23(a)所示结果。当车辆较少时，广播产生的冗余较少，此时 CMBR 算法、iMVA 算法和 OLSR 算法在消息平均到达时延这项指标上不相上下。当车辆数量增加后，网络冗余也增加，受广播机制的影响，此时 CMBR 算法和 OLSR 算法选择的重播节点较少，网络冗余较 iMVA 算法增加得更少，能够以较短的时延将消息广播给所有可达节点。而当车辆数量增加后,许多消息到达节点的跳数减少,故传输时延呈递减趋势。

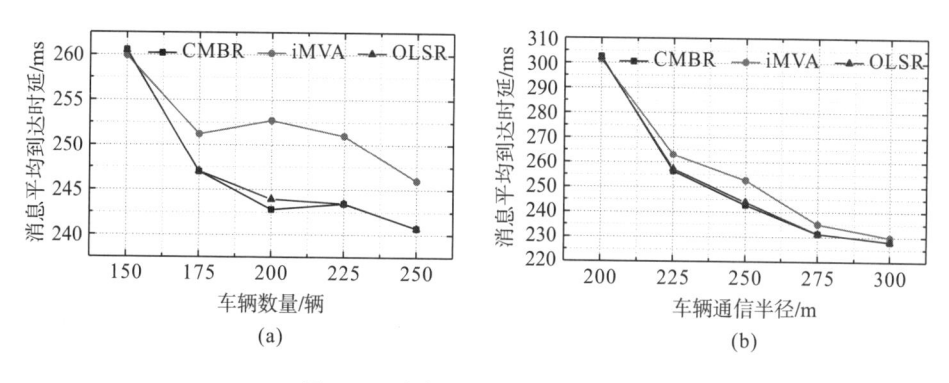

图 4-23 消息平均到达时延对比图

控制车辆数量为 200 辆,改变车辆通信半径后,仿真得到如图 4-23(b)所示结果。当车辆通信半径较小时,许多节点无法被广播覆盖,网络冗余较少,此时 CMBR 算法、iMVA 算法和 OLSR 算法的性能相当。当通信半径增加时,越来越多的节点被覆盖,并产生新一轮的广播需求,网络冗余增加,与图 4-23(a)一样,CMBR 算法和 OLSR 算法仍能以较短时延将消息广播给所有可达节点。当通信半径增加后,广播到达的跳数减少且每一次广播覆盖的区域更广,故传输时延呈递减的趋势。

2)300ms 内消息覆盖率

300ms 内消息覆盖率定义为自广播第一次发起后的 300ms 内,仿真环境内接收到该广播消息的车辆数量占总车辆数量的比值。控制通信半径为 250m,改变车辆数量后,仿真得到了如图 4-24(a)所示的结果。随着车辆数量增加,原本两辆不在彼此通信半径内的车辆因新车辆的出现可以进行间接通信,因此许多理论上无法被广播消息覆盖的节点变得可覆盖,故覆盖率呈递增趋势。而在相同时间内 CMBR 算法的覆盖率明显高于 iMVA 算法。当车辆数量较少时,OLSR 算法的广播机制无法有效保证只选择部分一跳邻居就能够覆盖所有二跳邻居,这时通常需要将所有一跳邻居作为重播节点才能覆盖所有二跳邻居,因此稍远节点收到广播消息的时间略有延长,所以在规定时间内广播消息的覆盖率较低。当车辆数量足够多时,OLSR 算法与 CMBR 算法在这项指标上的性能大致相当。

控制车辆数量为 200 辆,改变车辆通信半径后,仿真得到如图 4-24(b)所示的结果。随着车辆通信范围增加,许多理论上无法覆盖的节点变得可覆盖,故覆盖率呈递增趋势。从图中可以看到,CMBR 算法的覆盖率仍略优于 iMVA 算法和

OLSR 算法，当通信半径足够大时，三种算法的覆盖率都达到了百分之百。

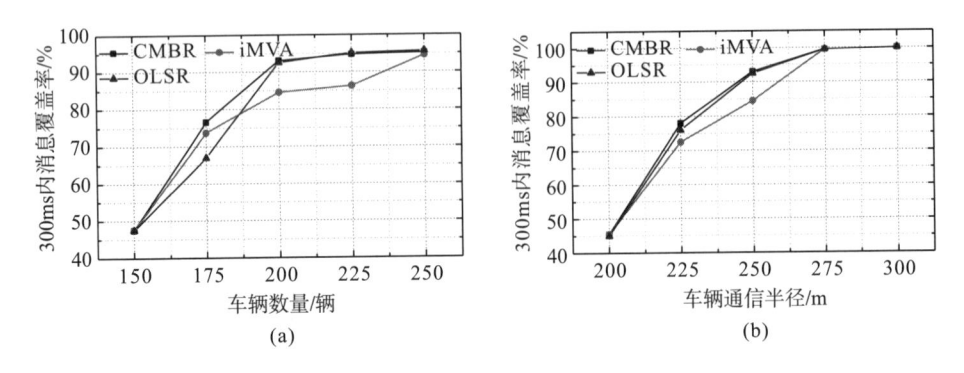

(a)

(b)

图 4-24　300ms 内消息覆盖率对比图

3) 网络中冗余包裹数量

网络中冗余包裹数量定义为所有节点收到的重复包裹数量。控制车辆通信半径为 250m，改变车辆数量后，仿真得到了如图 4-25(a) 所示结果。随着车辆数量增加，广播产生的冗余包裹增加，可以看到使用 CMBR 算法后，在传输时延和消息覆盖率均得到保障的前提下，网络中需要重播的节点数量较两种对比算法更少，因此冗余包裹数量明显减少。

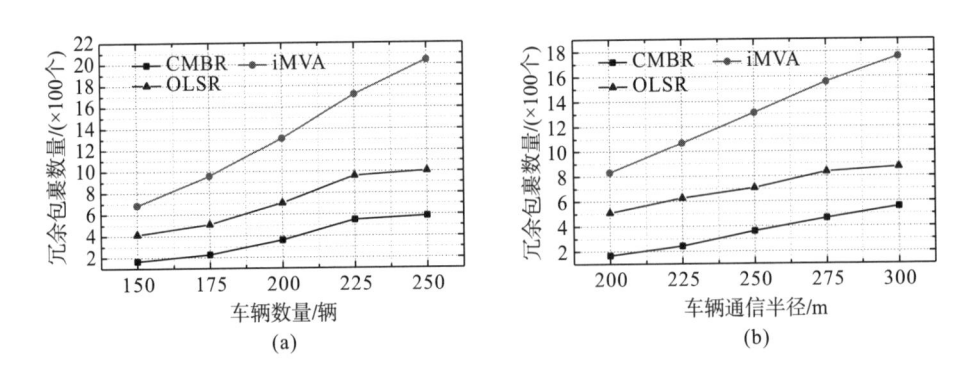

(a)

(b)

图 4-25　网络中冗余包裹数量对比图

控制车辆数量为 200 辆，改变通信半径后，仿真得到了如图 4-25(b) 所示的结果。随着通信半径的增加，许多原本无法覆盖的节点可以收到广播消息，并产生下一轮广播需求，造成新的冗余产生，故冗余包裹数量呈递增趋势。相较于 iMVA 算法和 OLSR 算法，本节提出的算法 CBMR 算法能够有效控制冗余包裹的产生。

以上仿真结果表明，本节提出的 CMBR 算法能够在有效减少广播冗余的同时，以低延时、高覆盖率将广播消息扩散出去，保证广播性能。

4.5 本章小结

本章主要关注车联网中基于仿生学的路由问题，并提出了基于鱼群优化的单播路由算法和基于细胞运动的广播路由算法。针对车载自组织网络中车辆的高速移动导致网络状态和拓扑频繁变化的特点，利用鱼群优化模型辅助搜索，及时为车辆找到新的最优中继节点以保障网络中消息传输的性能。针对车载自组织网络中节点的快速移动和密度区域化差别明显的特点，利用细胞运动模型，让合适的节点将广播消息沿合理的方向发送出去。通过上述两种算法，在降低通信时延的前提下，极大地提高了车联网中路由的包传输成功率和消息覆盖率。

参 考 文 献

[1] 李晓磊. 一种新型的智能优化方法-人工鱼群算法[D]. 杭州：浙江大学，2003：1-95.

[2] Hartenstein H, Laberteaux L P. A tutorial survey on vehicular ad hoc networks[J]. IEEE Communications Magazine, 2008, 46(6): 164-171.

[3] Sun G, Song L J, Yu H F, et al. V2V routing in a VANET based on the autoregressive integrated moving average model[J]. IEEE Transactions on Vehicular Technology, 2019, 68(1): 908-922.

[4] Du R, Chen C L, Yang B, et al. Effective urban traffic monitoring by vehicular sensor networks[J]. IEEE Transactions on Vehicular Technology, 2015, 64(1): 273-286.

[5] 陈立家, 江昊, 吴静, 等. 车用自组织网络传输控制研究[J]. 软件学报, 2007, 18(6): 1477-1490.

[6] Hao J, Hou K, Li J, et al. The capacity and packets delivery of MANET on road: MANTOR[C]//Proceedings of the Global Mobile Congress(GMC2005), Chongqing, China, 2005: 553-558.

[7] Rudack M, Meincke M, Lott M. On the dynamic of ad-hoc networks for intervehicle communications[C].//Proceedings of the Internation Conference on Wireless Networks, Las Vegas, USA, 2002: 1-8.

[8] Prasetijo A B, Alwakeel S S, Altwaijry H A. Intelligent multiple-vehicular-attributes (iMVA) broadcast protocol for VANETs[C]//Proceedings of 2019 6th International Conference on Information Technology, Computer and Electrical Engineering (ICITACEE), Semarang, Indonesia. IEEE, 2019: 1-6.

[9] Perkins C E, Royer E M. Ad-hoc on-demand distance vector routing[C]//Proceedings WMCSA'99 Second IEEE Workshop on Mobile Computing Systems and Applications(WMCAS'99), New Orleans, LA, USA, 1999: 1-11.

[10] Qiu T, Wang X, Chen C, et al. TMED: a spider-web-like transmission mechanism for emergency data in vehicular ad hoc networks[J]. IEEE Transactions on Vehicular Technology, 2018, 67(9): 8682-8694.

[11] Liu H, Qiu T, Zhou X B, et al. Parking-area-assisted spider-web routing protocol for emergency data in urban VANET[J]. IEEE Transactions on Vehicular Technology, 2020, 69(1): 971-982.

[12] Goudarzi F, Asgari H, Al-Raweshidy H Z. Traffic-aware VANET routing for city environments: a protocol based on ant colony optimization[J]. IEEE Systems Journal, 2019, 13(1): 571-581.

[13] Karp B, Kung H T. GPSR: greedy perimeter stateless routing for wireless networks[C]//Proceedings of the 6th Annual International Conference on Mobile Computing and Networking, Boston, Massachusetts, USA. ACM, 2000: 243-254.

[14] Tian D X, Zheng K X, Zhou J S, et al. A microbial inspired routing protocol for VANETs[J]. IEEE Internet of Things Journal, 2018, 5(4): 2293-2303.

[15] Nekovee M, Bogason B B. Reliable and effcient information dissemination in intermittently connected vehicular adhoc networks[C]//2007 IEEE 65th Vehicular Technology Conference - VTC2007-Spring, Dublin, Ireland. IEEE, 2007: 2486-2490.

[16] Naumov V, Baumann R, Gross T. An evaluation of inter-vehicle ad hoc networks based on realistic vehicular traces[C]//Proceedings of the 7th ACM International Symposium on Mobile Ad Hoc Networking and Computing, Florence, Italy. ACM, 2006: 108-119.

[17] Prasetijo A B, Alwakeel S S, Altwaijry H A. Intelligent multiple-vehicular-attributes (iMVA) broadcast protocol for VANETs[C]//2019 6th International Conference on Information Technology, Computer and Electrical Engineering (ICITACEE), Semarang, Indonesia. IEEE, 2019: 1-6.

[18] Aminu M, Mohamed O, Lewis M. An improved rebroadcast probability function for an efficient counter-based broadcast scheme in MANETS[C]//Proceedings of UKPEW'09, 2009: 156-167.

[19] Hwang C L, Yoon K. Multiple Attribute Decision Making[M]. Berlin: Springer, 1981: 287-288.

[20] 岑业文. 纤毛或鞭毛的运动机制[J]. 广西师院学报(自然科学版), 1997, 14(3): 60-62.

[21] 杜宝剑, 张莉, 李俊纲. 纤毛和鞭毛运动的研究进展[J]. 生物学教学, 2002, 27(2): 2-3.

[22] Adler J. Chemotaxis in bacteria[J]. Science, 1966, 153(3737): 708-716.

[23] 李燕, 牟伯中. 细菌趋化性研究进展[J]. 应用与环境生物学报, 2006, 12(1): 135-139.

[24] Keller E F, Segel L A. Initiation of slime mold aggregation viewed as an instability[J]. Journal of Theoretical Biology, 1970, 26(3): 399-415.

[25] Keller E, Segel L. Model for chemotaxis[J]. Journal of Theoretical Biology, 1971, 30: 225-234.

[26] Keller E F, Segel L A. Traveling bands of chemotactic bacteria: A theoretical analysis[J]. Journal of Theoretical Biology, 1971, 30(2): 235-248

[27] 王琪, 王学锋. 几类Keller-Segel趋化性模型的稳态解及其定性性质[J]. 中国科学: 数学, 2019, 49(12): 1911-1946.

[28] 朱晓艳, 沈重阳, 陈国炜, 等. 土壤细菌趋化性研究进展[J]. 土壤学报, 2019, 56(2): 259-275.

[29] Li H, Dong M X, Ota K. Control plane optimization in software-defined vehicular ad hoc networks[J]. IEEE Transactions on Vehicular Technology, 2016, 65(10):7895-7904.

[30] Sun G, Zhang Y J, Liao D, et al. Bus-trajectory-based street-centric routing for message delivery in urban vehicular ad hoc networks[J]. IEEE Transactions on Vehicular Technology, August, 2018, 67(8): 7550-7563.

[31] Jacquet P, Muhlethaler P, Clausen T, et al. Optimized link state routing protocol for ad hoc networks[C]//Proceedings. IEEE International Multi Topic Conference, 2001.IEEE INMIC, Lahore, Pakistan. IEEE, 2001: 62-68.

第5章 车联网中的分布式路由算法

在城市车联网中，车辆与车辆之间的通信能够实现车辆的互相连接互相交换数据，有效地降低交通事故、改善交通拥堵，保证乘驾者的安全并提高驾驶体验度，从而实现智能交通系统。例如，在车辆社交网络中，每个车辆都是一个社会实体，它们可以相互通信，能够分享道路交通信息、车辆信息和娱乐信息等，也能与指定车辆私信个人信息和车辆信息等。因此，实现车辆之间的通信是车联网最基本的功能。然而，在车辆与移动节点的通信中，目的节点的移动会影响路由路径的选择，同时道路交通状况、交通信号灯等因素也会影响车辆节点的移动，进而影响路由性能。考虑到城市车联网的环境特征，本章针对车辆与移动节点的通信介绍一种基于交叉路口车辆雾(intersection vehicle fog，IVF)的分布式路由方案。

5.1 研究背景及现状

作为车联网的基础，路由技术是车联网的关键支撑技术，路由技术的性能直接关系车联网的整体性能。然而在城市环境中，车辆节点的移动速度快、网络拓扑结构变化频繁、道路上节点分布不均匀、运动轨迹受限等特点增加了车联网路由协议设计的难度[1,2]。针对城市车联网环境，设计高效、可靠的路由协议具有现实意义和研究价值。

根据路由策略是否沿用移动自组织网络的路由技术，车联网路由技术可分为两大类，包括传统路由技术和新兴路由技术。传统路由技术沿用了移动自组织网络的路由策略，主要包括基于网络拓扑路由、基于位置路由、基于簇路由、基于广播路由和基于位置辅助多播路由。新兴路由技术在传统路由的基础上，充分考虑了城市环境特性、车联网特性、道路交通状况等对路由算法的影响，并加入许多新技术，使其能够适应动态变化的车联网环境，主要包括基于公共汽车路由、基于交叉路口路由、基于交通感知路由和基于生物智能路由。

考虑到城市交通的特性，交叉路口被视为城市环境中的特殊地理位置，决定了道路交通。因此，许多研究者提出了基于交叉路口的路由。在这种路由中，位于交叉路口的车辆或基础设施作为路由决策者，并选出一组交叉路口序列作为路由路径。在路由过程中，沿道路的车辆作为主要中继，并以携带-转发的方式传递数据包。而对于基于交叉路口的路由，如何选择路由传输轨迹的交叉路口序列是路由设计的关键，也是影响路由性能的主要因素。

5.2 交叉路口下的分布式路由算法

5.2.1 问题描述

在车联网中，车辆采用"携带-转发"的模式中继数据包，数据的传输方向在很大程度上受中继节点移动方向的影响。在城市环境中，无线传输受道路两旁高楼大厦的影响，因而数据传输方向可以视为沿着街道[3,4]。结合城市车联网的环境特性，许多研究者提出了基于交叉路口的地理路由协议，即选出一组连续的交叉路口序列来指定数据传输方向。由于考虑了城市车联网环境特性和车辆移动特征，所以基于交叉路口的路由非常适用于城市车联网[5,6]。然而，现有的基于交叉路口的路由策略主要存在三大问题。

第一，现有的基于交叉路口的路由过分依赖交叉路口的基础设施，通常需要在交叉路口部署基础设施来增强路由性能，但在城市环境中很难广泛密集部署基础设施。在城市环境中，车辆节点的移动主要受道路交通状况和交通信号灯的控制。在交叉路口，红灯会控制部分车辆等待在交叉路口，由于红绿灯的周期性变化，当道路上的车辆到达率达到某个值时，总能保证交叉路口有等待的车辆。基于这一事实，提出 IVF 模型来替代交叉路口的基础设施。等待在交叉路口的车辆组成交叉路口车辆雾，每个交叉路口车辆雾选出一个核心节点(core node，CN)来管理和维护交叉路口车辆雾。路口车辆雾模型充分利用了交叉路口处等待车辆的计算资源和存储资源。

第二，现有的基于交叉路口的路由采用反应式路由思想，只有当数据包有传输需求时，源节点或中继节点才执行搜集道路信息并建立多跳链路，并根据目的节点的位置信息和道路信息搜索路由路径方向。然而，道路信息搜集时间和多跳链路建立时间都会累积到数据包传输的端到端时延上。为了解决这一问题，基于 IVF 模型，利用车辆雾先应式地建立相邻交叉路口间的多跳链路并预测相邻路段的交通状况，通过提前完成部分路由工作来减少路由时延并提高路由性能。

第三，现有的基于交叉路口的路由采用集中式路由思想，在制定路由决策时，源节点或某个中继节点搜索一条能够到达目的节点的路由路径。然而，当搜索路由路径的节点与目的节点距离较远时，路由路径的搜索过程会经历较大的延时，由于路由路径的生命期有限，因此路由路径搜索时延将造成路由过程中路由路径的失效。为了解决这一问题，针对城市车联网中车辆与移动节点的通信，基于 IVF

模型提出基于交叉路口车辆雾的分布式路由协议。在路由过程中，交叉路口车辆雾根据目的节点的位置动态调整路由方向，通过多次制定分布式路由策略使数据包越来越靠近目的节点直到目的节点接收到数据包。在搜索路由路径的过程中，本章提出的 IDR 算法采用最优路由搜索策略，旨在通过相邻交叉路口间的多跳链路搜索到一条具有最大车辆密度及最小传输时延的多跳链路，经过该多跳链路，数据包能够直接到达目的节点或一个更靠近目的节点的中间目的交叉路口，从而使数据包越来越靠近目的节点直到目的节点接收到数据包。这种分布式的路由决策能动态调整路由方向，提高包传输率并降低时延。

本章首先提出 IVF 模型，充分利用交叉路口等待车辆的存储资源和计算资源，减少对基础设施的依赖。针对城市车联网中车辆与移动节点的通信，基于 IVF 模型提出基于交叉路口的分布式路由算法。

5.2.2　网络模型

1. 车辆模型

每辆车装备有车载单元、数字地图和 GPS，具有一定的计算和存储能力。车载单元通过 DSRC 实现车辆与车辆之间、车辆与基础设施之间的通信；数字地图为车辆提供城市地图信息，包括路段坐标、路段长度及交叉路口坐标；GPS 为车辆提供位置和定位服务。为了实现感知邻居车辆，车辆周期性地广播信标消息。每个车辆维护一个邻居表来存储相邻车辆节点的信息和与其相邻节点间的单跳连接生命期。在网络中，每个车辆节点都是中继节点，能够以"携带-转发"的模式中继转发数据包。

2. 道路模型

城市地图可以抽象成图 $G(V, E)$，其中城市的交叉路口组成顶点集合时，城市中的所有路段构成图的边集合时。顶点集合中的任意两个相邻交叉路口 I_i 和 I_j 组成的路段 $r_{i,j}$ 属于边集合 E。本章采用"双向单车道"的道路模型，即每条路段分为两个方向车道且每个方向只有一条车道。交叉路口的车道分为进入车道和离开车道：若某一车道上的车辆驶入某个交叉路口，则该车道为该交叉路口的进入车道，否则为离开车道。只有进入车道的车辆在移动时才受该交叉路口信号灯的控制。如图 5-1 所示，每个进入车道设有 3 条传感线：入界线（entrance line，EL）、停止线（stop line，SL）和出界线（out line，OL）。停止线位于人行横道前的车辆停止标志线，根据交通法规，车辆遇到红灯信号必须等待在停止线前。以停止线为标准，入界线位于停止线前 R 处。EL、SL 和 OL 将路口划分为驶入区（entrance area，EA）和离开区（leave area，LA）。当车辆进入驶入区时，表示车辆正在靠近交叉路口。当车辆遇到红灯信号时,则车辆不能超过停止线且必须等待在驶入区内。当车辆遇到绿灯信号时,则车辆进入离开区。当车辆完全驶离离开区时,表示车辆完全通过交叉路口并进入交叉路口的离开车道。

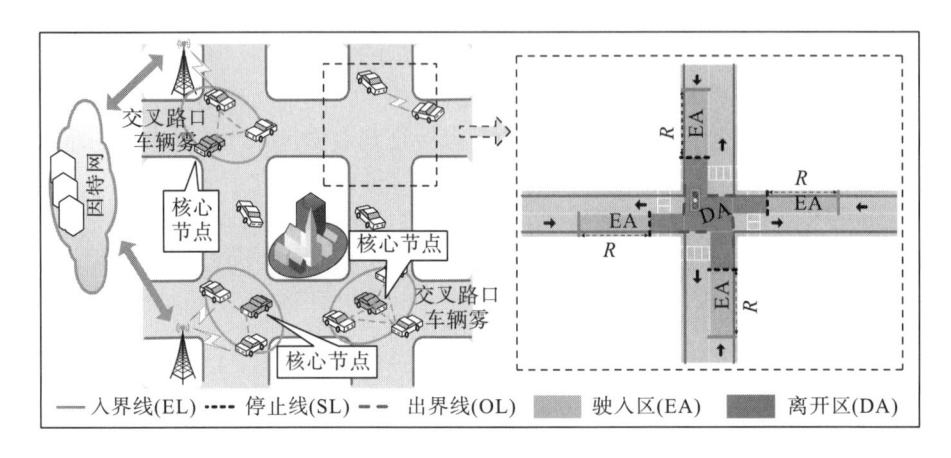

图 5-1 道路模型

3. 交叉路口车辆雾

在本章提出的交叉路口车辆雾模型中,等待在交叉路口的车辆动态地组成交叉路口车辆雾。交叉路口车辆雾充分利用了交叉路口等待车辆的计算资源和存储资源,替代了交叉路口的基础设施。若某个交叉路口在一段时间内没有等待车辆,则在这段时间内该交叉路口不存在车辆雾。每个交叉路口车辆雾从成员车辆中选出一个核心节点来维护和管理车辆雾。由于交叉路口处的车辆来来往往,每个交叉路口车辆雾的成员车辆不断更新,故交叉路口车辆雾的核心节点也不断地被更换,因而交叉路口车辆雾处于动态更新中。每个核心节点负责维护交叉路口车辆雾,在其离开交叉路口之前需要从车辆雾的成员车辆中选出下一个交叉路口核心节点。除此之外,核心节点在路由中发挥着重要作用,其先应式地执行路由准备工作并反应式地制定路由决策。在路由之前,每个核心节点周期性地建立相邻交叉路口间的多跳链接,并预测该交叉路口所有相邻路段的交通状况。在路由过程中,核心节点根据目的节点的实时位置信息选择路由路径。

5.2.3 算法设计

本节针对城市车联网中车辆与移动节点通信的路由问题设计相应的解决方案。首先,提出 IVF 模型,交叉路口车辆雾先应式地执行路由准备工作,包括建立相邻交叉路口的多跳链路、获得交叉路口相邻街道的道路信息等。随后,基于

IVF 模型，提出基于交叉路口车辆雾的分布式路由策略，并对该路由算法进行详细阐述和分析。

1. 基本思想

针对城市车联网中车辆与移动节点的通信，本章提出交叉路口车辆雾模型——IVF 模型，并提出基于交叉路口车辆雾的分布式路由协议——IDR。首先，根据"交叉路口红绿灯控制部分车辆等待在交叉路口"这一事实，本章提出采用 IVF 模型来替代交叉路口的基础设施的方法，使每个交叉路口处的等待车辆组成了该交叉路口的车辆雾。交叉路口车辆雾先应式地建立与相邻交叉路口间的多跳链路，相邻交叉路口间的连接状态能够降低数据包在相邻交叉路口间的传输时延；同时，交叉路口车辆雾采用模糊逻辑系统来预测和评估道路质量，以便于在制定路由决策时能够选出道路车辆密度高的路径作为路由路径。IDR 算法根据车辆雾获取的路段质量信息选择路由路径，并通过车辆雾建立的相邻交叉路口间的多跳链路搜索路由路径并传递数据包。在 IDR 算法中，交叉路口车辆雾根据目的节点的实时位置信息动态调整数据包的传输方向，在每次制定路由决策时采用蚁群优化算法搜索路由路径，旨在为数据包传输找到一条最优的路由路径。

2. 车辆雾的任务

本节介绍交叉路口车辆雾的主要任务，包括交叉路口车辆雾的建立与更新过程、相邻交叉路口车辆雾的连接与建立过程，以及基于模糊逻辑算法的路段质量评估过程。

1) 交叉路口车辆雾的建立与更新

在本书中，交叉路口的等待车辆组成车辆雾，充分利用了等待车辆的存储资源和计算资源来获取道路信息，从而代替了交叉路口的基础设施。每个交叉路口车辆雾由一个核心节点来控制和管理，核心节点是交叉路口等待车辆中停留在交叉路口时间最长的车辆，核心节点及其所有邻居节点组成了交叉路口车辆雾。随着交叉路口信号灯的周期性变化，在交叉路口等待的车辆不断更新，交叉路口车辆雾的核心节点也不断地更换。在离开交叉路口前，每个交叉路口车辆雾的核心节点需要从其邻居节点(即交叉路口车辆雾的其他成员节点)中选出一个停留在交叉路口时间最长的车辆作为下一个核心节点，从而使交叉路口的信息得以维持。若核心节点在离开交叉路口前未找到新的核心节点，随着核心节点的离开，交叉路口车辆雾将在一段时间内无法形成，直到有新的车辆到达交叉路口才能重新形成交叉路口车辆雾。

停留在交叉路口期间，核心节点需要建立与相邻交叉路口的多跳链路、预测相邻路段质量、为数据包路由制定路由决策、选出新的核心节点，因此核心节点在交叉路口停留的时间越长表示交叉路口车辆雾的性能越好。基于此，核心节点的选择依据是车辆在交叉路口的停留时间，等待在交叉路口的车辆都是一个核心节点候选者，其中停留在交叉路口时间最长的车辆将被选为核心节点。为了方便表示，本章根据式(5-1)为每个核心节点候选者赋一个分数，并选择分数最高的候选节点为核心节点。式(5-1)反映了车辆停留在交叉路口的时间。

$$\text{Score}(i) = \begin{cases} \text{DD}(V_i,\text{SL}) + \chi, & \text{车辆}V_i\text{所在车道处于停止信号} \\ \dfrac{\text{DD}(V_i,\text{SL})}{v_i}, & \text{车辆}V_i\text{所在车道处于通行信号} \end{cases} \quad (5\text{-}1)$$

式中，$\text{DD}(V_i,\text{SL})$ 为车辆节点 V_i 与停止线间的驾驶距离；v_i 为车辆 V_i 的行驶速度；χ 为系数，用于区分阻塞车道和通行车道系数。式(5-1)反映了车辆停留在交叉路口的时间。对于处于不同信号状态车道上的车辆，很难用统一标准来衡量它们的分数；对于处于通行信号车道上的车辆，其分数是根据车辆从当前位置行驶到停止线的驾驶时间来衡量的；对于处于停止信号车道上的车辆，其分数是根据车辆到停止线的距离来衡量的。事实上，处于停止信号车道上的车辆比处于通行信号车道上的车辆停留在交叉路口的时间更长。式(5-1)中的系数 χ 用来保证阻塞车道上的车辆分数高于通行车道。

根据当前交叉路口车辆雾是否存在核心节点，交叉路口车辆雾的更新可以分为两种情况，即新建和继承。若当前交叉路口不存在核心节点，即交叉路口不存在车辆雾，则新到达交叉路口的车辆将触发新建过程来建立交叉路口车辆雾。若当前交叉路口存在核心节点，即交叉路口已形成车辆雾，则该交叉路口的核心节点在离开交叉路口前将完成继承过程并寻找新的核心节点。

(1) 新建过程

当车辆进入驶入区后，首先查找其邻居表中是否存在该交叉路口的核心节点。若其邻居车辆中不存在核心节点，则该车辆根据红绿灯状况判断其是否具有作为核心节点候选者的资格。若该车辆所在车道处于红灯状态，则该车辆成为核心节点候选者并向其邻居发送核心节点消息(CBeacon)。当某个车辆节点收到多个 CBeacon 时，则按照式(5-1)计算每个 CBeacon 的源节点分数，分数最高的车辆将被选作核心节点。核心节点选取成功后将更新交叉路口信息，包括建立与相邻交叉路口的多跳链路、分析预测相邻路段的交通状况，并为请求路由的数据包制定路由计划。本书假设车辆的通信半径大于交叉路口半径，位于交叉路口的车辆的通信半径能够覆盖整个交叉路口，从而使交叉路口的车辆能够根据核心节点的选择过程选择出同一个核心节点。

(2) 继承过程

当核心节点进入离开区时，检查其邻居表中是否存在处于驶入区的车辆。若存在，则根据式(5-1)计算每个处于驶入区车辆的分数，选择分数最高的车辆作为继承节点，并向其转发交叉路口信息。继承节点作为新的核心节点，向其邻居节点发送核心节点信标消息；否则，核心节点无法成功找到继承节点，该交叉路口车辆雾无法持续，直到新到达交叉路口的车辆重新建立该交叉路口车辆雾。

2) 相邻交叉路口车辆雾的连接与建立

在每个交叉路口车辆雾中，核心节点需要周期性地建立与相邻交叉路口间的多跳链路，并保存多跳链路的生命期。在车辆密度过低的路段上，可能不存在连接路段两端交叉路口车辆雾的多跳链路，此时交叉路口之间始终保持"连接"状态。由于核心节点需要在每次多跳链路失效时建立新的多跳链路，当多跳链路的生命期过短时，核心节点需要频繁地建立到相邻交叉路口的多跳链路。然而，过于频繁地建立多跳链路将造成大量额外的开销和网络负担。为了减少建立相邻交叉路口车辆雾间多跳链路的次数，核心节点在建立与相邻交叉路口间的多跳链路时需要选择生命期最长的多跳链路。

在多跳链路的构建过程中，源交叉路口核心节点通过发送多跳链路搜索消息(MLSMessage)建立与相邻交叉路口的多跳链路，每个收到 MLSMessage 的节点都是多跳链路中的中继节点，每个中继节点从其邻居节点中选择一个节点作为多跳链路的下一个中继节点并向其发送 MLSMessage。为了构建生命期最长的多跳链路，下一个中继节点的选择遵循"距离更近，连接时间最长"的原则，其中"距离最近"是指下一个中继节点与目标交叉路口之间的距离比当前中继节点与目标交叉路口之间的距离更近；"连接时间最长"是指在所有满足"距离最近"的邻居节点中选择与当前中继节点连接时间最长的那个节点。相邻交叉路口间多跳链路建立的过程分为三步，即构建过程、返回过程和存储过程。

(1) 构建过程

交叉路口 I_i 的核心节点 CN_i 生成到相邻交叉路口 I_j 的 MLSMessage，并将其 ID 加入 MLSMessage 的多跳链路表中。核心节点 CN_i 根据"距离更近，连接时间最长"的原则从其邻居节点中选择下一个中继节点并向其转发 MLSMessage。若核心节点的邻居节点中不存在满足条件的下一个中继节点，则多跳链路构建失败。每个收到 MLSMessage 的中继节点首先将自己的 ID 加入 MLSMessage 的多跳链路表中，然后查找其邻居表中是否存在目标交叉路口 I_j 的核心节点 CN_j。若当前中继节点的邻居表中存在目标交叉路口 I_j 的核心节点 CN_j，则当前中继节点将 MLSMessage 消息转发给 CN_j，此时构建过程成功，返回过程开始；否则，当前中继节点将按照"距离更近，连接时间最长"的原则从邻居节点中选择下一个中继节点。若当前中继节点成功找到下一个中继节点，则将 MLSMessage 消息转发给下一个中继节点；否则多跳链路构建失败。

(2) 返回过程

多跳链路构建过程结束后即开始返回过程。返回消息分为失败响应消息(FRMessage)和成功响应消息(SRMessage)两种。若构建过程失败，MLSMessage记录的多跳链路上的最后一个中继节点将生成一个FRMessage，并按多跳链路返回交叉路口 I_i 的核心节点 CN_i。若目标交叉路口 I_j 的核心节点 CN_j 成功收到MLSMessage，则构建成功，CN_j 将生成一个 SRMessage 并按 MLSMessage 记录的多跳链路返回 CN_i。每个中继节点收到 SRMessage 后将与上个中继节点的连接生命期记录在 SRMessage 中，并将 SRMessage 转发给下一个中继节点直到 SRMessage 到达 CN_i。

(3) 存储过程

交叉路口 I_i 的核心节点 CN_i 收到 SRMessage 后，根据式(5-1)计算搜索消息中保存的多跳链路生命期，并将该多跳链路及其生命期保存在本地多跳链路表中。

3) 基于模糊逻辑算法的路段质量评估

在本章中，每个交叉路口车辆雾的核心节点根据道路上的车辆密度，采用模糊逻辑算法对相邻路段进行质量评估。路段质量由 0~10 的分值评估，分值越高表示路段上的车辆密度越高。模糊逻辑系统的输入为当前路段密度（$D_{r_{i,j}}$）和密度变化量（$\Delta D_{r_{i,j}}$），输出为路段质量（$Q_{r_{i,j}}$）。

路段质量的论域为[0, 10]，并在其论域上定义"很低""低""一般""高""很高"五个模糊子集，这五个模糊子集构成路段质量的模糊集，为 $Q = \{\text{VeryLow}, \text{Low}, \text{Medium}, \text{High}, \text{VeryHigh}\}$。

路段密度为路段的车辆数量与路段长度的比值，如式(5-2)所示。

$$D_{r_{i,j}} = \frac{N_{r_{i,j}}}{\text{Len}_{r_{i,j}}} \tag{5-2}$$

式中，$D_{r_{i,j}}$ 为路段上的车辆数量；$\text{Len}_{r_{i,j}}$ 为路段长度。路段密度的论域为[0, 0.1]，在其论域上定义了"低""中""高"三个模糊子集，这三个模糊子集构成了路段密度的模糊集，为 $D = \{\text{Low}, \text{Medium}, \text{High}\}$。

路段的密度变化量为路段上车辆数量的变化量与路段长度的比值，如式(5-3)所示。

$$\Delta D_{r_{i,j}} = \frac{N_{r_{i,j}}^{\text{in}} - N_{r_{i,j}}^{\text{out}}}{\text{Len}_{r_{i,j}}} \tag{5-3}$$

式中，$N_{r_{i,j}}^{in}$ 为即将进入该路段的车辆数量；$N_{r_{i,j}}^{out}$ 为即将离开该路段的车辆数量。$\Delta D_{r_{i,j}}$ 为负表示路段上的车辆密度降低，$\Delta D_{r_{i,j}}$ 为正表示路段上的车辆密度增加，$\Delta D_{r_{i,j}}$ 值越大表示路段上的车辆累计程度越大。路段密度变化量的论域为[-0.1, 0.1]，在其论域上定义了"很差""差""一般""好""很好"五个模糊子集，这五个模糊子集构成路段密度变化量的模糊集，为 ΔD = {Worse, Bad, Medium, Good, VeryGood}。

如图 5-2 所示，基于模糊逻辑的路段质量评估过程分为四步，包括输入过程、模糊化、逻辑推理及去模糊化。

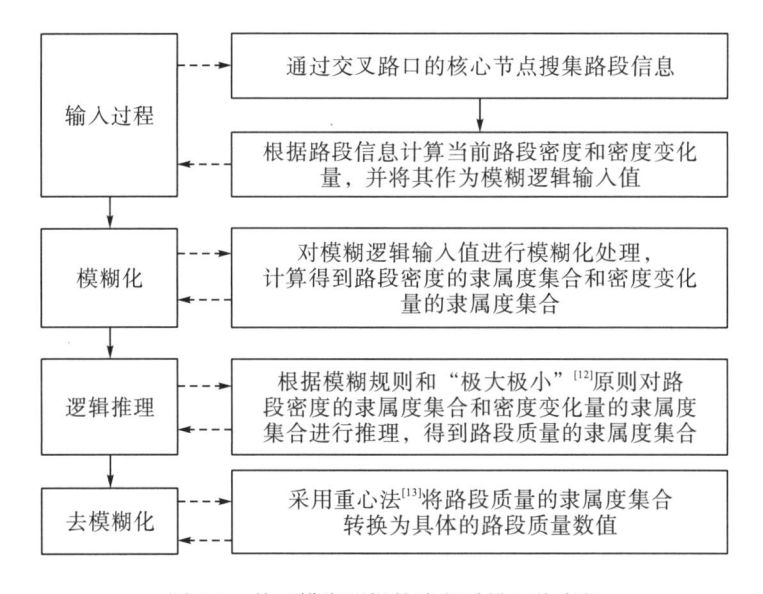

图 5-2 基于模糊逻辑的路段质量评估流程

(1) 输入过程

输入过程通过采集数据获得模糊逻辑的输入参数值。本章使用的模糊逻辑系统有两个输入值，即路段密度 $D_{r_{i,j}}$ 和密度变化量 $\Delta D_{r_{i,j}}$。由式(5-2)和式(5-3)可知，这两个参数主要由当前路段的车辆数量 $N_{r_{i,j}}$、即将进入该路段的车辆数量 $N_{r_{i,j}}^{in}$、即将离开该路段的车辆数量 $N_{r_{i,j}}^{out}$ 和路段长度 $\text{Len}_{r_{i,j}}$ 决定，其中 $\text{Len}_{r_{i,j}}$ 的值是固定的且可由数字地图获得，而 $N_{r_{i,j}}$、$N_{r_{i,j}}^{in}$ 和 $N_{r_{i,j}}^{out}$ 的值可由交叉路口车辆雾进行实时统计获得。交叉路口车辆雾沿路段广播轻量级的数据包来粗略统计当前路段的车辆数量、即将进入该路段的车辆数量和即将离开该路段的车辆数量。

(2) 模糊化

模糊化是将模糊逻辑输入参数的具体数值转换为相应模糊语言变量值的过程。路段密度 D 和密度变化量 ΔD 的三角形隶属函数分别见图 5-3 和图 5-4。根据图 5-3 反映的路段密度隶属函数，由式(5-4)～式(5-6)可以得到路段密度的隶属度集合 $\mu_D(d) = \left[\alpha_{\text{Low}}(d), \alpha_{\text{Medium}}(d), \alpha_{\text{High}}(d)\right]$。例如，对于输入参数"$d=0.03$"，路段密度模糊化后的隶属度集合为 $\mu_D(0.03) = [0.5, 0.5, 0]$。根据图 5-4 反映的密度变化量的隶属函数，由式(5-7)～式(5-11)可以得到密度变化量的隶属度集合：

$$\mu_{\Delta D}(\Delta d) = [\alpha_{\text{Worse}}(\Delta d), \alpha_{\text{Bad}}(\Delta d), \alpha_{\text{Medium}}(\Delta d), \alpha_{\text{Good}}(\Delta d), \alpha_{\text{VeryGood}}(\Delta d)]$$

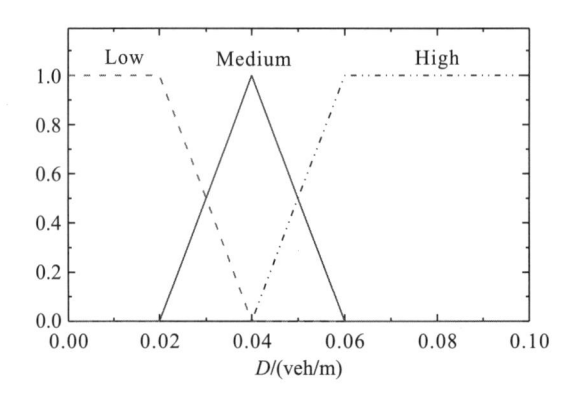

图 5-3 路段密度隶属函数

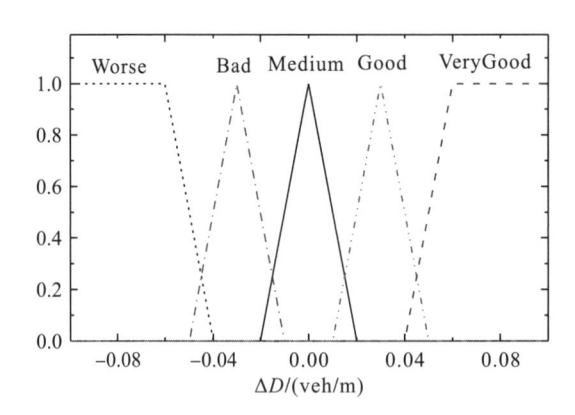

图 5-4 密度变化量隶属函数

例如，对于输入参数"$\Delta d = 0.03$"，密度变化量模糊化后的隶属度集合为 $\mu_{\Delta D}(0.03) = [0, 0, 0, 1, 0]$。

$$\alpha_{\text{Low}}(d) = \begin{cases} 1 & , \ d \leqslant 0.02 \\ 1 - \dfrac{d - 0.02}{0.02} & , \ 0.02 < d \leqslant 0.04 \\ 0 & , \ d > 0.04 \end{cases} \quad (5\text{-}4)$$

$$\alpha_{\text{Medium}}(d) = \begin{cases} 0 & , \ d \leqslant 0.02 \\ \dfrac{d - 0.02}{0.02} & , \ 0.02 < d \leqslant 0.04 \\ 1 - \dfrac{d - 0.04}{0.02} & , \ 0.04 < d \leqslant 0.06 \\ 0 & , \ d > 0.06 \end{cases} \quad (5\text{-}5)$$

$$\alpha_{\text{High}}(d) = \begin{cases} 0 & , \ d \leqslant 0.04 \\ \dfrac{d - 0.02}{0.02} & , \ 0.04 < d \leqslant 0.06 \\ 1 & , \ d > 0.06 \end{cases} \quad (5\text{-}6)$$

$$\alpha_{\text{Worse}}(\Delta d) = \begin{cases} 1 & , \ \Delta d \leqslant -0.06 \\ 1 - \dfrac{\Delta d + 0.06}{0.02} & , \ -0.06 < \Delta d \leqslant -0.04 \\ 0 & , \ \Delta d > -0.04 \end{cases} \quad (5\text{-}7)$$

$$\alpha_{\text{Bad}}(\Delta d) = \begin{cases} 0 & , \ \Delta d \leqslant -0.05 \\ \dfrac{\Delta d + 0.05}{0.02} & , \ -0.05 < \Delta d \leqslant -0.03 \\ 1 - \dfrac{\Delta d + 0.03}{0.02} & , \ -0.03 < \Delta d \leqslant -0.01 \\ 0 & , \ \Delta d > -0.01 \end{cases} \quad (5\text{-}8)$$

$$\alpha_{\text{Medium}}(\Delta d) = \begin{cases} 0 & , \ \Delta d \leqslant -0.02 \\ \dfrac{\Delta d + 0.02}{0.02} & , \ -0.02 < \Delta d \leqslant 0 \\ 1 - \dfrac{\Delta d}{0.02} & , \ 0 < \Delta d \leqslant 0.02 \\ 0 & , \ \Delta d > 0.02 \end{cases} \quad (5\text{-}9)$$

$$\alpha_{\text{Good}}(\Delta d) = \begin{cases} 0 & , \ \Delta d \leqslant 0.01 \\ \dfrac{\Delta d - 0.01}{0.02} & , \ 0.01 < \Delta d \leqslant 0.03 \\ 1 - \dfrac{\Delta d - 0.03}{0.02} & , \ 0.03 < \Delta d \leqslant 0.05 \\ 0 & , \ \Delta d > 0.05 \end{cases} \tag{5-10}$$

$$\alpha_{\text{VeryGood}}(\Delta d) = \begin{cases} 0 & , \ \Delta d \leqslant 0.04 \\ \dfrac{\Delta d - 0.04}{0.02} & , \ 0.04 < \Delta d \leqslant 0.06 \\ 1 & , \ \Delta d > 0.06 \end{cases} \tag{5-11}$$

(3) 逻辑推理

本章采用的模糊推理规则如表 5-1 所示。在进行逻辑推理时，本章采用 Mamdani[7]的"极大极小"原则进行推理。

表 5-1 模糊推理规则

模糊规则	输入 路段密度 D	输入 密度变化量 ΔD	输出 路段质量 Q
1	低(Low)	很差(Worse)	很低(VeryLow)
2	低(Low)	差(Bad)	很低(VeryLow)
3	低(Low)	一般(Medium)	低(Low)
4	低(Low)	好(Good)	一般(Medium)
5	低(Low)	很好(VeryGood)	高(High)
6	中(Medium)	很差(Worse)	很低(VeryLow)
7	中(Medium)	差(Bad)	低(Low)
8	中(Medium)	一般(Medium)	一般(Medium)
9	中(Medium)	好(Good)	高(High)
10	中(Medium)	很好(VeryGood)	很高(VeryHigh)
11	高(High)	很差(Worse)	低(Low)
12	高(High)	差(Bad)	一般(Medium)
13	高(High)	一般(Medium)	高(High)
14	高(High)	好(Good)	很高(VeryHigh)
15	高(High)	很好(VeryGood)	很高(VeryHigh)

其中,"极小原则"如式(5-12)所示。

$$\alpha_k = \alpha_i(d) \bigcap \alpha_j(\Delta d) = \min\{\alpha_i(d), \alpha_j(\Delta d)\} \quad (5\text{-}12)$$

某一模糊规则$(D_i, \Delta D_j) \to Q_k$,当输入参数满足路段密度 D 的模糊级别为 i 且密度变化量ΔD的模糊级别为j时,则推理路段质量的模糊级别为k;若路段密度D的模糊级别i对应的隶属度为$\alpha_i(d)$,密度变化量ΔD的模糊级别j对应的隶属度为$\alpha_j(\Delta d)$,则路段质量的模糊级别k对应的隶属度α_k为$\alpha_i(d)$与$\alpha_j(\Delta d)$中的最小值。例如,对于表 5-1 中的规则 1——$(D_{\text{Low}}, \Delta D_{\text{Worse}}) \to Q_{\text{VeryLow}}$,若某一输入参数对$<d, \Delta d>$使路段密度"Low"级别和密度变化量"Worse"级别对应的隶属度分别为 0.5 和 0.3,即$\alpha_{\text{Low}}(d) = 0.5$和$\alpha_{\text{Worse}}(\Delta d) = 0.3$,则路段质量的隶属度为$\alpha_{\text{VeryLow}} = \min\{0.5, 0.3\} = 0.3$。

"极大原则"如式(5-13)所示。

$$\alpha_k = \alpha_k(1) \bigcup \alpha_k(2) \bigcup \cdots \bigcup \alpha_k(p) = \max\{\alpha_k(1), \alpha_k(2), \cdots, \alpha_k(p)\} \quad (5\text{-}13)$$

某一输入参数对$<d, \Delta d>$,模糊规则表中存在 p 条规则能够使输出路段质量的模糊级别为k,这 p 条规则推理的路段质量的模糊级别 k 对应的隶属度分别为$\alpha_k(1)$,$\alpha_k(2)$,$\cdots$,$\alpha_k(p)$,则参数对$<d, \Delta d>$对应的路段质量的模糊级别 k 对应的隶属度α_k为$\alpha_k(1)$、$\alpha_k(2)$、$\cdots$、$\alpha_k(p)$中的最大值。例如,若输入参数隶属集$\mu_D(d)$和$\mu_{\Delta D}(\Delta d)$在规则 1 下产生的路段质量的隶属度为$\alpha_{\text{VeryLow}}(1) = 0.3$,在规则 2 下产生的路段质量的隶属度为$\alpha_{\text{VeryLow}}(2) = 0.2$,则$\alpha_{\text{VeryLow}} = \max\{\alpha_{\text{VeryLow}}(1), \alpha_{\text{VeryLow}}(2)\} = \max\{0.3, 0.2\} = 0.3$。

根据输入参数模糊化后得到的隶属度集合和表 5-1 给出的模糊规则,即可获得路段质量的隶属度集合$\mu_Q = [\alpha_{\text{VeryLow}}, \alpha_{\text{Low}}, \alpha_{\text{Medium}}, \alpha_{\text{High}}, \alpha_{\text{VeryHigh}}]$。例如,对于输入参数对$<d = 0.03, \Delta d = 0.03>$,根据式(5-4)~式(5-6)可以计算得到路段密度的隶属度集合$\mu_D(0.03) = [0.5, 0.5, 0]$,根据式(5-7)~式(5-11)可以计算得到密度变化量的隶属度集合$\mu_{\Delta D}(0.03) = [0, 0, 0, 1, 0]$,输入参数的隶属度集合$\mu_D$和$\mu_{\Delta D}$中的非零值满足表 5-1 中的规则 4 即$(D_{\text{Low}}, \Delta D_{\text{Good}}) \to Q_{\text{Medium}}$和规则 9 即$(D_{\text{Medium}}, \Delta D_{\text{Good}}) \to Q_{\text{High}}$。根据"极大极小"原则,规则 4 推理出路段质量的隶属度α_{Medium}为 0.5,模糊规则 9 推理出路段质量的隶属度α_{High}为 0.5,因此输入参数对$<d = 0.03, \Delta d = 0.03>$对应的路段质量的隶属度集合为$\mu_Q = [0, 0, 0.5, 0.5, 0]$。

(4)去模糊化

去模糊化是将推理得到的路段质量的模糊值(即隶属度)转换为具体的数值。本章采用重心法(center of gravity,COG)[8]进行去模糊化,路段质量的输出值为路段质量隶属度集合对应图形的重心值。本章路段质量的三角形隶属度函数如图 5-5

所示。对于推理得到的路段质量的隶属度集合 $\mu_Q = [0,0,0.5,0.5,0]$，其对应的路段质量图形如图 5-5 中的阴影部分，计算阴影部分的重心即可将路段质量的模糊值转换为具体数值。

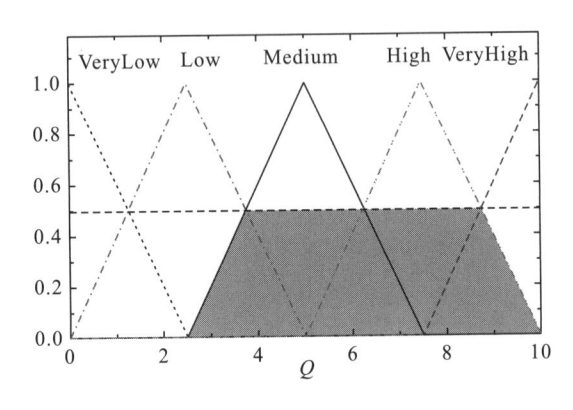

图 5-5 路段质量隶属度函数

3. 基于蚁群优化的路由路径制定

当车辆请求与其通信范围外的移动节点进行通信时，车辆需要借助道路上的其他车辆作为中继，经多跳链路与目的节点进行通信。在本章提出的 IDR 算法中，交叉路口车辆雾负责进行路由决策和数据传输。当生成数据包后，源节点将数据包发送给最近的交叉路口车辆雾；接收待传数据包后，交叉路口车辆雾的核心节点通过 GPS 获取目的节点的实时位置，并根据目的节点的实时位置和路段质量信息，采用蚁群优化(ant colony optimization，ACO)算法搜索路由路径。在每次搜索路由路径的过程中，IDR 算法通过相邻交叉路口间的多跳链路搜索到一条具有最大车辆密度及最小传输时延的多跳链路，数据包经过该多跳链路直接到达目的节点或一个更靠近目的节点的中间目的交叉路口，并使数据包越来越靠近目的节点直到目的节点接收到数据包。基于 ACO 路由路径的制定过程主要分为两步，包括确定数据包的目的交叉路口和基于 ACO 算法的最优路由路径搜索。

1) 确定数据包目的交叉路口

在本章中，执行路由路径搜索的交叉路口记为源交叉路口 I_s，目的节点驶向的第一个交叉路口记为目的交叉路口 I_D。为了保证每一次路由过程都使数据包越来越靠近目的节点，IDR 算法根据目的节点的实时位置信息确定路由的目的交叉路口，并根据路段质量搜索一条朝目的交叉路口的路由路径。在每次搜索路由路径时，源交叉路口的核心节点需要获取目的节点的位置信息、确定目的交叉路口，并根据目的交叉路口选择路由路径搜索方向。为了避免频繁获取目的节点的位置信息，在每次获取目的节点位置的信息后，源交叉路口的核心节点预测目的车辆将要到达的交叉路口，并将该交叉路口作为数据包的目的交叉路口 I_D，同时计算 I_D 的有效期。目的交叉路口及其有效期将保存在数据包中，源交叉路口车辆雾的核心节点在制定路由决策时首先判断数据包中保存的目的交叉路口是否有效；只有当该目的交叉路口无效时，源交叉路口车辆雾的核心节点才需要重新获取目的节点的位置信息并更新目的交叉路口的信息及其有效期，从而减少获取目的节点位置信息的次数。目的交叉路口的有效期是指车辆到达目的交叉路口所需时间，可由式(5-14)得到。

$$T = \frac{\mathrm{DD}(V_D, I_D)}{\overline{v}_D} \tag{5-14}$$

式中，$\mathrm{DD}(V_D, I_D)$ 为目的车辆 V_D 与交叉路口 I_D 之间的驾驶距离；$\overline{v}_D$ 为目的车辆在驶向交叉路口 I_D 过程中的平均速度。车辆在道路上的行驶速度服从高斯分布 $v \sim N(\mu, \sigma^2)$，因此 $\overline{v} = E(v) = \mu$。

2) 基于 ACO 的最优路由路径搜索

本章的路由路径是指起点为源交叉路口、方向朝目的交叉路口的一组交叉路口序列。路由路径最末端的交叉路口记作中间目的交叉路口 I_{ID}。值得注意的是，中间目的交叉路口 I_{ID} 可能是目的交叉路口，也可能是比源交叉路口更靠近目的交叉路口的某个交叉路口。在路由路径上的任意两个相邻交叉路口间存在一条多跳链路，所以路由路径是连接源交叉路口和一个更靠近目的交叉路口的多跳链路。由于路由路径是一条具有连接性的多跳链路，因此数据包沿路由路径的传输具有低时延和高传输率。数据包经路由路径能够直接到达目的交叉路口或进一步靠近目的交叉路口。最优路由路径搜索旨在找到一条低延时、高质量路段的路由路径，并且该路由路径上的终点交叉路口是源交叉路口能够通过多跳链路到达的所有交叉路口中与目的交叉路口距离最短的。在本章中，路由路径上的终点交叉路口记为中间目的交叉路口 I_{ID}、源交叉路口 I_s 和中间目标交叉路口 I_{ID} 间的路径 $P = \{I_s, I_1, I_2, \cdots, I_k, I_{ID}\}$，路径 P 上的相邻交叉路口间存在多跳链路，因而搜索路径 P 的过程只有转发过程没有携带过程，从而降低了搜索时延并保证了搜索路径的可用性。最优路由路径搜索问题可以建模为一个优化问题，其目标函数如式 (5-15) 和式(5-16) 所示。

$$\max\{F(P)\} = A \cdot \frac{Q(P)}{1+Q(P)} + B \cdot \frac{1}{1+\mathrm{Delay}(P)} + C \cdot \frac{1}{1+\mathrm{DIS}(I_{ID}, I_D)} \tag{5-15}$$

$$\begin{cases} \text{Delay}(P) = \text{Delay}(I_s, I_1) + \sum_{i=1}^{k-1}\text{Delay}(I_i, I_{i+1}) + \text{Delay}(I_k, I_{\text{ID}}) \\ Q(P) = \dfrac{Q(r_{s,1}) + \sum_{i\in[1,k-1]} Q(r_{i,i+1}) + Q(r_{k,\text{ID}})}{k+1} \\ \text{Delay}(P) \leqslant \text{Delay}_{\text{th}} \end{cases} \quad (5\text{-}16)$$

式中，$Q(P)$ 为路径 P 的路径质量；$Q(r_{i,i+1})$ 为交叉路口 I_i 与 I_{i+1} 之间的路段质量；$\text{Delay}(P)$ 为路径 P 上多跳链路的传输延迟；$\text{Delay}(I_i, I_{i+1})$ 为交叉路口 I_i 与 I_{i+1} 间多跳链路的传输时延；$\text{DIS}(I_{\text{ID}}, I_\text{D})$ 为中间目标交叉路口 I_{ID} 与目标交叉路口 I_D 间的距离；A、B、C 为权重系数，分别表示路段质量、路径时延、中间目标交叉路口与目标交叉路口间的距离对目标函数的影响程度。

本章采用 ACO 算法来解决上述优化问题，用于搜索最优路由路径。每个交叉路口车辆雾保存与相邻交叉路口的启发式函数值和信息素，以便找到最优路径。本章记每个收到蚂蚁数据包并搜索路由路径的交叉路口为搜索交叉路口。在 ACO 算法中，每个搜索交叉路口根据其存储的启发式函数和信息素，从相邻交叉路口中选择一个交叉路口作为蚂蚁搜索方向。为了提高搜索效率并减小搜索过程中的开销，在搜索路由路径的过程中，每个搜索交叉路口并不向所有相邻交叉路口转发蚂蚁数据包，而只向满足搜索方向朝目的交叉路口的相邻交叉路口转发蚂蚁数据包。

基于 ACO 算法的最优路由路径搜索过程分为请求阶段、搜索阶段、响应阶段和选择阶段。

(1) 请求阶段

源交叉路口 I_s 的核心节点 CN_s 生成多个带有目标交叉路口位置信息的搜索蚂蚁(SAnt)，本章记搜索蚂蚁的个数为 N_{ant}，生命期为 $\text{Delay}_{\text{th}}/2$。按照搜索原则选择搜索蚂蚁的搜索方向，根据式(5-17)的概率随机地从满足搜索原则的邻居交叉路口选择一个邻居交叉路口作为搜索交叉路口，并沿提前建立的与邻居交叉路口的多跳链路将搜索蚂蚁传输到搜索交叉路口的核心节点。

(2) 搜索阶段

使用 ACO 算法搜索最优路由路径时，搜索过程遵循以下搜索原则和搜索结束原则，分别如定义 5-1 和定义 5-2 所示。

定义 5-1(搜索原则)：在蚂蚁数据包搜索路由路径的过程中，蚂蚁数据包传递方向的选择遵循以下两个原则。

(1) 距离更近。下一个搜索交叉路口到目的交叉路口的距离比当前搜索交叉路口到目的交叉路口的距离更近。若当前搜索蚂蚁到达的交叉路口为 I_i，其邻居节点 I_{i+1} 满足 $\text{DIS}(I_{i+1}, I_\text{D}) \leqslant \text{DIS}(I_i, I_\text{D})$，则 I_{i+1} 可作为下一个搜索交叉路口，如

图 5-6(a)所示。

(a)DIS(I_{i+1},I_D)≤DIS(I_i,I_d)

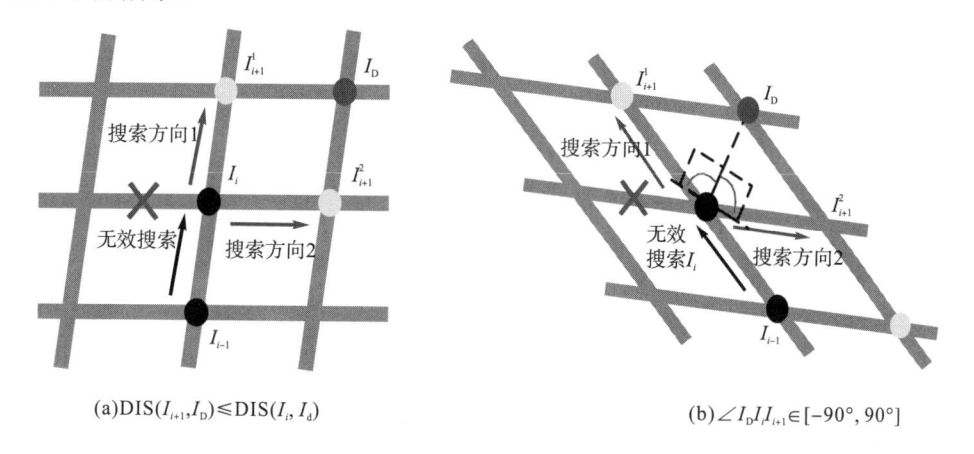

(b)∠$I_D I_i I_{i+1}$ ∈ [-90°, 90°]

图 5-6 搜索方向

(2)夹角小于 90°。若不存在符合原则(1)的相邻交叉路口,则根据夹角确定搜索方向。目标交叉路口、当前搜索交叉路口和下一搜索交叉路口三点所确定的夹角不超过 90°,即 ∠$I_D I_i I_{i+1}$ ∈ [-90°, 90°],如图 5-6(b)所示。

定义 5-2(搜索结束原则):在蚂蚁数据包搜索路由路径的过程中,当发生以下情况时,搜索过程结束。

(1)当前搜索交叉路口的相邻交叉路口中不存在满足搜索条件的交叉路口。
(2)当前搜索交叉路口不存在与满足搜索条件的相邻交叉路口间的多跳链路。
(3)到达目标交叉路口。
(4)搜索蚂蚁生命周期。

当满足上述任意一个条件时搜索过程结束,将搜索路径上最后的交叉路口作为中间目的交叉路口并返回响应蚂蚁。

在搜索过程中,搜索交叉路口的核心节点收到搜索蚂蚁后首先将自己的 ID 记录在搜索蚂蚁的路径表中,然后判断其是否满足搜索结束条件。若满足搜索结束条件,将该交叉路口作为中间目的交叉路口,生成响应蚂蚁并按搜索路径返回源交叉路口。若不满足搜索结束条件,则按搜索原则继续选择搜索蚂蚁的搜索方向,并根据式(5-17)计算的概率随机地从满足搜索原则的邻居交叉路口选择一个交叉路口作为下一个搜索交叉路口,并沿提前建立的与邻居交叉路口的多跳链路将搜索蚂蚁传输到搜索交叉路口的核心节点。

$$P_{i,j}(t) = \begin{cases} \dfrac{[\tau_{ij}(t)]^{\alpha}[\eta_{ij}(t)]^{\beta}}{\sum_{k \in C(i)}[\tau_{ik}(t)]^{\alpha}[\eta_{ik}(t)]^{\beta}} &, j \in C(i) \\ 0 &, \text{其他} \end{cases} \quad (5\text{-}17)$$

式中，α、β 分别为信息素因子和启发函数因子，分别反映了残留信息素的相对重要程度和启发函数期望值的相对重要程度；$C(i)$ 为交叉路口 I_i 中所有满足搜索条件的相邻交叉路口构成的集合；$\tau_{ij}(t)$ 为 t 时刻交叉路口 I_i 存储的与相邻交叉路口 I_j 的信息素强度；$\eta_{ij}(t)$ 为 t 时刻的启发函数，由式(5-18)可得，即

$$\eta_{ij}(t) = A \cdot \frac{Q(r_{i,j})}{1+Q(r_{i,j})} + B \cdot \frac{1}{1+\text{Delay}(r_{i,j})} + C \cdot \frac{1}{1+\text{DIS}(I_i, I_D)} \quad (5\text{-}18)$$

(3) 响应阶段

当满足搜索结束条件时，搜索路径上最后的交叉路口作为中间目的交叉路口，生成响应蚂蚁(RAnt)并按搜索路径返回源交叉路口。响应蚂蚁携带搜索蚂蚁发现的路由路径。响应蚂蚁在两个相邻交叉路口间的传输是沿相邻交叉路口间的多跳链路进行多跳转发的。响应蚂蚁在返回过程中按照式(5-19)更新启发函数值和信息素强度。

$$\tau_{ij} = (1-\delta)\tau_{ij} + \delta\eta_{ij} \quad (5\text{-}19)$$

式中，权重 $\delta \in (0,1)$。信息素的挥发过程如式(5-20)所示。

$$\tau_{ij}(t+\Delta t) = \begin{cases} (1-\rho_{ij})\tau_{ij}(t), & \tau_{ij}(t) > \tau_0 \\ \tau_0, & \text{其他} \end{cases} \quad (5\text{-}20)$$

式中，τ_0 为信息素的初值；$\rho_{ij} \in (0,1)$ 为信息素挥发系数；$\tau_{ij}(t)$ 为 t 时刻的信息素强度；$\tau_{ij}(t+\Delta t)$ 为 $t+\Delta t$ 时刻的信息素强度。

(4) 选择阶段

在有效时间内，源交叉路口 I_s 接收每个返回的响应蚂蚁，根据式(5-15)和式(5-16)计算保存在响应蚂蚁中的搜索路径的目标函数，并从搜索到的路径中选择最大目标函数的路径作为数据包路由路径。

基于 ACO 算法的最优路由路径搜索算法如算法 5-1(SORP 算法)所示。

算法 5-1：基于 ACO 的最优路由路径搜索算法 SORP

$\mathbb{C}(i)$ = 下一跳中继公共汽车的条件
源交叉路口核心节点 i：
1: **for** 每个相邻交叉路口 I_j **do**
2:   **if** I_j 满足搜索条件 **then**
3:     将 I_j 添加到 $\mathbb{C}(i)$ 中
4:   **end if**
5: **end for**

6:　if $\mathbb{C}(i)$ = null then
7:　　返回一个搜索失败消息
8:　else
9:　　生成搜索蚂蚁 SAs
10:　for 每个 SA do
11:　　选择下一个搜索交叉路口
12:　　将 SA 发送至下个搜索交叉路口的核心节点
13:　end for
14:　等待响应蚂蚁
15: end if
交叉路口核心节点 k：
16: for 收到的每个 SA do
17:　if 满足搜索结束条件 then
18:　　生成相应的响应蚂蚁 RA
19:　　将 RA 沿多跳链路返回源交叉路口的核心节点
20:　else
21:　　for 每个邻居交叉路口 I_j do
22:　　　if I_j 满足搜索条件 then
23:　　　　将 I_j 添加到 $\mathbb{C}(i)$ 中
24:　　　end if
25:　　end for
26:　　选择下一个搜索交叉路口
27:　　将 SA 发送到下一个搜索交叉路口的核心节点
28:　end if
29: end for
30: for 收到的每个 RA do
31:　更新启发式函数和信息素
32:　将 RA 返回源交叉路口
33: end for
源交叉路口核心节点 i：
34: while 等待响应蚂蚁时间小于 D_{th} do
35:　for 在有效期内到达的每个 RA do
36:　　计算 RA 所记录路径的目标函数值
37:　　保存路径及其目标函数值
38:　end for
39: end while
40: 选择目标函数值最大的路径作为路由路径

4. 动态路由机制

在本章提出的基于交叉路口的分布式路由算法中，交叉路口车辆雾负责为数据包路由制定路由线路。每次制定路由决策时，源交叉路口核心节点使用基于 ACO 的最优路由路径搜索算法选择路由路径。在路由路径上，路由路径的起点和终点之间存在一条多跳链路，路由路径上的中继节点以多跳转发的形式将数据包传递到目的交叉路口或一个离目的交叉路口更近的中间目的交叉路口。在沿路由路径传输的过程中，数据包的传输只经历了转发过程而没有携带过程，从而极大地降低了传输时延。

在搜索最优路由路径的过程中，当道路上的车辆密度较低时，源交叉路口与相邻交叉路口间不存在多跳链路，这时路由路径搜索失败，数据包将停留在源交叉路口而无法被传递。针对这一问题，当基于 ACO 的最优路由路径搜索失败时，本章采用"携带-转发"的方式传递数据包。源交叉路口在满足搜索条件的相邻交叉路口中选择距离目的交叉路口最近的交叉路口作为中间目的交叉路口，并利用与中间目的交叉路口间路段上的车辆作为中继，中继车辆以携带-转发的方式将数据包传递至中间目的交叉路口。

在 IDR 算法中，每一次路由决策和传输可使数据包越来越靠近目的交叉路口，经过多次路由决策和传输后，数据包将到达目的交叉路口。在目的交叉路口车辆雾收到数据包后，目的交叉路口通过单跳转发或多跳转发的形式将数据包传递至目的节点，路由过程完成。基于交叉路口分布式路由算法如算法 5-2（IDR 算法）所示，IDR 算法的应用场景如图 5-7 所示。

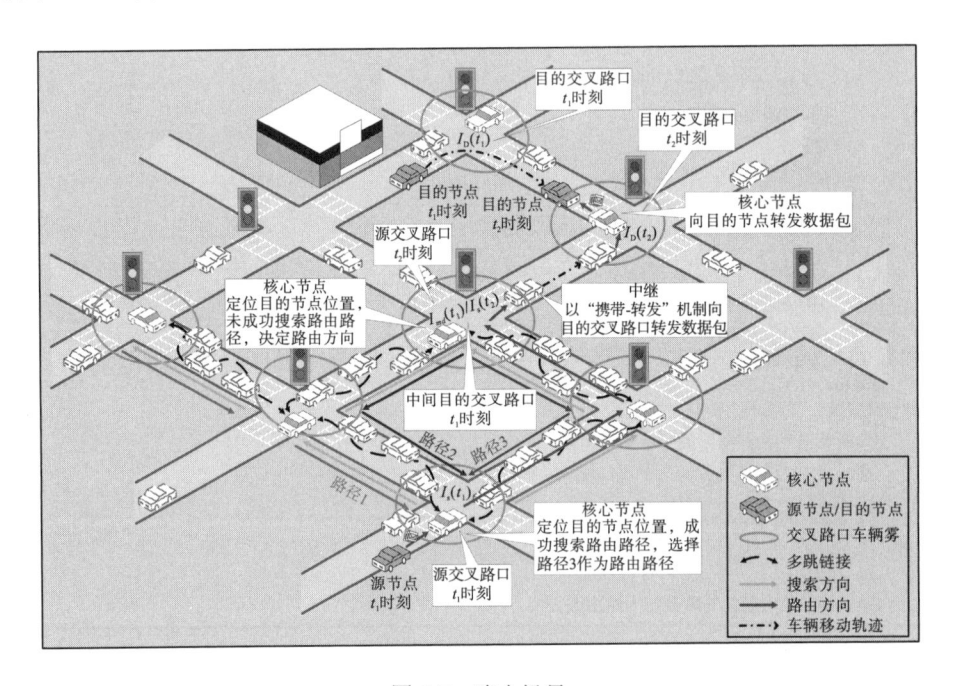

图 5-7 路由场景

算法 5-2：基于交叉路口分布式路由算法 IDR

N(i)　=　车辆 V_i 的邻居表

I_s　=　源交叉路口

I_D　=　目的交叉路口

V_D　=　数据包的目的车辆节点

I_s 的核心节点 CN_s：

1：　**for** 每个待传数据包 **do**

2：　　**if** 数据包的目的交叉路口 I_D 无效 **then**

```
3:      更新数据包中的 I_D 及 I_D 有效期
4:    end if
5:    if  I_s = I_D  then
6:      将数据包发送给目的车辆节点 V_D
7:    else
8:      使用 SORP 算法制定路由决策
9:      if SORP 算法成功制定路由决策  then
10:       将数据包发送给下一个交叉路口的核心节点
11:     else
12:       选择下一个源交叉路口，并将数据包发送给核心节点
13:     end if
14:    end if
15:  end for
```

5. 可行性分析

1) 交叉路口车辆雾的可行性分析

在本章提出的 IVF 模型中，交叉路口的核心节点是构建交叉路口车辆雾的关键。若交叉路口不存在核心节点，则无法形成交叉路口车辆雾。由于交叉路口的信号灯具有周期性变化的特点，所以交叉路口的车辆不断地更新，交叉路口的车辆雾也是动态变化的。如果交叉路口的核心节点在离开交叉路口前找到了继承人，那么核心节点将把身份和信息转交给继承人，从而使交叉路口的信息得以维持。若交叉路口的核心节点在离开交叉路口前未找到继承人，则核心节点的离去也将带走交叉路口的信息。当交叉路口存在新的等待车辆时，将重新建立交叉路口车辆雾，新的核心节点将重新建立并存储交叉路口信息。交叉路口车辆雾维持的时间越长，其存储的交叉路口信息越丰富，因而能够做出更佳的路由决策。本节用交叉路口车辆雾的维持概率 P_{inherit} 来衡量交叉路口车辆雾的性能。

由参考文献[9]可知，在时间 T 内，某一车道 l 上的车辆数量 N_l 服从参数为 λ_l 的泊松分布，如式(5-21)所示。

$$P(N_l = n) = \frac{(T\lambda_l)^n}{n!} e^{-T\lambda_l} \tag{5-21}$$

式中，λ_l 为车道 l 上的车辆到达率。

若某一交叉路口 i 有 k 个进入车道 $l_1, l_2, \cdots, l_k$，每个车道上的车辆到达率分别为 $\lambda_1, \lambda_2, \cdots, \lambda_k$，在 T 时间内，从每个车道进入交叉路口的车辆数量为 $n_1, n_2, \cdots, n_k$，则进入交叉路口的总车辆数为 $n = n_1 + n_2 + \cdots + n_k$。在 T 时间内，进入交叉路口的车辆数量为 0 的概率如式(5-22)所示。

$$P(N=0) = \prod_{j=1}^{k} P(N_{l_j} = 0) = e^{-T_s \sum_{j=1}^{k} \lambda_k} \tag{5-22}$$

由于每个核心节点是停留在交叉路口时间最长的节点,因此如果在核心节点停留在交叉路口期间没有新的车辆到达交叉路口,那么核心节点将无法找到继承人,此时交叉路口车辆雾无法继续维持。本章定义交叉路口 i 的车辆雾的维持概率为其核心节点待在交叉路口期间交叉路口进入车道的车辆数量不为 0 的概率,如式(5-23)所示。

$$P_{\text{inherit}} = 1 - P(N=0) = 1 - e^{-T_s \sum_{j=1}^{k} \lambda_k} \tag{5-23}$$

式中,T_s 为核心节点在交叉路口的停留时间,由核心节点在交叉路口的等待时间(记为 t_{waiting})和核心节点从等待位置行驶到交叉路口出界线的行驶时间(记为 t_{driving})组成,即 $T_s = t_{\text{waiting}} + t_{\text{driving}}$。当核心节点处于绿灯信号车道时,停留时间为 0;当核心节点处于红灯信号车道时,核心节点需要等待直至信号灯变为绿灯。因此,可以推出 $t_{\text{waiting}} \in [0, T_{\text{red}}]$,其中,$T_{\text{red}}$ 为红灯信号周期。t_{driving} 的计算如式(5-24)所示。

$$t_{\text{driving}} = \frac{DD(\text{CN}_i, \text{OL})}{\bar{v}} \tag{5-24}$$

式中

$$DD(\text{SL}, \text{OL}) \leq DD(\text{CN}_i, \text{OL}) < DD(\text{EL}, \text{OL}) \tag{5-25}$$

式中,$DD(\text{CN}_i, \text{OL})$ 为核心节点的当前位置与交叉路口出界线之间的驾驶距离;$DD(\text{SL}, \text{OL})$ 为交叉路口停止线 L 与交叉路口出界线之间的驾驶距离;$DD(\text{EL}, \text{OL})$ 为交叉路口入界线 L 与交叉路口出界线 L 之间的驾驶距离;$\bar{v}$ 为核心节点在交叉路口驾驶的平均速度。根据《中华人民共和国道路交通安全法实施条例》可知,车辆通过有信号灯控制的交叉路口时的行驶速度不得超过30km/h(即 8.3m/s),则有 $\bar{v} \in (0, 8.3]$。因此,T_s 的计算如式(5-26)所示。

$$T_s = t_{\text{waiting}} + t_{\text{driving}} = t_{\text{waiting}} + \frac{DD(\text{CN}_i, \text{OL})}{\bar{v}} \tag{5-26}$$

其中

$$\begin{cases} t_{\text{waiting}} \in [0, T_{\text{red}}] \\ DD(\text{CN}_i, \text{OL}) \in [DD(\text{SL}, \text{OL}), DD(\text{EL}, \text{OL})] \\ \bar{v} \in (0, 8.3] \end{cases} \tag{5-27}$$

本节中 $DD(\text{SL}, \text{OL}) = 50\text{m}$、$DD(\text{EL}, \text{OL}) = 70\text{m}$、$\bar{v} = 15\text{km/h}$、$T_{\text{red}} = 60\text{s}$,

因此有 $T_s \in (11.9\text{s}, 76.7\text{s}]$。

本节的道路模型采用"双向单车道"模型,即道路采用双向路段且每个方向只有一个车道,因此每个交叉路口的进入车道数和离开车道数都为 4。假设每个进入车道数的车辆到达率同为 λ,则车辆雾的维持概率如式(5-28)所示。

$$P_{\text{inherit}} = 1 - e^{-4T_s\lambda}, \quad T_s \in (11.9\text{s}, 76.7\text{s}] \tag{5-28}$$

本节使用 MATLAB 软件模拟车辆雾维持概率 P_{inherit} 随不同停留时间 T_s 和不同车辆到达率 λ 的变化,如图 5-8 所示。

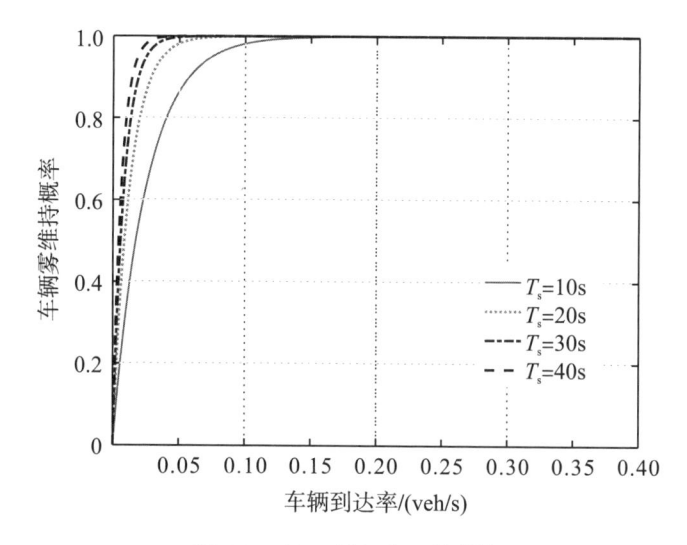

图 5-8 P_{inherit} 随 T_s 和 λ 的变化

从图 5-8 可以看出,随着车辆到达率的增加,车辆雾的维持概率逐渐增大;随着等待时间的增加,车辆雾的维持概率逐渐增大。当 $T_s \geqslant 20\text{s}$ 时,即使车辆到达率较低,车辆雾的维持概率也能达到 0.9;当 $\lambda \geqslant 0.05\,\text{veh/s}$ 时,即使等待时间较短,车辆雾的维持概率也能达到 0.9。事实上,城市环境中的车辆节点稠密,因此车辆雾的维持概率很高,本章提出的交叉路口车辆雾模型具备可行性。

2) 多跳链路建立算法的可行性分析

在本章中,交叉路口车辆雾先应式地与相邻交叉路口建立多跳链路。但是,车辆节点的移动致使道路上多跳链路的生命期短暂。若多跳链路的建立过程经历了较长延时,则多跳链路在使用过程中可能会无效。本章通过计算多跳链路建立所需时间来衡量多跳链路建立算法的性能。多跳链路建立所需时间越短表示算法性能越好。

根据本章提出的多跳链路建立算法，多跳链路建立所需时间如式(5-29)所示。

$$T_c = 2 \times n \times (t_p + t_t) \tag{5-29}$$

式中，n 为多跳链路上的节点数；t_p 为多跳链路上每个节点的处理时间；t_t 为在多跳链路搜索消息并在两个相邻节点间传输的时间。由于处理时间 t_p 为节点从其邻居表中搜索下一个节点所需时间，故可忽略不计。两个相邻交叉路口间多跳链路上的最大跳数不超过路段上的最大车辆数量，如式(5-30)所示。

$$n_{\max} = \frac{2 \times \text{Len}_r}{R} \tag{5-30}$$

式中，Len_r 为路段长度，一般短则百米级别、长则千米级别；R 为车辆的通信半径，一般为百米级别。因此，有 $n_{\max} \ll 100$。

在本节中，搜索消息大小小于 1kB，802.11p 支持的数据速率能够达到 $3\sim 27\text{Mbps}$，因此 T_c 的取值如式(5-31)所示。

$$T_c = 2 \times n \times (t_p + t_t) < 2 \times 100 \times \frac{1}{3 \times 1024} < 0.1\text{s} \tag{5-31}$$

法定城市道路上的车辆行驶速度不超过 50km/h（即 13.89m/s）。在 T_c 时间内，多跳链路上车辆的最大移动距离仅几米，远小于车辆的通信半径。这表明多跳链路建立好后仍然可用，即本章提出的多跳链路建立算法具有可行性。

5.2.4 仿真结果及分析

本节对前面阐述的 IDR 算法进行仿真分析。为了衡量算法性能，本节从包传输率、平均端到端时延和开销三个方面进行分析，并引入两个已有算法与本章提出的 IDR 算法进行对比分析。

1. 仿真环境及参数设置

仿真平台搭建在 Win7（64 位）系统上，仿真软件采用开源的多协议网络仿真软件 OMNeT++[10]，通信框架采用开源的车联网通信框架 Veins[11]。仿真地图是从 OpenStreetMap[12] 上导出的真实的成都市一环内地图，并将该区域的主干道作为仿真街道，如图 5-9 所示。仿真区域面积大约为 $(5.8 \times 5.9)\text{km}^2$，其中包含 58 个十字路口和 100 条街道。其他仿真参数设置如表 5-2 所示。

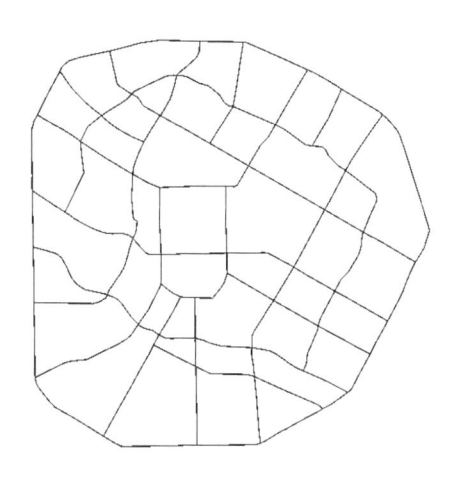

第 5 章　车联网中的分布式路由算法

图 5-9　仿真街道图

表 5-2　仿真参数表

参数	具体取值
仿真地图面积/km²	5.8×5.9
MAC 协议	IEEE 802.11p
通信半径/m	200~800
传输速率/Mbps	6
最大车辆速度/(km/h)	30，40，50
交通信号灯周期/s	60
路段长度/m	400~1600
车辆数量	5000
IDR 参数	$A=0.3$，$B=0.2$，$C=0.5$，$\tau_0=0.3$，$\alpha=7$，$\beta=6$，$\Delta t=1s$，$D_{th}=60s$
车辆离开参数	depart="0"，departLan="random"
车辆到达参数	arrivalLane="current"，arrivalSpeed="current"
车辆跟随模式参数 model-Kraus	Accel="0.8"，decal="4.5"，sigma="0.5"
仿真时长/s	4000

　　为了分析路由性能，本节引入两个已存在的基于交叉路口的路由算法，并与本章提出的 IDR 算法进行比较。对比算法分别为 AQRV[13] 和 iCAR-II[14]。

　　AQRV 算法与 IDR 算法相似，是一种基于交叉路口的路由协议且实现了 ACO 算法。在路由开始前，源交叉路口的静态节点搜索到一条具有最好 QoS 的最优路由轨迹，并将该路由轨迹封装在数据包中。这条路由轨迹由一个交叉路口序列组成，AQRV 算法沿路由轨迹动态选择中继车辆节点转发数据包。与 IDR 算法不同，AQRV 算法采用集中路由的思想，因此很难适应动态变化的城市车联网环境。

iCAR-II 算法是一种具有网络连接感知的基于交叉路口的路由协议。首先，评估路段的连接性并将网络连接信息上报给本地中心。然后，本地中心根据网络连接性构建一个带权图。在路由过程中，基于网络连接性并采用最短路算法选择路由路径，这时当数据包到达断开链接的路段时将被丢弃，从而造成更高的丢包率。而本章提出的 IDR 算法将对该问题进行改进。

2. 仿真结果分析

为了量化路由性能，本节把包传输率、平均端到端时延和开销作为度量路由性能的指标，并分别测试不同车辆密度、车辆移动速度、包传输距离和通信半径对算法的包传输率、平均端到端时延和开销的影响。由于车辆的移动速度受交通环境的约束，所以车辆不能以恒定速度移动，如车辆遇到红灯或交通拥堵时需要停止等待。为了研究车辆速度对路由性能的影响，本节通过设置车辆的最大移动速度来控制车辆速度，设置最大车辆移动速度分别为 30km/h、40km/h 和 50km/h。在本节中，包传输距离指的是在路由开始时数据包发送者与接收者之间的最短驾驶距离。仿真结果及分析如下所示。

1) 包传输率

分组传输率定义为成功接收的数据包总数与发送的数据包总数之比[15]。本节分别测试了不同包传输距离、通信半径和最大车辆移动速度情况下的包传输率，结果如图 5-10 和图 5-11 所示。

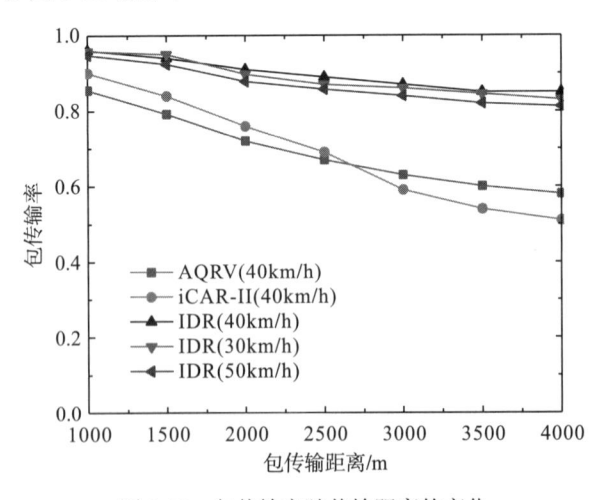

图 5-10 包传输率随传输距离的变化

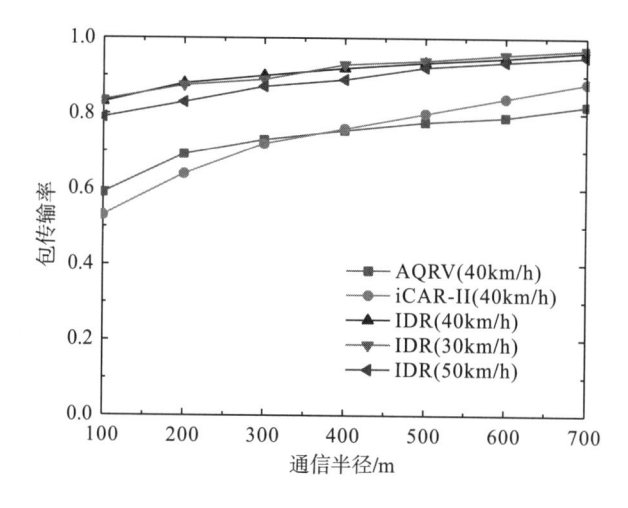

图 5-11 包传输率随通信半径的变化

图 5-10 为包传输率随传输距离的变化。在该组测试中，车辆数量设置为 5000，通信半径设置为 200~800m。如图 5-10 所示，随着包传输距离的增加，三种算法的包传输率呈下降趋势。这是由于在相同通信半径的情况下，当包传输距离增加时，数据包传输过程需要的中继数量增加，包传输越易受道路交通的影响，从而导致包传输率下降。当包传输距离较短时，iCAR-II 算法的包传输率优于 AQRV 算法；当包传输距离大于 2500m 时，AQRV 算法的包传输率优于 iCAR-II 算法。无论是短距离通信还是远距离通信，IDR 算法的包传输率均优于其他两种算法。这是因为 IDR 算法和 iCAR-II 算法都采用了基于交通感知的路由思想，能够根据道路上车辆的连接状况来制定路由线路，所以它们的性能优于 AQRV 算法。与 iCAR-II 算法不同，IDR 算法在找不到下一跳中继时采用"携带-转发"机制来传输数据包，而不是直接丢弃数据包，因此 IDR 算法的包传输率优于 iCAR-II 算法。IDR 算法在最大车辆移动速度分别为 30km/h、40km/h 和 50km/h 三种情况下的包传输率相似，其中最大车辆移动速度为 40km/h 时的包传输率最高。这是因为车辆的移动速度过小和过大都有找不到中继节点的可能，从而导致包传输率降低。

图 5-11 为包传输率随通信半径的变化。在该组仿真中，车辆数量设置为 5000，包传输距离设置为 1000~4000m。如图 5-11 所示，随着通信半径的增加，这三种算法的包传输率均呈上升趋势。这是因为随着通信半径的增加，车辆通过一跳连接所传输的距离越远，实现相同传输距离时需要的中继节点数量越少，所以包传输率有所提高。当通信半径低于 400m 时，IDR 算法在最大移动速度为 50km/h 时的包传输率低于最大移动速度分别为 30km/h 和 40km/h 时的包传输率；当通信半径大于 400m 时，IDR 算法在最大移动速度分别为 30km/h、40km/h 和 50km/h 情况下的包传输率相似。这是因为通信半径越小或车辆移动速度越大，网络拓扑结构

的变化对包传输率的影响越明显。在三种算法中，IDR 算法在三种最大移动速度限制下的包传输率均高于其他两种算法，并且在不同通信半径和不同最大移动速度情况下的包传输率均高于 80%，这表明 IDR 算法具有稳定、高效的性能。

通过图 5-10 和图 5-11 可知，IDR 算法在不同的传输距离、通信半径和车辆移动速度下都达到了较高的包传输率。

2) 平均端到端时延

平均端到端时延是所有成功接收的数据包的传输时延之和与发送的数据包总数之比[15]。本节分别测试不同包传输距离、通信半径和最大车辆移动速度对平均端到端时延的影响，仿真结果如图 5-12 和图 5-13 所示。

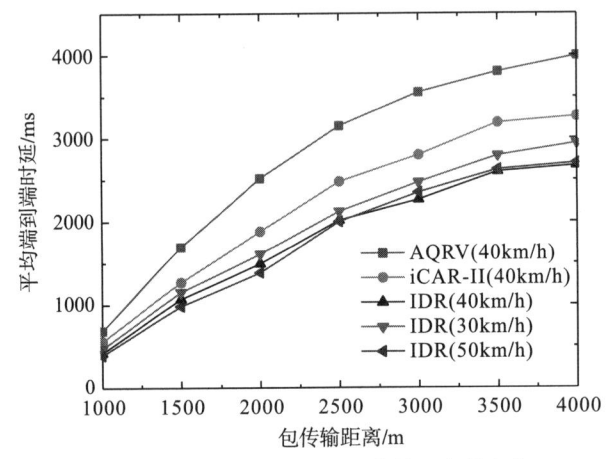

图 5-12 平均端到端时延随传输距离的变化

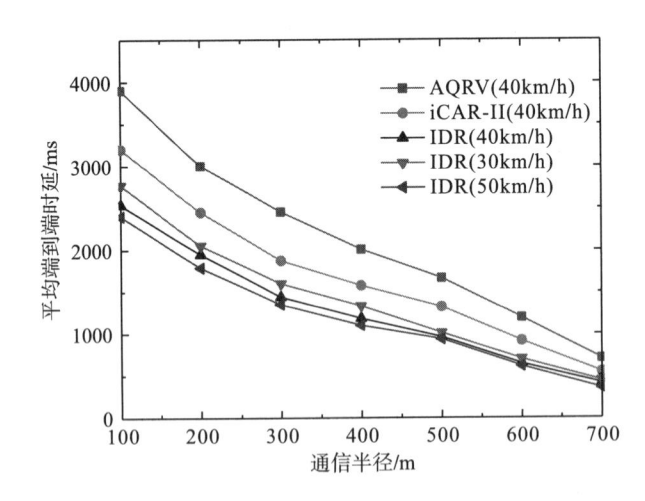

图 5-13 平均端到端时延随通信半径的变化

图 5-12 为在不同最大车辆移动速度下平均端到端时延随包传输距离的变化。在该组测试中,5000 个车辆节点在网络中随机移动,并且节点的通信半径设置为 200~800m。如图 5-12 所示,三种算法的平均端到端时延随包传输距离的增加呈上升趋势;与 iCAR-II 算法和 AQRV 算法相比,IDR 算法的性能最优,iCAR-II 算法的性能优于 AQRV 算法。这是因为 IDR 算法和 AQRV 算法是根据网络连接状况来制定路由决策,优先选择连接性好的路段作为数据包传输轨迹,从而减少了在数据包传输过程中因中继节点携带数据包而引起的时延,改善了平均端到端时延。与 iCAR-II 算法相比,IDR 算法在路由设计时考虑了目的节点的移动性,并根据目的节点的实时位置信息调整路由路径,解决了由目的节点的移动而造成的路由决策失效问题,进而改善了平均端到端时延。IDR 算法在最大移动速度为 30km/h 时的平均端到端时延高于最大移动速度分别为 40km/h 和 50km/h 时的平均端到端时延。这是因为在相同通信半径和传输距离的情况下,车辆移动速度越小,传输过程中中继节点携带数据包的时间越长,平均端到端时延增加。

图 5-13 为三种算法的平均端到端时延随通信半径的变化。在该组仿真中,5000 个车辆节点在网络中随机移动,包传输距离设置为 1000~4000m。如图 5-13 所示,随着通信半径的增加,三种算法的平均端到端时延呈下降趋势。这是因为通信半径越大,相同数量的中继节点能够实现的传输距离越远。当通信半径为 700m 时,三种算法均具有较好的平均端到端时延,并且它们的平均端到端时延相同。对于 IDR 算法,随着最大车辆移动速度的增加,IDR 算法的平均端到端时延减少。在三种算法中,本章提出的 IDR 算法在不同通信半径的情况下都能保持较低的平均端到端时延;随着通信半径的减小,IDR 算法的平均端到端时延呈缓慢上升的趋势。这表明 IDR 算法具有较高的稳定性,能够适应不同的通信半径。

由图 5-12 和图 5-13 可知,IDR 算法的平均端到端时延在不同传输距离和通信半径的情况下均优于 AQRV 算法和 iCAR-II 算法。这是因为 IDR 算法选择网络连接性好的路段作为路由路径,并且在路由过程中根据目的节点的位置信息动态调整路由方向,这样中继节点在转发数据包的过程中携带包产生的时延减少,从而优化了平均端到端时延。

3) 开销

在本节中,开销分为控制开销和路由开销两种类型:控制开销是指网络的控制消息,包括车辆周期性产生的信标消息、交叉路口车辆雾产生的感知道路连接性的消息、车辆位置上报消息;路由开销是指数据包路由时产生的用于路由决策和制定路由路径的控制消息,包括搜索路由路径时产生的消息和制定路由决策时产生的消息。本节采用平均控制开销和平均路由开销作为衡量算法的开销指标。平均控制开销定义为每辆车平均每秒产生的控制消息的数量,是仿真时间内产生的总控制消息数量和网络中车辆数量与仿真时间乘积的比,单位为消息/(veh·s)。平均路由开销定义为平均每成功路由一个数据包产生的路由控制消息,是网络中产生的总路由控制消息数量与网络中成功路由数据包的比值,单位为消息/数据包。

  为了测试车辆密度对平均控制开销的影响及包传输距离对平均路由开销的影响,本节分别在没有数据包路由和有数据包路由这两种情况下进行测试,仿真结果如图 5-14 和图 5-15 所示。

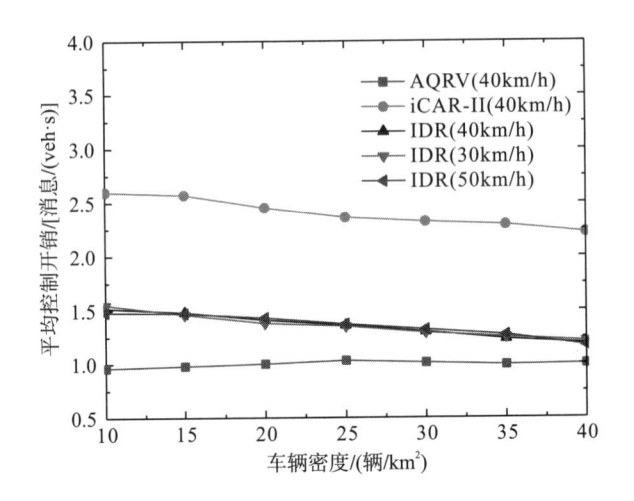

图 5-14 平均控制开销随车辆密度的变化

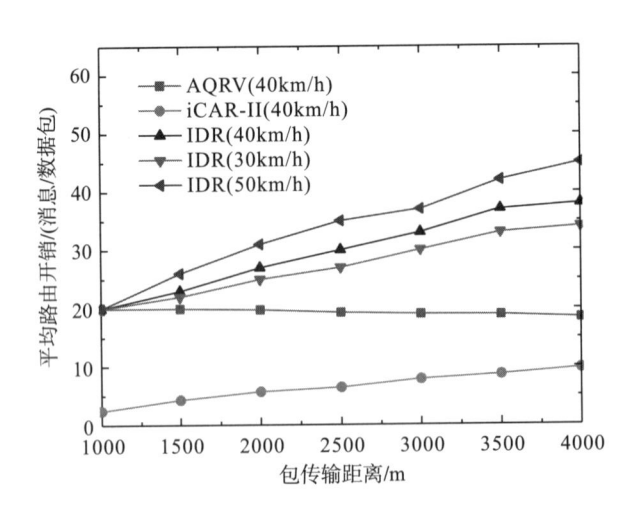

图 5-15 平均路由开销随包传输距离的变化

图 5-14 为三种算法的平均控制开销随不同车辆密度的变化。如图 5-14 所示，IDR 算法的平均控制开销高于 AQRV 算法但低于 iCAR-II 算法。这是因为 AQRV 算法的网络控制开销主要是车辆信标消息，而 iCAR-II 算法和 IDR 算法的网络控制开销还包括用来感知道路连接性的控制消息，除此之外 iCAR-II 算法还生成了车辆位置上报消息。随着车辆密度的增加，iCAR-II 算法和 IDR 算法的平均控制开销呈下降趋势，而 AQRV 算法的平均控制开销始终保持 1 消息/(veh·s)。这是因为随着车辆密度的增加，路段上多跳链路的生命期延长，核心节点感知路段连接性的频率减小，用来感知路段连接性的消息数量减少，但车辆产生的信标数量与车辆密度无关。IDR 算法在最大车辆移动速度分别为 30km/h、40km/h 和 50km/h 三种情况下的平均控制开销相同，这是因为平均控制开销与车辆移动速度无关。

图 5-15 为三种算法的平均路由开销随不同传输距离的变化。如图所示，随着传输距离的增加，iCAR-II 算法和 IDR 算法的平均路由开销增加，但 AQRV 算法的平均路由开销相对稳定。这是因为 iCAR-II 算法和 IDR 算法均采用了分布式路由方案，而 AQRV 算法采用的是集中式路由方案。在同一个数据包传输的过程中，AQRV 算法只运行一次 ACO 算法来搜索路由路径且只制定一次路由决策。路由开销是指执行一次 ACO 算法生成的蚂蚁消息的数量，其不随传输距离的变化而变化。然而，iCAR-II 算法和 IDR 算法可以根据实时网络拓扑结构动态地制定路由决策，当传输距离较长时它们可能执行多次路由搜索。因此，在 iCAR-II 算法和 IDR 算法中，用来传输数据包的路由控制消息的数量随传输距离的增加而增加。AQRV 算法和 IDR 算法的平均路由开销比 iCAR-II 算法高，因为 AQRV 算法和 IDR 算法均使用了基于 ACO 算法来搜索路由路径，但 iCAR-II 算法只执行查询一次连接信息且只计算一次最短路径。ACO 算法生成的路由控制消息多用于查询消息数量。车辆的移动速度值越大，IDR 算法的平均路由开销值越大。这是因为车辆移动速度值越大，网络拓扑变化得越频繁，从而导致 IDR 算法执行 ACO 算法的次数增加。

与 AQRV 算法和 iCAR-II 算法相比，IDR 算法在分组传输率和平均端到端时延方面的性能有显著提高，但在开销方面的性能较差。为了提高在包传输率和平均端到端时延方面的性能，IDR 算法执行了一次或多次 ACO 算法，但这又使 IDR 算法可能产生更多路由控制消息从而导致更多的开销。尽管如此，IDR 算法中使用的控制消息相对较小，因此增加的控制消息数量并不会对整个网络造成负面影响。综上所述，IDR 算法确实可以优化路由性能，实现更好的包传输率和平均传输率端到端时延。

5.3 本章小结

本章针对城市车联网中车辆与移动节点的通信，考虑了目的节点的移动性，提出基于交叉路口的分布式路由算法。基于"交叉路口的信号灯使一部分车辆等待在交叉路口"这一事实，本章提出了交叉路口车辆雾模型，即等待在交叉路口的车辆形成一个交叉路口车辆雾。交叉路口车辆雾模型充分利用了等待在交叉路口车辆的计算和存储资源，替代了基础设施。交叉路口车辆雾先应式地建立与相邻交叉路口间的多跳链路，尽可能地保持相邻交叉路口间的连接状态，从而降低消息在交叉路口的传输时延；同时，交叉路口基于模糊逻辑系统预测、评估道路质量，以便于路由决策时能够选出车辆密度高的路段作为路由路径。在分布式路由决策时，交叉路口车辆雾使用蚁群优化算法搜索了一条最优路径作为路由路径，该最优路径具有多跳链路连通性高、道路质量高且逼近目的节点的特性。在本章提出的基于交叉路口的分布式路由算法中，通过分布式路由和车辆位置预测能够提高数据的包传输率；交叉路口车辆雾建立相邻交叉路口间的多跳链路并基于模糊逻辑的路况预测降低路由延迟。仿真结果显示本章提出的基于交叉路口的分布式路由算法在传输时延和包传输率方面比已有方法具有更高的性能。

参 考 文 献

[1] Li J, Sun L C, Yan Q B, et al. Significant permission identification for machine-learning-based android malware detection[J]. IEEE Transactions on Industrial Informatics, 2018, 14（7）: 3216-3225.

[2] Yao L, Wang J, Wang X, et al. V2X routing in a VANET based on the hidden Markov model[J]. IEEE Transactions on Intelligent Transportation Systems, 2018, 19（3）: 889-899.

[3] Khan A A, Abolhasan M, Ni W. An evolutionary game theoretic approach for stable and optimized clustering in VANETs[J]. IEEE Transactions on Vehicular Technology, 2018, 67（5）: 4501-4513.

[4] Brahmia H, Tolba C. Vanet routing protocols: discussion of various Ad-hoc On-demand Distance Vector（AODV）improvements[C]//2018 3rd International Conference on Pattern Analysis and Intelligent Systems（PAIS）, Tebessa IEEE, 2018: 1-6.

[5] Abuashour A, Kadoch M. An intersection dynamic VANET routing protocol for a grid scenario[C]//2017 IEEE 5th International Conference on Future Internet of Things and Cloud（FiCloud）. Prague. IEEE, 2017: 25-31.

[6] Wang M M, Zhang Y K, Li C L, et al. A survey on intersection-based routing protocols in city scenario of VANETs[C]//2014 International Conference on Connected Vehicles and Expo（ICCVE）, Vienna Austria, IEEE,

2014: 821-826.

[7] Mamdani E H. Application of fuzzy algorithms for control of simple dynamic plant[J]. Proceedings of the Institution of Electrical Engineers, 1974, 121(12): 1585-1588.

[8] Wu C, Ohzahata S, Kato T. Flexible, portable, and practicable solution for routing in VANETs: a fuzzy constraint Q-learning approach[J]. IEEE Transactions on Vehicular Technology, 2013, 62(9): 4251-4263.

[9] Vitello G, Alongi A, Conti V, et al. A bio-inspired cognitive agent for autonomous urban vehicles routing optimization[J]. IEEE Transactions on Cognitive and Developmental Systems, 2017, 9(1): 5-15.

[10] OMNeT++[EB/OL]. http://omnetpp.org/, December 1, 2017.

[11] Veins[EB/OL]. http://veins.car2x.org/, December 1, 2017.

[12] Open street mapk[EB/OL]. http://www.openstreetmap.org/, December 1, 2017.

[13] Li G Y, Boukhatem L, Wu J S. Adaptive quality-of-service-based routing for vehicular ad hoc networks with ant colony optimization[J]. IEEE Transactions on Vehicular Technology, 2017, 66(4): 3249-3264.

[14] Alsharif N, Shen X M. iCAR-II: infrastructure-based connectivity aware routing in vehicular networks[J]. IEEE Transactions on Vehicular Technology, 2017, 66(5): 4231-4244.

[15] Silva A, Reza N, Oliveira A. Improvement and performance evaluation of GPSR-based routing techniques for vehicular ad hoc networks[J]. IEEE Access, 2019, 7: 21722-21733.

第6章 车联网中基于车辆雾的通信安全

车辆连通性革命推动了汽车行业数十年来的发展[1]，然而随着车辆节点间联结得越发紧密，用户对网络通信中的安全和高效提出了更高的要求。数据共享是提高车辆通信的一种策略，特别是云计算、雾计算、边缘计算等技术的逐渐成熟，使车联网服务共享得到了很大发展。从道路交通状况到路由线路，数据的共享不仅降低了通信延迟，而且降低了通信成本。但车辆在共享数据的同时，更容易受节点恶意攻击的影响，特别是用户数据和隐私信息。在网络为用户提供云服务时，如何保证用户的数据与隐私安全，是车联网通信过程中亟须解决的问题。本章将介绍解决上述问题的车联网安全通信的相关研究。

6.1 研究背景

在车联网中，为了增加用户的参与度，需要保护用户的隐私信息，不断提高网络的安全性，使用户在使用车联网功能期间不会泄露身份和路线等信息。而对车联网用户进行安全认证是实现隐私保护的重要手段，也是车联网领域的研究热点之一。在车联网大多数与安全有关的应用中，消息是广播的并需要在短时间内传递。同时，发送的消息应该得到保护和加密，不应泄露有关用户的任何个人信息，侵犯用户的隐私。可靠的网络应遵循四个重要的安全基础，即用户真实性、用户匿名、用户完整性和低开销，识别节点身份是否正常是提高车联网系统安全性的重要一环。

6.2 研究现状

车联网中主要的安全解决方案可以分为四类：密钥管理机制、入侵检测系统、信任管理机制和安全路由机制。密钥管理机制解决了标识与密钥的创建、分发、吊销、更新和交换有关的所有问题。密钥管理机制主要分为两种：集中式和分布式。集中式密钥管理部署了一个实体来控制整个团队，因此密钥管理协议力图使相应的存储需求、计算开销、带宽利用率及由用户的加入和离开引起的网络流量最小化[2]。分布式密钥管理框架基于组签名，其中每个 RSU 都是该组的密钥分发者，所有组成员都使用该签名来发布本组密钥[3]。2016 年，文献[4]提出了一种允许车辆使用匿名证书的技术，该技术为需要访问车联网的车辆分配假身份或为车辆分配匿名身份区域，以便在隐藏车辆信息的同时安全访问车辆。文献[5]通过降低计算成本改进了匿名认证方案，并提出一种上下文跟踪机制来管理车联网内的车辆和路边单元。通过子场景隐私保护策略和更有效的匿名认证方法，获得了高效的认证结果。信任管理机制定义了对特定实体行为的信任程度，它是上下文相关的，也就是说其值是动态的，是可以随着网络的动态变化而改变的。安全路由机制则确保了在两个路由阶段(道路发现和数据传输)中的身份可验证性、消息保密性、信息完整性及最终结果的不可否认性。

6.3 雾计算下车联网安全长时监控算法

6.3.1 问题描述

在城市环境中，由于连接到车联网的车辆数量从几十辆到数百辆不等，车联网的网络规模是不确定的，因此很难估计在车辆安全认证过程中造成的延迟。为了满足车辆通信的实时性要求，本章引入车辆雾的概念：将大型车联网划分成不同的雾，每个雾都有自己的雾首，雾首的定位类似于雾内的中央处理单元，可以集中管理雾内成员[6]。所有信息(如监控周围环境、车辆访问请求和车辆信息更新)和最终处理的车联网信息都将报告给雾首。这样可以减小网络控制中心的负担和车辆信息处理的延迟，从而在很大程度上保证车联网的隐私性和安全性。

车辆雾计算可以广泛应用于各种车辆的联网和通信服务中。它具有以下几个明显的特点：①低延迟；②可进行位置感知；③适应更广泛的地理分布；④适应移动应用；⑤支持更多的边缘节点[7]。这些特性使网络提供商更容易在高速移动网络中部署服务，为更多节点提供接入通道，并增加网络容量。通过引入车辆雾，可以将大型的车联网分为不同的小型雾，从而更容易对车辆的安全性进行认证，以保护网络内用户的安全隐私。此外，由于车联网中包含大量信息，恶意攻击者会以其为目标窃听用户的隐私信息或阻碍相关机构使用车联网进行数据采集。用户的隐私得不到有效保护将导致车联网中的用户流失，同时如果不能保证信息收集的准确性，就不可能为数据需求中心提供可靠、真实、有效的数据。

车联网中常见的恶意车辆攻击有重放攻击、伪装攻击、验证器模拟攻击、中间人攻击和女巫攻击[8]，具体含义如下。重放攻击是一种主动攻击，攻击者记录一个通信会话，并在以后重放整个会话或部分会话。伪装攻击是指攻击者模仿用户欺骗认证者的攻击方法。验证器模拟攻击是指攻击者通过伪造验证者来欺骗验证用户的攻击方法。中间人攻击是一种拦截和有选择地修改通信数据以模拟通信实体的攻击方法。女巫攻击是车联网中最常见的一种攻击方法，它是指恶意节点可以模仿多个身份从而欺骗其他节点的攻击方式。

基于以上考虑，本章提出一种基于雾的身份认证(fog-based identity authentication, FBIA)方案，力求在使用中获得一个安全可靠的网络。

6.3.2 算法设计

本节针对基于身份认证下建立安全车辆雾面临的问题设计相应的解决方案。首先，通过对问题的分析，提出双向安全认证算法的整体逻辑；然后，针对认证算法中的雾首选择算法、雾外用户安全认证算法及雾内安全检测算法进行详细阐述和分析。

1. 算法概述

基于上述解决思想，本章提出一种在车联网环境下建立的安全可靠的车辆雾模型。在雾计算的基础上，提出一种基于随机椭圆曲线加密和机器学习的信息一致性检测相结合的算法，对需要加入车联网的车辆进行接入安全认证和定时安全检测。在实施接入安全认证和定时安全检测时，即使在车辆高速行驶的情况下，也要考虑降低更换雾首的频率，以减少资源消耗和时间延迟。为了保证车辆在车联网中信息传输的安全性，当车辆申请加入雾内直至离开雾时，都需要采用加解密算法，以保证雾内车辆具有合法身份。如果车辆加入雾后发生变异(包括使用合法身份加入雾的恶意车辆及合法车辆因信息传输设备故障造成的通信变异)，将通过安全检测层找到变异车辆并从车联网中将其移除。

由于本章提出的安全认证和信息传输在每个雾中都是相互独立的，并且由同一个车联网划分的雾的算法原理均相同。因此，针对上述问题，本章以其中一个雾为例，提出基于身份认证的安全车辆雾构建机制。

如图 6-1 所示，本部分提出的安全模型分为三个部分：控制中心、安全认证层和安全检测层。实线表示雾中各单元之间的通信，虚线表示雾外通信。在本章提出的 FBIA 方案中，TA 是一个可信任的第三方机构，可生成系统密钥、系统公钥和系统控制参数，并将它们预加载到相应的车辆中。此外，TA 还可以根据车辆的匿名身份来跟踪车辆，并根据车辆信息确定雾首。在实际应用中，TA 的常见形式为数据中心或云服务器。雾首是雾区域的代理车辆，负责车辆的身份认证和安全检测。同时，雾首还可以作为雾内车辆和交通控制中心或 TA 的信息传递单元，它是唯一一个可以使雾内车辆与雾外其他车辆相互通信的枢纽。雾内车辆可以相互通信，并且需要向雾首发送定时安全信息，同时它们配备了一个车载定位系统，使雾首可以随时跟踪车辆位置。此外,当因各种原因取消当前雾首时,雾内车辆将重新选择雾首。

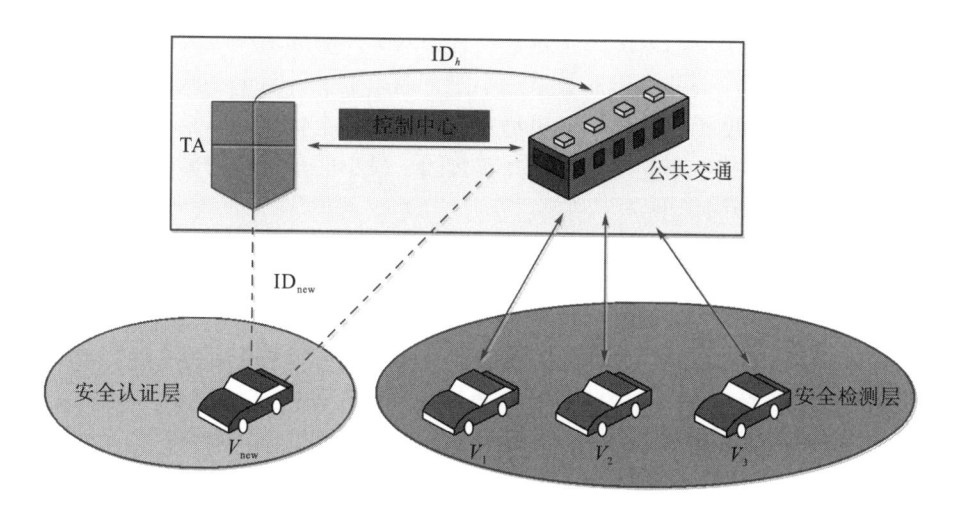

图 6-1 安全模型图

TA 和雾首共同构成 FBIA 方案的控制中心。考虑到第 2 章对城市公共交通的分析,本章假设选择的雾首是一辆公共汽车。公共汽车和 TA 之间可以进行直接通信,TA 为公共汽车分配一个身份标识 ID_h,雾内车辆 V_1、V_2、V_3 和公共汽车共同构成一个雾,并且它们之间可以进行直接通信。为了保证雾内的安全,V_1、V_2、V_3 将定期向公共汽车发送安全信息,雾首通过检测算法对安全信息进行判断筛选,从而实现安全检测层的功能。假设新车辆 V_{new} 希望加入该车辆雾,那么 TA 将为 V_{new} 分配一个新的身份标识 ID_{new}。新车辆 V_{new} 将使用这个新的身份标识 ID_{new} 获得入雾资格,并通过与雾首之间的双向认证算法加入雾。

2. 雾首选择子算法

假设在道路行驶过程中,所有车辆都有车载卫星定位装置,能够实时确定其位置、方向和速度信息,车辆本身也知道其预期的行驶路线和目的地。车辆可以通过与周围车辆交换部分信息来计算其与相邻车辆的距离。

定义入雾因子 δ_i 如下:

$$\delta_i = a \cdot \left| \frac{v_i - \bar{v}}{\bar{v}} \right| + b \cdot \frac{1}{s_i} + c \cdot \frac{d_i}{S} \tag{6-1}$$

式中,v_i 为第 i 辆车的速度;$\bar{v}$ 为雾内车辆的平均速度;S 为车辆的广播范围;s_i 为车辆在当前道路上按照当前方向行驶的预计距离;d_i 为车辆与雾首之间的距离;

a、b、c 为权重因子。为了直观地观察各参数对入雾因子 δ_i 的影响，在研究中设置 $a+b+c=1$。申请入雾车辆的行驶速度与雾内车辆的平均速度相差越小，在当前道路上预计行驶的距离越大，距离雾首越近，则该车辆与雾内车辆行为的一致性就越高。因此，车辆的入雾因子越小，它加入雾内的成功率越大。

在城市道路中，公共汽车的数量远小于普通车辆，并且公共汽车便于统一管理，行驶路线和速度都比普通车辆更稳定。考虑到以上优点，本章选择公共汽车作为雾首，在无公共汽车的地区，选择雾首因子最小的车辆作为雾首。

定义雾首因子 θ_i 如下：

$$\theta_i = e_i \cdot \frac{1}{s_i} + f_i \cdot \frac{1}{n_i} + B_i \tag{6-2}$$

式中，n_i 为雾内相邻车辆的数量；B_i 为公交参数。当车辆为公共汽车时，$B_i = 0$，否则，$B_i = 1$。e_i 和 f_i 为权重因子。为了直观地观察各参数对雾首因子的影响，令 $e_i + f_i = 1$。雾首因子 θ_i 的值越小，说明该车在一跳通信范围内覆盖的车辆越多，行驶状态越稳定。因此，车辆成为雾首的可能性就越大。

如图 6-2 所示，深色车辆为左向行驶的公共汽车(或在无公共汽车道路上选择的雾首)，其余车辆为普通车辆；实线圈为公共汽车的通信距离。此时，公共汽车成为该雾的雾首。如果一辆普通车辆想加入雾内，首先需要计算其入雾因子。入雾因子的阈值 δ_{th} 保证了与公共汽车行驶方向相反、距离相距太远或与雾内车辆平均速度相差太大的车辆均不会加入雾内。

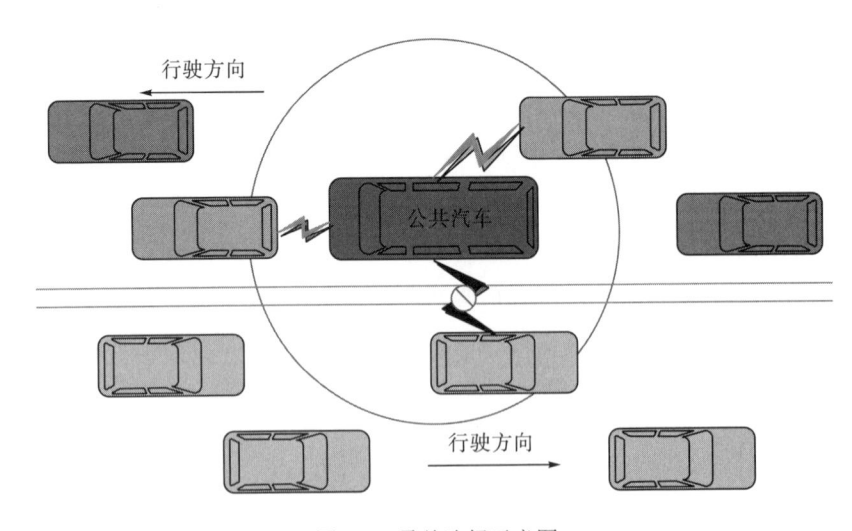

图 6-2 雾首选择示意图

假设在初始阶段，道路上的车辆是孤立的节点。选择雾首时，如果雾内没有公共汽车，则选择雾首因子 θ_i 最小的车辆作为雾首；否则，如果雾内只有一辆公共汽车，则选择公共汽车作为雾首。如果雾内有两辆以上公共汽车，则选择雾首因子 θ_i 最小的公共汽车作为雾首。

雾首选择完成后，车辆雾基本形成，此时可允许道路上的其他车辆加入雾内。入雾因子的阈值 δ_{th} 满足 $0 < \delta_{th} < 1$，由式(6-1)可知，δ_{th} 越小，车辆的行为一致性越高，但满足入雾要求的车辆越少，所以雾的数量就越多。为了平衡算法性能和能源消耗，在研究中设置 $\delta_{th} = 0.5$。如果其他车辆的入雾因子满足入雾因子的阈值 δ_{th}，那么雾首可以继续执行对该车辆的身份认证。例如，若申请加入雾内车辆的行驶方向与雾首不同，则该车辆无法满足入雾因子的阈值 δ_{th}，因此它的身份认证申请将被拒绝。雾首选择算法由 TA 运行，具体过程如算法 6-1 所示。

算法 6-1：雾首选择算法

1: **输入**：d_i，s_i，(x_i, y_i)，n，n_i，车辆列表
2: **输出**：雾首编号 N_i
3: **begin**
4: **for** $1 \leq i \leq n$ **do**
5:   从[0,1]中选择 e_i 和 f_i，且 $e_i + f_i = 1$；
6:   **if** v_i 为公共汽车 **do**
7:     $B_i = 0$；
8:   **else** $B_i = 1$；
9:   **end if**
10:   计算雾首因子 θ_i；
11: **end for**
12: 选择雾首因子的最小值 $\theta_{min} = \text{minimum}(\theta_i)$；
13: **返回** 雾首编号 N_i
14: **end**

3. 雾外用户安全认证子算法

针对车辆申请入雾的过程，本章旨在提出一个只允许具有合法身份的车辆加入雾内的认证方案。为了实现这一目标，本节提出一种基于安全椭圆曲线加密原理的雾内身份认证方法。

由于雾首也存在变异的可能性，因此将在雾首和申请入雾车辆之间进行双向身份认证，该认证方法主要分为如下几个步骤。

1) TA 的设置

TA 生成系统参数并预加载到雾首和雾内的车辆上，并承担选择和设置椭圆曲

线的任务。因此基于 TA 的设置如下。

(1) TA 选择两个大素数 m 和 n，并在有限域 F_p 上选择一条椭圆曲线 E。椭圆曲线 E 由方程 $y^2 = x^3 + ax + b$ 定义，其中 $a \in F_p$，$b \in F_p$，并且满足 $\Delta = 4a^3 + 27b^2 \neq 0$。

(2) TA 选择一个 N 阶循环群 G，Q 是 G 的生成元，循环群 G 包含椭圆曲线 E 上的所有点和无穷远处的零点 O。

(3) TA 选择 $\gamma^{rv} \leftarrow Z_n^*$，其中，$\gamma$ 为系统密钥，得到 $P_{spk} = \gamma Q$，式中 P_{spk} 为系统公钥。

(4) TA 选择四个单向哈希函数 $h(\cdot)$，$f(\cdot)$，$g(\cdot)$，$r(\cdot)$，$\{0,1\}^* \to Z_n^*$，然后定义 P-Para=$\{G, m, n, Q, P_{spk}, h(\cdot), f(\cdot), g(\cdot), r(\cdot)\}$ 为系统参数。

(5) TA 将 $\{\text{P-Para}, \text{ID}_i, \gamma\}$ 加载到雾首和申请加入雾的车辆上，其中，ID_i 为 TA 分配给车辆的初始身份标识。为了方便区分，雾首的初始身份标识为 HID。

2) 车辆的匿名身份设置

雾首的匿名身份设置如下：TA 选择 $\gamma_h^{rv} \leftarrow Z_n^*$，计算得到 $\text{ID}_{h,1} = \gamma_h Q$ 和 $\text{ID}_{h,2} = \text{HID}$，雾头的匿名身份为 $\text{ID}_h = (\text{ID}_{h,1}, \text{ID}_{h,2})$。与雾首匿名身份相对应的雾首密钥为 x_h，定义如下：

$$x_h = \gamma_h + \gamma f(\text{ID}_h) \tag{6-3}$$

申请加入雾内车辆的匿名身份设置如下：车辆 v_i 满足入雾阈值范围后，向雾首提交身份认证申请。为了保证车辆的隐私，车辆 v_i 将其真实身份 ID_i 替换为匿名身份 AID_i，并通过匿名身份生成与其对应的密钥。车辆 v_i 选择 $\delta_i^{rv} \leftarrow Z_n^*$，类似于雾首的匿名身份设置，车辆 v_i 的匿名身份同样由下述两部分组成：令 $\text{AID}_{i,1} = \delta_i Q$，$\text{AID}_{i,2} = \text{ID}_i \oplus g(\delta_i P_{spk})$，那么车辆 v_i 的匿名身份 $\text{AID}_i = (\text{AID}_{i,1}, \text{AID}_{i,2})$。车辆 v_i 的密钥 x_i 由式(6-4)计算给出：

$$x_i = \delta_i + \gamma g(\text{AID}_i) \mod n \tag{6-4}$$

3) 申请入雾车辆的认证信息生成

车辆 v_i 从 Z_n^* 中选择两个随机数 w_i^1、w_i^2，并计算得到认证信息参数 $W_i^1 = w_i^1 Q$，$W_i^2 = w_i^2 Q$ 及 $h_i = h(\text{AID}_i, W_i^1)$。因此，认证信息由以下两部分组成：

$$m_{i,1} = x_i + W_i^1 \cdot h_i \mod n \tag{6-5}$$

$$m_{i,2} = \left[k(\text{AID}_i, W_i^2) + m_{i,1}\right] \cdot x_h \mod n \tag{6-6}$$

随后，车辆 v_i 将其认证信息（AID_i，W_i^1，W_i^2，$m_{i,1}$，$m_{i,2}$）发送给雾首。

4) 雾首认证过程

雾首对从车辆 v_i 收到的信息进行安全认证，假设共有 k 辆车向雾首提交身份认证申请，即 $i=1,2,\cdots,k$，然后雾首计算 $h_i = h(\text{AID}_i, W_i^1)$，$g_i = g(\text{AID}_i)$，其中 $1 \leqslant i \leqslant k$。考虑到安全性和资源利用率之间的平衡，雾首选择一个适合车联网环境的安全参数 λ，并将 λ 设置为 80。基于该安全参数，雾首确定参数向量 $A = (a_1, a_2, \cdots, a_k)$，其中 $a_i \in [1, 2^\lambda]$，a_i 是一个整数且 $1 \leqslant i \leqslant k$。

参数设置完成后，雾首判断等式 (6-7) 是否为真：

$$\left(\sum_{i=1}^{k}(a_i \cdot m_{i,1})\right) \cdot Q = \sum_{i=1}^{k}(a_i \cdot h_i \cdot R_i) + \sum_{i=1}^{k} a_i \cdot \text{AID}_{i,1} + \left(\sum_{i=1}^{k} a_i \cdot g_i\right) \cdot P_{\text{spk}} \quad (6\text{-}7)$$

如果判断等式 (6-7) 为假，则雾首拒绝车辆的入雾申请；否则，对于 $1 \leqslant i \leqslant k$，雾首计算 $\mu_1 = \sum_{i=1}^{k} m_{i,1}$，$f_i = f(\text{AID}_i, W_i^2)$。将其代入 f_i 以确定方程式 (6-8) 是否成立：

$$\left(\sum_{i=1}^{k} a_i \cdot m_{i,2}\right) \cdot Q = \sum_{i=1}^{k} a_i \cdot W_i^2 + \left(\sum_{i=1}^{k} a_i \cdot (f_i + m_{i,1})\right) \cdot \left(\text{ID}_{h,1} + r(\text{ID}_{h,1}, \text{ID}_{h,2}) \cdot P_{\text{spk}}\right) \quad (6\text{-}8)$$

如果等式 (6-8) 成立，那么雾首继续计算 $\mu_2 = \sum_{i=1}^{k} m_{i,2}$ 并进入下一步。否则，雾首拒绝车辆加入雾。

5) 雾首的认证信息生成

由于雾首是部分可信的，因此它还需要生成自己的身份验证信息，以允许车辆 v_i 反向验证雾首的安全性。考虑到共有 k 辆车申请加入雾内，雾首随机选择其中一辆车 v_j 发送信息 $\{\text{ID}_h, \text{AID}_j, W_j^2, \mu_1, \mu_2, S_h\}$，其中，$S_h = (W_h, m_h)$ 表示雾首的认证信息。雾首认证信息的子部分计算如下：

$$W_h = w_h \cdot Q \quad (6\text{-}9)$$

$$h_{\text{head}} = h(W_h, W_j^2, \text{ID}_h, \text{AID}_j) \quad (6\text{-}10)$$

$$m_h = w_h h_{\text{head}} + x_h \bmod n \quad (6\text{-}11)$$

6) 反向认证过程

车辆 v_j 对来自雾首的认证信息进行反向认证，从而检测雾首是否为恶意车辆。反向认证有如下几个步骤。

第一步：对于雾首的认证信息 S_h，车辆 v_j 判断如下等式是否成立：

$$m_h \cdot Q = h_{\text{head}} \cdot W_h + \text{ID}_{h,1} + g_h \cdot P_{\text{spk}} \qquad (6\text{-}12)$$

其中，$g_h = g(\text{ID}_h)$。

如果等式(6-12)为真，车辆 v_j 将继续进行下一步认证。否则，车辆 v_j 终止认证并取消认证申请。

第二步：车辆 v_j 判断雾首发送信息的正确性。判断等式(6-13)是否为真：

$$\frac{\mu_2}{k} \cdot Q = \left(f_j + \frac{\mu_1}{k} \right) \cdot \left[\text{ID}_{h,1} + f\left(\text{ID}_{h,1}, \text{ID}_{h,2} \right) \cdot P_{\text{spk}} \right] + W_j^2 \qquad (6\text{-}13)$$

其中，$f_j = f\left(\text{AID}_j, W_j^2 \right)$。

如果等式(6-13)为真，那么双向认证结果为真，这 k 辆车具有合法身份且可以加入雾内。如果等式(6-12)为真，但等式(6-13)为假，那么认为雾首是恶意车辆。TA 在雾内车辆重新选择雾首，选择过程如算法 6-2 所示。

算法 6-2：雾首更新算法

1：**输入**：θ_i，ID_i

2：**输出**：新的雾首身份标识 HID

3：**begin**

4：选择 $\theta_{\min} = \text{minimum}(\theta_i)$；

5：更新 HID = 车辆v_i的初始ID_i，v_i 是对应 $\theta_{\min}$ 的车辆编号；

6：更新新雾首涉及认证过程的各项参数(如 ID_h，$\text{ID}_{h,1}$，$\text{ID}_{h,2}$ 等参数)；

7：向雾内所有车辆广播新雾首的信息；

8：返回新雾首的身份标识 HID

9：**end**

---

4. 雾内安全检测子算法

为了保证车辆雾在使用过程中的安全性和可靠性，不仅要在车辆申请加入雾时对其进行严格有效的安全认证，还要对雾内车辆的安全进行定时检测。本次检测的目的是防止非法车辆利用合法身份加入车辆雾，或者合法车辆的信息传输设备在信息传输过程中出现故障等意外情况，从而避免给车联网的信息通信造成安全隐患。

Bagging 策略是一种自助集合法，它从整个样本中随机抽取一部分样本进行一次训练，然后重复该过程获得多个训练结果，最后通过投票获得最终输出。如图 6-3 所示，随机森林是基于树模型的 Bagging 策略的进化版本[9]。

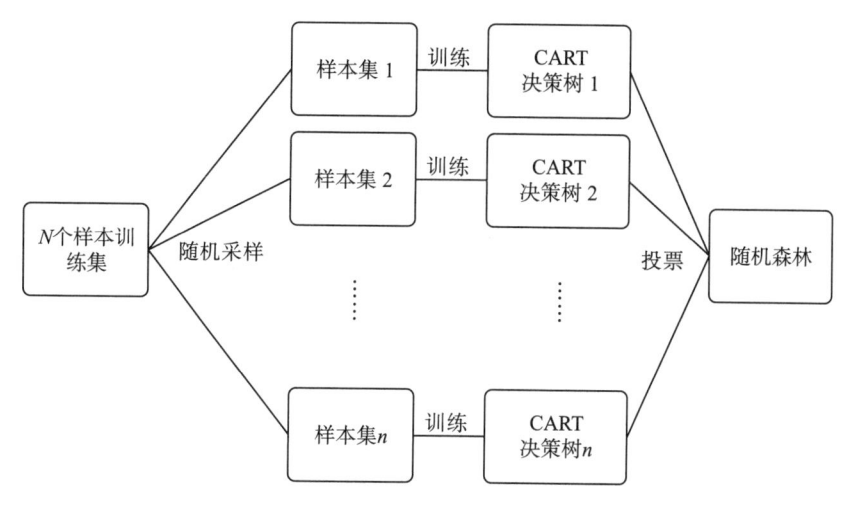

图 6-3 随机森林 Bagging 策略

假设一条长为 1600m 的双车道双向行驶路段，在每条单行道的入口处，每分钟有 30 辆车(包括公共汽车和普通车辆)进入该路段。公共汽车的速度控制在 40km/h 左右，普通车辆的速度控制在 60km/h 左右，车辆离开路段后仿真结束。由于 FBIA 方案的应用背景是城市道路，同一道路上的车辆速度和车辆遇到的路况相似，因此本节把单辆车的速度与平均速度之差大于 8km/h 且车辆搜集的信息与周围车辆不一致的车辆视为"潜在变异车辆"。为了进一步判断这些"潜在变异车辆"是否为恶意车辆，该子算法每秒记录一次车辆的身份标识、速度和位置信息并将其作为样本。通过 SUMO 交通模拟器，本节进行 10 次仿真实验。每次模拟产生的样本数为 450~600 个，10 次模拟后的样本总数超过 5000 个。为了降低数据处理的成本并研究恶意车辆数量对安全检测结果的影响，本章随机选取不同车辆变异率下的"正常车辆"和"潜在变异车辆"样本来代表所有数据。

车辆变异率 R_v 定义如下：

$$R_v = \frac{\text{pos}}{\text{nor} + \text{pos}} \tag{6-14}$$

式中，nor 和 pos 分别为"正常车辆"样本的数量和"潜在变异车辆"样本的数量。例如，当具有 470 个"正常车辆"样本和 30 个"潜在变异车辆"样本时，该车辆雾内的车辆变异率 R_v 为 6%。

然后，将这些样本作为输入加载到随机森林算法中，通过交叉验证对其进行 10 次检验(90%的样本依次用作训练数据，10%的样本用作测试数据)[10]。根据测试结果，利用真阳性数(true positives，TPs)、假阳性数(false positives，FPs)、真阴性数(true negative，TNs)和假阴性数(false negative，FNs)计算算法的准确度：

$$\text{Accuracy} = \frac{\text{TPs} + \text{TNs}}{\text{TPs} + \text{FPs} + \text{TNs} + \text{FNs}} \tag{6-15}$$

6.3.3 FBIA 安全性分析

为了定量研究通过 FBIA 方案构建的安全车辆雾的可靠性和认证的准确性，需要对该方案进行定量且直观的安全性分析。

1. 建立安全认证分析模型

本节结合车联网中传统的基于身份的安全认证机制[11]，提出以下安全认证分析模型，并在此模型的基础上，对 FBIA 方案进行安全性分析和验证。

第一步：选择系统控制参数 Q，从 Q 中生成系统参数 P-Para 和系统安全密钥对。系统安全密钥对为 (γ, P_{spk})，其中，γ 为系统密钥，P_{spk} 为系统公钥。这是 SETUP 的过程，即 $\text{SETUP}(Q) \rightarrow [\text{P-Para}, (\gamma, P_{\text{spk}})]$。

第二步：获取系统参数 P-Para、系统安全密钥对 (γ, P_{spk}) 和车辆身份标识 ID 后，通过密钥提取算法 EXTRACT 得到车辆密钥 x_{id}，即 $\text{EXTRACT}(\text{P-Para}, \gamma, \text{ID}) \rightarrow x_{\text{id}}$。

第三步：获得系统参数 P-Para 和车辆密钥 x_{id} 后，输出认证信息 m_{id} 并将其作为返回值，即 $\text{CERT}(\text{P-Para}, x_{\text{id}}, \text{ID}) \rightarrow m_{\text{id}}$。

第四步：以系统参数 P-Para、系统公钥 P_{spk}、车辆身份 ID、认证信息 m_{id} 为 JUDGE 算法的参数。当 m_{id} 为车辆无效信息时，JUDGE 算法输出 0，当 m_{id} 为车辆有效信息时，JUDGE 算法输出 1，即 $\text{JUDGE}(\text{P-Para}, P_{\text{spk}}, \text{ID}, m_{\text{id}}) \rightarrow \{0,1\}$。

利用该安全模型和随机预言模型，可以证明 FBIA 方案对自适应识别消息的伪造攻击是有效的。为了使本节的安全性分析更加清晰，首先给出如下定义。

定义 1：椭圆曲线离散对数问题(ECDLP)

椭圆曲线的离散对数问题：给定一个循环群 $Y = \beta Q \in G$，其中，Q 是 G 的生成元，从 $Y = \beta Q$ 得到 β 是可行的。

为了获得模型的完整定义，假设存在两个角色：对抗者 A 和防御者 D。

定义 2：随机预言模型

随机预言机由两个列表组成：问题列表和答案列表。其中问题与答案一一对应，对抗者 A 和防御者 D 均可在多项式时间内获取答案。值得注意的是，随机预言模型通常被理想化为散列函数，因此所提到的列表在本章中认为是散列函数的列表。

对抗者 A 已知系统控制参数 Q,运行 SETUP 算法获得系统参数 P-Para 和系统安全密钥对 (γ, P_{spk})。为了接入车联网,对抗者 A 将信息 $(P\text{-}Para, P_{spk})$ 发送给防御者 D,D 接收 A 的信息并请求 A 的安全密钥 x_{id} 和认证信息 m_{id}。此时,A 通过 EXTRACT 算法和 CERT 算法获得安全密钥 x_{id} 和认证信息 m_{id},并将它们发送给 D。D 查询随机预言列表并返回新的安全密钥 x'_{id} 和认证信息 m'_{id}。如果在 EXTRACT 预言列表和 CERT 预言列表中可以查询到新的安全密钥 x'_{id} 和认证信息 m'_{id},那么防御者 D 可以检测到对抗者 A 的伪造信息并成功进行防御。后续将给出具体的证明过程。

定义 3:认证信息

假设 l_e 为 EXTRACT 查询列表的最大项数,l_c 为 CERT 查询列表的最大项数,l_f 和 l_r 分别为单向哈希函数 $f(\cdot)$ 和 $r(\cdot)$ 的随机预言对应哈希列表单元数。然后,将防御者 D 的认证信息定义为 (l_f, l_r, l_e, l_c, q),q 为 D 在上述安全模型防御过程中成功的最小概率。

2. FBIA 安全性验证

如果防御者 D 能够抵抗伪造攻击,那么假设有一个算法 B 可以解决 ECDLP 问题。算法 B 运行本章提出的 FBIA 方案,并且假设其成功概率为 q_E。算法 B 对系统控制参数 Q 执行 SETUP 过程得到一个随机结果 $ECDLP(G, Q, Y = \beta Q)$,并生成系统参数 $P\text{-}Para = \{G, m, n, Q, P_{spk}\}$。防御者 D 在接收到系统参数 P-Para 后查询 l_f、l_r、l_e 和 l_c。具体查询过程如下。

(1) $f(\cdot)$ 哈希查询。当防御者 D 调用一个带参数 (AID_i, W_i^2) 的 $f(\cdot)$ 哈希查询时,算法 B 查询参数 (AID_i, W_i^2) 是否存在于哈希列表 L_f 中。如果参数 (AID_i, W_i^2) 已经存在于哈希列表 L_f 中,也就是说,其中已经包含一个对应的元组 (AID_i, W_i^2, f),那么 B 将 f 的值输出给 D。否则,算法 B 选择 $f' \underline{rv} Z_n^*$ 并在哈希列表 L_f 中插入一个新元组 (AID_i, W_i^2, f'),并将 $f' = f(AID_i, W_i^2)$ 的值返回给 D。

(2) $r(\cdot)$ 哈希查询。当防御者 D 调用一个带参数 $ID_h = (ID_{h,1}, ID_{h,2})$ 的 $r(\cdot)$ 哈希查询时,算法 B 查询参数 ID_h 是否存在于哈希列表 L_r 中。如果参数 $ID_h = (ID_{h,1}, ID_{h,2})$ 已经存在于哈希列表 L_r 中,也就是说,其中已经包含一个对应的元组 (ID_h, r),那么 B 将 r 的值输出给 D。否则,算法 B 选择 $r' \underline{rv} Z_n^*$ 并在哈希列表 L_r 中插入一个新元组 (ID_h, r'),并将 $r' = r(ID_h)$ 的值返回给 D。

(3) EXTRACT 查询。算法 B 令 $ID_{h,2} = ID$ 并选择两个随机数 $r \underline{rv} Z_n^*$ 和 $x_h \underline{rv} Z_n^*$,然后通过式(6-16)计算 $ID_{h,1}$:

$$ID_{h,1} = -x_h Q + r P_{spk} \tag{6-16}$$

如果哈希表 L_r 中已经存在 $ID_{h,1}$ 和 $ID_{h,2}$，那么算法 B 终止，并将 JUDGE 的判断值设置为 0(false)。否则，算法 B 将 r 的值赋给一个新的元组（$ID_{h,1},ID_{h,2},r$），并将雾首的安全密钥返回给 D。

(4) CERT 查询。在已知雾首身份标识 ID_h 的前提下，算法 B 使用身份标识 ID_h 进行 r 查询，并得到 r 的值。然后，算法 B 选择两个随机数 $f_i \xleftarrow{rv} Z_n^*$ 和 $m_{i,2} \xleftarrow{rv} Z_n^*$ 计算得到 W_i^2：

$$W_i^2 = -m_{i,2}Q + (m_{i,1} + f_i)[ID_{h,1} + r(ID_{h,1}, ID_{h,2})P_{spk}] \quad (6\text{-}17)$$

如果哈希表 L_f 中已经存在参数（AID_i, W_i^2），那么终止算法 B 并拒绝此查询。JUDGE 函数的判断值设置为 0(false)。否则，算法 B 将 f_i 的值赋给一个新的元组（AID_i, W_i^2, f_i），并将一个认证信息组（$m_{i,2}, f_i, W_i^2$）返回给 D。

对于防御者 D，根据雾首的身份信息 ID_h、申请入雾车辆的匿名身份信息 AID_i 和相应的认证信息 $m_{i,2}$，可以设成功拒绝虚假认证信息的概率为 q_s。

结论1：q_s 的取值范围如式(6-18)所示。

$$\begin{aligned}q_s \geqslant &q\left[1 - \left(l_e\frac{(l_e + l_r + l_c)}{|G|} + \frac{l_e^2}{G} + l_c\frac{(l_c + l_f)}{|G|} + \frac{l_c^2}{|G|}\right)\right] \\ = &q\left[1 - \frac{l_e(l_c + l_r + 2l_e) + l_c(2l_c + l_f)}{|G|}\right]\end{aligned} \quad (6\text{-}18)$$

证明：首先本章定义下列四个事件。

事件 S_1：D 成功拒绝算法 B 无法识别的虚假认证信息组（也就是说，恶意车辆可以使用伪造身份进入车联网）。

事件 S_2：D 返回的虚假认证信息组是有意义的。

关于对事件 S_2 的解释：D 拒绝的认证信息组（$m_{i,2}, f_i, W_i^2$）可能超出随机预言模型列表的范围。此时，虽然 D 获得了认证信息组（$m_{i,2}, f_i, W_i^2$），但它是没有意义的。

事件 S_3：在 EXTRACT 和 CERT 查询期间，算法 B 没有终止。

事件 S_4：在 EXTRACT 和 CERT 查询过程中，JUDGE 函数的判断值为 0(false)。

很明显，在事件 S_2 和事件 S_3 同时出现时事件 S_1 才会发生。要计算事件 S_1 的概率，必须知道事件 S_2 和事件 S_3 的概率。但是，因为无法定义随机预言模型的大小，所以无法计算事件 S_2 的概率。为了解决这个问题，本章执行以下条件概率转换：

$$P(S_1) = P(S_2 S_3) = P(S_3)P(S_2 \mid S_3) \tag{6-19}$$

结论 2: $P(S_2 \mid S_3)$ 的取值范围如式 (6-20) 所示。

$$P(S_2 \mid S_3) \geqslant q \tag{6-20}$$

证明: $P(S_2 \mid S_3)$ 表示在 D 的所有查询中, 当算法 B 不终止时, D 返回有意义的虚假认证信息组的概率。根据以上分析, 如果算法 B 不终止, 那么 D 返回的所有值都有效(若返回值无效, 则 B 终止)。因此, $P(S_2 \mid S_3) \geqslant P(S_2) \geqslant q$。

结论 3: 如果算法 B 没有终止, 那么相当于查询过程的判断值总是 1(true)。

$$P(S_3) = \overline{P(S_4)} \geqslant \frac{l_e(l_c + l_r + 2l_e) + l_c(2l_c + l_f)}{|G|} \tag{6-21}$$

证明: 事件 S_4 可发生于下述四种情形。

情形 1: 在 EXTRACT 查询中, 如果在前一个查询过程中, $r(\cdot)$ 的哈希列表 L_r 中已经存在查询参数 $\mathrm{ID}_h = (\mathrm{ID}_{h,1}, \mathrm{ID}_{h,2})$, 那么算法 B 将判断值设置为 0(false)。由于 $\mathrm{ID}_{h,1}$ 是由随机数 r 和 x_h 生成的, 所以 $\mathrm{ID}_{h,1}$ 均匀分布在循环群 G 中, 其数目等于 $|G|$, 同时在 $r(\cdot)$ 查询中, 最多有 $l_e + l_r + l_c$ 个查询项。因此, 在 EXTRACT 查询中, 有

$$P_{C1} \leqslant \frac{l_e + l_r + l_c}{|G|} \tag{6-22}$$

情形 2: 在 EXTRACT 查询中, 如果算法 B 基于随机数 r 生成了 $\mathrm{ID}_{h,1}$, 并且在以前的 EXTRACT 查询中已经使用过 x_h, 那么算法 B 将判断值设置为 0(false)。在一个 EXTRACT 查询中, 最多有 l_e 个查询项。因此, 在提取查询中, 有

$$P_{C2} \leqslant \frac{l_e}{|G|} \tag{6-23}$$

情形 3: 在 CERT 查询中, 如果在前一个查询过程中, $f(\cdot)$ 的哈希表 L_f 中已经存在查询参数 (AID_i, W_i^2), 那么算法 B 将判断值设置为 0(false)。类似于对情形 1 的分析, 在 CERT 查询中, 有

$$P_{C3} \leqslant \frac{l_c + l_f}{|G|} \tag{6-24}$$

情形 4: 在 CERT 查询中, 如果在前一次查询过程中, 算法 B 已经基于随机数 f_i 和 $m_{i,2}$ 生成了 W_i^2, 那么算法 B 将判断值设置为 0(false)。类似于对情形 2 的

分析，在 CERT 查询中：

$$P_{C4} \leqslant \frac{l_c}{|G|} \tag{6-25}$$

由于 EXTRACT 和 CERT 查询发生的概率分别为 l_e 和 l_c，因此，事件 S_4 的概率如式(6-26)所示。

$$P(S_4) \leqslant l_e \left(\frac{l_e + l_r + l_c}{|G|} + \frac{l_e}{|G|} \right) + l_c \left(\frac{l_c + l_f}{|G|} + \frac{l_c}{|G|} \right) \tag{6-26}$$

结论 1 的证明到此为止。下面将分析算法 B 在求解 ECDLP 问题中的成功率 q_E。

使用 Forking Lemma 算法[12]，在认证信息组 ($m_{i,1}$, AID_i, W_i^2) 相同的条件下，算法 B 取不同的哈希函数 $f(AID_i, W_i^2)$ 和 $r(ID_h)$，得到四个有效的认证信息项，如式(6-27)~式(6-30)所示。

$$m_{i,2}^1 = \left(f_i^1 + m_{i,1}\right) * \left(\beta r^1 + \gamma_h\right) + w_i^2 \bmod n \tag{6-27}$$

$$m_{i,2}^2 = \left(f_i^2 + m_{i,1}\right) * \left(\beta r^1 + \gamma_h\right) + w_i^2 \bmod n \tag{6-28}$$

$$m_{i,2}^3 = \left(f_i^3 + m_{i,1}\right) * \left(\beta r^2 + \gamma_h\right) + w_i^2 \bmod n \tag{6-29}$$

$$m_{i,2}^4 = \left(f_i^4 + m_{i,1}\right) * \left(\beta r^2 + \gamma_h\right) + w_i^2 \bmod n \tag{6-30}$$

式中，$f_i^1 \neq f_i^2$、$f_i^3 \neq f_i^4$ 且 $r^1 \neq r^2$。$m_{i,1}$、γ_h 和 w_i^2 的定义由 6.3.2 节第 3 部分给出。

接下来，可以得到 ECDLP 问题的输出 β，即

$$\beta = \frac{m_{i,2}^2 + m_{i,2}^3 - m_{i,2}^1 - m_{i,2}^4}{r^2\left(f_i^3 - f_i^4\right) - r^1\left(f_i^1 - f_i^2\right)} \tag{6-31}$$

根据 Forking Lemma 算法，算法 B 输出 β 的正确值的概率为 q_E，即

$$q_E \geqslant q_s \left(\frac{q_s^3}{l_f + l_r} - \frac{1}{|G|} \right) \tag{6-32}$$

式中，q_s 的取值范围由结论 1 给出。

6.3.4 仿真结果及分析

本节首先简要介绍仿真平台和参数设置,并对前面阐述的构建安全车辆雾的安全认证算法进行仿真测试,同时对比分析 ID-MAP[11]和 RAM[13]这两种方案与本章提出的 FBIA 方案的算法性能。

1. 仿真环境及参数设置

SUMO 是一个具有开放源码、多模态、空间连续、时间离散的交通仿真软件,它是基于 C++开发的。它允许模拟车辆在给定交通需求道路网络中的移动情况。SUMO 是纯微观的:每辆车都有清晰的模型,有自己的路线,并且可以在网络上独立移动。默认情况下,模拟是确定性的,但可以通过多种方式使模拟具有随机性。道路模型的仿真参数如表 6-1 所示。

表 6-1 仿真参数

参数	具体取值
网络覆盖范围/m^2	1600×16
模拟时间/s	50
交通车道数量	2
MAC 层协议	802.11p
车辆的一跳通信范围/m	200
最小的车间距离/m	10

对于仿真环境下的车辆,假设其配备有 GPS 定位仪器和车载数据处理单元及符合 IEEE 802.11p 标准的无线收发器。同时,设定普通车辆的行驶速度在 45～65km/h,公共汽车的行驶速度在 35～45km/h。

2. 仿真结果分析

图 6-4 比较了本章 FBIA 方案和文献[11]ID-MAP 方案的入雾准确率。当同时申请加入雾的车辆较少时(在本模拟中少于 15 辆),两种方案的入雾准确率均大于 95%。然而,当同时申请加入雾的车辆数量增加时,ID-MAP 方案的入雾准确率显著降低,而 FBIA 方案的入雾准确率保持在 96%左右。这是因为 FBIA 方案使用双向认证方法,而申请加入此雾的车辆在进行车辆安全认证时,也要对雾首进行反向认证。与传统的 ID-MAP 的单向认证方法相比,FBIA 方案相当于一个认证过程中包含对车辆安全性的两次评估,因此其入雾准确率远高于 ID-MAP 方案。

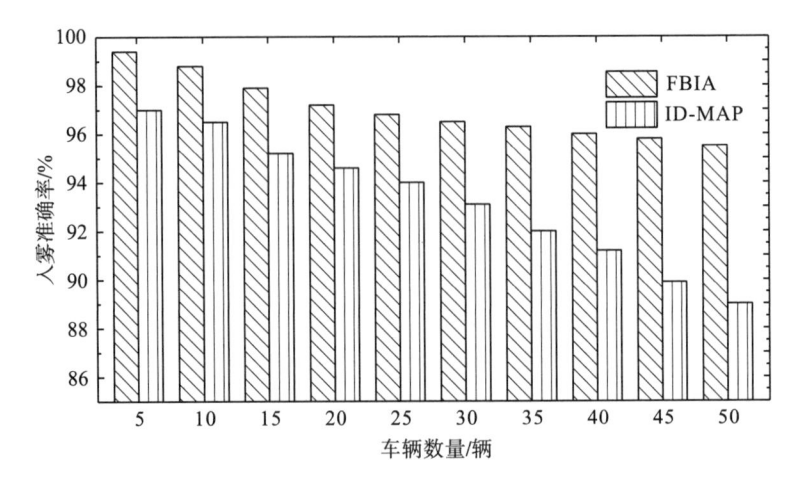

图 6-4 不同车辆规模下的入雾准确率

图 6-5 比较了 ID-MAP 和 FBIA 方案的认证时间延迟。仿真结果表明，随着车辆数量的增加，FBIA 和 ID-MAP 方案的时延均在 22.4ms 左右。这两项延迟之间的差别很小且相对稳定。

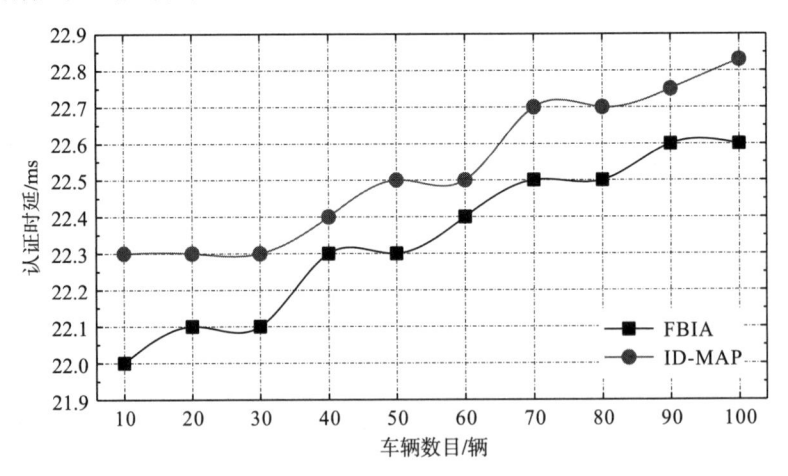

图 6-5 不同车辆规模下的认证时延

除研究车辆数量对时延的影响外，如图 6-6 所示的雾内车辆的平均速度也是影响时延的另一个因素。

随着车速的增加，时延呈现出波动上升的趋势。这是因为当车速过快时，车辆之间的相对位置变化得很快，从而在转发认证信息过程中的时延增加。在特定情况下，例如，车速的加速导致两辆车之间的距离减小，从而减少了信息转发过程中中继节点的数量，时延减小。但因特定情况出现的概率较低，所以整个时延曲线呈波动上升的趋势。

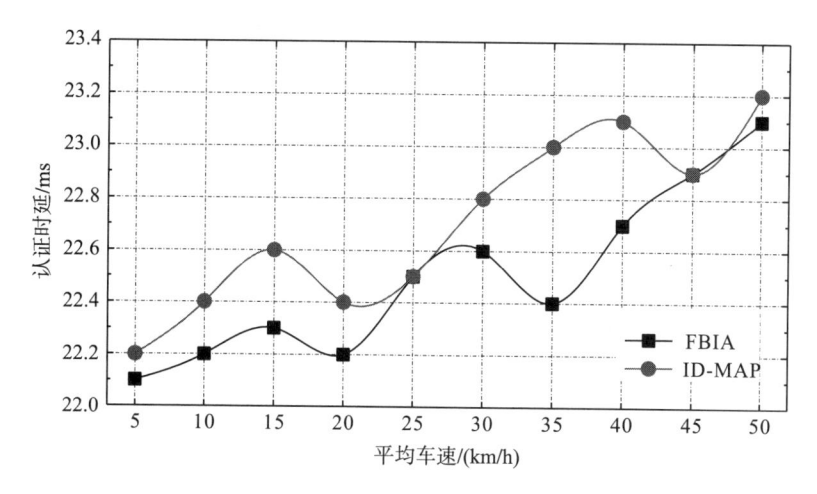

图 6-6　不同平均车速下的认证时延

本节将剩余车辆比定义为 RE=IRV/IV，其中，IRV 为剩余的初始车辆数量，IV 为初始车辆数量。假设雾最初形成时，雾内共有 IV 辆车，经过一段时间的仿真实验，一些新车加入雾内，而 LV（离开雾内的初始车辆数量）辆车已经离开了该初始雾。根据车辆行为一致性的原则，RE 越大，初始车辆在雾内停留的时间越长，因此雾内车辆与雾首行为的一致性越高，即算法性能越好。因此，RE 也可以定义为

$$RE = \frac{IRV}{IV} = \frac{IV - LV}{IV} \tag{6-33}$$

在图 6-7 中，FBIA1、FBIA2、FBIA3 和 FBIA4 表示入雾因子定义式(6-1)中各参数的不同比例。

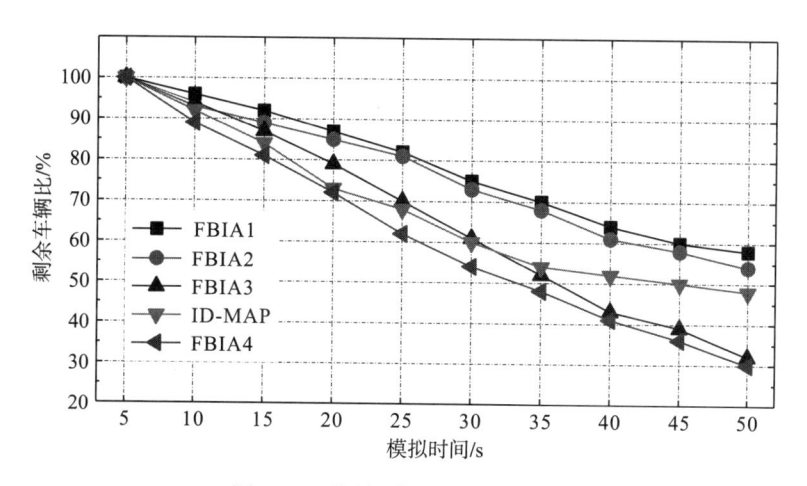

图 6-7　不同权重下的剩余车辆比

其中，FBIA1 代表 $a:b:c=5:2:3$，FBIA2 代表 $a:b:c=3:2:5$，FBIA3 代表 $a:b:c=4:3:3$，FBIA4 代表 $a:b:c=3:4:3$。当模拟时间小于 30s 时，剩余车辆比为 FBIA1≥FBIA2≥FBIA3≥ID-MAP≥FBIA4。仅当参数 b 的比例超过 a 和 c 时，基于算法 ID-MAP 的车联网的稳定性高于 FBIA 方案；当仿真时间超过 30s 时，FBIA3 的性能低于 ID-MAP 方案。值得一提的是，在 FBIA3 中，参数 b 的值等于 c，也就是说为了达到 FBIA 方案的最佳效果，应该适当降低参数 b 的比例，从 FBIA1 和 FBIA2 的仿真曲线可以看出参数 a 和 b 之间的关系。在两个不同的比例中，参数 b 相同，而 FBIA2 中参数 a 的值小于 FBIA1。因此，通过以上分析可以得出以下结论：在本节所述的雾首选择方法中，入雾因子的可变参数 a、b 和 c 对雾的稳定性有不同影响。在车辆雾的稳健性方面，其正面影响关系为 $a>c>b$。式(6-1)定义了入雾因子 δ_i，其中，a 为关于车辆速度的权重参数，b 为关于车辆预计行驶距离的权重参数，c 为关于车辆与雾首之间物理距离的权重参数。

因此，在本章的雾首选择算法中，车辆之间的行驶速度之差和申请入雾车辆与雾首之间的物理距离是决定车辆是否能加入该雾的重要指标。由于这是一个高速运动的场景，因此还需要研究车速对车辆雾稳定性的影响。在此基础上，本节模拟了在 δ_i 的不同权重参数比的条件下，随着车速的增加，剩余车辆比的变化，仿真结果如图 6-8 所示。

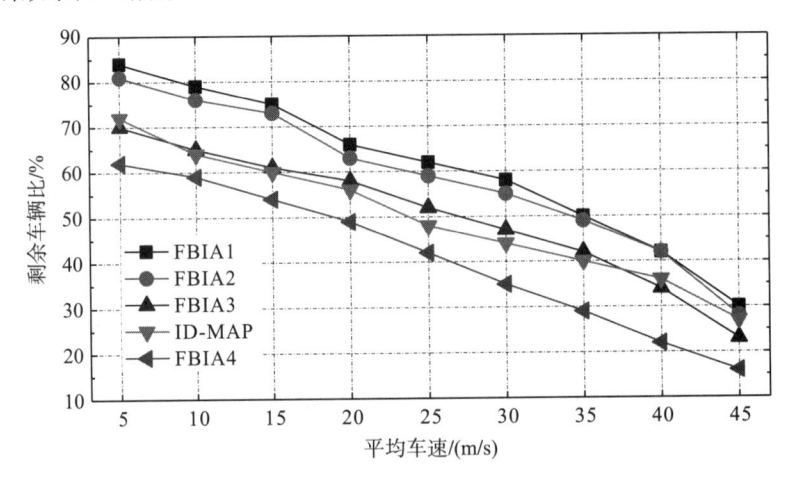

图 6-8　不同平均车速下的剩余车辆比

在相同的仿真时间内，随着车速的增加，每条仿真曲线的剩余车辆比均减小。这是因为车辆和雾首之间的距离随车速的增加而增加，当车辆与雾首之间的距离大于某个值时，车辆不符合入雾阈值，因此应从雾中移除。当车辆行驶速度达到 45km/h 时，ID-MAP 的剩余车辆比已经接近 FBIA1 和 FBIA2。这是因为当车速过快时，车速就成为车辆入雾的主要决定因素，FBIA 的雾首选择方案综合车辆与雾首的距离、预计同向行驶距离和速度的优势将被削弱。由图 6-8 可以看出,其与图 6-7 的仿真结果类似,不同的参数比例仍会导致不同的网络稳定性,其中实验的最佳结果仍是 FBIA1 和 FBIA2 两种参数比例,并且 FBIA1 优于 FBIA2。

基于上述分析,在下面的仿真模拟实验中,将入雾因子 δ_i 的权重参数设置为 FBIA1 的参数比,即 $a:b:c=5:2:3$。

图 6-9 为不同算法下检测精度与车辆变异率之间的关系。FBIA、RAM 和人工神经网络(artificial neural network,ANN)是由相同仿真数据训练的分类器。从仿真结果可以看出,本章提出的 FBIA 方案具有明显优势。随着车辆变异率的增加,由于雾中的恶意车辆过多,训练分类器时将影响分类器的阈值,使分类器对恶意车辆具有较大的"容忍度",从而降低最终判断结果的正确性,降低了检测精度。同时,由于本章涉及的车联网处于城市环境,因此不考虑车辆变异率大于 25%的情况。这是因为在实际的城市道路上,超过 25%的车辆是恶意车辆的这种情况几乎不存在,如果车联网中超过 1/4 的车辆是恶意车辆,那么车联网就是一个无用的网络,这并不在本书的讨论范围。因此,本章的仿真实验没有考虑车辆变异率大于 25%的情况。

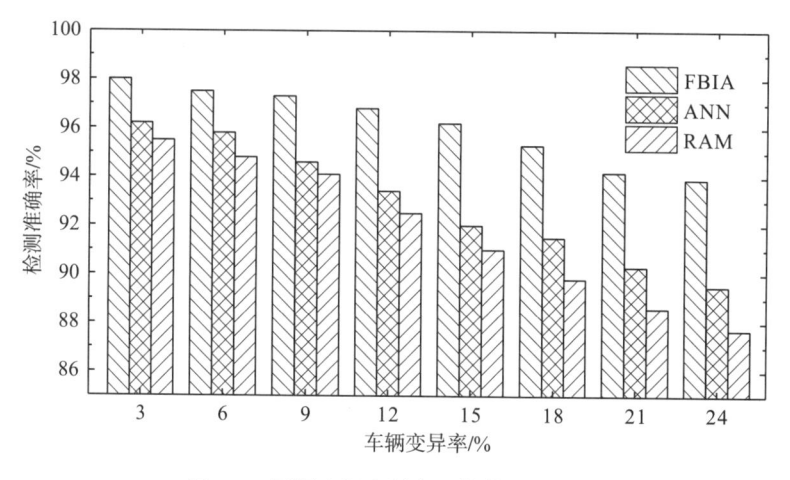

图 6-9 不同车辆变异率下的检测准确率

图 6-10 为车辆行驶速度对检测精度的影响。FBIA 和 ANN 的最佳行驶速度约为 15km/h,RAM 的最佳行驶速度约为 20km/h,这三种分类器的共同趋势是随着行驶速度的提高,检测精度先升后降,这与实际情况相符。由于本章的仿真数据是从车联网中的行驶车辆中提取的,当车辆的行驶速度过慢时,每秒提取的车辆信息相似,此时用于训练分类器的数据是冗余的,因此分类不够精确。当车辆的行驶速度过快时,每秒提取的车辆信息量过大,并且丢失了许多有效信息,从而可能导致数据不完整,在训练分类器时也不准确,从而造成检测精度下降。

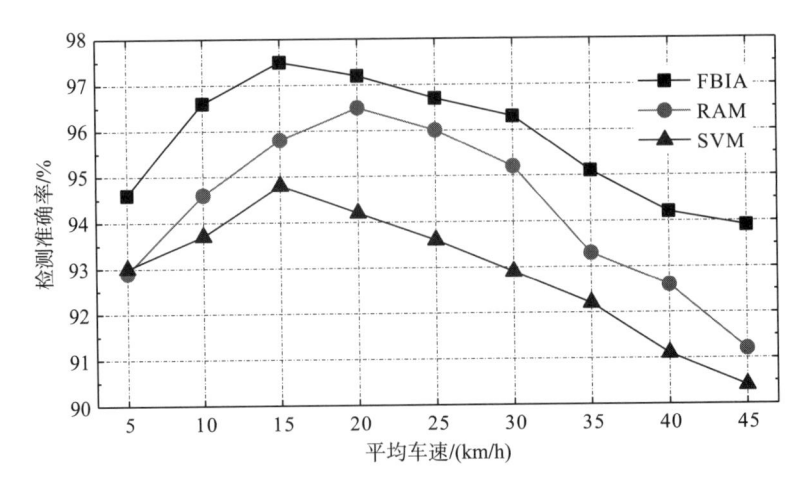

图 6-10　不同平均车速下的检测准确率

6.4　云雾结合下车联网通信安全算法

车辆连通性革命推动了汽车行业数十年来的发展[14]。车辆节点间连结得越紧密，用户对网络中的通信安全和高效的要求就越高。数据共享是提高车辆通信高效的一种策略，特别是云计算、雾计算、边缘计算等技术的逐渐成熟，使车联网服务共享得到了很大发展。从道路交通状况到路由线路，数据共享不仅降低了通信延迟，也降低了通信成本。但车辆在共享数据的同时，更容易受节点恶意攻击的影响，特别是用户数据和隐私信息。在网络为用户提供云服务时，如何保证用户的数据与隐私安全，是车联网在通信过程中亟须解决的问题。针对数据共享过程中存在恶意节点参与通信的情况，本节提出一种基于云雾结合的车辆节点安全通信框架，以保护车辆在通信过程中共享数据的安全。

6.4.1　问题描述

移动车辆作为 IoV 网络中的节点，可以为网络用户提供多种服务，如音频和视频监视。在 IoV 中，车辆节点在行为上具有较强的自主性，同时对用户自身的安全和位置隐私等十分敏感，但这并不代表车辆节点不进行信息交换。在通信过程中，车辆节点借助 DCSR 技术建立与周围车辆的连接关系，通过收集和传播信息避免道路拥堵并提醒其他车辆紧急事故的发生。随着大数据与云计算的快速发展，车辆节点可以从云服务器获得共享数据以提高通信效率。例如，当相邻车辆向同一个目的车辆节点发送消息且其中某车辆已经找到到达目的车辆节点路由路径时，便可以将路径消息共享到云端，这时其他有相似需求的车辆无须再进行路由查询过程。这种方式在降低网络通信延迟的同时，路由成本也极大地降低。但在共享各类数据时，安全问题异常凸显。

车辆在使用网络提供的云计算服务进行数据共享时，大多数需要用户与其他车辆节点组成小组并进行组内共享，或者将请求上传到云端服务器，从云端获取数据。IoV 车辆节点成组通常由网络中的车辆节点自行管理，在这种情况下，组内成员身份的合法性必须得到保证。此外，向云端服务器发起请求会消耗一定的网络带宽，当有恶意节点对云服务器端攻击时，请求的响应延迟将增加，并且许多提供对应服务的 App 也没有安全机制。在共享过程中，用户隐私得不到保护，除了会暴露给服务商，恶意节点也很容易获得用户的隐私信息。因此，自由成组的方式虽然不受网络通信带宽和响应问题的影响，但依然存在很高的风险。主要原因有两点，首先车辆节点自身的计算能力和存储能力限制了对入组节点的判别，特别是恶意节点冒充正常节点加入后频繁尝试获取组内成员信息或数据的情况。其次，若攻击节点组成团体，故意搜集其他加入用户的位置隐私和用户信息，则这种节点群体的存在对网络用户的损害将是极大的。

雾计算作为云计算的拓展，在许多领域得到了发展，包括 IoV。雾计算通过将计算任务从云端迁移到网络边缘，可以减小无线网络中的响应延迟，将云服务扩展到网络边缘。由于雾计算对移动客户端设备和低潜伏异构通信环境的动态支持，本节提出一种基于云雾结合的车辆节点安全通信框架，旨在避免 IoV 网络中车辆节点信息共享顺畅的情况下，恶意节点对网络的破坏。本框架利用车辆雾节点与路边单元雾节点扩大雾首的覆盖范围并提高服务质量，同时结合云计算与邻居节点提供的证据对网络中的节点进行更全面的评估，使恶意节点对用户数据的侵犯行为得到遏制。

6.4.2 网络模型

1. 车辆模型

IoV 网络中的车辆节点为城市道路中的常见车辆，包括公共汽车、出租车和私家车等，每辆车均配备有车载单元，均具有一定的计算和存储能力，均能满足该节点在网络中的通信需求，但各个车辆在通信过程中的计算资源与存储资源不尽相同。车辆节点同时装有 GPS 全球定位系统，用于感知通信范围的车辆节点及城市地图信息。网络中的车辆节点通过 DSRC 技术实现 V2V、V2I 通信，通过 GPSR 路由协议进行路由转发，每个节点都可以作为中继节点，以"携带-转发"的模式对数据包进行中继转发。

2. 雾节点模型

图 6-11 给出了本节提出的网络模型，图中雾节点模型共有两种，分别是车辆雾节点和 RSU（路边单元）雾节点。

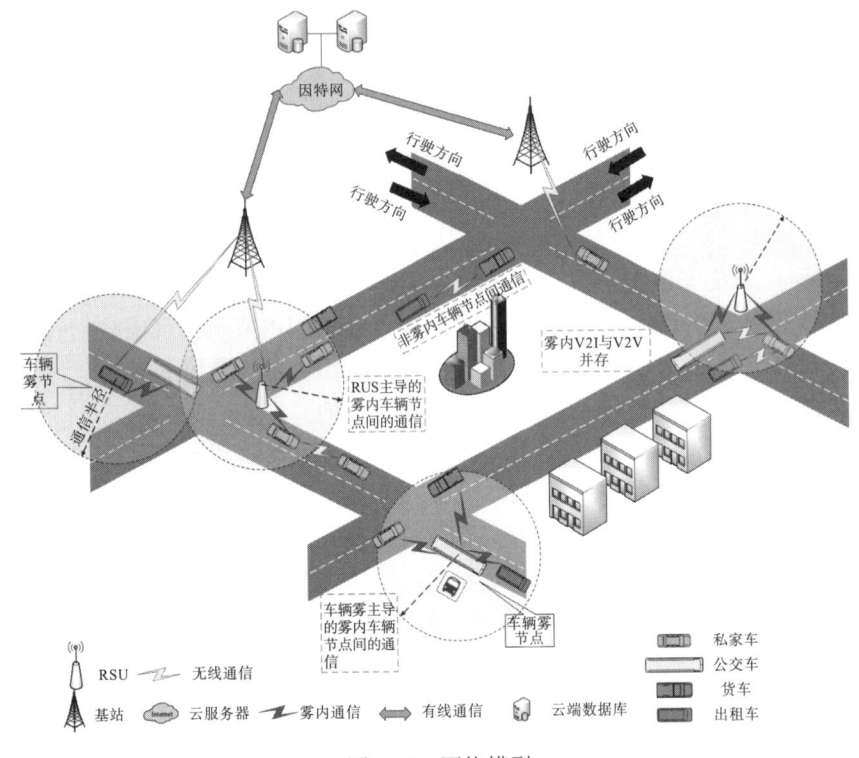

图 6-11 网络模型

(1) 车辆雾节点。网络模型中的车辆类型为城市道路中常见的车辆类型，每个车辆节点都可以申请成为雾首。雾首节点将汇聚周围雾内成员提供的共享数据，并在组内进行共享，同时雾首也承担对组内网络的监控，避免恶意车辆节点伪装成正常节点侵入局部网络内部而获取雾内成员信息。以该车辆为雾首的小组可以在道路的任何位置成组，雾首节点可以与普通车辆节点进行信息共享，同时也可以与云端服务器进行数据通信，实现数据从云端服务器的上传和下载。雾首的选取规则将在下文给出。

(2) RSU 雾节点。路边单元 RSU 是 IoV 中的可靠设备，通常设立在城市道路的十字路口。与移动车辆不同，路边单元位置相对固定，计算能力和存储能力较普通车辆更强一些。作为路边基础设施，路边单元无须担心供电问题，再者其控制者一般为网络的控制中心，安全性和可靠性比较高。由于十字路口的车辆密度比一般道路高，车辆信息交互频繁，所以对雾节点的计算能力和存储能力有更高的要求，因此 RSU 雾节点是对车辆雾节点的有效补充。在十字路口等车辆密度较大且服务请求较多的情况下，RSU 雾节点能够分担车辆雾节点的服务压力，同时能够获得更多信息以提供给其他网络中正常的车辆节点。由于以下局限性，RSU 雾节点不会成为本框架的主导雾节点，一是地理位置分布使其并不能覆盖所有车辆经过的区域；二是其计算能力与存储能力无法承担所有车辆的服务要求；三是铺设成本与搭建周期的限制。

3. 网络分层结构

在本节提出的网络模型中，参与通信的主要设备有普通车辆节点、车辆雾节点、RSU 雾节点、基站和云服务器端。根据各设备在框架中职能的不同，可将网络模型分为三层，其中云端服务器为上层，雾节点与基站为中层，普通车辆节点为下层，三层结构构成了云雾车一体化的网络模型。

在通信方面，根据模型的分层策略对主要设备之间的通信进行相应约束。按照上中下三层结构，同层设备之间可以进行数据交换，即普通车辆节点之间、普通车辆与雾节点之间、雾节点之间、雾节点与云服务器端。跨层间的信息互换是不允许的，普通车辆节点没有与云服务器直接进行通信的权限，IoV 作为分布式网络，若大量节点直接与云端服务器进行数据通信，那么服务器端的负载将增大，提高了网络延迟和安全风险。但服务器端可以经车载单元和基站获得普通车辆节点的行驶数据，如速度、加速度、安全驾驶评分、通信行为数据等。中层设备既可以与同层设备通信，也可以直接与上下层进行通信。对下层的通信可起到数据共享的作用，对上层的通信可以及时获取网络中的重要信息。

在节点交互方面，上层云服务器端对网络中通信节点的管理主要侧重保证正常节点的通信安全和隐私安全、对恶意节点的识别与入侵广播及雾首节点的选取，而不需要接受大量车辆节点的信息交互，从而降低负载压力。中层节点负责对车辆节点的实时监控和消息的接收转发，将可能存在的隐患节点报告给云端服务器。雾节点在很大程度上分担了云端服务器的服务压力，同时可与普通车辆节点进行直接的信息交互，从而降低了消息处理时延和通信成本。下层的车辆节点除实现自身的通信需求、遵守通信协议与交通规则外，不需要完成其他任务。

4. 攻击方式

使用雾节点参与通信涉及身份验证的问题，未经身份验证的车辆节点不能参与雾内通信和信息交换，但这些车辆节点可以参与 V2V 及 V2I 的通信方式，通过对网络中的车辆节点或网络中的通信设备发起攻击行为，仍可破坏正常的网络通信，这类攻击称为外部设备攻击。经过系统身份认证的车辆节点在识别为正常车辆后，可以参与雾内通信甚至成为雾首，这种情况对网络中车辆节点造成的破坏更严重，主要体现在入侵到雾内的恶意节点可以获取其他车辆节点的隐私信息，这类攻击称为内部节点攻击。本节对可能存在的攻击方式进行说明。

外部设备攻击主要考虑 DDOS 攻击。DDOS 攻击是存在于本框架的主要外部设备攻击，是一种破坏可用性的攻击[14]，其意图是使网络设备和网络资源对目标客户端不可用。

内部节点攻击主要考虑以下三种。

(1) 成员伪装攻击。恶意节点在未经身份验证的情况下，可能会盗用其他正常车辆节点 ID，例如，某合法组成员在离开后不久，恶意节点冒充其身份再次加入该组中；或者在系统进行节点判别并进行授权的阶段，恶意节点伪装成正常节点，得到系统授权后获取其他成员的信息或数据。

(2) 不限时参与攻击。恶意车辆节点不间断地加入不同雾组，在各雾组内不进行数据共享，这种情况会占用雾首的一定资源，也破坏了网络的公平性。

(3) 虚假信息共享。恶意节点进入雾组内后，会与雾首节点和周围车辆节点进行消息共享，但共享的消息并非正确内容，如虚假传播前方道路拥堵或某车道有救护车的到来。这种攻击将误导组内成员的后续行动，进而消耗正常车辆节点的能源等。

6.4.3 框架设计

针对城市 IoV 网络中车辆节点进行信息共享时遇到的安全问题，本节提出基于云雾结合的车辆安全通信框架(cloud-and-fog-based vehicle secure communication frame，CFVSC)。首先，云端服务器收集并获取网络中车辆节点的通信行为和行驶行为，利用卷积神经网络(convolutional neural network，CNN)预测网络中可能的 DDOS 攻击节点，记录车辆 ID 和 Mac 层地址，利用长短期记忆(long short-term memory，LSTM)网络对节点的身份属性进行更新。然后，在车辆雾首选取完成后，对要进入雾组的成员再次进行身份验证，并进行行为评估。在行为评估过程中引入恶意节点容忍度机制，除保护车辆节点故障或误操作引起的非恶意失误行为外，还是对恶意节点的一种弹性惩罚机制。普通车辆节点在进行网络通信的过程中，将正确信息在雾内进行共享，雾首根据收到信息的来源及周围车辆的组内评分分析信息的准确性，并对共享消息的车辆进行评价更改。

1. 云服务器端恶意节点识别

根据图 6-12 的流程图，云服务器端对节点的管理主要分为两部分，一部分是使用卷积神经网络的方法对整个网络的节点进行节点预判，预测正常节点与恶意节点，为正常节点授予身份认证，参与网络中和雾内通信；另一部分是使用长短期记忆网络的方法将未经过身份认证的节点和在雾内违反规定被判定为恶意车辆的节点记录到云端，通过观察其在网络中一段时间的通信行为和驾驶行为，对车辆节点的特征进行更新，判断节点是否回归为正常节点。

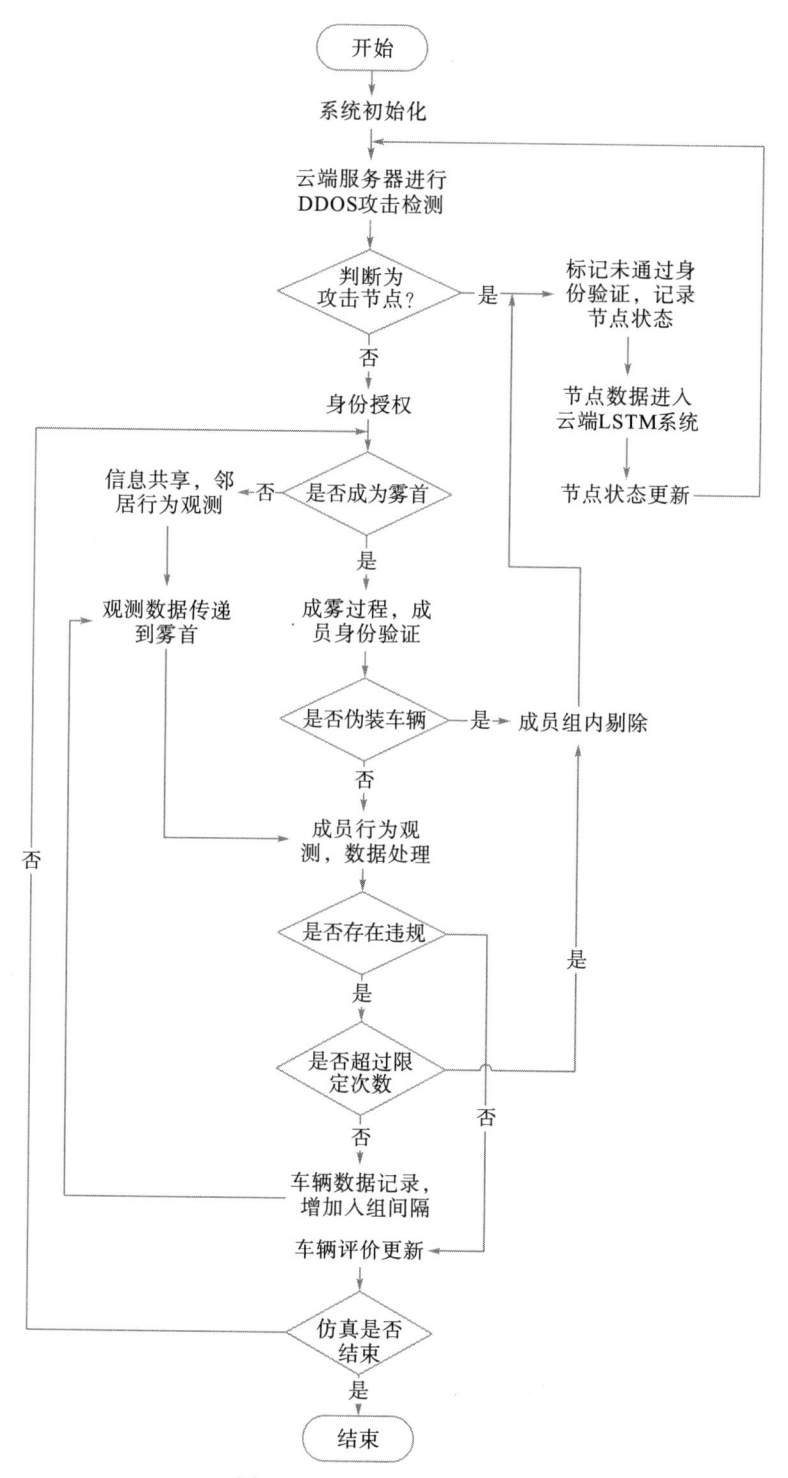

图 6-12 CFVSC 框架流程图

本节所用的 CNN 车辆分类算法框架如图 6-13 所示，其包含两层卷积层、两层池化层、一层全连接层和一个分类器。使用 CNN 方法对车辆节点进行分类主要考虑到神经网络特征提取的高效性。车辆节点在进行网络通信时，除了有通信过程的特征，如包传输率、包转发间隔、丢包率，还有行驶特征，如速度、加速度、平均速度、行驶距离、违规次数等。如果要将其中的特征与恶意节点的攻击属性相关联，在特征工程上需要花费较大的精力时间。而使用 CNN 方法，则只需将车辆节点的数据输入 CNN 网络，并在初始化神经元时，对其随机初始化一个权重 w 和偏置项 b，在训练过程中，将不断修正这两个参数至最优值，使模型达到最小误差。

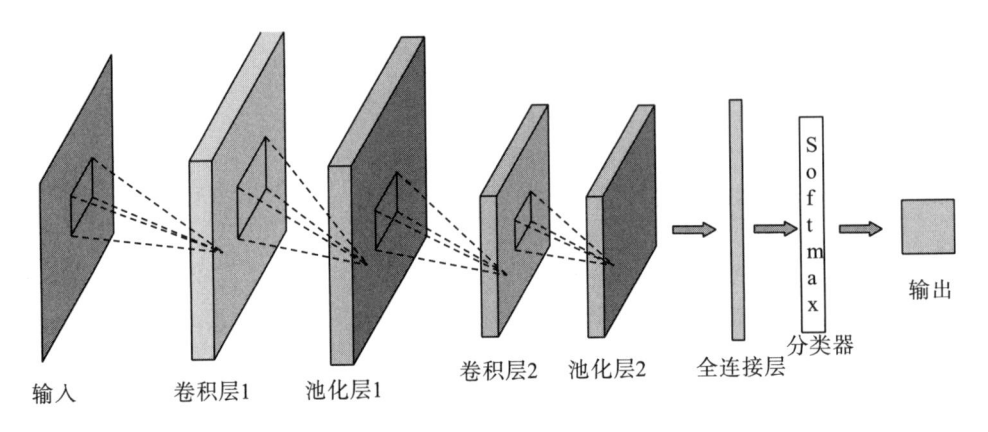

图 6-13 CNN 车辆分类算法框架

本章将车辆节点的特征向量 x 定义为

$$x = \left(\bar{v}, \bar{a}, \text{score}, \text{rate}_{\text{gen}}, N_{\text{trans}}, N_{\text{drop}}, \text{Delay}_{\text{process}}\right)$$

式中，$\bar{v}$ 为平均速度；$\bar{a}$ 为平均加速度；score 为道路行驶规范计分；rate_{gen} 为包产生率；N_{trans} 为包转发数；N_{drop} 为丢包数；$\text{Delay}_{\text{process}}$ 为包转发延迟。下面给出 CNN 框架权值的更新过程。

首先，定义平均误差代价函数：

$$E^N = \frac{1}{2}\sum_{n=1}^{N}\sum_{k=1}^{d}\left(t_k^n - y_k^n\right)^2 \tag{6-34}$$

式中，N 为样本总数；d 为标签维度，本章提出的 CNN 框架可以解决二分问题，故 d 为 2；t_k^n 为第 n 个样本的标签 t^n 的第 k 维；y_k^n 为第 n 个样本对应预测值的第 k 维。

本框架的目标是提升对 IoV 节点身份预测的准确性，即最小化平方误差。对于单个样本，第 n 个样本的误差函数为

$$E^n = \frac{1}{2}\sum_{k=1}^{d}\left(t_k^n - y_k^n\right)^2 \tag{6-35}$$

定义第 h 层卷积层的输出为

$$x_j^h = f\left(\sum_{i \in M_j} x_i^{h-1} \cdot k_{ij}^h + b_j\right) \tag{6-36}$$

式中，f 为激活函数；M_j 为选择的输入特征矩阵组合；k_{ij} 为输入的第 i 种特征矩阵和输出的第 j 种特征矩阵间联结使用的卷积核；b_j 为第 j 种特征矩阵对应的偏置。

在对 CNN 框架的训练中，需要不断修正 k_{ij} 和 b_j，本节使用的梯度下降法的更新公式为

$$K_{\text{new}}^h = K_{\text{old}}^h - \eta \frac{\partial E}{\partial K_{\text{old}}^h} \tag{6-37}$$

$$b_{\text{new}}^h = b_{\text{old}}^h - \eta \frac{\partial E}{\partial b_{\text{old}}^h} \tag{6-38}$$

由式(6-37)和式(6-38)可知，每层参数的更新主要利用误差代价函数对参数的梯度进行求解。这里定义误差对输出的变化率为节点的灵敏度 δ：

$$\delta = \frac{\partial E}{\partial x} \tag{6-39}$$

对于偏置参数 b，因为 $\frac{\partial x}{\partial b} = 1$，所以由链式法则可得

$$\frac{\partial E}{\partial b^h} = \frac{\partial E}{\partial x^h}\frac{\partial x^h}{\partial b^h} = \delta^h \tag{6-40}$$

每层的灵敏度不同，因为 CNN 框架的每一个神经元都有一个灵敏度，每层的灵敏度为一个矩阵。由式(6-40)计算误差代价函数对偏置的偏导为

$$\frac{\partial E}{\partial b_j} = \sum_{u,v}\left(\delta_j^h\right)_{u,v} \tag{6-41}$$

式中，(u,v) 为灵敏度矩阵中的元素位置，即对第 h 层内所有节点的灵敏度求和。结合灵敏度的定义和链式法则，得到误差代价函数对卷积核 k 的偏导为

$$\frac{\partial E}{\partial k_{ij}^h} = \sum_{u,v} \left(\delta_j^h\right)_{u,v} \left(p_i^{h-1}\right)_{uv} \tag{6-42}$$

式中，$\left(p_i^{h-1}\right)_{uv}$ 为 x_i^{h-1} 与 k_{ij} 做卷积时的每一个 patch，patch 中心为 (u,v)。以上便是 CNN 节点识别框架中参数的更新过程。搜集 IoV 网络中的车辆节点特征并形成数据集，并使用 CNN 网络对数据进行训练获得训练模型，在网络通信中由系统及雾首的报告情况决定是否启动对全网节点的处理，以及进行节点标签预测及身份授权。

CNN 模块将在仿真开始运行后实施，但为了减轻云端服务器的负载压力，CNN 模块并不会在每个时隙都实施一次，本节对 CNN 模块的触发规定了两个条件：一是每到规定的时间间隔 T，模块启动一次，这样可以对网络节点进行长时间的状态更新；二是雾节点上传的恶意节点的总量占授权车辆节点的 3%，之所以这样设定，一方面是考虑到网络中存在车辆节点临时故障或车辆节点短暂恶意攻击之后恢复为正常节点的情况，另一方面是设置宽限可以给系统提前准备的时间，同时系统不至于频繁地处理全部车辆节点。

2. 云端服务器恶意节点身份更新

在 IoV 网络中，车辆节点的通信状态和移动状态随时间的改变而改变。在已有研究中，对待恶意节点，一般采用确认节点恶意身份标签后就从网络中移除的方案，这种策略有可取性，将网络中存在的可能恶意节点直接从网络移除，可以极大地减小网络遭受破坏带来的影响。但从现实来看，存在节点某时刻或某时间段状态不好的可能性，或者恶意节点在某时刻后转变为正常节点。从这个角度来说，需要一种方案可以对车辆节点进行长时间观察。传统的神经网络并不具备长期记忆性，这是其存在的缺陷之一，递归神经网络带有循环，但其本质与传统神经网络并没有太大的差别。把递归神经网络的循环过程展开可以看到，其实它由多层神经网络相连。

1) 长短期记忆网络模型

长短期记忆网络是一种能够学习长期依赖的特殊神经网络，结构如图 6-14 所示，与标准的神经网络相比，长短期记忆(LSTM)多了三个门控。上方粗线为主线细胞状态的传递，主线细胞状态的更新依赖于其下方的门控模块，包括遗忘门、输入门和输出门。

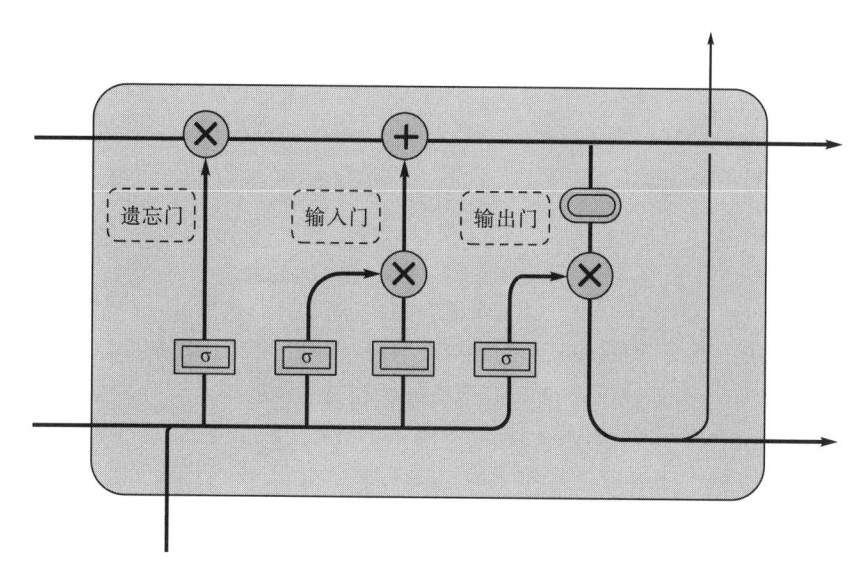

图 6-14 长短期记忆网络模型

(1) 遗忘门。选择性忘记信息的门控模块。通过 sigmoid 函数控制上层状态 h_{t-1} 和当前输入 x_t 中信息通过的比重，通过的信息将与上一次的主细胞状态相乘，决定要遗忘和保留的信息。

$$f_t = \sigma\left(W_f \cdot [h_{t-1}, x_t] + b_f\right) \tag{6-43}$$

(2) 输入门。确定更新消息的门控模块，即决定加入主线细胞的新信息数量。输入门的消息处理主要分为三个步骤：一是 sigmoid 函数控制新信息保留的量；二是 tanh 激活函数对某些新信息进行参数更新；三是将前两个步骤所得信息相乘得到要加入主线细胞的新信息。

$$i_t = \sigma\left(W_i \cdot [h_{t-1}, x_t] + b_i\right) \tag{6-44}$$

$$\widetilde{C}_t = \tanh\left(W_c \cdot [h_{t-1}, x_t] + b_c\right) \tag{6-45}$$

$$C_t = f_t \cdot C_{t-1} + i_t \cdot \widetilde{C}_t \tag{6-46}$$

(3) 输出门。决定要输出消息的门控模块。在前面的遗忘门与输入门中，经过对上层细胞状态和当前输入的处理，可以获得当前主线细胞状态 C_t。在输出门，得到新的控制参数后，首先经过 sigmoid 函数对当前输入 h_{t-1} 和 x_t 进行过滤处理，得到输出比例，然后将当前主线细胞状态 C_t 经过 tanh 激活函数与第一步得到的比例相乘，并将结果输出。

$$o_t = \sigma\left(W_o \cdot [h_{t-1},\ x_t] + b_o\right) \tag{6-47}$$

$$h_t = o_t \cdot \tanh(C_t) \tag{6-48}$$

式(6-43)~式(6-48)中，W_f、W_i、W_c、W_o 均为可训练特征矩阵；b_f、b_i、b_c、b_o 为防止模型过拟合的偏置参数。

2) 恶意节点身份更新框架

图 6-15 为本节使用的基于 LSTM 的恶意节点身份更新框架，主要包含序列输入、LSTM 模块、全连接层和一个分类器。图 6-15 中三个 LSTM 模块表示每批次输入数据的大小，本节设定每批次数据序列长度为 3。例如，训练数据为 10 个时隙的节点数据，每个序列长度为 3，如时隙 1-2-3 包含的节点数据。每批次数据数量为 3，如一次输入序列数据时隙 1-2-3、2-3-4、4-5-6。本章定义节点的特征维度为输入维度。

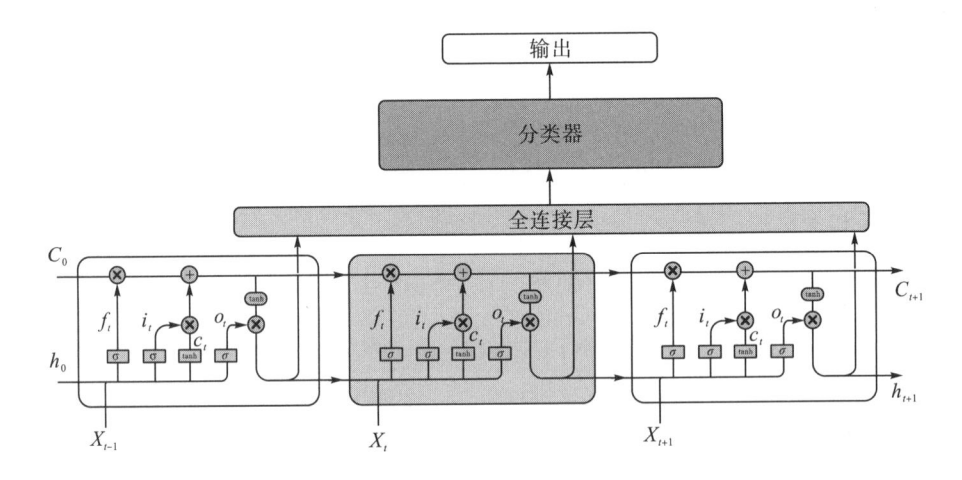

图 6-15 恶意节点身份更新框架

本框架的作用范围包括两部分，一部分是在 CNN 节点识别后被判定为恶意车辆节点，另一部分是由雾节点上传到云端的可能恶意车辆节点。框架在 CNN 模型运行后触发，并一直保持运行。运行期间，对于被 CNN 模块识别为恶意节点的车辆，在 CNN 模块再次触发前，若车辆节点被识别为正常节点，则由云端进行身份授权并从框架中移除，否则将保留在框架中。对于被雾节点上传到云端的节点，若在某时隙后被判定为正常节点，则将节点从框架中剔除并等待下次身份授权，否则节点数据一直保留在云端。

3. 基于雾节点的车辆管理

1) 基础设定

(1) 恶意节点容忍度。在对网络节点进行处理时，若车辆节点被系统判定为恶意节点，一般的处理方式是将该节点从网络中剔除，这种做法的弊端前文已说明。本节提出恶意节点容忍度的概念，用于对可疑恶意节点的延迟进行处理。在雾节点发现雾内的某车辆节点存在异常行为或发布虚假共享信息时，雾节点会将该节点移除雾组，但并不会将节点直接标记为恶意节点。这样做考虑两点：一是如果车辆节点是由设备故障导致的行为异常，经过检修，该车辆节点仍可变为正常节点；二是延迟处理可以对恶意节点的认证有较充分的证据支持，保证用户体验，同时减轻云端服务器的负担。

(2) 节点评价特征。与云端服务器关注的特征稍有不同，在通信过程中，车辆节点会加入不同的雾组，雾首与雾内节点很容易发现节点的通信特征，如果车辆节点频繁地向雾内车辆发送垃圾数据，雾首节点将把该节点移除雾内，并将该节点信息发送至云端 LSTM 框架中。雾节点考虑的节点特征 $y=(\text{ID}_{\text{auth}},\text{Score}_{\text{trust}},\text{Timestamp},\text{time}_{\text{ave}},\text{Score}_{\text{message}})$，其中 ID_{auth} 为系统赋予的 ID、认证，包括节点自身 ID、授权时间；$\text{Score}_{\text{trust}}$ 为节点在雾内进行通信或数据交换后，在申请离开时由雾首进行的系统评定；Timestamp 为加入雾内时的时间戳；time_{ave} 为加入不同雾计算得到的平均时间间隔；$\text{Score}_{\text{message}}$ 为进行消息或数据共享后对消息真实性的评价。

(3) 节点性能特征。该定义表示当车辆节点成组选举雾首时的参评标准，记为向量 $f=(C_m,C_b,C_r,S_l)$，其中，C_m 为可用内存容量，C_b 为可用带宽，C_r 为可用 RAM，S_l 为交通法规评分。

(4) 雾内标识码。作为通信过程中雾内成员的标识，记为 key_{fog}。当车辆完成成雾过程后，雾首将为雾内成员发送标识码。标识码的作用为：一是区分车辆节点所在的雾组；二是作为车辆节点在通信过程中的信息标识码。

2) 雾节点管理算法

雾节点主要包括两部分，即车辆雾节点和 RSU 雾节点，同为雾节点，两者对车辆管理的算法是相同的，区别在于两者的移动性。算法 6-3 为车辆节点的管理算法。在成雾过程中，即将成雾的车辆都是拥有云端服务器身份授权的车辆节点。有成雾请求的车辆节点可以根据式(6-49)计算各自车辆的性能评分 S_{v_i}，评分最高的车辆节点作为雾首节点。雾首节点首先进行车辆身份检查，查看其他车辆节点 ID_{auth} 是否为假或过期，如果为假或过期，那么可能是恶意节点侵入，则对节点进行雾内剔除,并上传该车辆数据到云端。对正常授权的车辆节点检测其加入不同雾的平均时间间隔 $time_{ave}$,若 $time_{ave} < time_{ref}$(参考平均时间),则该车辆节点为可能的恶意节点,对节点进行雾内剔除,并上传该车辆数据到云端。两项检查完毕后,更新各节点的成雾时间戳 Timestamp,并为雾内节点发放雾内标识码 key_{fog}。

$$S_{v_i} = \sum_{i=1}^{4} nor\left(\frac{f_i}{\max(f_i)}\right), f_i \in f \qquad (6-49)$$

在完成车辆身份筛选后,车辆间将进行信息共享,节点分享的每个数据包中都带有该节点的 ID 和雾内标识码,同时雾首将结合收到的雾内信息和其他雾首的消息,特别是 RSU 雾首的消息来源进行认证,并对该消息进行评价,若消息内包含虚假信息,由于数据包内有发送该消息的车辆信息,故可以直接将消息的评价映射到对车辆信任值的评价。若消息为真,$Score_{message}$ 保持不变。若消息为假,则 $Score_{message}$ 减少,当 $Score_{message}$ 的减少量达到参考减少量 $\Delta Score_{ref}$ 时,将直接影响车辆 $Score_{trust}$;当 $Score_{trust}$ 下降到信誉参考值 $Score_{ref}$ 时,雾首将对节点进行雾内剔除,并上传车辆信息到云端;若没有下降到 $Score_{ref}$,将减少对该节点提供信息的次数。若在车辆交互过程中无违规行为,则增加其 $Score_{trust}$ 值。

车辆认证阶段中被雾节点剔除的车辆,在云端未给予其新的身份授权之前,可以参与车辆间通信,但不能参与雾内通信,因信誉评分被剔除的车辆节点可以参与雾内通信,但不能成为雾首,允许进入雾内的时间间隔为参考时间间隔 $time_{ref}$ 的 3 倍时长。RSU 雾节点管理方式与车辆雾节点管理方式相似,由于其可能长期作为雾首节点,并考虑其地理位置的固定性及工作状态,若十字路口车辆节点的性能评分大于 RSU 雾节点的性能评分,则该节点仍可成为雾首(算法 6-3)。

算法 6-3:雾节点车辆管理方法

1: **输入**:车辆节点 $v_1, v_2, \cdots, v_n \in V$;
2: 系统初始化;
3: 云端服务器身份授权;
4: 成雾过程;
5: 选取雾首 v_{fog};
6: 雾首验证节点身份;
7: **for** $v_i \in V, v_i \neq v_{fog}$ **do**
8:     **if** 节点 v_a 的 ID_{auth} 为假 **or** 超过有效期 **then**
9:         将节点 v_a 移除雾内;
10:        上传车辆 ID 到云端;
11:     **else**
12:        雾首检查 $time_{ave}$;
13:        **if** $time_{ave} < time_{ref}$ **then**

```
14:         节点移除雾内；
15:         上传车辆 ID 到云端；
16:     else
17:         更新节点 Timestamp；
18:         发送雾内通信标识码 key_fog；
19:     end
20: end
21: end
22: 节点信息共享；
23: 消息真实性验证；
24: 雾首更新节点系统评级；
25: while (V-v_fog) ≠ ∅ do
26:     for v_i ∈ V, v_i ≠ v_fog do
27:         if Δ score_message > Δ score_ref then
28:             节点 score_trust 降低；
29:             if score_trust ∈ v_i < score_ref then
30:                 将节点 v_i 移除雾内；
31:                 上传车辆 ID 到云端；
32:                 更新通信标识码 key_fog；
33:             else
34:                 减少认证次数；
35:             end
36:         else
37:             节点 score_trust 增加；
38:         end
39:     end
40: end
```

6.4.4 仿真结果及分析

1. 仿真环境及参数设置

本节基于网络仿真软件 OMNeT++5.4.1 版本和车载通信仿真框架 Veins5.0 版本搭建车辆通信网络平台，实现车辆节点在网络中的路径行驶和通信需求及雾节点对车辆节点的管理。由跨平台环境管理系统 conda4.9.2 版本及开源 Python 学习库 PyTorch1.6.0 版本搭建基于云端服务器的 CNN 和 LSTM 框架，用于完成对节点的分类任务和节点的身份更新。

车辆节点的参数设置、仿真地图情况、恶意节点占比设置等详细参数见表 6-2。用于模拟检测模型的网络环境有两种，1000m×1000m 地图为 100 辆车，1600m×1600m 地图为 300 辆车，地图中的路口间隔仍为 200m。恶意节点占比为 10%～20%，对于恶意节点占比为 0 的情况，由于全部车辆是正常的，无须检测。雾首的通信范围为 600m，在成为雾首后通信距离将自动转换。网络中的恶意节点分为两部分，一部分是外部设备攻击，主要是 DDOS 攻击和灰洞攻击，另一部分是内部节点攻击，这部分恶意节点有 40% 的概率变为正常节点。

表 6-2 仿真参数

参数	取值
仿真地图范围/m^2	1000×1000，1600×1600
MAC 协议	IEEE 802.11p
传输速率/Mbps	6
传输功率/mW	20
车辆速度/(km/h)	10~40
仿真时长/s	200
路由协议	GPSR
恶意节点占比/%	10、15、20
车辆总数	100、300
普通车辆通信半径/m	250

对于 CNN 和 LSTM 两种神经网络框架的训练与验证过程，选取恶意节点占比 20%的网络场景数据作为训练数据，分别选取两种不同地图，三种不同恶意节点占比，共六种情况，每种情况取三个时间点的车辆节点数据作为数据集，并取其中 20%作为验证集训练得到模型。为了更好地衡量云雾结合的车辆节点安全通信框架的性能，本节引入已有的 IoV 恶意行为检测方法，并与本章提出 CFVSC 框架进行比较，对比方法如下所示。

LSTM[15]提出一种结合雾节点的 LSTM 检测模型，用于检测物联网环境中的 DDOS 攻击和分布式攻击。该方法将数据存放在雾节点，通过对云端服务器进行训练得到模型参数，并将检测功能交由雾节点执行。该方法对轻量级和分布式的攻击方式有较好效果。

Mix-SVM[16]提出了一种基于 AnovaDot 和 RBFDot 的 SVM 内核方法的混合检测算法，用于检测 IoV 中的 DDOS 攻击。在提出的混合算法中，首先使用包含正常和 DDOS 攻击混合特征的初始数据集训练基于 AnovaDot 的模型，并获得预测结果，并将获得的预测结果与相同的初始数据集组合。然后，将此组合数据作为输入来训练 RBFDot 模型。

在对本章提出的框架进行性能分析时，主要使用四个参数，即准确率、精度、召回率和 F1 值。本章选择恶意节点为正样本，同样存在正负样本不均衡的情况，对样本中车辆节点的特征不做多余处理。

2. 仿真结果分析

为了分析本章所提框架对恶意节点的处理能力及其对不同恶意节点占比情况下的网络适应能力，本节使用两种不同的地图规模，三种不同的恶意节点占比对框架性能进行评估，框架模型由恶意节点占比最高的数据集训练得到。在获得识别模型后，分别对高、中、低三种恶意节点占比下的车辆仿真数据进行预测识别，并以准确率、精度、召回率和 F1 值四个指标进行评价。针对网络中部分恶意节点可能恢复为正常节点或存在临时故障节点的情况，这里同样进行了相应的效果验证。

从图 6-16 可以看出，本节提出的 CFVSC 框架在准确率、精度这两个参数表现得很好，召回率存在低于 LSTM 方法的情况，F1 值高于其他两种方法，数据上说明在解决本章提出的问题方面，本框架的契合性更好。Mix-SVM 方法在 F1 值上保持在 85%以上，双核函数和链式方法为该模型提供了比单核更好的稳定性。在本章的数据集中，正负样本存在不均衡的情况，而且也存在如平均速度、加速度等对恶意节点分类并不重要的节点特征，LSTM 方法和 CFVSC 框架因使用了神经网络的方法，故不需要对车辆节点的特征进行筛选，可以自适应地进行特征选取，但在运行算法 SVM 时，需要对数据进行处理，所以整体来看 Mix-SVM 方法的效果最差。LSTM 方法在精度、召回率、F1 值上均达到 90%，这得益于恶意节点的某些行为表现在时间上有一定的连续性与关联性，如恶意节点的 DDOS 攻击会持续一段时间，但对于频繁更换雾组以获得雾内信息的行为，LSTM 方法并不能很好地从节点特征中获得有效的行为特征，而本节提出的 CFVSC 框架通过雾节点进行行为观测并进行数据上传，从而在一定程度上弥补了 LSTM 方法对这种非明显行为上下关联的攻击方式。

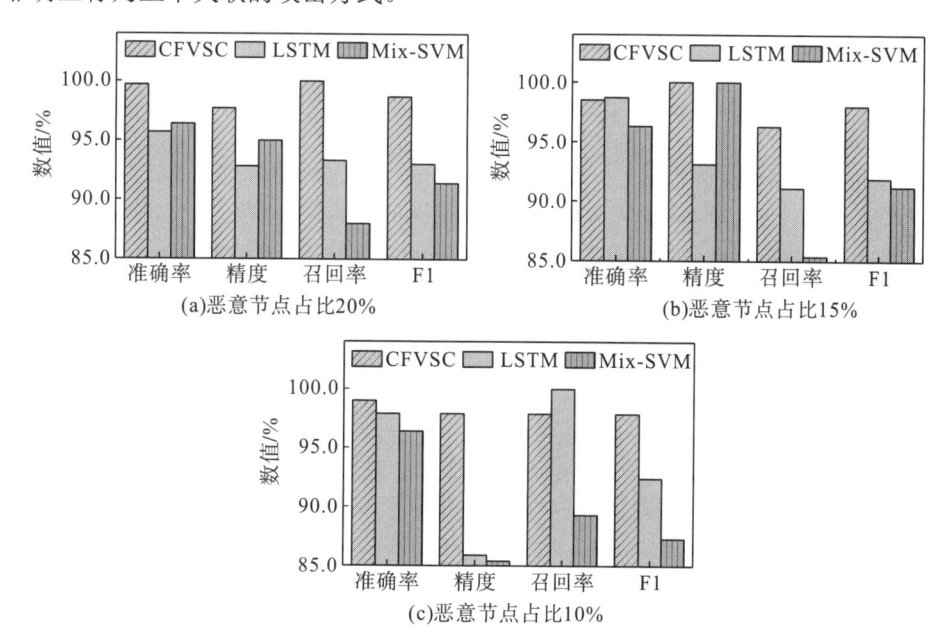

图 6-16　地图范围 1000m×1000m 框架性能评估

图 6-17 显示，在不同地图范围与车辆节点的情况下，本节提出的 CFVSC 框架表现得比较稳定，准确率、精度、召回率和 F1 值在数值上的波动不大，Mix-SVM 方法在 F1 值上基本能够稳定在 80%，但在个别数值上的波动较大，存在对正样本预测精度不高，或者误将负样本预测为正样本的比重过大，即召回率太低。LSTM 方法表现得相对较稳定，说明在解决本章提出的问题上有一定的契合性，但不如本节提出的 CFVSC 框架的效果好。

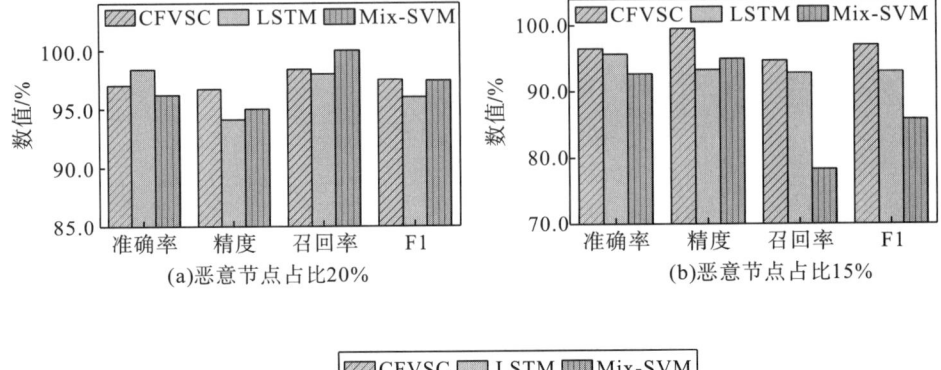

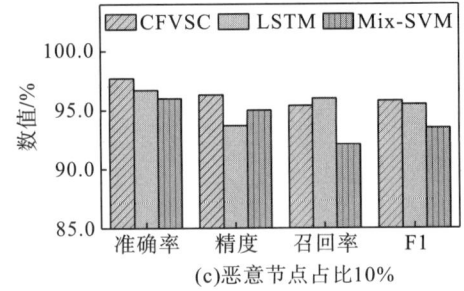

图 6-17　地图范围 1600m×1600m 框架性能评估

对比两张地图在三种恶意节点占比的情况下，本节提出的 CFVSC 框架和 LSTM 方法的向下兼容性比较好，对于恶意节点占比低的情况，该框架同样有比较平稳的系统表现。Mix-SVM 方法的效果相对最差，一是由样本不均衡导致；二是与 LSTM 方法遇到的情况相似，对于雾内节点的攻击形式不能做出很好的判断，在对节点预测确定后，Mix-SVM 方法便不再对节点进行更改，灵活性不足。

对于大多数恶意节点为临时故障节点和可恢复性节点的情况，本节对所提框架的性能进行了评估。由于在已有研究中未找到相似的研究内容，因此对该项性能未进行算法上的对比。本节考虑恶意节点全部为临时故障节点和全为可恢复性节点两种情况，设置恶意节点占比为 10%，使用两种地图环境，对三次仿真结果进行平均计算后绘图，仿真效果如图 6-18 所示。

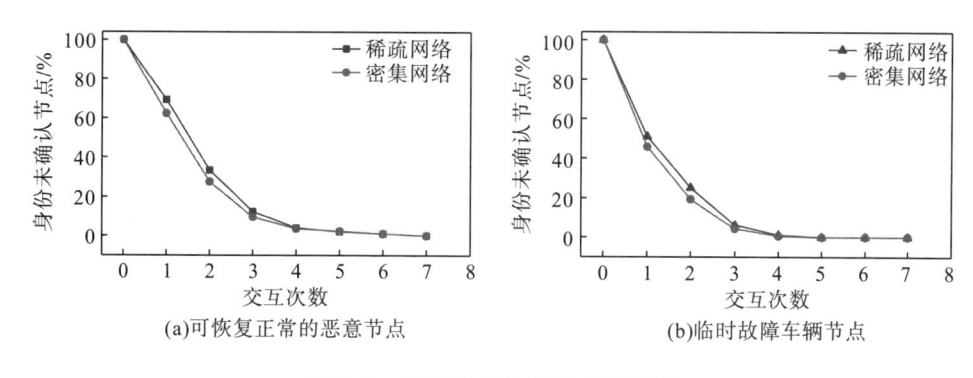

(a)可恢复正常的恶意节点　　(b)临时故障车辆节点

图 6-18　身份可变节点预测性能评估

在图 6-18 中，图 6-18(a)为可恢复为正常节点的恶意节点被雾节点上传到云端后，节点身份确认效率与仿真交互次数的关系图；图 6-18(b)为临时故障车辆节点对应的身份确认效率与仿真交互次数的关系图。从图 6-18(a)可以看出，对于被雾节点上传的恶意节点，在与系统进行 3 次交互后，仅剩余不到 20%的节点未确认身份，在进行 5 次交互后，基本全部确认为正常节点。对该类所有实验节点身份确认所需的交互次数进行统计，计算得到云端确认节点身份需要的平均交互次数为 2.46 次。从图 6-18(b)可以看出，临时故障车辆节点在系统进行 3 次交互后，仅剩余不到 10%节点未确认身份，在进行 4 次交互后，基本全部确认为正常节点。对该类所有实验节点身份确认所需交互次数进行统计，计算得到云端确认节点身份需要的平均交互次数为 2.13 次。

对比三种方法在两种地图和三种不同恶意节点占比情况下的性能表现及框架对特定节点的处理效果，本节提出的 CFVSC 框架对各种恶意节点的网络具有更好的灵活性、更强的节点预测能力和更稳定的性能表现。

6.5　本章小结

针对城市车联网环境中的用户安全问题，本章提出了构建安全车辆雾来保护车辆隐私安全的 FBIA 方案及基于云雾结合的车辆节点通信安全算法。FBIA 方案通过雾首选择、面向雾外车辆的安全认证及面向雾内车辆的安全检测三个子算法有效解决了车辆雾的安全问题。基于云雾结合的车辆节点通信安全算法将 IoV 网络分为上、中、下三层以实现对网络可能的恶意节点进行预测，并通过车辆雾进行用户间信息共享及网络安全的实时追踪，从而对车联网用户实现了更有效、更稳定的隐私保护。

参 考 文 献

[1] Levi M, Allouche Y, Kontorovich A. Advanced analytics for connected car cybersecurity[C].//2018 IEEE 87th Vehicular Technology Conference (VTC Spring), Porto, Portugal, 2018: 17.

[2] Qiu T, Chen N, Li K, et al. Heterogeneous ad hoc networks: Architectures, advances and challenges[J]. Ad Hoc Networks, 2017, 55: 143-152.

[3] Veltri L, Cirani S, Busanelli S, et al. A novel batch-based group key management protocol applied to the internet of things[J]. Ad Hoc Networks, 2013, 11(8): 2724-2737.

[4] Jiang S R, Zhu X Y, Wang L M. An efficient anonymous batch authentication scheme based on HMAC for VANETs[J]. IEEE Transactions on Intelligent Transportation Systems, 2016, 17(8): 2193-2204.

[5] Azees M, Vijayakumar P, Deboarh L J. EAAP: Efficient anonymous authentication with conditional privacy-preserving scheme for vehicular ad hoc networks[J]. IEEE Transactions on Intelligent Transportation Systems, 2017, 18(9): 2467-2476.

[6] Sun G, Sun S Y, Yu H F, et al. Toward incentivizing fog-based privacy-preserving mobile crowdsensing in the internet of vehicles[J]. IEEE Internet of Things Journal, 2020, 7(5): 4128-4142.

[7] Xiao L, Li Y D, Huang X L, et al. Cloud-based malware detection game for mobile devices with offloading[J]. IEEE Transactions on Mobile Computing, 2017, 16(10): 2742-2750.

[8] Eziama E, Tepe K, Balador A, et al. Malicious node detection in vehicular ad-hoc network using machine learning and deep learning[C].//IEEE Globecom Workshops, 2018: 1-6.

[9] Ignacio H, Marta B, Manuel V J, et al. Glucose forecasting combining markov chain based enrichment of data, random grammatical evolution and bagging[J]. Applied Soft Computing, 2020, 88: 343-346.

[10] So S, Sharma P, Petit J. Integrating plausibility checks and machine learning for misbehavior detection in VANET[C].//IEEE International Conference on Machine Learning and Applications, 2018: 564-571.

[11] Asaar M R, Salmasizadeh M, Susilo W, et al. A secure and efficient authentication technique for vehicular ad-hoc networks[J]. IEEE Transactions on Vehicular Technology, 2018, 67(6): 5409-5423.

[12] Pointcheval D, Stern J. Security arguments for digital signatures and blind signatures[J]. Journal of Cryptology, 1996, 13(3): 387-398.

[13] Dogru N, Subasi A. Traffic accident detection using random forest classifier[C].//Learning and Technology Conference, 2018: 40-45.

[14] Yan Q, Yu F R, Gong Q X, et al. Software-defined networking (SDN) and distributed denial of service (DDoS) attacks in cloud computing environments: a survey, some research issues, and challenges[J]. IEEE Communications Surveys & Tutorials, 2016, 18(1): 602-622.

[15] Diro A, Chilamkurti N. Leveraging LSTM networks for attack detection in fog-to-things communications[J]. IEEE Communications Magazine, 2018, 56(9): 124-130.

[16] Ahmad Soleymani S, Abdullah A H, Zareei M, et al. A secure trust model based on fuzzy logic in vehicular ad hoc networks with fog computing[J]. IEEE Access, 2017, 5: 15619-15629.

第 7 章　车联网中群体数据感知安全

传感器和嵌入式设备的集成触发了移动群体感知服务的涌现，现在的智能汽车几乎都配备了车载传感器和无线通信设备，如相机、GPS、行车记录仪、侧向加速度传感器和车载单元，使车辆具有移动群体感知的基本能力和可执行力[1]。利用车载单元和传感器装置，车辆不仅可以定期报告驾驶信息（如位置、实时速度及驾驶录像），还可以提供交通条件、道路交通规划、交通系统设计、交通信号条件和天气条件等信息。车辆群体感知收集原始数据的方式能够显著降低数据需求者的经济和时间成本[2]，本章介绍车联网中安全感知群体数据的相关研究。

7.1　研究背景

基于移动智能设备及配套的无线传感装置的快速发展，移动设备如今有能力采集多种复杂的感知数据（如图像、视频、位置等），这也为移动群体感知提供了较好的硬件基础。另外，在大数据技术（如 MapReduce）和网络通信技术（5G、Wi-Fi及蓝牙技术等）快速迭代的背景下，用户可以将感知数据直接且快速地接入网络，并服务于更多的数据需求者[3]。

相较于传统的无线传感器网络，移动群体感知具有许多明显的优势。第一，移动群体感知系统通过向更大规模的移动群体分发感知任务来收集数据，并利用大数据技术进行数据分析，从而得到想要的感知结果，进一步节约了大量传感器硬件的部署成本与维护成本。第二，由于移动设备和感知设备的多样性，其能够提供的感知服务类型和数据类型更加丰富。第三，以移动网络为基础，移动群体感知可以在更加经济和灵活的方式下提供实时感知数据的服务，例如，在实时性的交通管理应用中，移动群体感知不需要大量部署固定传感器设备就可以覆盖整个交通系统，因为有足够的车载移动感知设备可以完成数据采集。第四，移动群体感知更适用于大规模数据需求并提供数据缓存能力，在大数据背景下，产生的大量感知数据的实际应用只是一次性的，尤其是针对部分特定地区的数据，中心存储和处理是没有必要的，而基于移动群体感知的可扩展性通过自组织和分布式的方式对数据进行采集和处理，由此提供了更强的便利性并节约了存储成本，可适用于更多的场景。第五，移动群体感知为人工智能和机器学习领域提供了更强大的数据基础和更广阔的发展空间。

因此，移动群体感知在近几年成为热门的研究对象，研究内容包括基础网络架构、大数据及云计算、无线传感器技术、图像处理、机器学习、加密技术、能源消耗等，并应用在经济、医疗、农业、交通等领域，具有深远的研究意义。

7.2 研究现状

首先，在感知数据上报的过程中，数据聚合作为数据感知的重要步骤[4]，可以在一定程度上有效保护原始数据。由于数据上报对象也就是服务提供者并非完全可信，因此需要以此方式来保护用户数据，进而避免被服务提供者利用或攻击者窃取。在该研究工作中常有两种技术，一种是基于同态加密的数据融合隐私保护策略[5]，另一种是在数据中随机加入噪声或干扰。此外，还有一些机制引入了匿名技术或信任管理来增强在数据上报聚合中的数据安全和隐私保护能力。

其次，为了保证参与者个人信息的隐私安全，许多机制通过加入随机干扰到 Bidding 信息中来实现差异化隐私保护[6-8]。基于该思想，文献[6]提出了一种基于激励机制的参与者选择和任务分发方案。该方案主要采用对结果加入随机干扰来实现 Bidding 信息的差异化隐私保护。在该方法下，某个参与者在竞标过程中的变动不会对整体的报酬支付产生太大影响。所以，好奇的参与者很难通过结果推测其他参与者的 Bidding 信息。因此，该机制有效保护了参与者的个人信息，并保证所有参与者无法通过发布错误的 Bidding 信息来获得更多奖励。该方案在一定程度上实现了参与者的可信性，文献[8]也提出了类似的解决方案。

除上述研究问题外，信任管理在移动群体感知及其激励机制实施中也有重要地位。数据可信和参与用户可信都需要在信任管理机制设计中加以考虑。当评估参与者信誉时，需要考虑用户的历史行为、数据的可信度及用户自身能力(如计算能力、感知能力或通信能力等)。信誉评估和管理可以进一步保证用户可信和数据可靠。然而，信誉评估管理必须要收集部分个人信息，因此在信任管理引入的过程中也会面临用户隐私安全的问题。文献[9]和文献[10]的作者针对社交群感知系统提出了基于模糊逻辑对数据可信度进行评估的架构。该架构能全面分析贡献质量和用户的可信度；同时，它也将数据质量、用户位置、链路可靠性、时间衰减等因素考虑其中，从而在一定程度上实现了数据可信。

7.3 隐私保护下的数据感知算法

本节提出一个基于雾计算的面向车辆城市应用场景的群体感知架构，并设计一系列数据上报过程中的隐私保护方案。目的是解决在雾的车辆群体感知场景的隐私保护中的数据安全性、完整性、可靠性及对可溯源性的支持等问题并满足网络性能的需求。现有的技术方案几乎不可能在满足隐私保护的前提下实现可溯源性，基于这些亟待解决的问题，本章首先提出一个新的基于雾的车辆群体感知架构。在此架构下，本章利用同态加密等加密技术、数据融合手段来实现通信安全和隐私保护需求并设计上报策略，然后设计安全访问外包雾的溯源机制，实现隐私保护下的恶意身份撤销，降低信任机构的安全信息存储压力并实现感知数据的可溯源性。

7.3.1 问题描述

在面向车辆的群体感知场景下，隐私保护主要面临以下问题：首先，在很多现有的群体感知架构及上报机制下，隐私保护和可溯源性是很难被同时考虑并实现的；其次，虽然很多体系架构解决了数据加密聚合的问题，但限制了数据类型与任务本身；最后，现有研究过度依赖于第三方信任机构来存储大量的安全数据，从而产生第三方信任机构存储压力过大的现象。因此，在设计面向车辆群体感知的隐私保护机制时，需要满足以下的性能要求。

1) 隐私保护

车辆参与群体感知应用的核心要求就是隐私保护，群体感知应用必须提供可靠的隐私保护方案，才能吸引更多用户参与感知任务，否则用户数据规模达不到统计特性，也就失去了群体感知的意义。为了保护用户隐私，体系架构需要满足以下几方面。

(1) 数据加密。数据在没有被数据需求者接收或授权其他实体处理前必须通过可靠的加密技术保持加密状态。

(2) 身份匿名。群体感知用户在参与感知的过程中必须始终处于匿名状态，并匿名提供数据报告，只有第三方实体才能揭露用户身份与匿名的关系。

(3) 不可关联性。上传到数据中心的数据不能以任何方式标注并关联到某个特定用户。否则，该关联性会被内部或外部攻击者分析，从而破解用户的真实身份。

2) 数据融合

数据融合是边缘计算的重要功能，它可以将多个用户数据在上传到最终的数据处理中心前整合为一个上报报告，有效地节省通信及计算资源。另外，在数据融合的过程中，将单个用户的数据融合到多个用户的数据中可以有效实现隐私保护的 k-匿名，从而实现对用户身份隐私的保护。同时，数据融合必须是在保障数据处于加密和安全状态下进行的。

3) 安全通信

在机制和体系的设计中，所有过程必须考虑数据的可靠性和通信的安全性，尤其是在面向车辆群体感知的环境下，对数据安全性的依赖更强，因此需要在设计接入控制时考虑数据上报前的身份认证。

4) 恶意数据源可追溯性

在感知数据上传的过程中，并不能避免恶意行为或搭便车行为(不作任何实际贡献的上报行为)，需要对这样的数据源进行数据追溯，因此机制的设计必须考虑支持对数据源的追溯能力。

7.3.2 设计思路

本章首先提出一个基于公交雾的车辆群体感知上报隐私保护体系(fog bus-based vehicle crowd-sensing reporting privacy preserving scheme，FBVCS)，该体系包括一个新型的服务于车辆群体感知系统并基于雾的双层异构雾架构，该架构为本章面向车辆群体感知的隐私保护及激励机制提供了网络架构基础。此外，该体系还包括一个基于多感知任务类型的数据加密聚合上报策略，并通过基于身份的签名认证技术提供了数据完整性验证及接入控制。同时，为了实现对恶意数据提供者和搭便车数据提供者的可追溯性，减轻第三方信任机构的存储压力，本章还提供在不暴露用户隐私条件下的安全追溯方案。

本章研究的主要特点如下。

(1) 参与车辆的隐私保护。本章基于同态加密技术和信息融合的思想，实现了对参与车辆的隐私保护，底层雾节点因同态加密技术而无法获取单个车辆的感知数据，而高层雾和云数据中心也因信息融合而无法获取参与车辆与感知数据的关系，所以无法从感知数据中识别出参与车辆的身份。

(2) 数据完整性保证。本章通过基于身份的批认证来实现数据的完整性与真实性，从而能够有效提高感知数据源头的可靠性。

(3) 可溯源性。根据本章提出的异构雾架构，底层雾通过缓存映射列表和 TA 合作外包安全数据实现对恶意数据提供者的溯源，既减少了 TA 的存储开销，又实现了对数据的可溯源性，有效排除了无效和恶意参与车辆。

(4) 高灵活性。本章提出了基于公共汽车的异构雾架构，利用公共汽车与普通车辆的近距离特性使整个感知网络的覆盖范围更广，并且相较于普通群体感知网络更灵活，随着车辆密度的增加，将有更多的公共汽车参与群体感知的任务，比起将固定数量的 RSU 作为雾节点进行直接收集，整体网络具有更高的吞吐量。

1. 基于公共汽车的移动雾架构设计

本章基于传统的车联网构架及车辆群体感知的特性和需求，提出一个基于双层雾的车辆群体感知框架，该框架相对于现有架构，在灵活性、动态性和快速反应性上都能更好地支持城市车辆群体感知的性能需求。该框架的结构如图 7-1 所示。

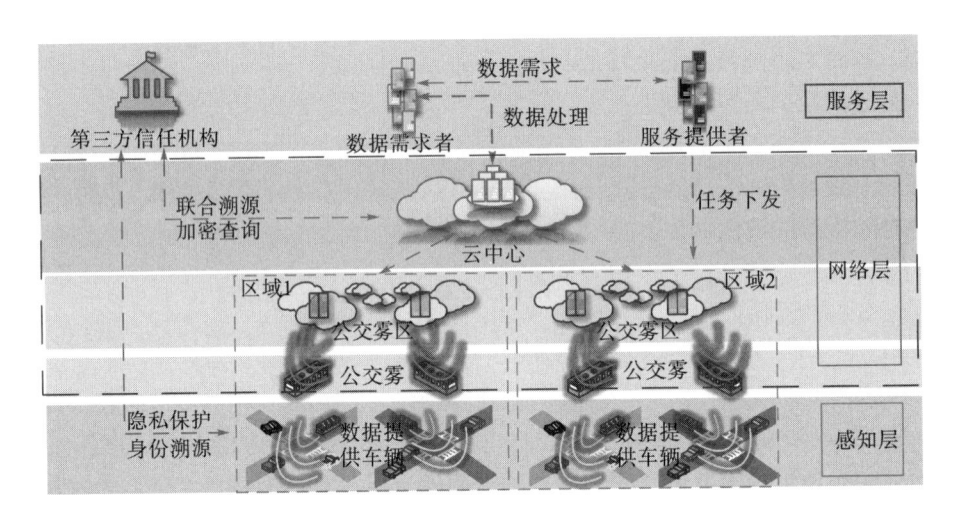

图 7-1 双层雾车辆群体感知架构

(1) 服务层。该层是面向数据需求者、服务提供者及第三方信任机构的，该层主要包含车辆群体感知应用、群体感知任务的生成、数据报告的生成及数据外包服务。

(2) 网络层。该层主要包含云中心及双层雾架构(底层雾与高层雾)，主要为群体感知应用涉及的数据上传、处理及分布式存储提供基础性网络支撑。

(3) 感知层。感知层主要面向的是数据提供车辆，在该层中，数据提供者通过车载传感器设备对任务数据进行数据采集和初步处理。

1) 网络模型

(1) 数据需求者(data demander，DD)

本章定义的数据需求者主要是指一些管理部门(如交通管理部门、气象局等)和服务商(如医疗机构、电力公司、商业机构等)。它们产生对某些数据的需求，并希望从现有的感知数据提取有价值的信息(交通拥堵估计、事故报告、停车计划或能源需求)，然后对未来状态进行预测和估计。在这些数据需求者中，有一部分需要的是原始感知数据，并且不希望被其他人获取，而另一部分需要的是从感知数据中观测得到统计数据。

(2) 服务提供者(service provider，SP)

由于数据需求者对数据的需求不同，因此数据需求者将需求发布给任务产生者，并由任务产生机构对需求进行进一步解析和规范，由此得到一个标准的感知任务格式。然后，根据任务的有效区域和有效时间找到分布在指定地区的雾节点，进而有针对性地发布给特定区域的车辆来完成感知任务。

(3) 数据提供车辆(data providing vehicle，DPV)

在本章提出的架构中，参与车辆主要负责采集感知数据。参与车辆配备了大量不同种类的传感器，假设这些传感器设备能够满足现阶段的感知需求，并且车辆配有的感知应用能够对原始数据做初始化处理和分析。这些车辆均通过车联网D2D技术(Wi-Fi，DSRC，IEEE 802.11，3G、4G、5G)进行通信。

(4) 底层雾：公交雾(fog-bus，FB)

本章首次提出将底层雾节点部署在距车辆更近的公共汽车，这样做的理由是公共汽车在城市场景的分布范围更广，比起固定的路边单元，它能更好地覆盖整个城市道路，而且公共汽车离普通车辆更近，更有利于提升雾节点的本地响应能力。另外，公共汽车的体积较大，行驶相对缓慢，便于统一管理，易于部署雾节点，并且有空间携带较大的服务器。底层雾在本章构架中的主要功能有：参与车辆的接入认证及信息完整性的验证；通过数据融合手段执行隐私保护策略；配合TA进行数据溯源。公交雾比普通车辆的通信范围更广，并配有更强大的计算和存储能力。

(5) 高层雾：公交雾区(fog-bus region，FBR)

高层雾主要由公交雾区构成。这些高层雾区由公共汽车的热点区域组成，因为公共汽车具有固定和可预见的移动速度，这些雾区由公共汽车的历史行驶状态形成，其位置相对固定，并周期性地向云数据中心更新其当前状态，服务于云数据中心的存储和卸载，为车辆数据访问提供更快的响应能力，可以被云数据中心动态调度资源。高层雾具备以下三个功能：根据SP的需求动态分发感知任务；处理原始感知数据并根据需求进行分析；缓存用户的参与奖励兑换数据。

(6) 云中心(cloud center，CC)

云中心具有强大的存储和计算能力，它可以接收来自各个地方上传的感知数据并进行存储和处理，此外也支持感知数据的在线共享。在本章中，云中心根据需求动态地调度分散在各个地区雾节点上的感知数据资源，并根据需求进行集中处理和分析，同时存储信任机构外包的安全数据。

(7) 信任机构(trust authority，TA)

信任机构是可信的第三方机构。其主要作用是在初始化阶段负责安全参数的设置和密钥的生成与管理。另外，它还负责可疑数据或恶意数据的溯源过程。

2) 公交雾区形成及维护

基于上述双层雾架构,下面重点介绍本章提出的高层雾——公交雾区(FBR)的形成与维持策略。

(1) 雾区的生成规则

在本章提出的机制中,根据城市地图划分出公共汽车单跳通信距离不重叠的区域并生成区域集合 RG={RG$_1$, RG$_2$, …, RG$_n$}。然后,基于地区的道路规划图、公交线路图(各站点线路信息)及各公共汽车线路行驶的历史数据生成该区域的交通模型对象及其相应的交通属性,主要包括连续工作时间内的公共汽车数量 N_{Bus} 和该区域的公共汽车站点数量 $N_{Station}$。根据热点区域生成热点区域集合,下面称为公交雾区(FBR)。具体生成步骤是:对于区域集合内的每个区域对象,首先判断区域内的站点是否大于等于 2,其次判断在任意连续的工作时间段 Δt_w 是否至少有一辆公共汽车。满足以上条件的区域 RG$_i$ 被放入雾区集合,简称 FBR,如算法 7-1 所示。

算法 7-1:公交雾区动态生成规则

输入: 区域数据对象集合 RG={RG$_1$, RG$_2$, …, RG$_n$}

输出: 雾区对象集合 FBRList={FBR^1, FBR^2, …, FBR$_n$}

1: **begin**
2: FBRList={ϕ}
3: **for** 每个 RG 中的区域 RG$_i$
4:    **if** $N_{Station} \geq 2$
5:       **for** 任意 Δt_w 内
6:          $N_{Bus} \geq 2$
7:          FBRList= FBRList $\cup$ RG$_i$
8: **end**

其中,雾区是根据该地区历史公交行驶数据生成的,由于公交线路具有特定的规律性,本章假设形成的雾区在公共汽车路线规划不改变的前提下,雾区的分布情况是固定的,一旦有新的公交线路规划出现,新形成的雾区或消失的雾区数据可以通过公交雾网络被周期性地告知相关参与的网络实体(服务商、云数据及底层公交雾)。

(2) 雾区的加入协议

下面介绍 FBR 的维持策略,主要采用分簇的思想。雾区数据的存储和计算是由处于该区域的所有 FB 联合完成的,为了方便对雾区的管理及同步,每个雾区在一段时间内都只有一个簇头来统一维护。进入雾区的 FB 开始与簇头通信并执行雾区的存储及计算任务，符合条件的 FB 被即将离开雾区的簇头任命为下一个簇头。离开雾区的 FB 将携带离开雾区前最后一个更新的该雾区的数据日志，并在有效期内缓存这些数据，为后期的数据访问做准备。

下面介绍 FB 加入 FBR 并成为其成员或成为雾区簇头(FBR-CH)的协议流程。首先，FB 向周边车辆发送 Hello 数据包并查看最近是否存在雾区 FBR，如果其存在于某个雾区范围内，那么该雾区的簇头将对该 FB 进行身份认证；然后，发送相应消息，该 FB 收到相应消息后成为该雾区的成员并缓存该雾区的数据日志，同时将该雾区的相关信息添加到自己的历史日志中，如算法 7-2 所示。

算法 7-2：FB 加入 FBR 协议

公交雾 FB：

1：向周边车辆发送 Hello 数据包

雾区簇头 FBR-CH：

2：从该 FB 处接收 Hello 数据包

3：　**if** 该 FB 所在位置位于该雾区范围内

4：　　　**if** 对该 FB 的身份认证通过

5：　　　　返回该 FBR 的响应消息

6：　　　**else** 丢弃该包 ；

公交雾 FB：

7：　**if** 等待时间在 t_w 内

8：　　接收该 FBR 的应答消息

9：　　根据 FBR 提供的日志更新自己的日志

10：　将该 FBR 的位置添加到历史日志中

数据日志在 FBR 的每一辆 FB 上的存储形式如表 7-1 所示。

表 7-1　雾区数据日志存储形式

雾区标识符	时间戳	日志序号	查询关键字	数据

(3) 雾区簇头(FBR-CH)的工作流程

FBR 的簇头 FBR-CH 主要担任维护和同步更新该 FBR 内的数据，它是从进入 FBR 的 FB 在满足一定条件时由上一任 CH 指定生成的。其主要工作流程如图 7-2 所示。

首先，它会周期性地检测其在 FBR 内的维持时间是否满足条件，在满足条件的情况下持续接收数据存储请求并同时以广播的方式将日志全部同步给该 FBR

内的所有成员 FB。在判断其无法继续满足担任 CH 的时间条件下，首先用 CH 生成算法，再根据成员定期发送的 Hello 数据包的位置、速度及时间数据生成一个候选成员，并向其发送簇头委任消息 AMSG，当该成员接收该消息并返回确认消息后，该 CH 将最新的数据日志发送给委任成员并停止更新日志，同时接受加入请求。被委任的 CH 将开始新的工作流程，并以 CHMS 消息向 FBR 内的车辆广播自身身份信息。

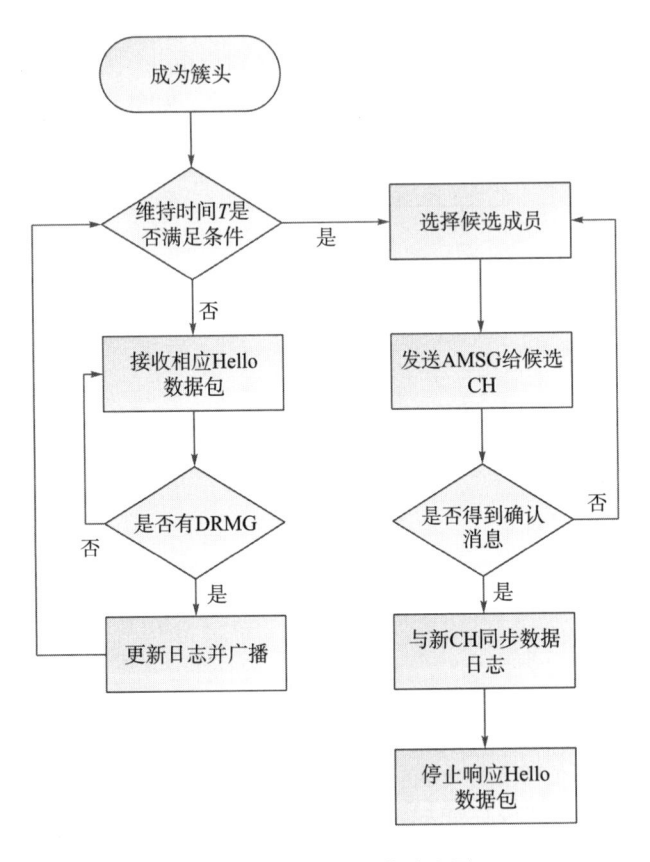

图 7-2 雾区簇头工作流程图

(4) FBR 成员 FBR-Follower 的工作流程

当 FB 进入 FBR 范围内，根据协议 FBJE 接收来自 FBR-CH 的消息并成为该 FBR 的成员，同时共同承担存储该区域的所有数据，它在区域内的事件流程如下。

首先，该 FB 随时接收来自 CH 的数据更新日志消息 UDMG 来更新自己的日志。当有数据存储消息 DRMG 请求到达该 FB 时，FB 首先检测该数据时间戳是否大于最新更新日志的时间戳，如果是，那么将该数据的存储请求消息上报给簇头进行统一更新并维护 FBR 内日志；如果不是，那么将其视为滞后请求并丢弃。

当该 FB 接收来自 CH 的委任消息后，随即发送应答消息，开始接收并答复 FBR 内的 Hello 数据包，同时在接到上一任 CH 的最后一个更新日志后开始广播更新 FBR 内的数据日志。

2. 基于公交雾的群体感知数据融合上传方法

1）系统初始化

（1）面向认证的初始化

本章的认证技术采用基于身份的认证，该认证技术的理论基础主要是双线性映射。

步骤一：根据双线性映射的参数需求，TA 可以根据相同的最大质数生成两组乘法循环群 G_A 和 G_M，$G_A \times G_A = G_M$，并形成双线性映射 e。

步骤二：TA 选择一个随机数 $\varphi \in Z_n^*$ 作为密钥，并计算出主公钥 $PK_{pub} = \varphi$。

步骤三：在初始阶段，系统内的私家车和公交雾都会向 TA 注册并获取真实的 VID 和 BID，同时取得防篡改装置的密码 PSW。然后 {VID, PSW, φ} 和 {BID, PSW, φ} 被 TA 预载入防篡改装置，并将防篡改装置配置在每一辆车上。

步骤四：TA 选取三个哈希函数 $H_1()$：$\{0, 1\}^* \to G$，$H_2()$：$\{0, 1\}^* \to Z_n^*$ 及 $h()$（如 SHA-256）。

步骤五：TA 将系统参数 $\{G_A, G_M, P, Q, q, e, PK_{pub}, H_1, H_2, h\}$ 公布给所有参与车辆，其中，P 和 Q 分别是两个被选定的生成元。

（2）面向数据安全的初始化

步骤一：在初始化期间，DD 首先为 TA 注册一个身份 TD_{DD} 并获取同态密钥。

步骤二：TA 通过密钥产生算法产生一组公钥、私钥对 $PK_{DD} = (n, g)$ 和 $SK_{DD} = (\mu, \lambda)$。

步骤三：TA 将 PK_{DD} 和 SK_{DD} 通过安全通信渠道返回给 DD。

2）雾节点任务下发过程

当 DD 需要通过数据分析来服务某些应用时，将把其产生的感知需求发送给 SP，SP 再把相应的需求转换成符合格式的任务消息 $\{Task || T_S || R_S || Format || PK_{TG} || Token\}$ 下发并分配给指定地区的雾节点。这里，Task 涉及感知数据的类型及相关的采集指导和要求，并且负责指定数据是原始数据还是经过分析后的统计数据；T_S 为感知数据收集的有效时间；$R_S = \{R_1, R_2, \cdots, R_S\}$ 为指定 S 个感知数据收集范围的区域集合；Format 规定了数据格式；Token 是与任务绑定的标记，是计算的哈希值，用于给车辆在完成收集后兑换奖励。

3) 数据采集过程

(1) 目标车辆选择和申请过程

当私家车驶入特定感知区域时，会收到来自雾节点下发的任务，该车辆通过车辆周期信标信息选择有意愿加入的公交雾并上传感知数据。公交雾的信标信息包含匿名、位置、速度、时间戳、所在道路及公钥信息。由于在一辆车的通信范围内通常不只有一辆公共汽车，所以参与车辆需要通过选择算法来选择一辆能最大可能在完成整个上传过程中保证稳定通信的公共汽车。因此，通过式(7-1)估算两辆行驶车辆的有效通信时间。

$$T_d = \frac{\sqrt{(\eta^2+\lambda^2)R^2-(\eta\alpha-\lambda\omega)^2}-(\eta\omega+\lambda\alpha)}{\eta^2+\lambda^2} \quad (7-1)$$

式中，$\eta = v_b\cos\theta_b - v_p\cos\theta_p$；$\omega = x_b - x_p$；$\lambda = v_b\sin\theta_b - v_p\sin\theta_p$；$\alpha = y_b - y_p$。其中，$(x_b, y_b)$、$(x_p, y_p)$ 分别为公共汽车和参与车辆的坐标；θ_b 和 θ_p 分别为其与 x 轴方向的夹角。

参与车辆根据算法 7-3 选择公交雾进行数据上传。

算法 7-3：目标公交雾选择算法

输入：　候选公共汽车 Bus_i
公共汽车身份标识 Bus_i ID
公共汽车行驶状态 Bus_i SD
公共汽车所在道路标号 $Route_{bus}$
输出：　目标上报公交雾 Bus_{Target}
1：　**begin**
2：　**if** $RoadId_{bus?}$=RoadId
3：　　计算 T_d
4：　**if** $T_d < \tau$
5：　　保存 Bus_i ID
6：　选择拥有最大 T_d 的公共汽车并令 $Bus_{Target} = Bus_i$
7：　**end**

其中，$RoadId_{bus}$ 和 $RoadId_{pv}$ 分别为公交雾和参与车辆所在道路的 ID，τ 为通信时间阈值。

完成选择后，车辆产生一个请求消息 $A_{Vi} = \{Apply, Tag, h(k_i)\}$，其中包括申请消息 Apply，Tag 是用来让公共汽车确认车辆所参与的任务是否为要求的任务，还有一个由参与车辆用随机数 $k_i \in Z_n^*$ 生成的哈希值 $h(k_i)$。然后，再选取一个随

机数 $\gamma_i \in Z_n^*$，通过如下计算产生一个匿名：

$$PID_i = (PID_{i,1}, PID_{i,2}) \tag{7-2}$$

$$PID_{i,1} = \gamma_i P \tag{7-3}$$

$$PID_{i,2} = ID_i \oplus H_1(\gamma_i, P_{pub}) \tag{7-4}$$

参与车辆通过匿名 PID_i 对申请消息进行签名，过程如下：

$$Sign_{Vi} = \left(\gamma_i + \varphi H_2\left(A_{Vi} \| PID_{i,1} \| PID_{i,2} \| t_a\right)\right) Q \tag{7-5}$$

然后，参与车辆对申请消息进行加密并发送给公交雾。

一个公交雾对 k 个车辆的申请进行解密后，对这些申请进行批认证，该过程可通过式(7-6)完成：

$$e\left(\sum_{i=1}^{k} v_i Sign_i, P\right) = e\left(\sum_{i=1}^{k} PID_{i,1} + \left(\sum_i^k v_i H_2(A_{Vi} \| PID_{i,1} \| PID_{i,2} \| t_a)\right) P_{pub}, Q\right) \tag{7-6}$$

如果 k 辆车的认证均通过，那么公交雾将对这 k 辆车进行随机排序，并产生它们的序列数 Seq_{Vi}，再计算转换后的序列数 $Seq_i = Seq_{Vi} + h(k_i)$，并把它们打乱后放入集合 $Seq = \{Seq_1, Seq_2, \cdots, Seq_k\}$ 中，然后广播 $\{Seq, k\}$。值得注意的是，在这一步，公交雾对 k 辆车进行排序后的顺序和匿名对应的关系被暂时缓存在公交雾中，当完成数据收集的过程后，这个映射关系将被公交雾通过 TA 的一系列指示外包给上层雾节点。

(2) 感知数据产生加密

参与车辆收到公共汽车的广播消息后，通过 $\sigma = Seq_i - h(k_i)$ 计算的结果如果为 0，那么参与车辆获取了公共汽车分配的序列，通过参与车辆生成长度为 l 的感知数据(包括位置和时间)，随后再生成一个长度为 $k \cdot l$ 比特的消息 $m_i \in \{0,1\}^{kl}$。将感知数据放到第 Seq_i 的字段中(每个字段长度为 l)，其余 $(k-1) \cdot l$ 的比特用 0 填充。随后，参与车辆选择一个随机数来生成密文：

$$C_i = g^{m_i} \varepsilon_i^n \bmod n^2 \tag{7-7}$$

C_i 用相同的方法进行签名和加密，然后发送给公交雾。

4) 公交雾的加密数据融合

公共汽车收到 k 个参与车辆上报的感知数据消息后先用自己的私钥对其进行解密，并通过基于身份的群验证认证信息的完整性并执行消息融合，加密融合过程如式(7-8)和图 7-3 所示。

$$C_{\text{Bus}_i} = \prod_{i=0}^{k} C_i \bmod n^2$$

$$= g^{M_j} \prod_{i=0}^{k} \varepsilon_i^n \bmod n^2$$

$$= \prod_{i=0}^{k} g^{m_i} \varepsilon_i^n \bmod n^2$$

$$= g^{\sum_{i=0}^{k} m_i} \prod_{i=0}^{k} \varepsilon_i^n \bmod n^2 \tag{7-8}$$

然后，公共汽车对融合后的消息进行签名，最后上传给高层雾节点。

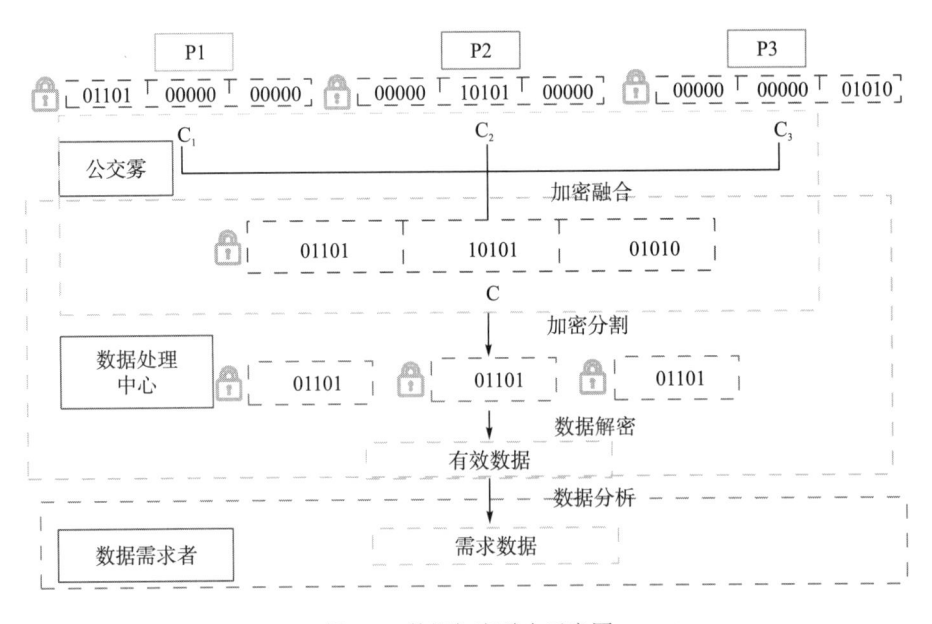

图 7-3　数据加密融合示意图

5) 数据中心的处理过程

高层雾节点接收到多个车辆发送的融合感知数据，先通过签名验证这些公交雾的消息完整性，然后高层雾节点根据 DD 的需求对数据进行进一步处理。

情形一：如果 DD 需要原始感知数据本身，那么它们并不需要云或雾对数据进行处理，只需要云或雾对数据进行存放并实现动态调度。如果 DD 想实现数据的共享(其他机构也同样需要该数据)，这一需求将通过 CP-ABE(基于属性的加密系统)来完成(在整个加密过程中)。然而对这一情形的方案研究超出了本章的研究范围，这里只提供这一情形的可能性。

情形二：如果 DD 需要通过分析后的感知数据而非绝对的原始数据，那么它会授权云数据中心或高层雾节点去处理和分析这些数据。首先，云数据中心对这些来自公交雾的融合数据进行解密，如式(7-9)所示：

$$M_i = L\left(C_{bus_i}^{\lambda} \bmod n^2\right) \cdot \mu \bmod n \tag{7-9}$$

其中，$M_i = \{m_1 | m_2 | \cdots | m_k\}$ 是来自一个公交雾节点的 k 个参与车辆的融合消息。通过对 M_i 的切割，最终得到单个参与车辆的数据。然后雾节点通过发布对任务的一系列规范和要求，筛查出无效数据并剔除冗余数据。最后再根据云数据中心的要求实现对数据的动态调度和处理。

3. 基于雾计算隐私保护下的感知车辆安全追溯策略

值得注意的是，在参与车辆向公交雾上传感知数据及公交雾对数据进行融合的过程中，为了实现参与者的可溯源性，公交雾暂时保留了参与车辆的匿名身份与所提供感知消息的车辆在融合消息后的位置映射表 MPL，如果将这些数据都上传给 TA，将会给 TA 带来巨大的存储压力，不断产生的映射数据也会造成公交雾的存储压力，因此这些映射表被公交雾通过安全信道周期性地由本章提出的外包策略存储到云数据中心，TA 只需要直接在追溯阶段利用云数据中心提供的证据（数据来源公交雾及上报时间）就可以从访问数据中心得到需要撤销身份的用户匿名，下面介绍整个基于云的用户身份安全追溯方案。

1) 初始化

第一步：公交雾向 TA 注册并获取 ID_{TBi} 来参与 MPL 的上传过程。

第二步：TA 根据密钥产生算法生成密钥(公钥、私钥对)及一系列系统安全参数$(\mathbb{G}_A, \mathbb{G}_M, p_1, p_2, \hat{e}, z = p_1, p_2, \ g, h)$。计算并保存两个密钥参数 $EB = g^{p_1}$ 和 $QB = \hat{e}(g,g)^{p_1}$。TA 选择一个哈希函数 H_q：$\{0,1\}^* \rightarrow \mathbb{Z}_n^*$ 并将 EB 发送给公交雾。最后，TA 向系统发布系统参数$\{\mathbb{G}_A, \mathbb{G}_M, \ g, h, \hat{e}, \ z, \ H_q()\}$。

2) MPL 在公交雾上的预处理

当融合感知消息后，公交雾会产生一个时间戳 T_i，以及 m_i 在 M_i 的位置 k 及参与车辆的匿名映射表 $\{T_i, k, PID_{vi}\}$。然后，在缓存各映射表前，公共汽车会对这几个数据做以下预处理。

首先，公交雾通过 TA 的公钥 PK_{TA} 对参与车辆的匿名 PID_{vi} 进行加密：$EP_i \leftarrow EP.Enc(PK_{TA}, PID_{vi})$。

其次，公交雾选择两个随机数 $\gamma_1, \gamma_2 \in \mathbb{Z}_n^*$ 并将时间戳 T_i 和 k 通过式(7-10)或式(7-13)进行转换：

$$s_{n1} = \mathrm{EB}^{T_i^2} \tag{7-10}$$

$$s_{n2} = \mathrm{EB}^{k^2} \tag{7-11}$$

$$s_{n3} = g^{T_i} \cdot h^{\gamma_1} \tag{7-12}$$

$$s_{n4} = g^{T_i} \cdot h^{\gamma_2} \tag{7-13}$$

再次，MPL 缓存在公交雾的形态为 $\{(s_{n1}, s_{n2}, s_{n3}, s_{n4}),\ \mathrm{PID}_{vi}\}$。

最后，公交雾在空闲时通过安全网络渠道用 $\mathrm{ID}_{\mathrm{TB}i}$ 上传 MPL 列表到云数据中心节点。其数据库中的最终形态如图 7-4 所示。

$$\begin{vmatrix} <1 & \mathrm{ID}_{\mathrm{TB}i} & (s_{11},s_{12},s_{13},s_{14}) & EP_1> \\ <2 & \mathrm{ID}_{\mathrm{TB}i} & (s_{21},s_{22},s_{23},s_{24}) & EP_2> \\ <3 & \mathrm{ID}_{\mathrm{TB}i} & (s_{31},s_{32},s_{33},s_{34}) & EP_3> \\ & & \vdots & \\ <n & \mathrm{ID}_{\mathrm{TB}i} & (s_{n1},s_{n2},s_{n3},s_{n4}) & EP_n> \end{vmatrix}$$

图 7-4　外包安全数据在数据库的存放形态

另外，公交雾将 $\mathrm{EA}=H_q(\mathrm{EB})$ 提供给云数据中心来实现后续的查询过程。

3）无效数据的发现过程

在数据分析的过程中，那些存在问题的无效感知消息将被筛查出来，同时这些问题感知数据 m_j 的来源信息 $\mathrm{Sr}_{Mi}=\{\mathrm{PID}_{\mathrm{Bus}i}, T_j, m\}$（$T_j$ 为 m_i 的时间戳，m 为 m_i 在 Bus_i 上传的融合数据所在的位置）被查出，雾再将这些信息提供给 TA。

4）基于云计算的安全搜索和身份撤销

TA 获取 Sr_{Mi} 后，首先通过 $\mathrm{PID}_{\mathrm{Bus}i}$ 找到当时公交雾向 TA 注册的身份 $\mathrm{ID}_{\mathrm{TB}i}$，然后 TA 利用 (T_j, m) 向云数据中心发起询问过程。但在查询前，TA 会将 (T_j, m) 通过下面的方式计算转换为 (qr_1, qr_2, qr_3, qr_4)。

$$qr_1 = \mathrm{EB}^{T_j^2-1} \tag{7-14}$$

$$qr_2 = \mathrm{EB}^{m^2} \tag{7-15}$$

$$qr_3 = \mathrm{QB}^{2T_j} \tag{7-16}$$

$$qr_4 = \mathrm{QB}^{2m} \tag{7-17}$$

TA 用公交雾的密钥对查询信息加密后得到 $EQ_j \leftarrow \text{EQ.Enc}(\text{PK}_{Fj}, q_1 \| q_2 \| q_2 \| q_4 \| \text{ID}_{TBi})$，签名后再发送给指定区域的雾进行查询。

高层雾收到来自 TA 的查询信息后先进行验证和解密，首先提取 ID_{TBi}，然后查询列表找到相应的 ID_{TBi} 存放空间，再基于 TA 的查询信息 (qr_1, qr_2, qr_3, qr_4) 进行如下计算：

$$\begin{aligned}
E_s &= \frac{e(s_{n3}, qr_3)e(s_{n4}, qr_4)}{qr_1 qr_2 s_{n1} s_{n2}} \\
&= \frac{e\left(g^{T_i} \cdot h^{\lambda_1}, \text{QB}^{2T_j}\right) e(g^{T_i} \cdot h^{\lambda_2}, \text{QB}^{2m})}{\text{EB}^{T_j^2-1} \text{EB}^{m^2} \text{EB}^{T_i^2} \text{EB}^{k^2}} \\
&= \frac{e\left(g^{T_i} \cdot h^{\lambda_1}, g^{p_1 2T_j}\right) e(g^{T_i} \cdot h^{\lambda_2}, g^{p_1 2m})}{\text{EB}^{T_j^2-1} \text{EB}^{m^2} \text{EB}^{T_i^2} \text{EB}^{k^2}} \\
&= \frac{e\left(g^{T_i p_1}, g^{2T_j}\right) e(g^{kp_1}, g^{2m})}{\text{EB}^{T_j^2-1} \text{EB}^{m^2} \text{EB}^{T_i^2} \text{EB}^{k^2}} \\
&= \frac{e(g,g)^{p_1 \cdot 2T_i T_j} e(g,g)^{p_1 \cdot 2km}}{\text{EB}^{T_j^2-1} \text{EB}^{m^2} \text{EB}^{T_i^2} \text{EB}^{k^2}} \\
&= \text{EB}^{1-\left[(T_j-T_i)^2+(m-k)^2\right]}
\end{aligned} \tag{7-18}$$

随后，云数据中心将计算得到 $H_q(E_s)$，如果该项数据为查询目标数据，那么 $T_j = T_i$ 且 $m=k$。

因此，如果 $H_q(E_s) = \text{EA}$，那么该项数据就是目标查询结果。

雾节点将 TA 查询到的目标结果 EP_i 返回给 TA，TA 通过自己的密钥对 EP_i 进行解密得到参与车辆的匿名，再执行匿名撤销，系统将收回该参与车辆参与感知的权限及奖励。

7.3.3 仿真结果及分析

1. 安全及隐私保护性能对比

1) 隐私保护性能对比分析

在做隐私性能分析对比之前，首先分析对比方案的安全及隐私保护性能。
(1) 基于同态加密的自组织 (homomorphic encryption self organization，HESO)

方案[11]。该方案基于车辆自组织群组的路线聚合方案，通过同态加密及车辆的协作通信在无须引入网络实体的条件下，自组织完成了路线的加密融合为交通状态的预测提供感知数据，并实现了对单个车辆路线的隐私保护。该方案有效斩断了用户数据和用户身份的联系，并且通过数据融合也有效减少了带宽资源消耗，提高了用户参与率。与此同时，该方案也存在明显缺陷：一是由于其自组织的特性，用户所提供数据的真实性及提供数据的参与者身份的有效性无法得到验证；二是对于恶意的数据提供者，该方案没有任何途径可追溯。

(2) 基于群组令牌的方案(group token based scheme，GTBPS)[12]。该方案提供了一个基于群组管理的上传方案，通过授权令牌的方式让参与者参与到相应的感知任务并以此为激励机制的凭证，该方案隐私保护的不可关联性是通过复用匿名（形成逻辑意义上的 k-匿名）的方式来实现的，尽管群组的概念在该方案中被应用，但该方案的群组管理者只负责群组令牌的产生和发放，并没有对数据进行聚合，因此该方案既没有考虑数据本身的安全，也没有考虑数据融合。另外，在该方案中，负责群组管理、匿名实时生成与发放及负责令牌认证的实体是相互独立的，过多引入网络实体造成了更多额外的通信开销，所以该方案在通信开销和数据安全上存在缺陷。

(3) 基于无证书融合签密的方案(certificateless aggregation signcryption scheme，CALASS)[13]。该方案是一个适用于雾计算的轻量级无证书的感知数据签密方案，通过无证书认证及融合签名方案有效缩短了认证和融合过程，进一步节省了认证流程，并且在实现对用户隐私保护的同时能够对恶意用户进行溯源。该方案仅在用户身份的验证流程上做到了性能提升，但对于数据本身，该方案存在他人利用用户感知数据来窃取该用户信息的风险，并且该方案同样没有考虑数据融合。

从表 7-2 可以很容易地分析得出：不可关联性、数据融合性和可溯源性在对比的现有方案中并没有办法同时实现，这也是当前对于群体感知考虑隐私保护的策略中存在的明显问题。因此，这些方案没有充分满足面向车辆群体感知且考虑隐私保护的性能要求，不能很好地应用于车辆群体感知场景，所以方案 FBVCS 在性能的实现上能更全面地满足隐私保护的各项性能要求。其具体分析如下。

表 7-2 隐私保护性能实现情况对比

方案名称	FBVCS	GTBS	HESO	CALASS
不可关联性	是	是	是	否
数据融合	是	否	是	否
数据完整性	是	是	否	是
数据安全性	是	否	是	是
接入控制	是	是	否	是
可溯源性	是	是	否	是

(1) 不可关联的隐私保护性。可以注意到，首先，本机制的所有通信过程是完全匿名的，参与者参与数据感知任务，在向公交雾上报数据时采用的是匿名，在本章的假设里，只有第三方信任机构能揭示匿名和用户真实身份的关系。另外，公交雾在融合参与数据时的整个过程中数据处于完全加密状态，只知道用户在群组的序号，所以无法将任何用户身份与数据关联起来，并且云数据中心或数据服务者也无法获取用户身份和数据的关系。一方面，由于上传到云数据中心的多个用户数据以上传公交雾的身份为共同身份，故云数据中心在获得数据时也无法将单个用户数据和单个参与用户的身份关联起来；另一方面，用户匿名与参与序列号的映射关系后面会经公交雾处理后上传到云数据中心，没有 TA 的授权和允许，该映射关系无法被获取，因为该映射关系是由所有公交雾形成的，即使部分公共汽车遭遇数据泄露，也不会对全部用户的隐私造成威胁，因为攻击所有公交雾的代价是非常大的。

(2) 匿名与数据完整性认证。大部分群体感知方案采取匿名的方案进行隐私保护，这就导致一些搭便车的用户或恶意用户为了骗取奖励而做出作弊行为。为了防止这种行为，本章利用基于身份的群签名在保证计算开销和通信开销的前提下对多个参与用户的匿名身份做了同时认证过程，该过程既可以过滤恶意用户(接入控制)，又保障了用户的隐私。

(3) 不可抵赖性和可追溯性。在本机制中，数据提供者对于所提供的数据是无法抵赖的，且支持后期对数据源身份进行撤销操作。首先，基于本机制的身份匿名验证过程，匿名是很难被伪造出来参与任务的。其次，匿名与数据的映射关系是被公交雾记录且处理后上传到云的，后期只要提供问题数据上报的公交雾信息及时间信息，就可以通过 TA 访问云来调取用户匿名，只有 TA 能通过用户匿名找到用户的真实身份并撤销该用户的参与资格，即使用户身份被 TA 撤销，基于映射关系，该用户针对数据的历史行为也是无法被否认的。

2) 计算与通信开销

下面对该机制的隐私保护效率进行分析。

(1) 计算开销

首先，与其他两个现有研究在计算开销上进行对比。在这里，主要考虑数据搜集阶段和数据聚合阶段的一系列隐私保护方案中涉及的加密及认证带来的计算开销。

时间开销的计算基于拆分相关的计算时间，其中包括乘法计算时间 T_m、配对计算时间 T_p、对数计算时间 T_e 及点对点哈希生成时间 T_h。这些计算时间的测量基于文献[14]。其测量环境和数据如表 7-3 所示。

表 7-3　仿真环境参数　　　　　　　　　　　　　　　　（单位：ms）

测量环境	3-GHz Intel Pentium IV
乘法计算时间 T_m	0.6
配对计算时间 T_p	4.5
对数计算时间 T_e	3.9
点对点哈希生成时间 T_h	3.7

下面对计算开销进行分析。

对于参与车辆而言，在本机制下，主要涉及两次签名过程，一次是加密过程，一次是哈希值生成过程。根据文献[15]，签名生成过程需要消耗 T_m，而对于加密过程，该过程涉及一次对数计算时间 T_e，因此参与车辆的总计算开销为 $2T_m + T_e + T_h$；对于 HESO 机制，由于其具有自组织的特点，它需要用每一位副组长的公钥对报告进行多次同态加密过程和认证过程，i 为该机制的副组长数量（为了使该机制得以实施，在这里将其最小值设为 1），整个方案对于参与车辆的计算开销为 $(i+1)(T_e + T_m)$。而对于 CALASS 机制，其参与任务的单个车辆在签密过程中的计算开销为 $6T_e$。最后，得到参与车辆的计算开销对比见表 7-4。

表 7-4　用户计算开销对比　　　　　　　　　　　　　　（单位：ms）

	FBVCS	HESO	CALASS
计算开销	8.8	>9.0	23.4

从表 7-4 中可以看出，本章提出的 FBVCS 机制在对参与用户的计算开销上表现出了明显的优势，从而有利于减少用户在参与感知任务中的资源消耗，尤其是对于能耗敏感型的用户终端。更为轻量的计算过程有利于提高用户的参与意愿。

对于公交雾或中间处理节点而言，在本机制中，需要一次签名生成和两次群签名认证过程及 $k-1$ 次乘法计算来进行加密数据融合，其最后的计算开销为 $4T_p + (k+3)T_m$。而在 HESO 机制中，本章将其自组织成员中的组长和副组长都设为公共汽车，每个组长和副组长都要对组员的数据进行融合并认证，所以对每个参与的公共汽车而言，得到的计算开销为 $(k-1)T_p + (k-2)T_m + T_e$。而在 CALASS 机制中，因为它是基于中心式的网络构架且不涉及数据融合过程，故没有考虑其在公共汽车上的计算开销。

图 7-5 为在不同机制下参与用户数量与计算开销的关系。从图中可以看出，随着参与车辆数量的增加，本机制的计算开销增加得较缓慢。而在 HESO 机制下

第7章 车联网中群体数据感知安全

随着参与车辆数量的增加，计算开销急剧增加，说明本机制能更好地支持架构的扩展性。

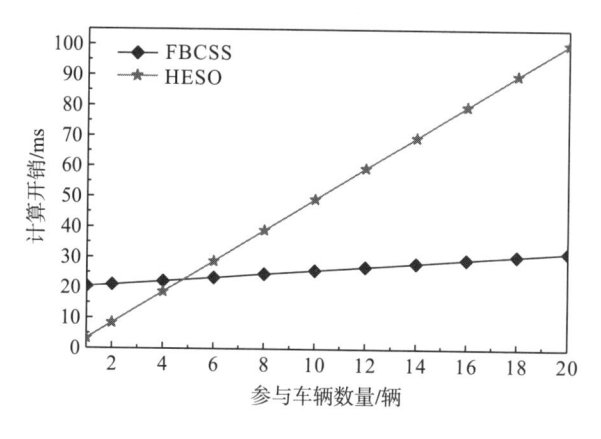

图 7-5 公交雾计算开销对比

表 7-5 为本机制与 HESO 机制、CALASS 机制在计算开销上的对比。总体来说，本机制利用公交雾的分布式特性和群组融合加密及认证，有效减少了参与车辆的计算开销，并将计算开销的压力更多地分担给能力更强的雾节点及数据处理中心。相较于自组织的车辆感知上报策略，本机制在计算开销上支持更大规模的群体感知场景，有效提升了雾节点的计算效率。

表 7-5 计算开销对比

机制名称	FBVCS	HESO	CLASS
参与车辆	$2T_m + T_e + T_h$	$(i+1)(T_e + T_m)$	$6T_e$
公共汽车	$4T_p + (k+3)T_m$	$(k-1)T_p + (k-2)T_m + T_e$	—
数据中心	$mT_e + 2T_p + T_m$	—	$4T_p + 2T_m$

(2) 通信开销

下面计算在机制流程中的数据包大小，由此进一步判断本机制的通信消耗。根据基于身份的群签名认证机制，签名长度为 67bytes。首先，考虑在申请过程中，申请消息包括 TIM 数据包和哈希值，假设公交雾的公钥基于 RSA 系统，则公钥长度为 128bits，加密过程涉及 4bytes 长度的标签和 4bytes 长度的哈希值，则申请消息的总长度为 32bytes。假设一个公共汽车的最大参与车辆数量是 20，则公交雾广播参与者序列号的哈希值消息的长度为 80bytes。每个参与者上传的数据包涉及一个签名和一个基于同态加密的长度为 512bytes 的密文(如 $Z_{n^2}^*$ 中的 n 值设置为

2014 bits)。因此，感知数据报告消息的总长度为 576 bytes，公交雾上传一个聚合的群组数据包，包含一个签名和一个同态加密数据包，总长度也为 576 bytes。由此得到计算的数据包长度见表 7-6。

表 7-6 数据消息包大小设置　　　　　　　　　　　　　　　（单位：bytes）

数据包报名	数据包大小
参与车辆申请消息	32
公交雾序列号下发消息	80
参与车辆感知数据报告消息	576
公交雾上报聚合数据消息	576

2. 网络仿真

本节将根据本章提出的机制对在车联网仿真平台的仿真过程进行详细介绍。

1）仿真平台及参数设置

下面给出网络仿真参数设置，如表 7-7 所示。

表 7-7 仿真参数表

参数	数值
IEEE 802.11p 数据传输率/(Mb/s)	6
D2D 信道带宽/MHz	10
参与车辆数量/辆	160~1600
最大公共汽车数量/辆	80
普通车辆最大速度/(m/s)	25
公共汽车最大速度/(m/s)	15
普通车辆通信范围/m	200
公共汽车通信范围/m	300、400、500
公共汽车路线数量/min	10~40
公共汽车产生时间间隔/min	2~16
仿真区域面积/km^2	6.5
信令频率/Hz	200
数据包大小/bytes	579

本章采用车联网开源平台 Veins[15]框架进行仿真，这个开源平台结合了城市移动交通模型仿真软件 SUMO[16]和基于事件的网络模块仿真平台 OMNET++[17]。Veins 是一个非常适用于车联网仿真的平台，它提供了丰富的已封装好的车联网通信模块。Veins 是在 SUMO 和 OMNET++的基础上实现的，并提供了方便的接口，能很好地将车辆的通信模块与 SUMO 产生的交通模型相结合。

参数设置是根据参考文献[14]、文献[18]和文献[19]中的仿真参数等结合本仿真的作用规模等比例设定的。

2) 仿真步骤

下面介绍仿真的主要步骤。首先，在 SUMO 平台上生成一个真实的交通场景（地图来源于 Veins 提供的地图实例），在该场景下设计固定车辆群来模拟公共汽车线路，并设定生成时间间隔来表示公共汽车的发车频次。随后，仿真随机车辆并设定其最大速率来模拟普通参与车辆，至此车辆交通模型已设定并生成。基于本章的设计协议，在 OMNET++上首先设定基本的网络参数（带宽、数据速率、通信半径及信令频率等），利用 Veins 提供的消息模型建立公共汽车和普通参与车辆的通信事件，再利用 Veins 提供的接口将 SUMO 的交通模型导入 OMNET++平台，并进行整个实验的仿真。整个实验的仿真次数大于等于 10 次。

3. 仿真结果与分析

下面对本章提出的基于公交雾的车辆群体感知架构及在此基础上的群体感知隐私保护策略的网络仿真性能进行分析。

1) 仿真性能定义

在进行仿真结果分析之前，首先给出如下性能定义。

定义 1：平均上报反馈时延=平均报告上传时延+平均处理时延+平均反馈结果时延。

定义 2：成功参与率=已接收的感知数据个数/发送的感知数据包总数。

定义 3：上报过程的数据包总量为在参与者感知报告生成并传送到数据中心的接收过程中产生的数据包总量。

2) 仿真结果与分析

图 7-6 为不同用户规模参与下感知参与令牌的反馈时延对比，并与传统自组织型的感知上报策略(self organized-based frame，SOFM)[11]、固定路边节点感知上报策略 Fix-Based[12]和中心型感知上报策略(centralized-based frame，CBFM)[13]进行对比分析。在数据报告消息大小一致的条件下，本章提出的基于公共汽车雾群体感知策略(fog-bus based crowd-sensing scheme，FBCSS)在保护用户隐私的前

提下，实现了更小的平均时延。一是由于在公交雾的架构下，雾节点被部署在公共汽车上，与参与车辆的平均距离更近，因此在传输时延上更具优势。从另外的角度分析，随用户的增加，本机制的平均上报反馈时延增长速率远小于其他三种感知策略，这是因为本章采用的公交雾这种相对密集的分布式处理模式，在公共汽车密度正常的情况下，每个公交雾在保证用户参与率的情况下，其成员数量相较于其他三种较小，所以不存在因用户规模上升出现的瓶颈效应，其数据处理时延上也更小，因此本机制的平均上报反馈时延在整体上相较于已有的感知上报策略更具有规模化优势。

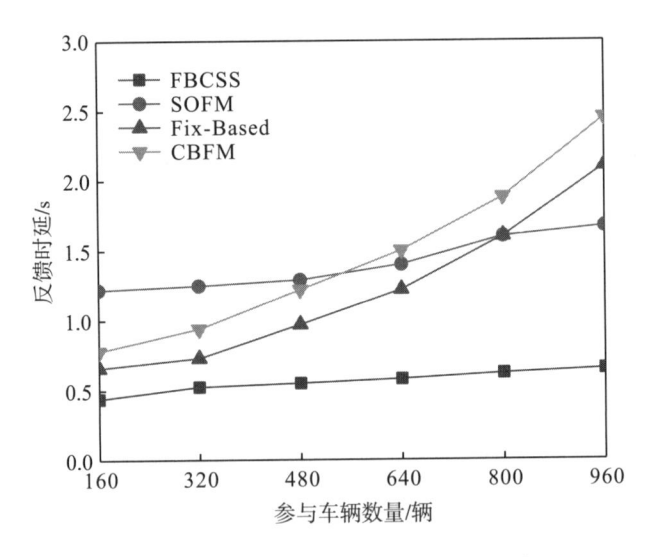

图 7-6 不同架构下的上报反馈时延对比

图 7-7 为在不同交通状态下用户成功参与率。本机制的用户成功参与率稳定在 98.9%～99.8%。从图中可以看到，其随参与用户规模的增大进一步增长，因为在低密度的交通状态下，参与车辆与公共汽车的相对移动速度较大，在上报过程中出现失去连接的次数相对较多，而在参与车辆增加的情况下，交通状态的密度进一步提升，参与车辆与公共汽车的相对行驶状态进一步相似，通信链路的维持更稳定，所以用户能更快地找到上报公交雾并完成上报流程。在自组织策略中，需要多个参与车辆联合进行数据的融合和加密，因此只有在高密度的条件下，参与率才有明显提升，而在车辆密度较小且车辆速度相对较大的情况下，车辆群组很难维持，故成功参与率相对较低。在固定路边节点上报的策略下，路边节点的通信半径较大，但车辆的移动性同样受参与规模的影响。

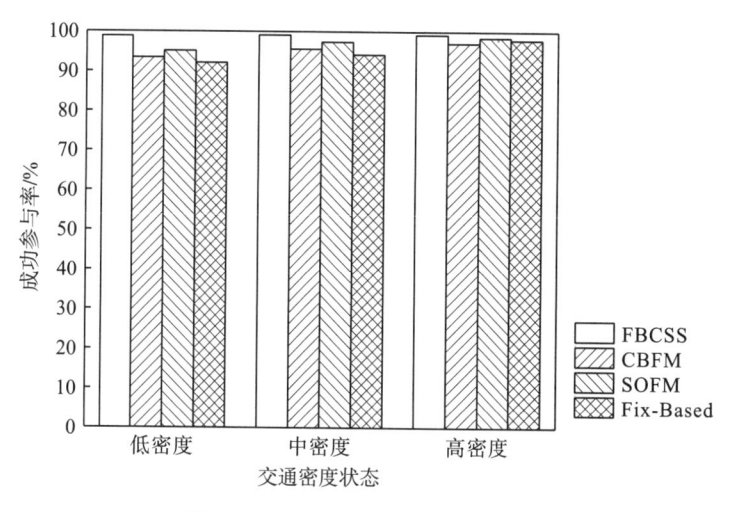

图 7-7 不同架构下的成功参与率与交通密度状态的关系

图 7-8 为在不同用户规模下的数据包个数。从图中可以看出，随着参与车辆数量的增加，本机制中基于公交雾上报策略的数据包总量的增长相对平缓，而自组织的增长速率最快，这是因为自组织的融合感知策略在加密融合数据的过程中需要依靠与组内多个组长的通信来完成数据融合过程。当用户规模扩大，数据包的数量增长显著。而基于中心化的数据包个数虽然最少，但这些数据包因远程通信的缘故消耗了更多的带宽资源。而基于固定节点的感知策略 Fix-Based 架构的数据包个数总体也高于本章提出的 FBCSS 架构，这是由于车辆的高速移动性使其与固定节点的相对移动速度更大，丢包率相比 FBCSS 架构要大，因此为了完成与路边固定节点稳定的上报过程需要消耗的数据包更多。

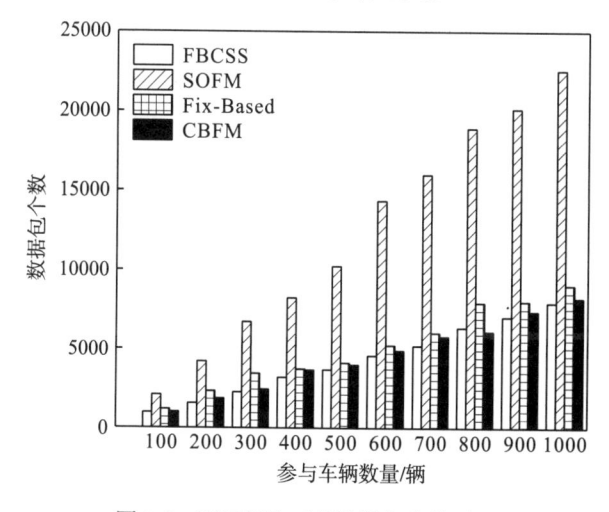

图 7-8 不同架构下的数据包个数对比

图 7-9 为公共汽车线路数量和公共汽车产生频次对于上报反馈时延及参与成功率的影响。在图 7-9(a)中，随着公共汽车线路数量的增加，上报反馈时延进一步缩短，当公交线路数量足够多时，公共汽车产生频次对上报反馈时延的影响逐渐减小，这是公交线路数量增大而产生的现象。图 7-9(b)反映了公交线路数量与参与成功率的情况，当公交线路数量较小时，参与成功率低于 90%；但在仿真地图中，当公交线路数量大于 20 条时，参与成功率大于 90%；但随着公共汽车产生频次增大，参与成功率趋于减小。

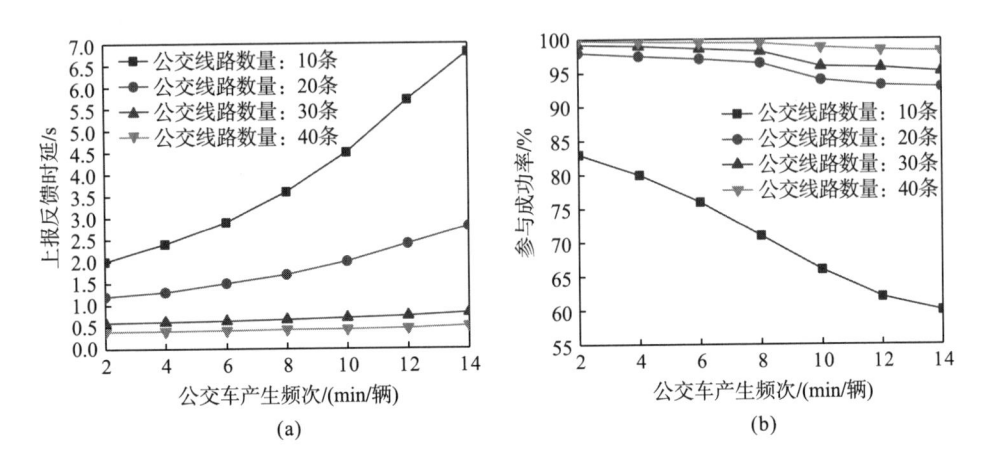

图 7-9 不同公共汽车产生频次下的上报反馈时延与参与成功率的关系

7.4 隐私保护下的用户激励算法

在移动群体感知中另一个不可忽视的研究内容是激励机制，由于车辆群体感知系统需要大量的参与用户，而参与群体感知任务本身会使参与用户在能耗、隐私等方面付出相应代价，只有将一定的激励作为补偿才能吸引更多用户参与其中。因此，在设计车辆群体感知系统时，需要将激励机制的实施考虑其中，然而这导致了一系列的隐私安全问题，本节围绕车辆群体感知的激励机制带来的问题提出相应的解决方案。

7.4.1 问题描述

在车辆群体感知网络中，现在主要存在如下问题。由于大数据分析对海量数据的需求，需要有更多的用户参与车辆群体感知网络。对于数据需求者而言，一方面是如何在获得最大效益的同时激励更多用户参与任务，另一方面是如何尽可能地保证其需求的数据是真实有效的。而对于参与用户而言，现有研究都是采用竞拍的方式进行现金奖励，但"竞标"失败的用户将无法执行感知任务，从而使数据需求者失去扩大样本容量的机会，因此在现金竞拍的基础上，如何更好地激励更多用户参与其中也是亟待解决的问题。用户在参与群体感知任务的同时，最担忧的问题即隐私保护，如何在保护用户隐私的前提下收集用户通过传感器收集的数据也是一大挑战。由于激励机制的存在，如何在后期执行奖励反馈的过程中既能将奖励准确地发放到用户手中又不暴露用户的隐私是本节需要解决的问题。

车辆群体感知机制主要从对用户的激励程度、用户的隐私保护策略及网络基础性能三个方面来设计，以下是针对车辆群体感知网络的整个体系流程设计提出的主要问题。

1. 群体感知体系的激励性

现有研究的群体感知体系对用户的激励采用反向竞拍机制，即用户通过提供参与贡献作为筹码竞拍，获胜者拥有资格进行数据感知收集并获得现金奖励。该方式对于大规模群体感知场景是不适用的，大数据背景下对用户的样本数量有更大的需求，而在海量用户参与的过程中，用户的贡献已经"沉没"，即用户需要针对其作出贡献匹配的回报。

(1) 用户效用期望。参与感知的用户效用期望应该是非负的，用户在执行感知任务前，其贡献与可能获得的奖励所形成的用户效用期望对每一位参与者都是公平且非负的，这样才能起到激励作用。

(2) 参与用户补偿。未能得到货币奖励的用户，在用户贡献"沉没"后，需要相应的积分制度来获得变相奖励。

2. 数据安全与隐私保护性能

(1) 任务数据隐私。用户在参与群体感知任务时，所提供的数据和参与的任务都应得到保护。因为当用户接受某个特定任务时，他/她的感知喜好或感知能力将在参与过程中被泄露，并被半信任实体加以分析与利用。

(2) 身份隐私。用户的身份隐私应该与所提供的感知数据任务是无关联的，即除了第三方信任机构，任何系统中的任何一方实体都无法通过用户数据对其身份隐私与数据进行关联性分析。

(3) 位置隐私。首先，在车辆群体感知中，数据上报时某些指定了特定位置的感知任务会收集用户的位置数据；其次，为了能将奖励发放给参与用户，也会通过获取用户的位置数据来发放奖励。因此，感知机制的设计应考虑从上报与奖励发放两个方面来保证用户的位置隐私。

3. 机制的网络基础性能

(1) 低时延性。由于带有激励机制的群体感知机制需要对用户的感知报告进行奖励反馈，而面对车辆的高移动性，应该尽可能地缩短上报反馈时延。

(2) 可扩展性。体系设计需要考虑其是否具有接纳执行大规模感知任务及数据收集的能力。

(3) 通信开销。协议设计需在保证功能性的情况下实现更小的通信开销。

7.4.2 设计思路

本节针对基于车辆群体感知的统计数据上报及激励机制存在的隐私安全问题，将雾计算技术、分布式存储的分簇思想、盲签名技术、无证书签名认证技术等一系列加密技术结合全支付的竞拍激励模型，提出一套基于公交雾的支持激励机制的隐私保护的群体感知方案。

首先，本章的激励机制基于全支付竞拍模型，并以此为基础考虑用户在参与任务及兑换奖励两个过程中涉及的隐私保护；其次，本章通过利用部署在公共汽车上的雾节点分布式地收集、处理融合感知数据并存储奖励兑换信息，通过引入去中心化的思想来避免集中式的数据处理在用户反馈时延、用户隐私保护及网络与计算资源消耗等方面的缺陷。

1. 机制概述

针对前面提出的车辆群体的统计数据上报流程及激励机制中存在的隐私保护问题，本节在此提出基于公交雾的车辆群体感知隐私保护的激励机制（fog-bus based privacy-preserving considering incentive mechanism，FBPIM），该机制主要分为五个阶段。

第一阶段，系统初始化阶段。如图 7-10 所示，首先，所有实体（数据参与者、需求者、应用平台、雾节点及云数据中心）向第三方信任机构请求有效身份及证书并用于后期的身份认证、数据完整性认证及奖励信息兑换认证等流程。同时，应用平台向第三方信任机构请求用于数据加密的相关加密参数（哈希函数、安全参数等）。其次，本节假设所有车辆都处于联网状态并配备有车辆群体感知应用 VCSApp，个人或集团用户通过本地雾或云数据中心向应用平台发布感知任务 VCSTask，感知应用平台将感知任务分配到本节提出的基于公交雾架构的雾区托管（授权发布任务、处理及存储）及各个公交雾上。普通车辆通过 FB 的周期性广播得到任务。

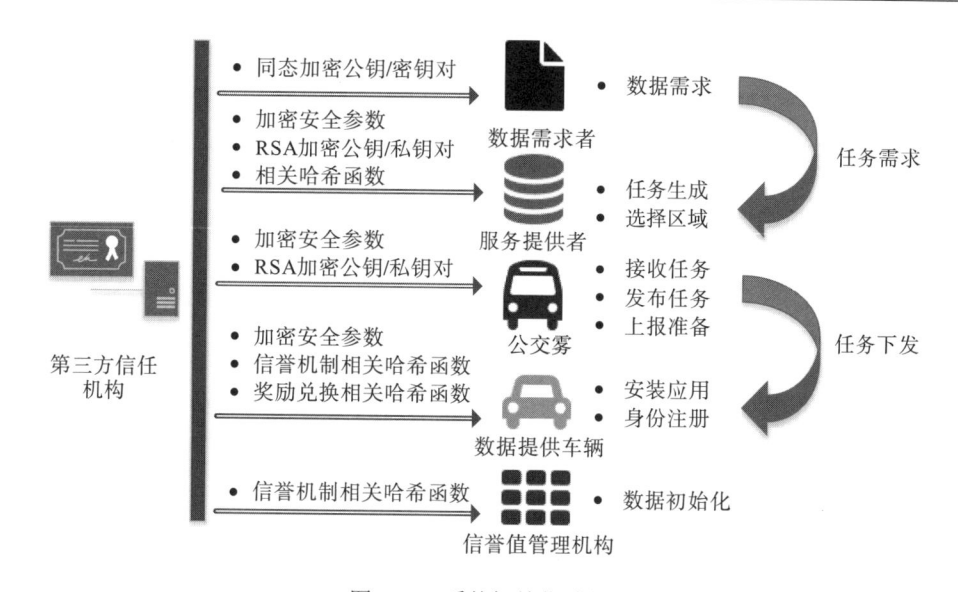

第 7 章　车联网中群体数据感知安全

图 7-10　系统初始化过程

第二阶段，数据感知任务执行及上报阶段。如图 7-11 所示，参与车辆获取感知任务后，根据感知任务进行数据的感知与测量，用户根据参与意愿自行选择参与贡献投入（时间及精度等），车载感知应用 CSApp 根据全支付竞拍的价值估算贡献策略 S，用户根据计算的贡献策略进行数据采集并得到数据 D。然后，通过对采集数据进行同态加密后形成密文 $C(D)$，执行公交雾选择算法并选择附近的 FB 成为任务公交雾(task fog-bus，TFB)。通过哈希函数计算上次的信誉并加载到本次任务信誉调用码 rq，生成唯一的兑换查询序列码 QI 并利用 SP 的公钥进行加密得到 $E(QI)$。同时，将 QI 作为生成奖励兑换令牌 Token 的唯一标识进行盲化处理得到部分令牌 PartToken，向选中的 TFB 发起参与任务令牌 Token 的盲签名过程，TFB 对 PartToken 执行盲签名生成 Sign(PartToken)后返回参与车辆 DPV 确认参与消息 RMSG，DPV 通过对 Sign(PartToken)进行去盲化处理得到参与任务的令牌 Token。TFB 在任务时限内收集数据，并根据成员数量执行上报策略(4.2.3 节已进行详细描述)，最终形成群组数据报告一并上报给服务提供者。

第三阶段，数据汇总及处理阶段。如图 7-12 所示，SP 收到各个 TFB 发送的群组消息，主要进行两项工作：一是基于群组数据进行数据汇总及计算得到最终数据并存储，以供数据需求者查询或数据中心调度；二是基于所有群组的贡献获取最大贡献者并计算自适应奖励，根据信誉评估规则给出用户的单次积分奖励，再基于用户奖励兑换标识码 QI 并生成相应奖励。

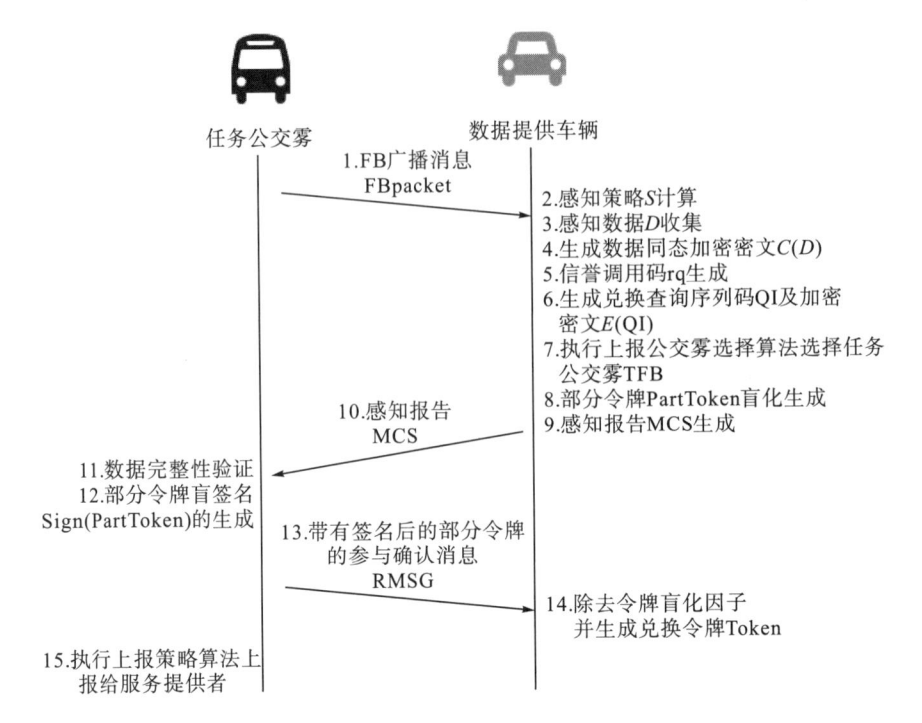

图 7-11 感知任务执行及上报阶段流程图

图 7-12 数据处理阶段流程图

第四阶段，奖励计算与分布式存储信誉更新。如图 7-13 所示，SP 通过得到的数据偏移值与历史信誉值对用户信誉值进行更新，同时基于 TFB 反馈的奖励信息与绝对偏移得到的群组所有成员参与本次任务的奖励值(货币和积分奖励值)，将群组的奖励数据根据本章提出的基于公交雾的分布式存储协议存放到指定雾区(assigned fog-bus region，AFBR)，此后根据该协议，凡是成为过 AFBR 的成员 FB 都将缓存并携带该区域存放的奖励信息。

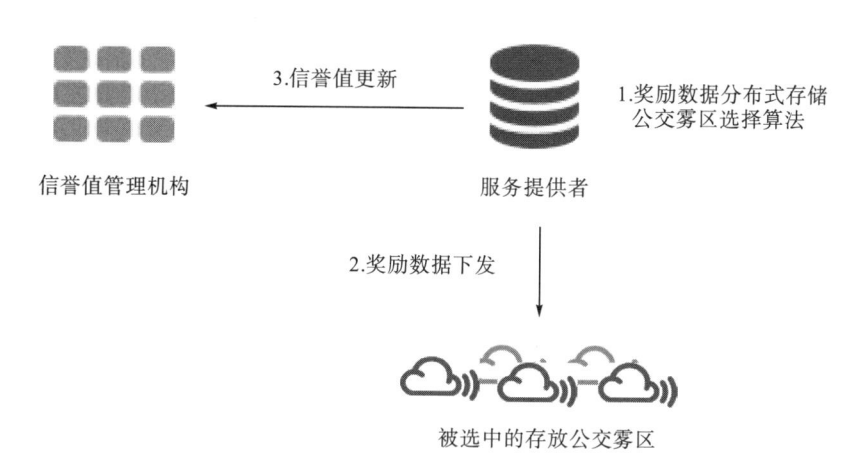

图 7-13　奖励计算与分布式存储信誉更新阶段流程图

第五阶段，基于令牌的奖励兑换阶段。如图 7-14 所示，当感知任务执行一段时间后，参与车辆的车载感知应用 CSApp 将根据任务记录奖励兑换有效期，并自动发起已参与的奖励兑换请求。其主要步骤是：首先，车辆基于最长通信公交选择算法(7.4.2 节的第 3 部分已进行介绍)选定执行兑换的公共汽车，然后向选中的公共汽车提供奖励兑换查询标识符，并向对应的 FB 申请注册，被注册的公交雾(registered fog-bus，RFB)在与该申请兑换车辆保持连接期间，先查询自身是否携带该标识符对应的奖励信息，如果是，执行兑换验证步骤，否则缓存该兑换查询标识符，并将当前 FB 持有的奖励查询消息(当前申请查询车辆大于 2 时可发起多个查询)通过广播向通信范围内的 FB 发起查询请求，若大于时间阈值未收到对应数据，则向最近的 FBR 发起定向查询，当 RFB 收到相应的奖励信息后，向已注册的车辆发起兑换验证请求消息，并在对方提供令牌后，RFB 验证请求并执行验证工作，再将相应的可使用的奖励兑换给发起奖励查询的参与车辆。

该机制的主要贡献如下。

(1)提出基于公交雾的车辆场景群体激励机制，该激励机制联合全支付激励机制的竞拍货币奖励模型与信誉奖励模型实现了双层驱动，增强了激励性。

(2)本节在不关联用户身份与感知数据的条件下，实现了对激励机制隐私保护需求的支持，该隐私保护方案通过引入奖励令牌的方式在不泄露用户隐私的条件下实现了用户奖励的分布式存储及兑换流程，同时有效减少了兑换反馈时延及激

(3) 为了在保证用户隐私的条件下实现融合数据的可靠性，本节引入信誉管理机制。为了解决调取信誉值泄露用户隐私的问题，本节提出基于信誉的调取机制，在不关联用户身份信息的条件下，调取用户信誉值并实现基于信誉值的数据融合。

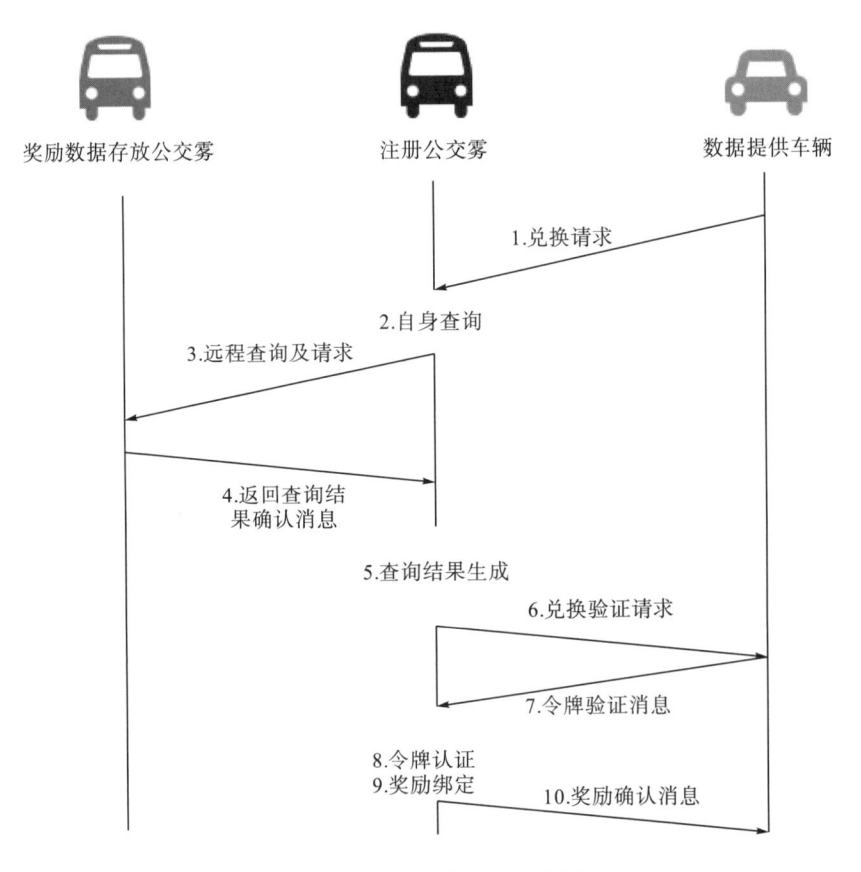

图 7-14 奖励兑换阶段流程图

2. 主要流程设计

本节针对全支付的群体感知激励模式提出一套完整的从感知任务发布、感知测量上报及激励的分布式兑换机制，在保证对用户激励性(效用)的同时，通过提出的基于公交雾的分布式上报机制和兑换机制，从上报流程到兑换流程实现对用户隐私的保护(主要针对用户身份与数据的分离)。更值得注意的是，相较于其他现有工作，本节提出的机制能有效减少用户参与反馈及奖励兑换反馈时延。下面具体介绍该机制的主要步骤。

1) 初始化阶段

(1) 系统参数初始化

(a) 信誉值管理参数初始化。TA 选择一个安全哈希函数 $h: \{0, 1\}^* \rightarrow \{0,1\}^l$ 并以此为所有 n 个参与用户生成哈希链 $HC_u = \{Hc_1, Hc_2, \cdots, Hc_n\}$，$Hc_i$ 为属于用户 i 的长度为 $p+1$ 的哈希链，p 为在一个信誉管理有效周期内用户参与感知任务的最大次数。其中，$Hc_i = \{h_{i0}, h_{i1}, \cdots, h_{ip}\}$，这里 h_{ip} 是属于 $\{0,1\}^l$ 中被随机选择的哈希值。

$$h_{im} = h(h_{i(m+1)}), \quad m = 1, 2, \cdots, m-1 \tag{7-19}$$

式中，h_{im} 为用户第 m 次参与感知任务的信誉调取标识。

(b) 兑换认证过程的初始化。首先，对于兑换的盲签名过程，TA 为兑换认证机制生成哈希函数 $H()$，选取加密安全参数 V 并生成两个规模为 $V/2$ 的大素数群 P'_t 和 Q'_t，然后计算 $P_t = 2P'_t + 1$ 和 $Q_t = 2Q'_t + 1$。根据 RSA 模型得到 $K_t = P_t \cdot Q_t$，并向系统公布 $\{K_t, H()\}$。其次，对于兑换过程中零知识认证及令牌的唯一识别码生成过程，先选取两个素数 p 和 $q(q|p-1)$，再生成一个生成元 $g \in Z_p^*$（Z_p^* 的阶数为 q）。

(c) 加密初始化。TA 生成各实体基于 PKI 加密体系的相关证书及公钥/私钥对 PK/SK，并为数据需求者(DD)生成用于同态加密的公钥/私钥对，其中，PK_{DD}/SK_{DD}，PK_{DD} 将在任务下发时告知参与用户。

车辆感知应用被提前预装在车辆或其他终端设备中，数据需求者和数据提供者为服务提供者注册获得虚拟账户 AID，并使用 AID 发布数据需求并参与感知任务。同时，全支付竞拍机制的贡献计算函数 $Z=f(S)$ 被预先写入感知应用，并假设该计算策略是无法被篡改的，即用户主观能改变的只有参与度及车辆参与感知任务的能力。

(2) 任务生成与发布

用户在数据提供者发布感知请求后，由数据提供者经过一系列规范化处理形成标准感知任务 $TASK=\{Reg, TN, TC, TT, Exp, PK_{DD}, V()\}$，其中，Reg 为目标感知区域集合，TN 为任务编号，TC 为感知任务内容及数据要求，TT 为任务发布时间戳，Exp 为任务有效时间，PK_{DD} 为用户对数据进行加密的同态加密任务公钥，$V()$ 为贡献评价函数。随后，数据提供者向目标感知区域投放 TASK(基于雾计算的能力去中心化式投放)。被投放任务区域的所有车辆在得到任务后选择是否参与任务。

2) 数据任务执行与上报阶段

(1) 基于贡献策略的感知数据采集与加密

(a) 贡献策略计算。首先，DPV_i 上的群体感知应用可以通过任务发布的贡献策略 $S(a)$ 计算得到应该付出的贡献值 S_i^u。

$$S_i^u = S(a_i) = (V')^{-1}\left(\frac{B'}{aB'+B}\right) \tag{7-20}$$

随后，根据对应的贡献值 S_i^u 做出等价的感知测量任务。

(b) 数据采集。通过预装群体感知应用 CSApp 获取感知任务后，经过传感器处理得到感知数据 d^u [其中，d^u 是 $d^u = (d_1^u, d_2^u, \cdots, d_n^u)$ 的 n 维向量]。

(c) 数据加密。参与车辆用系统初始化分配的任务公钥 PK_{DD} 和随机生成的执行 $C(d^u) \leftarrow \text{SHE.Enc}(d^u)$ 对数据进行同态加密。

(2) 数据上传公交雾节点选择

目标区域的雾节点公交 FB 在移动过程中定期地通过 D2D 通信广播自身移动状态消息 FBpacket（身份 ID_{FB}，速度 V_{FB}，位置 L_{FB}）及当前已有上报参与者数量 M_p，参与车辆在数据采集完成后基于上述状态对附近的公交雾节点进行选择并发起数据上传请求 Apply={APL, TC}，选择算法 7-4 如下。

算法 7-4：上报 FB 选择算法：

输入：FB_{all}：所有附近 FB 列表
V_{FB}：FB 的速度
L_{FB}：FB 的位置
M_p：FB 的参与成员数量
candidateFBList：生成候选 FB 列表
输出：选中上报 FB：$RFB_{selected}$
1:　begin
2:　　candidateFBList=$\varnothing$；
3:　　for FB_{all} 中的每个 FB do：
4:　　　　computeLinkTime(V_{FB}, L_{FB})；
5:　　　　if FB.linkTime > reportTime do：
6:　　　　　　将 FB 的 ID_{FB} 放入 candidateFBList；
7:　　for all FB in candidateFBList do：
8:　　　　$RFB_{selected}$=拥有最大 M_p 的 FB；
9:　　输出 $RFB_{selected}$；
10:　end

---

(3) 感知报告的组成及令牌申请

当选中的 FB 向该参与车辆 DPV 确认参与该任务后，DPV 形成上报感知消息 $MCS=\{C(d^u) \| QI^* \| E(QI) \| rq \| Sig_{DPV}\}$。上报消息主要分为四部分。第一部分 $C(d^u)$ 为 DPV 使用数据需求者（DD）的公钥进行同态加密的感知数据 d^u。第二部

分 QI* 为用于生成令牌的被盲化后的奖励兑换查询码 QI = (α,β)，这里，$\alpha = g^{r_1} \mod p$ 且 $\beta = g^{-r_2} \mod p$（$r_1, r_2 \in Z_P$）是 DPV 选取的两个随机数。QI 的生成目的一是用于后期调取奖励信息，但为了避免 QI 同上报的 FB 与 DPV 的身份关联而被追踪，故在上报前利用盲签名技术将 QI 进行盲处理得到 QI*；二是为了防止令牌后期被重复兑换，因为 QI 具有唯一性，所以在奖励兑换后，QI 存储在系统中并被 FBR 兑换验证后和奖励绑定在一起，从而防止用户重复兑换奖励。第三部分 $E(QI) \leftarrow E(PK_{SP})$ 为参与车辆 DPV 的奖励兑换查询码 QI 通过使用 SP 的公钥 SK_{SP} 加密后的密文。第四部分为该车辆前次参与任务获得的信誉调取标识符 rq。第五部分是 DPV 对 $C(d^u)$、QI*、rq 及 $E(QI)$ 的数字签名。

（4）令牌的颁布与生成

被选中的公交雾节点在收到 MCS 后，首先对 DPV 的签名进行验证，当申请车辆较多时，可以利用群签名技术来提高认证效率。随后公共汽车将参与信息（用于后续的积分兑换）<PublicPart>=<TN,TT,Exl>（后面 PI=<PublicPart>）作为令牌的另一部分公共信息一同返回 DPV，它们代表该次任务的参与公共信息（TN 为任务代码，TT 为任务时间，Exl 为奖励有效期），将用于后面的奖励查询与验证，Sig_{FB} 是用公交雾任务公钥对 PI 进行的数字签名。公交雾对 QI* 与 PI 进行签名后形成部分令牌 PartToken=Sig_{FB}(QI*,PI,Exp)，然后将令牌生成信息 RMSG={PI‖QI‖Sig_{FB}(TID*,PI,Exl)} 返回 DPV。DPV 在收到信息后，去除盲化因子后得到最终的有效令牌 Token=Sig_{FB}(TID,PI,Exp)。

（5）基于公交雾的报告生成

当处理完成所有数据后，FB 生成群组数据消息 GMSG={UD={< $C(d_i)$，$E(QI_i)$，‖rq_i > | $i=1,2,\cdots,k$ }‖Timestamp‖Sig_{FB}}。

（6）基于 k 匿名的公交雾群组数据聚合

当每个 FB 收集并处理完数据后，在上报之前，首先判断自身成员数量是否大于等于 k，如果满足，那么直接上报 GMSG 消息给 SP，否则，执行公交雾的群组数据聚合算法，如算法 7-5 所示。

算法 7-5：公交雾数据上报聚合算法

输入：当前成员数量 k_m，上报容忍时延 T_d，通信范围内所有 FB_{all} 对应的成员数量 M_i 及距离 dis_i
输出：选中合并目标 Target
1: **begin**
2:　　Target=∅
3:　　candidateGroup=∅
4:　　**for** FB_{all} 中所有 FB **do**
5:　　　　**while** FB_i 满足 $M_i < k$ 且 $K_m + M_i \geq k$ 时
6:　　　　　　candidateGroup=FB_i

```
7:    if candidateGroup!= ∅ do
8:        Target 为 candidateGroup 中拥有最小距离 dis_i 的 FB
9:    else
10:       Target 为 FB_all 中具有最大成员数量 M_i 的 FB
11:   end
```

3) 基于信誉值的数据加密处理

数据上传给 SP 后，SP 接收来自 n 个用户数据 $C(D_i^u)$ 及其对应的信誉查询标识符 rq_i 和加密的序列号 $E(QI_i)$。首先验证数据完整性，然后利用 rq_i 向 RM 调取历史信誉值 r_i'，调取过程如下。

第一步：SP 发送 $rq_1, rq_2, \cdots, rq_n$ 给信誉管理机构 RM。

第二步：对 RM 进行计算：

$$h_{im-1} = rq_i' = h(rq_i) = h(h_{im}) \tag{7-21}$$

第三步：通过 RM 判断 rq_i 是否存在于数据库中，若已存在，则返回 $r_i'=0$，表示该信誉值已经被调用过了。然后查询 rq_i' 是否存在于数据库中，若存在，则找到其对应的该车辆的前次信誉值 r_i'。值得注意的是，其中 m 为用户 i 当前参与的任务次数，h_{im-1} 为前次用户信誉查询值，否则 $r_i'=0$。

第四步：RM 将查询到的 rq_i' 的映射值 r_i' 作为查询结果并返回 SP。

SP 得到返回的 n 个用户的前次信誉值 $\{r_1, r_2, \cdots, r_n\}$ 并对用户感知数据进行最终加密融合，结果得到

$$C(D^T) = \frac{\sum_{i=1}^{n} r_i' C(D_i^u)}{n} \tag{7-22}$$

在加密条件下计算各个用户的数据偏移量：

$$C(\text{div}_i) = \sum_{j=1}^{n} \frac{(C(D_i^u) - C(D^T))^2}{C\left(\left(uv_j - lv_j\right)^2\right)} \tag{7-23}$$

将 $C(D^T)$ 和所有数据加密偏移量 $C(\text{Div}) = \{C(\text{div}_1), C(\text{div}_2), \cdots, C(\text{div}_n)\}$ 发送给数据需求者。

数据需求者通过密钥 SK_{DD} 对 $C(D^T)$ 进行解密 $D^T \leftarrow \text{SHE.Dec}(C(D^T))$ 得到最终结果 D^T，同时对 $C(\text{Div})$ 进行解密得到 $\text{Div} = \{\text{div}_1, \text{div}_2, \cdots, \text{div}_n\} \leftarrow \text{SHE.Dec}(C(\text{Div}))$。然后将 $\text{Div} = \{\text{div}_1, \text{div}_2, \cdots, \text{div}_n\}$ 返回 SP。

4) 信誉更新及奖励计算与分布式存储

(1) 奖励评估

SP 在这一阶段对感知用户的参与进行货币奖励及积分反馈的计算，并将结果返回给 FB 进行分布式存储，该阶段主要分为两部分：基于全支付的奖励计算与基于偏移值的积分计算。

单次参与积分 Ad 计算为对于所有数据的绝对偏移量 div 进行排序得到偏移量中值 $\widetilde{\text{div}}$，然后基于给定的每个偏移量 div_i，计算每个偏移量对应的参与者的积分基底：

$$\text{rs}_i = \widetilde{\text{div}} + \varepsilon - \text{div}_i \tag{7-24}$$

式中，ε 根据数据需求者 DD 的数据精度要求确定。

然后得到用户积分 $\text{Ad}_i = V(\text{rs}_i)$，当且仅当 $\text{rs}_i > 0$，否则，$\text{Ad}_i = 0$，$V(\cdot)$ 为 SP 根据任务难度定义的积分值评价函数，输出为正整数。

(2) 奖励数据生成及分布式存储

SP 用私钥解密得到用户所提供数据对应的加密查询码 $\text{QI}_i \leftarrow E(\text{QI}_i).\text{Dec}(\text{Sk}_{\text{SP}})$，再将具有相同奖励数据的用户查询码通过生成映射函数进行融合得到奖励数据 $\text{Reward} = \{\text{Reward}_1, \text{Reward}_2, \cdots, \text{Reward}_n\}$，生成 $\text{RewardMSG} = \{\text{Reward} \| \text{Sig}_{\text{SP}}\}$。根据本节提出的基于公交雾的数据分布式存储子协议完成用户感知奖励数据的生成，并将其分布式存储到指定的公交雾区上。

(3) 信誉值更新

基于从 RM 调取的前次信誉值 r_i'，利用式(7-25)的信誉值计算公式，对 SP 为参与者 DPV_i 的信誉值进行更新。

$$r_i = r_i' + \frac{f_s\left(\widetilde{\text{div}} + \varepsilon - \text{div}_i\right) + 1}{2}(1 - r_i')\exp\{-\theta \text{div}_i - \beta\} \tag{7-25}$$
$$+ \frac{f_s\left(\widetilde{\text{div}} + \varepsilon - \text{div}_i\right) - 1}{2}r_i'\left(1 - \exp\{-\mu\left(\text{div}_i - \widetilde{\text{div}}\right) - \alpha\}\right)$$

式中，f_s 为符号函数。SP 对 r_i 和 rq 进行签名后，将本次新的信誉值数据通过安全信道传给 RM。RM 得到新的信誉值后将 r_i 与 $h(r_i)$ 进行关联并存放。

5) 基于令牌的奖励兑换

(1) 令牌的查询发起

每一个参与车辆的车载 CSApp 在持续等待 T_R 时间后，向周边 FB 发起奖励兑换查询请求，周边 FB 通过后面提出的基于公交雾的群体感知奖励验证查询协议并找到指定的 VFB。

(2) 令牌的兑换验证

VFB 在收到相应的查询消息后，通过零知识认证，利用存放在本地的信息(TFB 的公钥及参与信息)与参与车辆的任务 Token 进行验证，得到该车辆的奖励，并将奖励返回给发起查询的 FB，最终查询的 DPV 获得被认证的奖励。

(3) 令牌奖励的使用

车载 CSApp 将获取的被认证的奖励转变为可使用的现金和积分，这些奖励使用的唯一性是通过与该奖励绑定 Token 的唯一识别码确定的，从而防止用户后期重复使用获得的奖励。

3. 基于公交雾区的奖励数据的分布式存放及访问策略

针对前文描述的群体感知激励机制面临的计算与隐私保护的挑战，本节提出基于雾计算的分布式数据存储及查询机制，利用城市公共汽车的规模化和规律性移动的特性，为移动雾计算提供有效的部署基础。

在传统的群体感知激励机制中，所有参与感知的用户统一向感知数据中心提交数据后，数据中心需要对用户实行奖励反馈，在反馈寻找用户的过程中，需要通过用户的身份及地理位置发放激励或通过广播的方式找寻用户并下发激励，而这些方式不仅会泄露用户隐私(身份及地理位置)，还会带来更多的带宽资源消耗。因此，本书提出基于公交雾的分布式存储及访问解决方案，并介绍如何将该体系应用在本章的车辆群体感知激励机制中。

1) 公交雾区选择性存放策略(storage FBR selection strategy，SFSS)

基于前面所有形成的雾区 FBR，当服务提供者的数据中心需要将数据分布式存放在雾区时，并不是将数据发送给所有实时形成的雾区，而是执行基于公交雾区的数据缓存策略选择部分雾区来存放，这样的目的是在保证奖励数据成功分发的前提下进一步节省带宽资源。

首先，FBR 在每个时隙根据成员数据更新自己的状态 State=$\{M,K_c,K_m,\text{TM},P^e,\text{LF},\bar{\lambda}\}$，其中，$M$ 为当前成员 FBR 的数量，K_c 为当前 FBR 的连通度(即与当前 FBR 中公共汽车成员可通信车辆数量的总和)，K_m 为 FBR 成员的预测连通度平均值(即 FBR 中各成员根据历史行驶记录预测未来单位时间内可通信车辆数量的平均值)，TM 为 FBR 预测的可维持时间。值得注意的是，本章根据车辆移动模型假设用户发起兑换的概率服从指数分布，每个 FBR 在平均兑换周期 T_R 内与发起奖励兑换 DPV 的接触概率 P^f (后面定义为分发率)如式(7-26)所示：

第 7 章 车联网中群体数据感知安全

$$P^{f} = 1 - \exp\left(-\sum_{j=1}^{M} \lambda_j T_R\right) \tag{7-26}$$

式中，λ_j 为成员 FB_j 根据历史经验值得到的接触兑换用户的频率。

这里定义一个 FBR 排序评分 FBRscore，即

$$\text{FBRscore} = \omega_1 \cdot \frac{K_c}{\overline{K_c}} + \omega_1 \cdot \frac{K_m}{\overline{K_m}} + (1 - \omega_1 - \omega_2) \cdot \frac{TM}{\overline{TM}} \tag{7-27}$$

对于 t 时刻形成的 FBR 集群 $FBRG(t) = \{FBR_{t,1}, FBR_{t,1}, \cdots, FBR_{t,N}\}$，SP 首先根据其对应的状态计算：

$$P^{\text{all}} = 1 - \exp\left(-\sum_{j=1}^{N} \overline{\lambda}_j T_R\right) \tag{7-28}$$

然后执行选择算法（算法 7-6）。

算法 7-6：基于雾区的分布式下发选择算法

输入：t 时刻形成的 FBR 集群 $FBRG(t) = \{FBR_{t,1}, FBR_{t,1}, \cdots, FBR_{t,N}\}$
  $FBR_{t,i}$ 对应的 $\text{State}_{t,i} = \{M, K_c, K_m, TM, P^e, LF\}$
输出：$FBRG_{select}$
1: **begin**
2:    $FBRG_{select} = FBRG(t)$;
3:    **for** 所有 $FBRG_{select}$ 中的元素 **do**;
4:        计算 FBRscore;
5:        根据 FBRscore 降序排序得到新的 $FBRG_{select}$;
6:    **for** $FBR_{t,i}$ from $FBR_{t,N}$ to $FBR_{t,1}$ in $FBRG_{select}$ **do**;
7:        计算 $P^r(i)$;
8:        **if** $P^{\text{all}} - P^r(i) < \text{Thresh}$ **do**;
9:            $FBRG_{select} \leftarrow FBRG_{select} \setminus FBR_{t,i}$;
10:       **end if**;
11:   **输出** $FBRG_{select}$;
12: **end**

其中，$P^r(i)$ 为集合 $FBRG_{select}$ 内剩余 FBR 的 P^f 均值，计算公式为

$$P^r(i) = \frac{1}{i-1} \sum_{j=1}^{i-1} P_j^f \tag{7-29}$$

存储 FBR 选择算法首先根据各个 FBR 所对应连通情况的加权得分进行排序

后，步骤9~步骤12主要从得分值最小的FBR开始计算除去该FBR后对整体估计分发率的影响是否在容忍范围内，如果是，则将该FBR从候选集合$FBRG_{select}$中去掉。通过执行该算法，可以在保证分发效果的基础上进一步减小下发的FBR数量，从而节省分布式存储的通信开销。

2) 基于公交雾的分布式奖励数据访问策略

本节根据公共汽车最长时间注册策略辅助实现基于公交雾的分布式数据查询机制。其主要步骤如下。

第一步：DPV对所有候选FB执行FB注册算法（算法7-7）。

算法7-7：查询验证公交雾注册算法：

输入： CFB：候选FB集合
　　　　DFB：丢弃FB对象集合
　　　　N_i：DPV根据行驶路径预测路口数量最大值
　　　　$N_d(i)$：与候选FB失去连接的路口数量
T_d：最大可容忍时延
输出：目标注册车辆 TargetReg

1: **begin**:
2: **while** 已确认的路口数量小于N_i且CFB中的元素大于1 **do**:
3: 　**for** CFB中的每一个FB_i **do**:
4: 　　计算与该FB_i的时延估计值EDelay(VF)；
5: 　　计算所有与该FB_i已确认过的路口时延估计值的平均值ET_i；
6: 　　**if** $ET_i > T_d$ **do**
7: 　　　$N_d(i) = N_d(i) + 1$；
8: 　　**if** $N_d(i) > 2$ **do**
9: 　　　DFB ← DFB $\cup FB_i$；
10: 　　　CFB ← CFB $\setminus FB_i$；
11: 　**end for**
12: 　**if** |CFB|>2 **do**：
13: 　　清除 DFB；
14: **end while**
15: **if** |CFB|>1 **do**
16: 　TargetReg=CFB中平均时延ET最小的FB
17: **else if**
18: 　|CFB| = 0
19: 　TargetReg = DFB中平均时延ET最小的FB
20: 　清除 DFB；
21: **else**
22: 　TargetReg= DFB中唯一的元素；
23: **end**

这样做一方面是为了缩短数据访问跳数，使 DPV 找到存储奖励数据 FB，另一方面则是为了使兑换流程更加稳定可靠，保证兑换成功率。本章引入公共汽车注册算法来实现基于公交雾的分布式数据查询机制，该算法利用公共汽车的移动性使车辆与所注册的公共汽车保持最长且稳定的通信时间。

第二步：DPV 选中 FB 后，根据提供的查询码 QI 及存储访问周期 T_R 生成查询信息 RQMSG，并以 QI 作为身份信息向 FB 注册并发送 RQMSG。

第三步：被注册的 FB(RFB) 收到 QI 及 T_R，首先检测其是否在 $t_c - T_R$ 时刻后经过 FBR，其中 t_c 为当前时间。如果是，那么查询本地数据库，找到 QI 对应的数据，否则通过公交雾网络的雾区 FBR 的实时位置数据查询位置最近的 FBR 及其坐标位置 LF，并向该位置发起基于地理位置路由协议的定向数据包，所有参与路由的 FB 都接收 RQMSG。

第四步：当 FB 收到 RQMSG 后，首先同样检测是否在 $t_c - T_R$ 后经过 FBR，如果没有，那么直接转发 RQMSG；如果有，那么将查询结果反馈给 RFB。

4. 基于公交雾架构隐私保护下的群体感知奖励兑换机制

这里对前文提到的激励机制的实施及其如何实现隐私保护进行详细阐述。该机制包括两部分：奖励令牌申请与生成流程及奖励分布式兑换流程。第一部分主要在用户向公交雾上报数据时，利用盲签名技术生成奖励令牌；第二部分对用户在奖励兑换阶段利用零知识证明技术验证公交雾证明令牌有效性的过程进行详细介绍。

1) 令牌申请与生成

第一步：FB 首先在数据收集及令牌生成前，生成用于该次任务奖励兑换令牌的部分签名公钥/密钥对$<e_t,d_t>$，并进行如下计算：

$$h_t \leftarrow h(\text{Pk}_T, <\text{PublicPart}>) \tag{7-30}$$

$$e_t \leftarrow h_t \| h(h_t) \| 00000001 \tag{7-31}$$

$$d_t \leftarrow \frac{1}{E_T} \text{mod}_\phi (K_t) \tag{7-32}$$

式中，Pk_T 为任务公钥；$<\text{PublicPart}>=<\text{TN,TT,Exl}>$ 为任务的公开信息(任务代码、任务时间、奖励有效期)。$<e_t,d_t>$在数据上报前通过广播告知 DPV。

第二步：令 DPV 在上报数据的令牌申请阶段先选取两个随机数 $r_1,r_2 \in Z_P$ 并计算：

$$\alpha = g^{r_1} \bmod P_t \tag{7-33}$$

$$\beta = g^{-r_2} \bmod P_t \tag{7-34}$$

然后得到随机奖励兑换的唯一查询码 QI = (α,β)，并计算得到 h(QI) 后再对 QI 进行盲化处理：

$$h(\text{QI})^* = h(\text{QI}) \cdot r^{e_t} \bmod p \tag{7-35}$$

DPV 将生成的 QI* 发送给上报的 FB。

第三步：FB 收到 QI* 后，验证参与信息 <TN,TT,Exl> 并利用 d_t 对 QI* 进行盲签名计算得到 ρ^*：

$$\rho^* = h(\text{QI})^{*d_t} \bmod p \tag{7-36}$$

然后 FB 将 ρ^* 返回 DPV。

第四步：DPV 收到 ρ^* 后对其进行计算：

$$\rho = r^{-1} \cdot \rho^* \tag{7-37}$$

DPV 通过得到的 FB 对 QI 的盲签名 ρ 生成最终的兑换令牌 Token= {<PublicPart>, QI, h(QI), ρ}。

2) 奖励兑换查询

第一步：DPV 用 QI 作为身份进行前面提到的基于公交雾的注册查询算法，并向周边 FB 进行注册。

第二步：当 FB 收到该 DPV 的注册申请时，FB 根据数据访问流程利用 QI 对奖励数据进行奖励的访问流程，在注册时间内查询并获得奖励信息 Reward，当被注册的 FB 收到 DPV 查询的奖励信息后，FB 向 DPV 发送验证请求。若 FB 在注册时间内未查询到奖励信息，则释放 QI。

第三步：DPV 收到验证请求后，根据式(7-38)和式(7-39)计算：

$$v = h(\text{Token}, \text{VerifyTime}) \tag{7-38}$$

$$y = r_2 + v \cdot r_1 \bmod Q_t \tag{7-39}$$

生成验证消息 VMSG={Token, y, VerifyTime}并发送给 FB。其中，VerifyTime 是发起验证的时间。

第四步：FB 收到 VMSG 后，首先对 Token 中的签名 ρ 进行验证。然后判断式(7-40)是否成立：

$$\beta = g^y \alpha^v \bmod P_t \tag{7-40}$$

若成立，则对<QI, Reward>进行签名，并返回给 DPV。

7.4.3 性能分析与网络仿真

1. 隐私保护性能分析

本节针对群体感知激励机制过程在奖励发放过程中的隐私保护性能需求，即用户任务信息中的任务数据隐私、用户身份隐私及位置隐私，分析本章提出构架的隐私保护性能。

(1) 数据上报过程中的隐私保护。首先，分析数据隐私，数据在由 SP 形成时通过 DD 的同态加密密钥对数据进行了加密，在整个过程中，经手数据的实体包括 FB 和 SP，在没有 DD 密钥的前提下，都无法获取数据本身，因此 SP 和 DD 的数据隐私得到了保护。其次，分析用户在与公交雾交互过程中的隐私问题，一是用户在参与任务的过程中均以匿名通信，匿名会定期更换，单个公交雾是无法对一个参与车辆用户实施长期追踪的；二是在生成令牌的过程中，用户提供令牌的唯一标识码通过盲化处理后再交由公交雾进行验证，然后该标识码 QI 被参与者通过 SP 的公钥加密放入上报报告中，因此公交雾 FB 在整个令牌生成和数据上报过程中并无法得知 QI 的任何信息，也无法利用 QI 与某个用户进行关联并实施跟踪。最后，在 SP 处，虽然 SP 获取了所有参与者的 QI 并用来映射存放用户兑换奖励数据，但因兑换过程是在公交雾分布式进行的而不是集中在 SP 处，所以在本章未考虑联合攻击假设的前提下，SP 无法通过 QI 对用户身份信息及其他数据进行关联。

(2) 信誉调取过程中的隐私保护。在信誉值调取机制中，只有参与用户保留了完整的哈希链，才能利用哈希链的不可逆推性，在用户没有提供 rq 前，除存储信誉值的 RM 外，所有经手 rq 的实体公交雾 FB、服务提供者 SP 均无法将用户提供的 rq 与前一次的 rq′ 进行联系并与用户身份进行联系，在不考虑联合攻击的情况下，RM 处只有哈希链对应的信誉值的映射关系而没有任何能与用户身份关联的数据。

(3) 令牌兑换奖励过程中的隐私保护。基于零知识认证技术，用户在后期兑换过程中只需要向 FB 提供 Token 与 QI，而 QI 在上报和被 FB 签名的过程中处于加密状态并进行盲化处理，FB 无法将用户在兑换阶段提供的 QI 与用户之前生成令牌被盲化的 QI*及报告中加密的 $E(\mathrm{QI})$ 进行联系。因此，奖励过程中用户的身份隐私得到了保护。

2. 网络仿真

下面对提出的群体感知的上报流程及激励兑换流程进行网络性能的仿真。仿真主要分析反馈时延、成功兑换率及数据包消耗情况。

对于反馈时延分析，主要分为两个部分：第一部分是参与车辆的上传过程及令牌 Token 反馈时延的分析，主要仿真在不同公交雾 FB 的通信范围内，在车辆密度及不同参与用户规模下验证上报反馈时延情况并分析；第二部分围绕参与车辆在奖励兑换发起后，奖励反馈时延在不同公交雾 FB 的通信范围、车辆密度、用户规模及奖励请求发起周期等变量作用下的具体表现。

针对不同构架下的数据存储策略，下面在仿真阶段对比本章提出的基于公交雾的分布式动态存储及兑换策略与其他构架的通信开销（主要从数据包发送个数体现）。

1) 仿真环境及参数设置

本次仿真依旧基于 Veins 车辆仿真平台，通过 OpenStreet 与 SUMO 绘制成都主城区 31.36km² 的地图。交通模型参数及通信参数设置如表 7-8 所示。

表 7-8 仿真参数设置

参数	数值
仿真地图规格/km²	31.36
公交线路数量/条	10~40
公交产生间隔/min	5
普通车辆产生间隔/(辆/s)	4
FB 通信范围/m	300~1500
FB 最大移动速度/(m/s)	10
参与车辆最大移动速度/(m/s)	15
公交雾通信范围/m	300~1500
普通车辆通信范围/m	300
D2D 通信协议	802.11p
数据传输速率/Mbps	6
TFB 成员个数最小值 k	3

2) 网络性能指标

(1) 令牌反馈平均时延。车辆从发起感知数据报告到得到反馈的平均时长。

(2) 奖励兑换平均时延。从奖励信息生成到用户获得任务奖励的平均时长。

(3) 成功奖励兑换率。在本章中，从车辆发起兑换申请到兑换成功记为一次成功奖励次数。成功奖励兑换率是收到的兑换反馈数据包与参与车辆发送的兑换申请消息的比例。

(4) 数据包总消耗。数据包发送个数的情况。

3) 仿真步骤

首先，针对上报阶段，仿真开始后，普通车辆在仿真时间内随机产生数据报告消息，并按照公交雾选择算法上报数据，在得到 FB 的令牌反馈消息后记为一次成功参与次数，同时记录从上报到得到反馈消息的时间。

其次，针对分布式处理流程及奖励存储流程的仿真遵循如下步骤：针对任务数据处理阶段，基于给定的 FB 通信半径，在仿真平台执行 FBR 生成算法并得到 FBR 集合，然后在仿真时间内让所有公共汽车按一定比例随机成为 TFB，根据 TFBR 指定算法动态指定目标处理雾区 TFBR，并向其发送群组数据包，统计平均完成一个群组数据汇总发送的数据包个数。

最后，针对分布式奖励兑换过程的仿真步骤如下：基于给定的 FBR，随机指定普通车辆为发起兑换用户车辆，并基于分布式奖励兑换机制向兑换目标 FBR 发起令牌兑换数据包，在得到相应 FBR 应答后记为兑换成功，并统计时延。

3. 仿真结果分析

本章仿真对比参照主要来自文献[20]的 INCEPTION 体系、文献[10]的 PARMS 体系和文献[19]的 ICWLP 体系的激励机制流程。

下面详细介绍关于本章提出机制的上报过程和反馈过程的网络仿真结果。

如图 7-15 所示，仿真结果显示了不同架构在不同参与车辆规模下参与令牌的反馈时延，由于本章提出的 FBPIM 架构完全采用全分布式的上报机制，并且利用公交雾和车辆距离具有相似移动特性的优势及本章的令牌发放机制，缩短了数据上报的流程与时间，在上报数据到 Token 的反馈过程中具有明显的时延优势。ICWLP 体系在同样的分布式架构的情况下时延较大的原因在于其预先的群组划分过程；而 INCEPTION 机制的时延随用户规模的增大而增大的原因是其集中式处理方式及相对复杂的数据融合过程；PARMS 数据集中向服务中心发起的竞标过程使其奖励令牌的反馈时延比 FBPIM 架构大。图 7-15 还反映了时延与用户参与规模的关系，其中由于本章和 ICWLP 体系都采用分布式架构，因此用户规模对于时延的影响较小。

如图 7-16 所示，仿真结果显示在不同网络架构下车辆的奖励反馈时延，可以看出本章提出构架的反馈时延也具有优势。首先，因为该架构在奖励信息生成后立即被同步到各个公交雾区 FBR，而兑换请求是提前被预存在普通车辆注册的 FB 上，通过已经注册的 FB 进行周期性访问周边 FB 及 FBR 来获取奖励并及时反馈给注册的兑换车辆，同时基于本章的雾区数据能够被其成员 FB 携带至雾区以外，故该过程进一步缩短了兑换流程，极大地缩短了时延。由于其具有分布式的兑换特性，所以兑换车辆规模对于时延的影响较小。而 INCEPTION 体系和 ICWLP 体系则需要车辆首先发起兑换请求至数据中心后再获得相应的奖励数据，该架构会产生较大时延，同时受瓶颈效应的影响也较大。

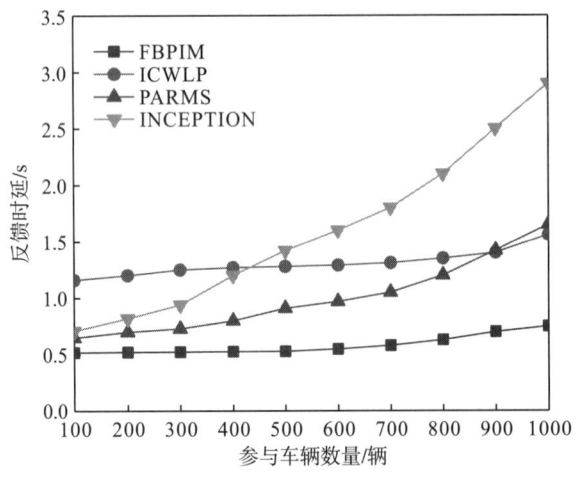

图 7-15　不同架构下的令牌反馈时延对比

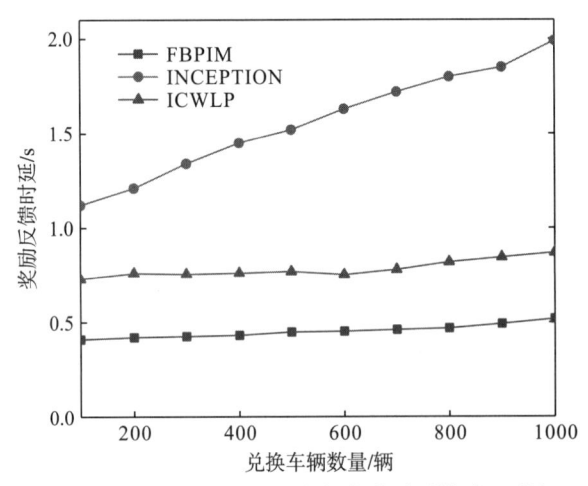

图 7-16　不同架构下参与车辆的奖励反馈时延对比

如图 7-17 所示，仿真结果显示在各个机制下数据包总数的消耗情况。首先，可以看到本章提出的基于雾架构的 FBPIM 机制的数据包总量是最小的，这是由于本章的公交雾架构和全支付竞拍模型提高了整个机制的效率。而其他几种机制主要在选取获胜者的过程中消耗了额外的通信开销。而 ICWLP 机制通信开销最大的原因主要是其在群组划分过程中产生了额外的数据包。INCEPTION 机制和 PARMS 机制虽然看上去与 FBPIM 机制的数量差不多，但由于这两个机制采用中心化的数据上报和奖励发放方式，因此这些数据包消耗的通信带宽更多。

如图 7-18 所示，仿真针对不同奖励兑换模式下的兑换成功平均跳数进行了对比。首先，FBR-Based 是代表基于本书 7.4.2 节第 3 部分提出的分布式奖励兑换策略下的统计结果，FB-Based 是将奖励数据部署在所有 FB 上进行的兑换策略，而

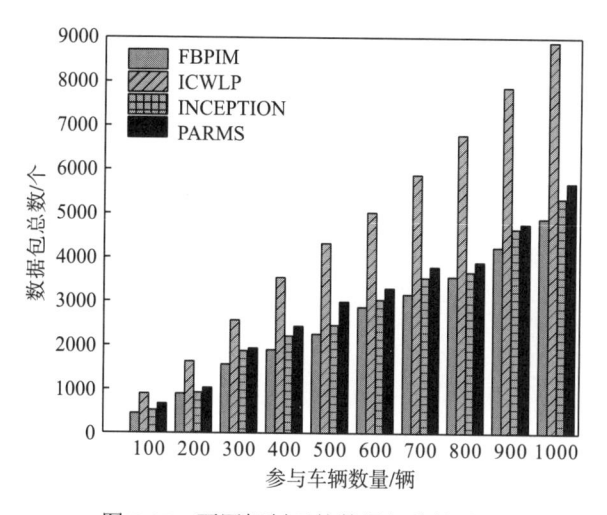

图 7-17　不同机制下的数据包总数对比

Fix-Based 是指将所有奖励数据存放在类似于固定路边设备的基础上进行的兑换流程模式。对比这三种模式可以看出，将奖励数据部署在所有 FB 上的兑换成功平均跳数最少，基于 FBR 的兑换方式稍多一点，而基于固定路边单元存放模式的最多。虽然，基于 FBR 存放和兑换的模式在兑换成功跳数上并不是最具优势的，但相较于将奖励数据存放在所有 FB 上进行兑换的模式，基于 FBR 的方式能更好地节省 FB 的存储和通信资源。

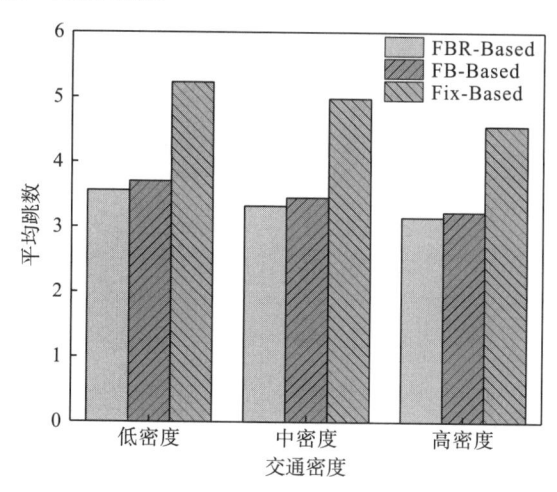

图 7-18　不同兑换模式下的奖励兑换消息平均跳数对比

图 7-19 为不同基础网络架构下的奖励成功参与率与参与车辆规模的关系。在 CBFM 架构下，成功参与率随用户的增多而降低，这是由集中式的瓶颈效应导致的。而在 Fix-Based 架构下，其主要通过固定路边单元来进行兑换过程，其兑换成功率随用户规模增大而升高的主要原因是车辆密度增大，道路平均流通速度降低，车辆与

路边单元的通信稳定性增强,因此随着用户规模的增加而有所提升。从图 7-19 中可以看出,在本章提出的 FB-based 架构下的兑换成功率趋于平稳并维持在 99.2%~99.8%。在兑换成功率方面,FBCSS 架构相对于其他架构具有更明显的优势。

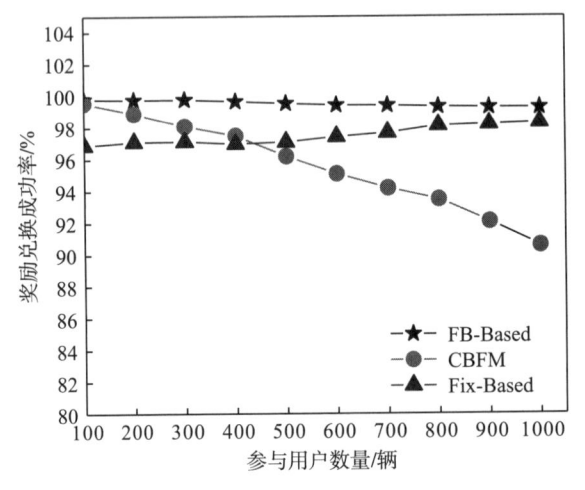

图 7-19 不同架构下的兑换成功率对比

图 7-20 为奖励反馈时延与公共汽车通信范围及公共汽车密度的关系。如图 7-20(a)所示,奖励反馈时延随公共汽车通信范围的增大而减小,这是由于公共汽车的通信范围越大,形成的 FBR 越多,FBR 分布越密集,因此参与车辆能够更快地获取存储在 FBR 上的奖励数据。从图 7-20(b)可以看出,随着公共汽车密度的增大,奖励反馈时延也进一步减小,这主要是由于 FB 增多,FBR 增多,所以 FBR 成员分布得更密集,更多的奖励反馈发放可以直接通过访问经过 FBR 的 FB 下发,而不需要访问 FBR,因此时延进一步缩短。

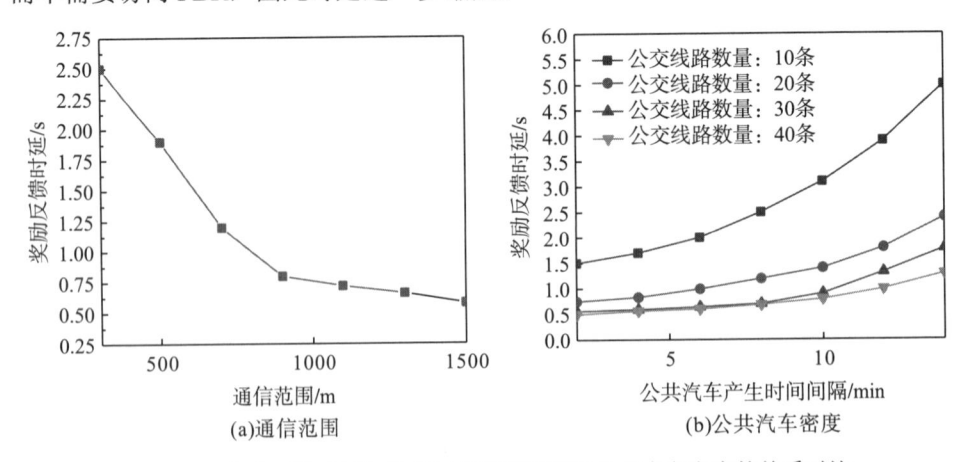

图 7-20 奖励反馈时延与公共汽车通信范围及公共汽车密度的关系对比

7.5 本章小结

本章针对车辆群体感知现存的问题，结合雾计算的概念与技术，提供了相应的解决方案。7.3 节针对面向车辆的群体感知非统计型数据上报流程及由此带来的用户隐私泄露问题，结合雾计算与公交系统，首先提出公交雾的车辆群体感知系统架构，该架构得益于雾计算的分布式特性与本章提出的数据加密融合策略，在数据上报过程中有效提高响应能力的同时减轻中心存储的压力。同时，基于同态加密技术与身份签名技术，本节提出的加入数据融合上报策略在上报非统计型感知数据时能有效保障用户隐私并提供身份溯源的能力，后经证明该策略在计算与通信开销上具有显著优势。最后，针对身份溯源能力带来的第三方信任机构存储负担的问题，本节提出安全的外包溯源策略来减轻第三方信任机构的存储压力。7.4 节针对车辆群体感知中的激励机制实施与其面临的用户隐私安全问题，首先基于更适用于群体感知场景的全支付激励模型，在提出的公交雾架构下，设计了一个实现激励机制的统计型感知数据机制，该机制使激励机制的实施过程更加匹配感知场景并有效提高了用户反馈效率。而针对由激励机制引发的用户隐私安全问题，该机制结合架构优势、相关安全认证技术，在激励机制的实施流程中保证了用户的隐私安全。另外，为了提高统计型数据的可靠性，本节也提出基于用户信誉的数据融合策略，并针对该策略带来的用户隐私问题提供了相应的解决方案。

参 考 文 献

[1] Al-Fuqaha A, Guizani M, Mohammadi M, et al. Internet of Things: a survey on enabling technologies, protocols, and applications[J]. IEEE Communications Surveys & Tutorials, 2015, 17(4): 2347-2376.

[2] Chiang M, Zhang T. Fog and IoT: an overview of research opportunities[J]. IEEE Internet of Things Journal, 2016, 3(6): 854-864.

[3] Khan A U R, Othman M, Ahmad Madani S, et al. A survey of mobile cloud computing application models[J]. IEEE Communications Surveys & Tutorials, 2014, 16(1): 393-413.

[4] Gisdakis S, Giannetsos T, Papadimitratos P. Security, privacy, and incentive provision for mobile crowd sensing systems[J]. IEEE Internet of Things Journal, 2016, 3(5): 839-853.

[5] Zhang X L, Yang Z, Sun W, et al. Incentives for mobile crowd sensing: a survey[J]. IEEE Communications Surveys & Tutorials, 2016, 18(1): 54-67.

[6] Wu Y, Wu Y C, Peng H, et al. MagiCrowd: a crowd based incentive for location-aware crowd sensing[C]//2016 IEEE Wireless Communications and Networking Conference, Doha, Qatar. IEEE, 2016: 1-6.

[7] Jin H M, Su L, Ding B L, et al. Enabling privacy-preserving incentives for mobile crowd sensing systems[J]. IEEE Internet of Things Journal, 2016, 3(5): 344-353.

[8] Wen Y T, Shi J Y, Zhang Q, et al. Quality-driven auction-based incentive mechanism for mobile crowd sensing[J]. IEEE Transactions on Vehicular Technology, 2015, 64(9): 4203-4214.

[9] Mineraud J, Lancerin F, Balasubramaniam S, et al. You are airing too much: assessing the privacy of users in crowdsourcing environmental data[C]//2015 IEEE Trustcom/Bigdatase/ISPA,2015. Helsinki, Finland. IEEE, 1: 523-530.

[10] Kazemi L, Shahabi C. TAPAS: trustworthy privacy-aware participatory sensing[J]. Knowledge and Information Systems, 2013, 37(1): 105-128.

[11] Rabieh K, Mahmoud M M E A, Younis M. Privacy-preserving route reporting schemes for traffic management systems[J]. IEEE Transactions on Vehicular Technology, 2017, 66(3): 2703-2713.

[12] Basudan S, Lin X D, Sankaranarayanan K. A privacy-preserving vehicular crowdsensing-based road surface condition monitoring system using fog computing[J]. IEEE Internet of Things Journal, 2017, 4(3): 772-782.

[13] Lu R X, Heung K, Lashkari A H, et al. A lightweight privacy-preserving data aggregation scheme for fog computing-enhanced IoT[J]. IEEE Access, 2017, 5: 3302-3312.

[14] Tzeng S F, Horng S J, Li T R, et al. Enhancing security and privacy for identity-based batch verification scheme in VANETs[J]. IEEE Transactions on Vehicular Technology, 2017, 66(4): 3235-3248.

[15] Veins: The open source vehicular network simulation framework [EB/OL]. Veins.car2x.org.

[16] SUMO: Simulation of urban mobility[EB/OL].https://www.omnetpp.org, 2015.

[17] Omnet++: Decrete Event Simulator. [EB/OL]. https: //www.omnetpp.org, 2017.

[18] Lin Q, Li J, Huang Z G, et al. A short linearly homomorphic proxy signature scheme[J]. IEEE Access, 2018, 6: 12966-12972.

[19] Li J, Liu Z L, Chen X F, et al. L-EncDB: a lightweight framework for privacy-preserving data queries in cloud computing[J]. Knowledge-Based Systems, 2015, 79: 18-26.

[20] Jin H M, Su L, Xiao H P, et al. Inception: incentivizing privacy-preserving data aggregation for mobile crowd sensing systems[J]. ACM International Symposium on Mobile Ad Hoc Networking and Computing (MobiHoc), 2016, 16: 341-350.

第8章　网联电动汽车能量交易安全

汽车产业给国民经济和社会发展注入了大量的支持力量,可以说是核心支柱。面对不断加剧的能源环境压力,加快研发新能源汽车和新型节能汽车,以助力汽车产业的可持续发展迫在眉睫,这是一项在国际上颇具竞争优势的战略性措施,它能更快更好地完成汽车产业的转型升级,为国民经济带来新的增长点。对此本章介绍网联电动汽车能量交易的相关技术研究。

8.1　研究背景及现状

目前全世界的能源资源日益紧张,面对用户不断提高的需求,如充放电效率、交易隐私保护及持续增长的能量数量,陈旧老化的传统电力系统愈发无能为力。随着城镇化的进程和经济持续发展的脚步日趋加快,汽车的保有量和需求量一直呈增长趋势,随之带来的能源紧张问题进一步加剧,而环境污染问题也越来越突出[1]。因此,全球领军的汽车产业国都在努力推进新能源汽车的部署和生产,并积极助推节能技术的创新和研发,甚至制定了发展新能源汽车的国家战略,旨在促进新能源电动汽车的大众化、普及化及规模化[2]。

PHEV(插电式混合动力汽车)指新能源汽车中的可插拔式混合动力汽车,通常是在特定的充电桩补充能量,电能富余时,电动机作为动力源泉;电能缺乏时,则由发动机产生动力并发电[3]。相比于传统车辆,PHEV 的成本低、效率高、对环境更友好,是非常受欢迎的城市交通工具。目前,PHEV 的优势具体体现在以下三个方面[4]。

(1)噪声低且污染少。相较于以前的内燃机汽车,PHEV 的驱动电机在提供动力时的运转声音非常小,而且在运行中不会排出污染物,更环保。

(2)动力源自多种新能源且效率较高。PHEV 的动力来源于各种新能源,如天然气、潮汐能、风能、水能、太阳能和核能,在能源利用效率方面具有很大优势,减少了燃油汽车等对化石能源的依赖。此外,PHEV 在停靠过程中不耗费电能,减速制动时还可以将电动机用作发电机来回收能量。

(3)构造精简且使用便利。PHEV 等新能源电动汽车的构造功能明确,制动运转的零件更精简,平时的保养和修护都不需要很大的成本和工作量,尤其是交流感应式电动机工作时无须保养和维护电机，而且 PHEV 的驾驶操作非常简单。

综合而言，PHEV 作为移动电池，对于分布式能量的均衡配置及高峰负荷的转移起着至关重要的作用，是智能电网中不可或缺的组成部分，更是未来城市车联网落地的先锋军。

随着车联网技术的蓬勃发展，新能源电动汽车将基于实时高效的信息和通信改善充放电管理，利用电力和信息的双向流动，将分布式能量的存储、运输、分配和消费过程互联在一起，使其调度管理更加高效和可靠。为了应对分布式能量的可变性和间歇性，智能电网通过先进的双向通信基础设施建立了基于需求-响应机制(demand-response mechanism，DRM)的特殊交易模型，使能源消费者和供应商能够灵活调度需求和供应[5]，如 V2G 模式，其使用分布式的 PHEV 作为移动蓄电池，在非高峰时期购买微电网的分布式能量，在主干电网有需要时回购 PHEV 蓄电池中的富余能量，再将这部分能量出售给需要的用户，从而达到削峰填谷、区域调配的目的。但能量回馈到电网需要经过输配电网络的远距离传输和配送，所以调度成本较高，并且对能量系统稳定的影响较大。这些负面因素很可能会降低输配电公共事业公司的营业利润，最终影响 V2G 技术的发展。因此，为 PHEV 设计一种新的能量系统架构以减少能量交易时的损耗、时间成本和负载压力是解决 V2G 发展瓶颈的关键。

8.2 PHEV 能量安全交易算法

8.2.1 问题描述

本章要解决的技术问题是利用区块链技术的分散性、匿名性和可审计性来解决 PHEV 能量交易中的安全问题，并设计新的共识算法来进一步提升系统的共识效率和鲁棒性，最后通过迭代双向拍卖机制实现 PHEV 本地 V2V 能量交易，寻求双方交易实体的最大效用。

首先，当前能量系统的调度主要依赖中心化智能控制系统来实现数据感知、采集、传输和处理。例如，利用云计算为数据中心提供计算、存储和通信资源，基于分布式微电网实现 V2G 模式的能量调度。然而，云计算中心远离车联网终端用户，无法及时处理高移动性业务，面对众多 PHEV 的数据请求，其负载和带宽压力较大；再者，中心化系统的信任模型依赖于单个节点，容错性和抗毁性较差；最危险的是中心化系统中有权力的节点可能通过信息不对称勾结串通以谋取私利，垄断性较强但攻击防护的能力较弱，从而影响系统的可用性和可靠性。所以，如何解决像 V2G 这样的中心化系统的固有安全漏洞以保护用户隐私是一个巨大挑战。而区块链正是一种具有较高容错性、较强攻击防护力和较高匿名隐私性的中心化、去信任、防垄断的分布式安全技术。但是，移动车辆的充放电服务对快速交易验证和支付性能方面有较高的要求，目前已有区块链共识算法，但如工作量证明(proof of work，POW)[6]和DPOS[7]在块周期方面无法满足要求，POW的挖矿时间长，而DPOS的共识节点过多。那么，如何设计更高效可靠的适用于所提架构的共识算法是引入区块链技术必须解决的关键问题。

此外，与传统电力系统调度不同，在V2G环境中，数量庞大、地理分布广泛、高移动性的PHEV给分布式能量的调度带来了新的契机与挑战。作为移动电池，其充放电操作必须充分考虑分布式能量的可变性、间歇性、跨区域调度及社会环境效益，尤其是能量调度涉及多个独立主体的利益分配。所以，在基于区块链的能量交易系统下，如何基于DRM设计目标优化模型以实现社会福利最大化是另一个亟待解决的难题。而在模型求解的过程中，不泄露PHEV用户的隐私参数是保证交易安全的重要考量。

1. 架构实体

区块链因其去中心、分布式可信的安全特性而备受P2P应用的关注。在能量市场中，区块链以分布式账本技术使能量交易更安全、更透明，但在资源和能量有限的PHEV间建立和维护公有区块链的代价很大，由所有PHEV参与共识的效率较低；而私有区块链由一个组织操控，仍然是一个中心化网络，无法保证交易数据的可靠性；不同于前两者，联盟区块链由一组预先选定的权威节点完成共识，共识效率较高，并且权威节点可信任，共谋篡改数据的可能性较小。所以，本节基于联盟区块链建立V2V能量交易系统，既能确保交易数据安全和PHEV用户的隐私，又能减少区块链的维护成本和共识时延。系统架构如图8-1所示，主要包括以下三个实体。

(1) 能量雾节点。为了维护本地能量交易市场，在社会热点部署雾计算资源，抽象为实体能量雾节点，可为覆盖区域内的PHEV提供通信支持和能量交易平台。接入能量雾节点后，需要充电的PHEV将自己的能量需求和可接受买价提交到本地能量雾节点，而富余能量的PHEV可向能量雾节点提交自己可贡献的能量和期望的卖价。能量雾节点则作为交易代理主持双向拍卖过程，匹配充放电车辆，平衡交易双方的利益。

(2) 插电式混合动力汽车(PHEV)。无污染、低噪声的新能源电动汽车具有可插拔式的双向充电接口，相较传统的燃油汽车更适宜在城市运行，能源利用效率高，符合节能环保的绿色理念。几种汽车在能量交易系统中扮演着不同的角色：充电式PHEV是能量消费者，供电PHEV是能量供应者，还有部分不参与能量交易的闲置车辆。PHEV根据自己的出行计划和当前的能量状态选择不同的角色，自主决定是否参与能量交易。本节主要关注前两者参与能量交易的PHEV。

(3)智能电表：每辆 PHEV 的充电电极上均配置一个智能电表以实时计算和记录能量交易量，为双方交易支付提供有力的数据依据，也为贡献富余能量的 PHEV 获得额外奖励提供工作量证明。

2. 能量区块链

如图 8-1 所示，多个能量雾节点作为权威节点共同维护能量区块链，共同管理分布式账本，完成交易审计和数据共享。

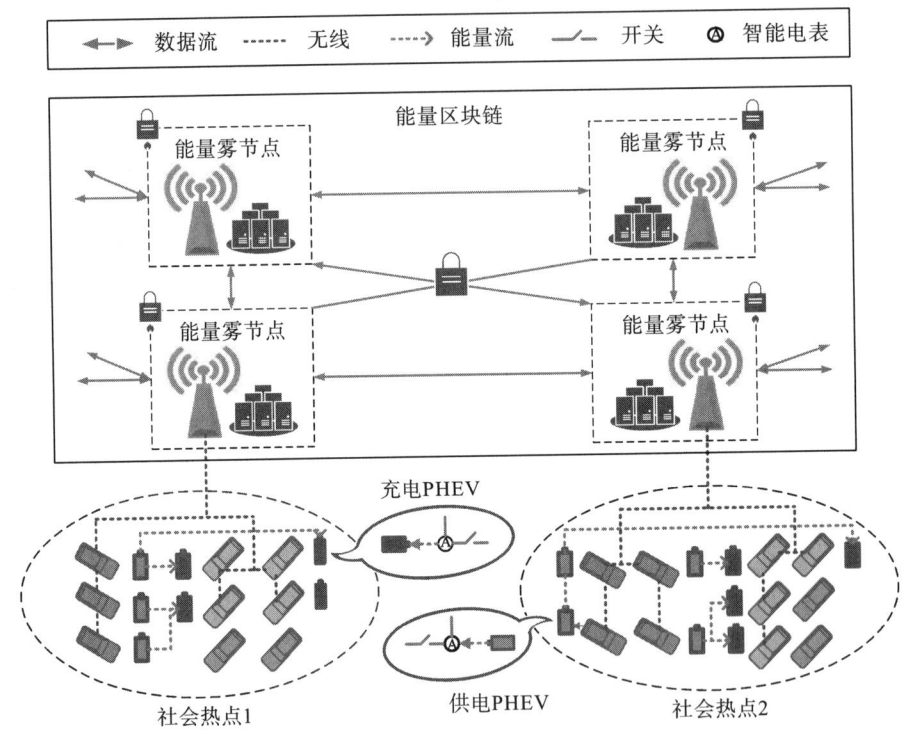

图 8-1 基于联盟区块链的 V2V 能量交易系统架构

能量区块链的三个主要组件如下。

(1)交易事务。交易事务是通过对部分交易数据进行数字签名并广播到能量区块链网络中以变更代币或令牌所有权的一个实例[8]。当前交易包含前一笔交易的哈希值，故多笔交易相互关联，彼此为证。一旦交易被广播到能量区块链网络中，发布者就宣布了代币或令牌新的所有权，而共识节点通过跟踪代币或令牌的归属历史来验证交易的真实性。将一定数量的交易记录到一个公共账页形成区块，众多区块以时间戳顺序连接在一起形成能量区块链。本章中，能量交易信息和数字资产记录都记录在能量区块链中，PHEV 的交易信息包括匿名信息、数据类型、原始交易数据的元数据标记、元数据的完整索引历史、交易记录的加密链接及产生交易的时间戳。为了保证真实性和准确性，交易信息均经过加密和数字签名。为了模拟快速支付，采用加密货币，即能量币作为交易的数字资产。

(2) 数据区块。因为 PHEV 的存储资源和计算能力有限，所以所有原始交易数据由权威能量雾节点审计、存储、共享。但 PHEV 会存储指示元数据存储位置的索引列表，如此可以减少系统的复杂度和开销。能量雾节点定期定量地收集本地的交易数据并广播到能量区块链网络中，并由多个权威能量雾节点共识验证，再被加密和结构化为区块。一个区块由块头和块身两部分组成，块头包括以下几个部分：①区块版本，指明区块遵循的验证规则；②梅克尔树哈希值，区块内所有交易的哈希值；③时间戳，当前距世界标准时间 1970 年 1 月 1 日的秒数；④父区块哈希值，一个指向前一区块的 256 位的哈希值，块身则由一个交易计数器和多笔交易组成。一个区块内的交易数量由区块的大小和每笔交易的大小决定。每个区块包含前一区块的密码哈希值，从而链接前一区块实现可追溯性验证。分布式能量雾节点的本地备份按线性时间顺序连接成能量区块链，同步后的区块链数据不可篡改，每一个 PHEV 和能量雾节点都有权访问能量区块链的数据。

(3) 共识算法。区块链的优势是分布式数据备份，省去了对权威中心或可信任第三方的依赖，但也正是分布式特性给区块链网络带来了巨大挑战，如何在不信任的节点间达成共识是经典拜占庭将军问题的变形[9]。当没有中心节点确定分布式账本的一致性时，必须依靠分布式共识算法来实现区块链的同步。不同于比特币系统，矿工需耗费大量算力挖矿才能创建新区块，在本节的能量区块链中，能量雾节点将作为授权记账节点来记录 PHEV 的能量交易，并将一定数量的交易记录结构化为区块，经过共识审计后加入能量区块链。目前典型的区块链共识算法除了 POW 和 DPOS，还有权益证明 (proof of stake，PoS)、瑞波币 (Ripple) 和共识算法 PBFT[10]。基于节点身份管理、节能效率和容错性能，本章进一步改进共识算法 PBFT 形成新的共识算法 DPOSP，以降低能量雾节点的共识时延，并支持快速交易支付。细节将在后面章节具体阐述。

8.2.2 能量安全交易机制

1. 机制概览

为了支持本地 V2V 的安全能量交易，本章基于雾计算和联盟区块链建立能量区块链框架。在传统的区块链架构下，交易区块在加入区块链之前需要所有节点参与共识验证，审计成本很高。在本章中，预先授权的能量雾节点将负责收集和管理本地的交易记录，并将交易记录结构化为区块，通过多个能量雾节点执行

DPOSP 共识算法验证交易区块的有效性，只有 2/3 的权威能量雾节点投赞成票，区块才能加入能量区块链，在向其他节点同步共识结果后，各能量雾节点将有效区块备份到本地。

如图 8-2 所示，一个能量雾节点主要包含交易服务器、账户区、存储区三个组件。交易服务器负责控制 PHEV 的能量交易过程，收集充电 PHEV 的能量需求和供电 PHEV 的能量供应，并执行双向拍卖调度算法来匹配充放电的 PHEV。交易服务器还将实时监控智能电表的反馈，根据调度决策智能控制充电点击开关。而每个 PHEV 用户都将拥有自己的系统账户，负责管理能量币的交易和存储等相关交易记录，与账户对应的客户端钱包能够方便用户管理自己账户里的能量币。为了保护用户的账户隐私，本章基于哈希算法生成随机匿名来代替钱包的真实地址，并将钱包与账户的映射关系存储在账户池中。

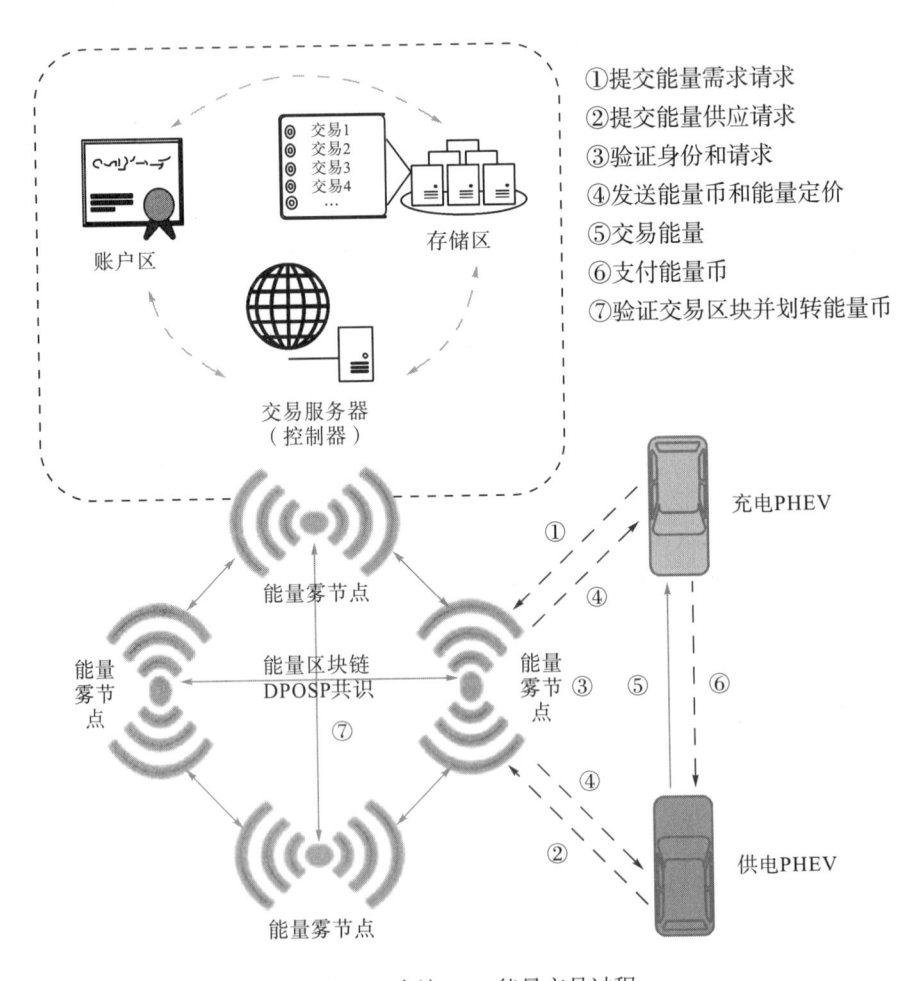

图 8-2 本地 V2V 能量交易过程

为了参与能量交易，PHEV 先接入能量雾节点，根据自己的能量状态和出行计划选择合适的角色，并提交自己的能量需求。作为交易代理的能量雾节点对 PHEV 的身份和需求进行验证，然后根据双向拍卖调度策略为充电 PHEV 匹配供电 PHEV。完成能量交易后，充电 PHEV 向供电 PHEV 的钱包地址支付相应的能量币。而能量雾节点执行 DPOSP 共识算法审计验证交易的真实性和准确性，并将有效的交易记录写入区块链后存储在存储池，再根据智能电表的工作量证明奖励供电 PHEV 额外的能量币。

2. 系统初始化

在能量区块链中，本章利用椭圆曲线加密算法和非对称加密算法进行系统初始化[10]。每一辆 PHEV 首先在权威认证机构(如政府授权部门)注册为合法实体。然后，拥有合法身份 D_i 的混合动力汽车 V_i 通过接入本地能量雾节点参与能量区块链系统中，并获得一对公私钥 (PK_i, SK_i) 及合法证书 $Cert_i$。$Cert_i$ 绑定了混合动力汽车 V_i 的注册信息(如车牌号)，该信息可以唯一标识混合动力汽车 V_i 的身份。混合动力汽车 V_i 还需向权威认证机构请求一组钱包地址 $\{WID_{i,n}\}_{n=1}^{N}$，其中 N 为该组钱包地址的数量，权威认证机构据此生成钱包地址和车辆身份的映射列表 $\{ID_i, PK_i, SK_i, Cert_i, \{WID_{i,n}\}_{n=1}^{N}\}$。混合动力汽车 V_i 执行系统初始化时，将自己的钱包地址提交到本地最近的能量雾节点，能量雾节点则将映射列表存储到账户池中。当混合动力汽车 V_i 需查询自己的账户信息或交易记录时，可先检查钱包信息的完整性，然后从能量雾节点的存储池下载自己钱包的相关数据，能量区块链的存储池中存储着所有的交易记录。

3. 角色选择

在本地 V2V 能量交易过程中，PHEV 需要根据自己的能量状态和出行计划选择合适的市场角色。能量状态无法满足出行计划的 PHEV 认证为充电 PHEV，同时满足出行计划后仍富余电量且愿意参与能量交易的 PHEV 认证为供电 PHEV。为了激励更多的供电 PHEV 参与本地能量均衡管理，供电 PHEV 除获得交易差的利润外，还将获得额外的能量币奖励。

4. 能量交易

充电 PHEV 作为能量购买者向能量雾节点的交易服务器提交自己的能量需求、预计充电时间和可接受买价，交易服务器作为控制器统计充电 PHEV 的能量总需求并广播给本地的供电 PHEV。而供电 PHEV 作为能量供应者销售自己的富余能量，回应交易服务器可销售的能量、预计供电时间和可接受卖价。充放电 PHEV 都是理性的利益个体，都期望从本地交易中获取净收益。能量雾节点作为交易代理，通过主持双向拍卖执行充放电 PHEV 之间的能量竞标、谈判和交易，匹配充放电 PHEV，维持本地能量的供需平衡，最大化买卖双方的利益。更多关于迭代双向拍卖算法的细节将在 8.2.3 节详细阐述。

5. 能量币划转

充放电过程结束后，充电 PHEV 需要支付贡献富余能量给自己的供电 PHEV 相应的能量币。如图 8-2 所示，充电 PHEV 从自己的钱包地址转移相应的能量币到供电 PHEV 的钱包地址，即产生一项交易记录，而供电 PHEV 在收到能量币转账后验证并签名该项交易记录，然后提交给能量雾节点进行验证审计。为了满足供需平衡，本章提供能量币激励，所以假设供电 PHEV 的富余能量能够满足充电 PHEV 的能量需求。在特定时期后，根据智能电表的工作量证明，给为能量均衡管理作出贡献的供电 PHEV 划转相应能量币。

6. 区块生成

能量交易完成后，能量雾节点收集特定时期内本地的能量交易记录。为了确保交易记录的真实性和准确性，能量雾节点对这些交易记录进行加密和数字签名，然后结构化为区块。每一个区块都包含前一区块的密码哈希值，各个能量雾节点生成的有效区块按线性时间戳顺序连接成能量区块链。不同于比特币，能量雾节点生成新区块不需要耗费大量的存储和计算资源来求解区块哈希的随机数，不需要按特定周期收集特定数量的交易记录，也不需要在结构化为区块后提交到多个权威能量雾节点进行审计。这将节省大量算力，并且更符合能量交易的时延要求。

7. DPOSP 共识

本章改进 PBFT 和 DPOS，形成新的共识算法 DPOSP，相比 POW，该算法无须耗费大量算力和能源来挖矿，并且减少了共识节点，提高了共识效率，能够有效避免因区块奖励紧缩而导致参与者积极性下降的问题，同时具备坏节点处理能力。算法描述如算法 8-1，流程图见图 8-3。

算法 8-1：DPOSP：实现能量区块链的分布式共识

1: **输入**：权威节点数量 n，区块周期 blockInterval
2: **输出**：分叉区块
3: **for** 第 i 轮共识 **do**
4:     投票选出权威雾计算能量中心节点 $dlist\_i$ = get n delegates sort by votes
5:     对所选节点进行随机洗牌 $dlist\_i$ = shuffle($dlist\_i$)
6:     **loop**
7:         确定时间片 slot = Math.floor(epochTime / blockInterval)
8:         使用时间戳对权威节点个数取余的方式确定当前时间片的锻造者 pos = slot % n
9:         **if** 能量雾节点中存在满足要求的锻造者 **then**
10:           **if** 当前锻造者非坏节点 **then**

```
11:        锻造者将收集的交易打包成数据区块并进行广播
12:        for 收到新区块 do
13:          if 区块合法 then
14:            广播一个 prepare<h, d, s>消息
15:          end if
16:        end for
17:        for 收到 prepare 消息 do
18:          节点在内存中累加消息数量 count ++;
19:          if count > Math.floor((n-1)/3)+1 then
20:            节点进入 prepared 状态,之后广播一个 commit<h, d, s>消息
21:          end if
22:        end for
23:        for 收到 commit 消息 do
24:          共识结果累计一票 votes ++;
25:          if votes > 2Math.floor((n-1)/3)+1 then
26:            权威节点达成共识,进入 committed 状态,并将区块写入区块链数据库
27:          end if
28:        end for
29:      else
30:        区块链出现分叉,记录坏节点 delegates[pos].isBad=true;
31:      end if
32:    end if
33:    定时到期未达成一致,放弃本次共识 setTimeout(nextLoop, 1000);
34: end for
```

目前 POW 中的个人挖矿已经发展到大型矿池、矿场,算力越来越集中;而 PoS 要求用户时刻开着客户端并不现实,但真正的网络节点是由几个股东维持的,网络的安全逐渐受到威胁。所以,基于委托人权益证明的共识机制 DPOS 应运而生,它的能耗更低,不用耗费大量算力挖矿,并且共识节点数量进一步减少[6],确认速度更快。它类似于股份制公司,普通选民投票选举受托人代他们做决策。受托人作为超级节点,其主要职责是:提供相关计算资源和网络资源,保证节点的正常运行;当轮到某个超级节点拥有区块的权限时,超级节点收集该时段内的所有交易,并将通过验证的有效交易结构化为数据区块,随后广播给其他超级节点,共识验证过的有效区块便可以写入区块链,各节点将该区块写入本地数据库。当其提供的算力不稳定或试图利用手中的权力作恶时,选民们有权将其踢出整个系统。所以,在此算法中选民们为自己的利益发言。但 DPOS 算法有两个缺点:一是使用时间戳对委托人个数取余的方式确定当前时间片的锻造者,这增大了出错的可能性,如果委托人服务器的时间出现漂移(如网络问题或没有正确配置网络时钟服务),就会造成网络分叉;二是委托人的权利过高可能会被滥用,因为 DPOS 的委托人锻造区块不需要算力,他们可以在瞬间锻造出无数区块,并发往不同的网络节点,从而导致网络分叉,一旦黑客发起 DDOS 攻击,极有可能造成双重支付。

考虑分布式系统对任意错误(如硬件错误、网络拥塞和延迟、黑客攻击、节点叛变)的容忍度,本章加入 PBFT 共识机制,保持 DPOS 中委托人名单的确定方式

和排序算法不变,仅改变后半部分区块的验证和持久化。区块的验证不再采用单一的签名验证,而是采用全节点投票的方式,每当创造新区块时,忠诚的节点并不会立即将其写入区块链,而是等待其他节点的投票。当这个票数超过一定数量后,才进入执行阶段。本算法假定错误节点数不超过 f 个,共识节点总数 $n \geq 3f+1$,那么系统可以通过满足以下两个条件来保证区块链的一致性:①如果一个正确节点接受并执行了一个区块,那么所有正确节点都提交相同的区块;②所有正确节点要么落后于最长链,要么与最长链一致,不会出现高度相同但区块哈希值不同的情况。

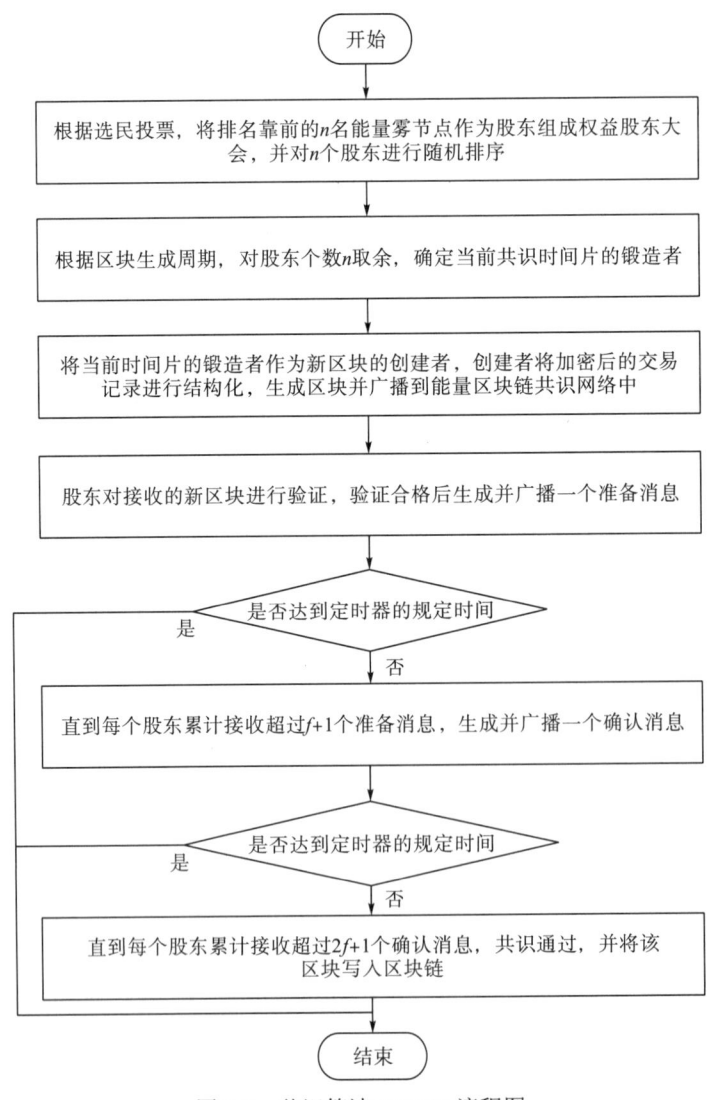

图 8-3 共识算法 DPOSP 流程图

需要说明的是，本算法与 PBFT 论文中的算法有所不同。前者是取消了 commit-local 的状态，后者是没有视图变化的过程。因为 PBFT 的最初提出主要是面向一般 C-S 架构的服务系统，服务器对客户端的每一个请求都要有所响应。但在区块链系统中，区块的生成可以延迟到下一个时间片，而且这种延迟很常见，这跟视图变化本质上是一样的，每一个时间片相当于一个视图，即 slot 相当于视图编号。

由于取消了视图变化，所以达成一次共识的性能也得到了大幅度提升。假设系统中总共有 N 个节点，包括委托人节点和普通节点。系统消息的传播使用 gossip 算法，一次广播需要传递的消息上限是 N^2，对应的时间开销为 $O(\log N)$。假如普通节点只接收不转发，那么 N 可以降为委托人的节点总数 n，因为系统中委托人数量在一定时期内保持不变，可以认为一次广播的时间开销为常数 t。确认一个 block 需要三轮广播，也就是总时间为 $3t$。将区块消息大小设为 B，prepare 和 commit 的消息大小设为 b，那么总的带宽消耗为 $(B+2b)N^2$。

8.2.3 优化模型

1. 问题建模

在本地的 V2V 能量交易中，参与者都是理性的利益实体，充电 PHEV 意在最大化能量效用，而供电 PHEV 则期望获得最大净收益。本节对 PHEV 参与本地 V2V 能量交易的能量定价和充放电决策进行问题建模，以寻求交易双方的最大化利益。在每一个社会热点区域，能量雾节点可与覆盖范围内每一辆 PHEV 通信并建立实时的能量交易市场，为充电 PHEV 和供电 PHEV 提供 V2V 能量交易平台。能量雾节点作为交易代理，管理本地 PHEV 的能量交易，执行能量调度决策并维护本地供需平衡。记能量雾节点集合为 $FV = \{FV_n | n \in F\}$，其中，$F = \{1,2,3,\cdots,N\}$ 为能量雾节点的索引集合。在每一个能量雾节点 FV_n 中，充电 PHEV 集合标记为 $CV = \{CV_i^n | i \in C\}$，其中，$C = \{0,1,2,3,\cdots,I\}$ 为充电 PHEV 的索引集合；供电 PHEV 集合标记为 $DV = \{DV_j^n | j \in D\}$，其中，$D = \{0,1,2,3,\cdots,J\}$ 为供电 PHEV 的索引集合。在能量交易过程中，记 $d_i^{n,\min}$ 和 $d_i^{n,\max}$ 分别为充电 PHEV CV_i^n 的最小需求能量和最大需求能量，能量雾节点必须分配 $d_i^{n,\min}$ 的能量给充电 PHEV CV_i^n 才能支持其正常出行。

为了满足充电 PHEV CV_i^n 的充电需求，能量雾节点 FV_n 将需求广播给本地的供电 PHEV DV_j^n，并匹配充放电 PHEV。记在能量雾节点 FV_n 中，充电 PHEV CV_i^n 从供电 PHEV DV_j^n 购买的能量为 d_{ij}^n，则充电 PHEV CV_i^n 购买能量的向量可表示为 $\boldsymbol{D}_i^n = \{d_{ij}^n | j \in D\}$，那么所有充电 PHEV CV_i^n 购买能量的向量为

$\boldsymbol{D}^n = \{\boldsymbol{D}_i^n | i \in C\}$。本节定义充电 PHEV CV_i^n 在充电前的能量状态为 STA_i^n。考虑到消费者和供应者的理性约束，假设充放电 PHEV 参与能量交易的效用函数 $U_i(\bullet)$ 表现出递增性和凹性，并且满足 $U_i(0)=0$。本节仍采用形如 $U_i(x)=\ln(x+1)$ 和 $\tilde{U}_j(x)=\ln(x+1)$ 的对数效用函数，则充电 PHEV CV_i^n 参与能量交易的效用函数如式(8-1)所示。

$$U_i(\boldsymbol{D}_i^n) = w_i \ln\left(\mu \sum_{j=1}^J d_{ij}^n - d_i^{n,\min} + 1\right) \tag{8-1}$$

式中，μ 为充电 PHEV 从供电 PHEV 购买能量的平均充电效率；w_i 为充电 PHEV CV_i^n 参与本地 V2V 能量交易的意愿，如式(8-2)所示。

$$w_i = \frac{\tau}{\mathrm{STA}_i^n} \tag{8-2}$$

式中，τ 为一个常量。

在本地 V2V 能量交易过程中，记 s_{ji}^n 为能量雾节点 FV_n 中供电 PHEV DV_j^n 供应给充电 PHEV CV_i^n 的能量，则供电 PHEV DV_j^n 出售能量的向量可表示为 $\boldsymbol{S}_j^n = \{s_{ji}^n | i \in C\}$，那么所有供电 PHEV DV_j^n 出售能量的向量为 $\boldsymbol{S}^n = \{\boldsymbol{S}_j^n | j \in D\}$。为了维持自己的能量需求，将供电 PHEV DV_j^n 最多能销售的能量记为 $s_j^{n,\max}$。文献[11]的作者将本地能量网络中能量传输的损失量化为二次函数，即 $l_i(b_i) = \alpha_i(b_i)^2 + \beta_i b_i$，其中，$\alpha_i$ 和 β_i 为两个固定的参数，b_i 为传输能量。本节仍采用此函数来量化 PHEV 与本地能量交易时产生的能量损失，即供电 PHEV DV_j^n 参与能量交易的损耗函数如式(8-3)所示。

$$L_j(\boldsymbol{S}_j^n) = \alpha \sum_{i=1}^I (s_{ji}^n)^2 + \beta \sum_{i=1}^I s_{ji}^n \tag{8-3}$$

式中，α 和 β 为能量损失因子，并且 $\alpha > 0$。

出于理性，充电 PHEV 参与本地 V2V 能量交易旨在最大化自己的效用，而供电 PHEV 希望最小化参与本地 V2V 能量交易的损耗。从社会角度分析，本地能量交易应该最大化社会福利，并实现市场均衡管理[12]。能量雾节点作为本地能量市场的管理者，需要解决社会福利最大化的问题，以尽可能地提高能量分配效率，合理匹配充放电 PHEV。本地能量交易的社会福利最大化(social welfare maximization，SWM)问题为

第 8 章 网联电动汽车能量交易安全

$$\text{SWM}: \max_{\boldsymbol{D}^n,\boldsymbol{S}^n} \sum_{i=1}^{I} U_i\left(\boldsymbol{D}_i^n\right) - \sum_{j=1}^{J} L_j\left(\boldsymbol{S}_j^n\right)$$

$$\text{s.t.} \, d_i^{n,\min} \leqslant \mu \sum_{j=1}^{J} d_{ij}^n \leqslant d_i^{n,\max}, \forall i \in C$$

$$\sum_{i=1}^{I} s_{ji}^n \leqslant s_j^{n,\max}, \forall j \in D \tag{8-4}$$

$$\nu s_{ji}^n = d_{ij}^n, \forall i \in C, \forall j \in D$$

$$d_{ij}^n \geqslant 0, \forall i \in C, \forall j \in D$$

$$\text{var.} \{d_{ij}^n, s_{ji}^n\}_{i \in C, j \in D, n \in F}$$

式中，ν 为本地能量传输效率。目标函数具有严格凹性且约束满足凸性，所以可用 Karush-Kuhn-Tucker(KKT) 条件[13]求得优化问题 SWM 的唯一最优解。本节引入拉格朗日乘子对约束条件进行松弛，由此获得优化问题的拉格朗日函数 L_1，如式(8-5)所示。

$$L_1\left(\boldsymbol{D}^n, \boldsymbol{S}^n, \lambda, \theta, \gamma, \delta, \kappa\right) = \sum_{i=1}^{I} U_i\left(\boldsymbol{D}_i^n\right) - \sum_{j=1}^{J} L_j\left(\boldsymbol{S}_j^n\right) + \sum_{i}^{I} \lambda_i \left(d_i^{n,\min} - \mu \sum_{j=1}^{J} d_{ij}^n\right)$$

$$+ \sum_{i}^{I} \theta_i \left(\mu \sum_{j=1}^{J} d_{ij}^n - d_i^{n,\max}\right) + \sum_{j}^{J} \gamma_j \left(\sum_{i=1}^{I} s_{ji}^n - s_j^{n,\max}\right)$$

$$+ \sum_{j}^{J} \sum_{i}^{I} \delta_{ij} \left(\nu s_{ji}^n - d_{ij}^n\right) - \sum_{j}^{J} \sum_{i}^{I} \kappa_{ij} d_{ij}^n \tag{8-5}$$

式中，λ_i、θ_i、γ_j、δ_{ij} 和 κ_{ij} 为对应优化问题 SWM 的约束拉格朗日乘子，其相应的集合分别为 λ、θ、γ、δ 和 κ，则由稳定性条件约束，该问题的最优解应该满足以下条件：

$$\nabla_{d_{ij}^n} L_1\left(\boldsymbol{D}^n, \boldsymbol{S}^n, \lambda, \theta, \gamma, \delta, \kappa\right) = \frac{\mu w_i}{\mu \sum_{j=1}^{J} d_{ij}^n - d_i^{n,\min} + 1} - \mu \lambda_i + \theta_i \mu - \delta_{ij} - \kappa_{ij} = 0 \tag{8-6}$$

$$\nabla_{s_{ji}^n} L_1\left(\boldsymbol{D}^n, \boldsymbol{S}^n, \lambda, \theta, \gamma, \delta, \kappa\right) = -2\alpha s_{ji}^n - \beta + \gamma_j + \delta_{ij} \nu = 0 \tag{8-7}$$

社会福利最大化意味着最大限度地利用有限资源来满足多方实体的利益需求。作为能量市场的管理者，能量雾节点必须获得充电 PHEV 和供电 PHEV 的效用函数和损耗函数，并基于式(8-6)和式(8-7)解决社会福利最大化问题。但这些参数涉及 PHEV 的隐私信息，包括当前能量状态、电池容量、充放电计划等，车主可能不愿意把私人信息暴露给能量雾节点。所以，需要设计合适的方法提取车辆的隐藏信息，从而保证安全的能量交易。而 PHEV 作为能量市场的买卖双方，是价格的接受者和制定者，买方和卖方是"多对多"的平等需求和供应关系。双方都试图最大化自己的经济效用，这也让本地能量市场充满了竞争活力。所以，双向拍卖机制能有效地提取参与能量交易多方实体的隐藏信息，主持真实而有竞争的能量交易，并且满足 PHEV 的个体理性和市场较弱的预算平衡特性[14]。在双向拍卖中，个体理性是指 PHEV 根据隐私信息诚实投标，此时由能量雾节点主持拍卖不会产生经济损失。

2. 迭代双向拍卖机制

本节将具体阐述利用迭代双向拍卖机制为能量雾节点提取充放电 PHEV 的隐藏信息，该机制能够解决能量交易的社会福利最大化问题。能量雾节点将作为拍卖主持者根据充电 PHEV 的买价和供电 PHEV 的卖价来组织能量拍卖，匹配合适的充放电车辆。经过迭代拍卖，拍卖主持者最终决定市场供需调整后的均衡价格及能量分配，从而完美地避免暴露 PHEV 的隐私信息。具体而言，参与能量交易的充电 PHEV CV_i^n 针对供电 PHEV DV_j^n 给出能量买价，并将投标价格 $p_{ij}^n \geqslant 0$ 提交给能量雾节点 FV_n；同时，供电 PHEV DV_j^n 也针对充电 PHEV CV_i^n 给出自己的能量卖价，并将投标价格 $q_{ji}^n \geqslant 0$ 提交给能量雾节点 FV_n。在收到交易双方的投标价格后，能量雾节点 FV_n 将基于竞价来解决最优能量分配问题，匹配充放电 PHEV，实现能量市场均衡。下面具体分析能量双向拍卖中的参与实体。

(1) 充电 PHEV。在拍卖过程中，充电 PHEV CV_i^n 作为能量购买者，能量标价向量可表示为 $\boldsymbol{P}_i^n = \{p_{ij}^n | j \in D\}$，则所有充电 PHEV 的能量竞价向量为 $\boldsymbol{P}^n = \{\boldsymbol{P}_i^n | i \in C\}$。充电 PHEV CV_i^n 需要解决以下最优能量买价问题(OEB)，以决定自己最合适的投标价格。

$$(\text{OEB}): \max_{\boldsymbol{P}_i^n}(U_i(\boldsymbol{D}_i^n - \text{pout}_i(\boldsymbol{P}_i^n))) \tag{8-8}$$

式中，$\text{pout}_i(\boldsymbol{P}_i^n)$ 为能量雾节点 FV_n 给充电混合动力汽车 CV_i^n 购买能量的成本函数。

(2) 供电 PHEV。在拍卖过程中，供电 PHEV DV_j^n 作为能量销售者，其能量标价向量可表示为 $\boldsymbol{Q}_j^n = \{q_{ji}^n | i \in C\}$，则所有供电 PHEV 的能量竞价向量为 $\boldsymbol{Q}^n = \{\boldsymbol{Q}_j^n | j \in D\}$。供电 PHEV DV_j^n 需要解决最优能量卖价问题 OES，如式 (8-9) 所示，从而决定自己最合适的竞价。

$$(\text{OES}): \max_{\boldsymbol{Q}_i^n} \left(\text{qin}_j \left(\boldsymbol{Q}_j^n \right) - \left(L_j \boldsymbol{S}_j^n \right) \right) \tag{8-9}$$

式中，$\text{qin}_j(\boldsymbol{Q}_j^n)$ 为能量雾节点 FV_n 给供电 PHEV DV_j^n 销售能量的收益函数。

(3) 能量雾节点。在能量拍卖过程中，能量雾节点作为拍卖主持者将收集能量买卖双方提交的投标价格并进行多次双向拍卖迭代，充放电 PHEV 则根据拍卖主持者每次新分配的能量需求和能量供应解决各自的最优投标价格问题，并更新能量的竞价向量。拍卖主持者通过双向拍卖机制解决最优能量分配问题 OEA，如式 (8-10) 所示。

$$\max_{\boldsymbol{D}^n, \boldsymbol{S}^n} \sum_{i=1}^{I} \sum_{j=1}^{J} \left(p_{ij}^n \ln d_{ij}^n - q_{ji}^n s_{ji}^n \right)$$

$$\text{s.t.} d_i^{n,\min} \leqslant \mu \sum_{j=1}^{J} d_{ij}^n \leqslant d_i^{n,\max}, \forall i \in C$$

$$\sum_{i=1}^{I} s_{ji}^n \leqslant s_j^{n,\max}, \forall j \in D \tag{8-10}$$

$$\nu s_{ji}^n = d_{ij}^n, \forall i \in C, \forall j \in D$$

$$d_{ij}^n \geqslant 0, \forall i \in C, \forall j \in D$$

由式 (8-6) 可知，一旦确定充电 PHEV 的能量出价和供电 PHEV 的能量要价，能量雾节点就能解决问题 OEA。值得注意的是，问题 SWM 和问题 OEA 具有相同的约束条件。问题 OEA 也具有严格凹性，存在唯一的最优解。对于问题 OEA，本节利用拉格朗日乘子进行约束松弛，获得原问题 OEA 的拉格朗日函数 L_2。为了保证问题 OEA 的最优解也能求解问题 SWM，在满足稳定性条件的情况下，两个问题的 KKT 条件应对应匹配。所以，L_1 和 L_2 有相同的拉格朗日乘子。由稳定性条件约束，问题 OEA 的最优解应满足 KKT 条件，如式 (8-11) 和式 (8-12) 所示。

$$\nabla_{d_{ij}^n} L_2 \left(\boldsymbol{D}^n, \boldsymbol{S}^n, \lambda, \theta, \gamma, \delta, \kappa \right) = \frac{p_{ij}^n}{d_{ij}^n} - \mu \lambda_i + \theta_i \mu - \delta_{ij} - \kappa_{ij} = 0 \tag{8-11}$$

$$\nabla_{s_{ji}^n} L_2 \left(\boldsymbol{D}^n, \boldsymbol{S}^n, \lambda, \theta, \gamma, \delta, \kappa \right) = -q_{ji}^n + \gamma_j + \delta_{ij} \nu = 0 \tag{8-12}$$

因为两个问题的 KKT 条件相同，则由式 (8-6)、式 (8-7)、式 (8-11) 和式 (8-12) 联合推导可获得式 (8-13) 和式 (8-14)。

$$p_{ij}^n = \frac{\mu \tau d_{ij}^n}{\left(\mu \sum_{j=1}^{J} d_{ij}^n - d_i^{n,\min} + 1\right) \text{SAT}_i^n} \tag{8-13}$$

$$q_{ji}^n = 2\alpha s_{ji}^n + \beta \tag{8-14}$$

由此，当充电 PHEV CV_i^n 和供电 PHEV DV_j^n 的能量竞价满足式(8-13)和式(8-14)时，问题 OEA 和问题 SWM 将有同样的最优解。

3. 定价规律

本节寻求经过市场供需调整的均衡能量定价，首先假设在能量雾节点 FV_n 中，充电 PHEV CV_i^n 的成本函数和供电 PHEV DV_j^n 的奖励函数可分别用式(8-15)和式(8-16)表示。

$$\text{pout}_i\left(\boldsymbol{P}_i^n\right) = \sum_{j=1}^{J} p_{ij}^n \tag{8-15}$$

$$\text{qin}_j\left(\boldsymbol{Q}_j^n\right) = \sum_{i=1}^{I} \frac{(q_{ji}^n)^2}{4\alpha} + \sigma_j^{\min} \tag{8-16}$$

为了激励供电 PHEV 参与本地 V2V 能量交易，供电 PHEV 将至少获得 $\sigma_j^{\min}$ 的奖励。为了验证所提成本函数和收益函数的准确性，现有必要证明定理 1 严格成立。

定理 1 式(8-15)和式(8-16)的成本及收益规则使充电 PHEV CV_i^n 的最优能量买价和供电 PHEV DV_j^n 的最优能量卖价分别满足式(8-13)和式(8-14)。

证明：对于充电 PHEV CV_i^n，最优能量买价应满足式(8-8)的驻点方程，如式(8-17)所示。

$$\frac{\partial U_i\left(\boldsymbol{D}_i^n\right)}{\partial p_{ij}^n} - \frac{\partial \text{pout}_i\left(\boldsymbol{P}_i^n\right)}{\partial p_{ij}^n} = 0 \tag{8-17}$$

而对式(8-15)求一阶导数有 $\dfrac{\partial \text{pout}_i\left(\boldsymbol{P}_i^n\right)}{\partial p_{ij}^n} = 1$，将此式代入式(8-17)可得

$$\frac{\partial U_i\left(\boldsymbol{D}_i^n\right)}{\partial p_{ij}^n} = \frac{\partial U_i\left(\boldsymbol{D}_i^n\right)}{\partial d_{ij}^n} \frac{\partial d_{ij}^n}{\partial p_{ij}^n} = 1 \tag{8-18}$$

则由式(8-18)可进一步获得充电 PHEV CV_i^n 的能量竞价，如式(8-19)所示。

第 8 章 网联电动汽车能量交易安全

$$b_{ij}^n = \frac{\partial U_i\left(\boldsymbol{D}_i^n\right)}{\partial d_{ij}^n} d_{ij}^n = \frac{\mu \tau d_{ij}^n}{\left(\mu \sum_{j=1}^{J} d_{ij}^n - d_i^{n,\min} + 1\right) \mathrm{SAT}_i^n} \tag{8-19}$$

至此，式(8-13)和式(8-19)是一样的。

供电 PHEV DV_j^n 的最优能量卖价应满足式(8-9)的驻点方程，如式(8-20)所示。

$$\frac{\partial \mathrm{qin}_j\left(\boldsymbol{Q}_j^n\right)}{\partial q_{ji}^n} - \frac{\partial L_j\left(\boldsymbol{S}_j^n\right)}{\partial q_{ji}^n} = 0 \tag{8-20}$$

对式(8-16)求一阶导数有 $\dfrac{\partial \mathrm{qin}_j\left(\boldsymbol{Q}_j^n\right)}{\partial q_{ji}^n} = \dfrac{q_{ji}^n}{2\alpha}$，将此式代入式(8-20)可得式(8-21)。

$$\frac{\partial L_j\left(\boldsymbol{S}_j^n\right)}{\partial s_{ji}^n} \frac{\partial s_{ji}^n}{\partial q_{ji}^n} = \frac{q_{ji}^n}{2\alpha} \tag{8-21}$$

则由式(8-21)可进一步获得供电 PHEV DV_j^n 的能量竞价，如式(8-22)所示。

$$q_{ji}^n = 2\alpha s_{ji}^n + \beta \tag{8-22}$$

至此，式(8-14)和式(8-22)也是一样的，即式(8-15)和式(8-16)表示的定价规则能使充电 PHEV CV_i^n 的最优能量买价和供电 PHEV DV_j^n 的最优能量卖价分别满足式(8-13)和式(8-14)。

8.2.4 求解算法

本节阐述 EIDA 算法实现所提双向拍卖机制的具体细节。第一次迭代时，充电 PHEV 和供电 PHEV 基于其能量状态和价格考虑将自己的能量竞价向量提交给能量雾节点。然后，基于初始竞价，能量雾节点作为拍卖主持者解决最优能量分配问题 OEA，为充电 PHEV 和供电 PHEV 匹配能量需求和供应，并最大化双方的效益。拍卖主持者将新的分配策略广播给充电 PHEV 和供电 PHEV，而它们将通过解决最优能量买价问题 OEB 和最优能量卖价问题 OES 来决定是否参与下一次迭代双向拍卖的最优能量竞价。针对新提交的能量竞价，拍卖主持者会检查算法 EIDA 的终止条件，以判断最新的能量竞价是否满足如式(8-23)的收敛性判别准则。

$$CB = \frac{|p_{ij}^{n^{(t)}} - p_{ij}^{n^{(t-1)}}|}{p_{ij}^{n^{(t)}}} < \varepsilon$$
$$CS = \frac{|q_{ji}^{n^{(t)}} - q_{ji}^{n^{(t-1)}}|}{q_{ji}^{n^{(t)}}} < \varepsilon \qquad (8\text{-}23)$$

式中，t 为当前竞标次数；ε 为常量，ε 决定了 EIDA 算法的执行时间和最终结果的正确性。如果当前迭代无法满足式(8-23)，则继续下一次迭代。当 ε 足够小时，最终结果将非常逼近问题 OEB、问题 OES 和问题 OEA 的最优解，但也增加了迭代次数和算法时间。所以，ε 值的选择是可以平衡算法时间和准确性的。

此外，拍卖者将实时监控本地 V2V 能量交易市场。当出现意外情况，如调度中的 PHEV 突然断开链接，这将触发算法重置和参数初始化，以继续进行新的能量交易。当然，考虑到很少有车辆会在指定的调度周期内退出 V2V 能量交易，所以单方面突然中断进行中的能量交易的 PHEV 将受到相应的经济惩罚。因此，算法 EIDA 低频次重启的开销在能量交易系统中实际上是可承受的。更多关于算法 EIDA 的细节描述见算法 8-2，流程图见图 8-4。

算法 8-2： EIDA：求解优化问题(OEA)

1： 输入：基本参数 $\varepsilon, \mu, \tau, SAT^n$
2： 输出：最优能量分配和竞价 $D^{n^{(t)}}, S^{n^{(t)}}, P^{n^{(t+1)}}, Q^{n^{(t+1)}}$
3： 初始化：设置初始能量定价 $P^{n^{(0)}}, Q^{n^{(0)}}$，迭代次数 $t=0$, flag=1, event=0;
4： **while** flag and event **do**
5：   **if** 当前 V2V 能量交易的调度 PHEV 发生意外中断 **then**
6：   令 event=1，能量雾节点结束后迭代重启 EIDA 算法
7：   **else**
8：   基于 $P^{n^{(t)}}$ 和 $Q^{n^{(t)}}$，能量雾节点求解问题(OEA)，广播能量分配 $D^{n^{(t)}}$ 和 $S^{n^{(t)}}$
9：   基于 $D^{n^{(t)}}$ 和 $S^{n^{(t)}}$，充电 PHEV 解决问题(OEB)，提交最优定价 $P^{n^{(t+1)}}$ 给能量雾节点
10：   基于 $D^{n^{(t)}}$ 和 $S^{n^{(t)}}$，供电 PHEV 解决问题(OES)，提交最优定价 $Q^{n^{(t+1)}}$ 给能量雾节点
11：   **if** $CB<\varepsilon$ and $CS<\varepsilon$, **then**
12：   flag=0, $t=t-1$.
13：   **end if**
14：   进入下一次迭代 $t=t+1$;
15：   **end if**
16： **end while**

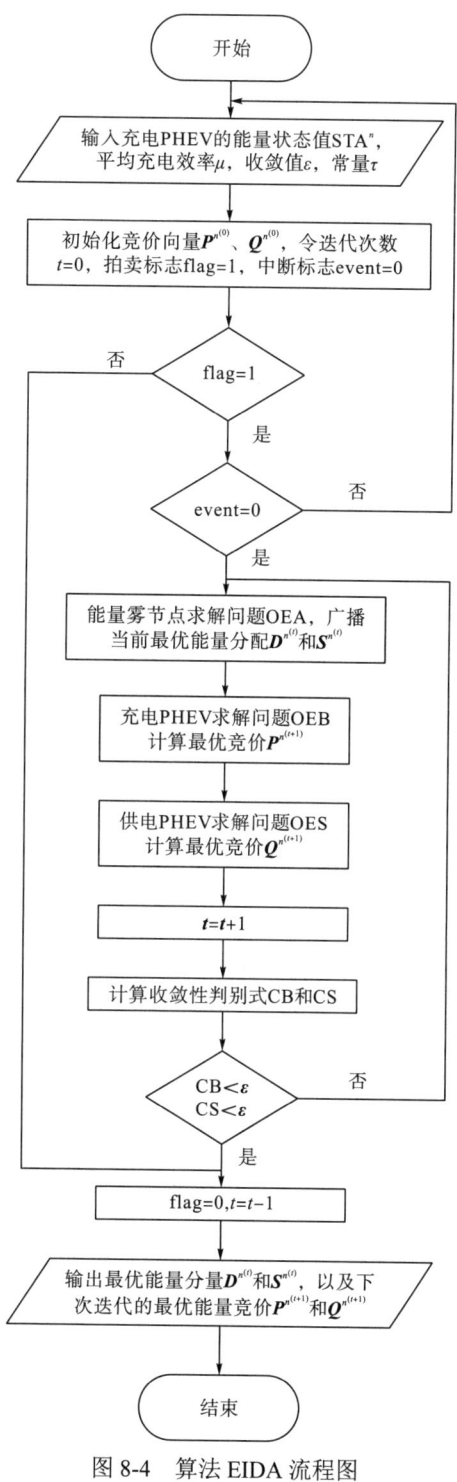

图 8-4 算法 EIDA 流程图

由式(8-19)和式(8-22)可知，充电混合动力汽车 CV_i^n 和供电混合动力汽车 DV_j^n 必须真诚地进行拍卖竞价才能最大化其效用。由问题建模中的约束可知，混合动力汽车参与本地 V2V 能量交易获得的效用是非负的，而能量雾节点在主持拍卖的过程中不会遭受任何损失，所以本章所提的能量迭代双向拍卖机制是真实可信、个体理性、弱预算平衡的。拍卖最终实现了能量的均衡配置和社会福利的最大化，而且能量雾节点无须知道充电 PHEV CV_i^n 的效用函数和供电 PHEV DV_j^n 的损耗函数，如此可以完美地保护混合动力汽车的隐私信息。

8.2.5 仿真结果及分析

1. DPOSP 算法的仿真分析

不同的共识算法有不同的优点和缺点。表 8-1 给出了一些经典的区块链共识算法与本章所提的系统共识算法 DPOSP 的性能比较，主要包括以下特性。

(1) 节能。在 POW 中，为了验证交易的合法性和真实性，矿工需要不断地对不同的随机数进行哈希计算，直至找到符合目标值特征的随机数，然后把在 10min 左右发生的合法交易内容打包成一个不超过 1MB 大小的区块，并由全网广播，告诉其他矿工节点已经生成一个新的区块，这需要大量的计算资源和能耗。在 DPOS 中，代表通过资产比例来投票支持区块创建，共识节点已经减少至 101 个，不用挖矿，在保证网络安全的前提下，整个网络的能耗和运行成本进一步降低。而 PBFT 经过三个阶段的信息交互和局部共识来达成最终的一致输出，共识过程中也没有挖矿，并且只要有 2/3 以上比例的正常节点，就能保证正确共识。DPOSP 算法是在 DPOS 中引入改进后的 PBFT，从而进一步节省了能量。

(2) 容错。工作量证明遵循的是有劳动才有回报，相应的工作量会获得对等的收益。而在共识网络中的劳动定义为算力与时长的乘积，相当于为网络提供的计算服务量。回报可以是加密货币，如比特币系统中矿工挖矿获得的比特币。51%的哈希算力是对网络进行控制的算力阈值，如 DPOS，当一半的权益代表者串通起来便可共谋私利。而在 POW 系统中，只有掌握 25%的算力才可以帮助矿工获得收入。PBFT 的设计允许多达 1/3 的错误节点。在 DPOSP 算法中，共识节点减少到能实现 PBFT 的最佳节点数，具备 PBFT 的容错能力。

(3) 坏节点处理。由于在 POW 中得到结果的概率与耗费算力的比例非常接近，所以矿工舞弊的成本明显大于诚实采矿的成本，理论上不可能完成舞弊。在 DPOS 中，社区选举无法实时有效地防止一些坏节点在选举中的舞弊行为，从而给网络带来安全风险，因此在处理坏节点时存在很多困难。然而，PBFT 是一种基于严格数学证明的算法，本身即为容错而设计，它对不同阶段的状态进行分布式存储，不同节点都备份了共识后的数据副本，记录了共识状态，一旦有节点篡改数据，其他节点便可及时发现。DPOSP 在 DPOS 中加入 PBFT 步骤，可记录坏节点。

（4）区块周期：比特币基于 POW，比特股（Bitshare）采用 DPOS 作为共识算法，它们的区块周期分别为 10min 和 45s。超级账本（hyperledger fabric）利用 PBFT 达成共识，共识时间为 500ms。对于本章的共识算法 DPOSP，能量雾节点在 500ms 内生成新区块，同时对区块进行 PBFT 操作，这意味着确认过程不会影响能量雾节点生成新的区块。所以，能量雾节点广播并确认一个新区块的过程可以在 1s 内完成。所以，DPOSP 将每个新块确认为不可逆块需要 1s，相比 POW 和 DPOS 极大地减少了时间延迟。

表 8-1 共识算法对比

特性	POW	DPOS	PBFT	DPOSP
节能	无	弱	较强	强
容错	<25% 算力	<51% 校验者	<33.3% 错误副本	<33.3% 错误副本
坏节点处理	有	无	有	有
区块周期	比特币 10min[6]	比特股 45s[7]	账本 0.5s[9]	1s

关于错误节点的处理能力，本节对 DPOS 算法和 DPOSP 算法分别模拟分叉。在比特股中选择 101 个超级节点，但在 EOS 中选择 21 个超级节点[15]，主要有两方面原因：一是由于用户很难对较多数量的超级节点进行充分了解，所以过多的超级节点会降低用户投票的活跃度；二是规模为 20 的节点数量可以在拜占庭问题中以更低的资源成本来获得高效共识。所以，本节创建 20 个能量雾节点，并且以 0、1、2、3、4、…、19 对其进行 ID 编号。其中坏的能量雾节点会在共识过程中干扰正确共识。本节在第 10 个能量雾节点锻造区块时模拟分叉攻击，并将分叉发往不同节点。如图 8-5(a)所示，在区块高度为 4 时，区块链开始出现分叉。而对改进后的算法 DPOSP，同样在第 10 个节点锻造区块时模拟分叉攻击，区块链分叉的高度为 9。在应对分叉攻击时，DPOSP 算法有很大的改进。

为了进一步验证算法 DPOSP，再模拟分析存在 4 个坏的能量雾节点的情况，编号分别是 1、5、7、10。如图 8-5(b)所示，经过几轮分叉，算法 DPOSP 所有的正常节点都能达成正确共识，只有少数坏节点的信息不一致，并且有 80% 的节点达成了正确共识。而 DPOS 算法则只有 50% 的节点达成正确共识，由于坏节点的干扰，系统的可靠性受到威胁。

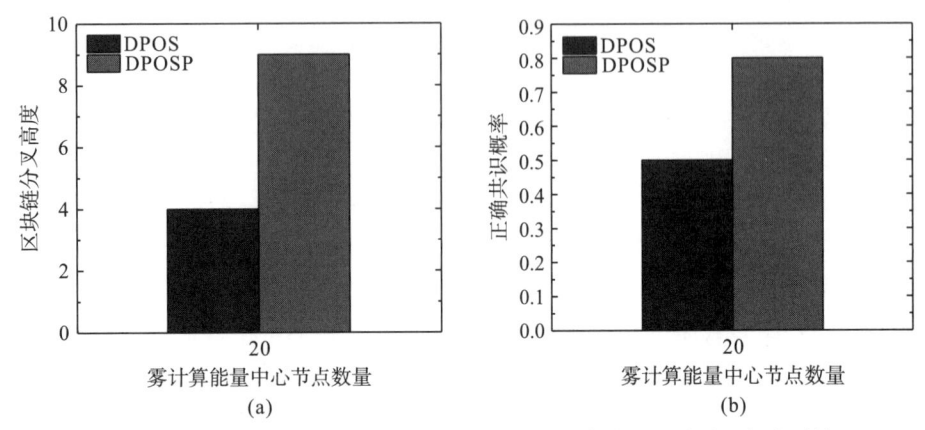

图 8-5 DPOS 算法和 DPOSP 算法的区块链分叉高度和正确共识概率对比

2. 优化模型的仿真分析

为了确保基于区块链 V2V 能量交易双方的利益和社会福利最大化,本节提出优化问题 SWM 和求解算法 EIDA。对于 EIDA 中的步骤 8,使用遗传算法(genetic algorithm,GA)和拉格朗日乘子法(Lagrange algorithm,LA)来解决问题 OEA。本节提供数值结果来验证所提算法的性能。实验使用 MATLAB 2016a 进行,PC 参数为 Intel(R) Core(TM) i5-5200U CPU @ 2.20 GHz 和 8Gb RAM。根据文献[16],现有 PHEV 的电池容量为 20~30kW·h。V2G 高峰时段的能源销售和回购价格分别为 0.6 元/(kW·h)和 1 元/(kW·h)。其他仿真参数如表 8-2 所示。

表 8-2 仿真参数

参数	值	含义
$d_i^{n,\min}$ /(kW·h)	5	每辆充电 PHEV 的最小能量需求
$d_i^{n,\max}$ /(kW·h)	20	每辆充电 PHEV 的最大能量需求
$s_j^{n,\max}$ /(kW·h)	20	每辆供电 PHEV 的最大能量供应
μ	0.8	能量转换效率
v	0.9	能量输送效率
α	[0.0025, 0.0075]	耗能因子
β	0.005	耗能因子

如图 8-6 所示,在算法性能上,算法 GA 获得的最大社会福利比算法 LA 获得的最大社会福利大。因为遗传算法选择初始可行解产生初始种群,并对种群进

第8章 网联电动汽车能量交易安全

行选择、交叉、变异以产生更优良的后代，如此继续可使每次迭代都能获得更优结果。所以算法 GA 获得的最大社会福利先递增，后增速变缓，直到缓慢收敛获得本次拍卖交易的最大社会福利。而算法 LA 常用于条件极值问题的求解，主要把含有约束的优化问题变换成无约束的极值问题。在一定的成本约束条件下，算法 LA 每一次都是求解一个全新的最优能量分配问题 OEA，最开始时，能量竞价和能量交易量会经历一段时间的波动，而后随着相关性越来越明显，寻优结果趋于稳定。

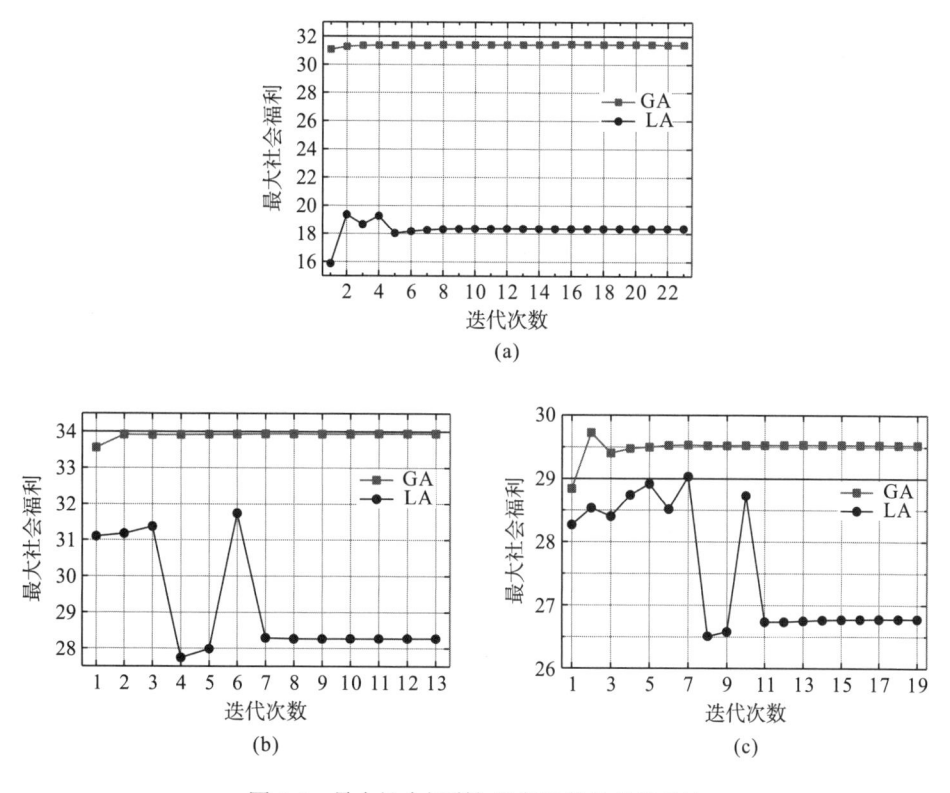

图 8-6　最大社会福利与迭代次数的关系对比

(a) 充放电 PHEV 数量分别为 40 和 45；(b) 充放电 PHEV 数量分别为 35 和 45；
(c) 充放电 PHEV 数量分别为 35 和 60

此外，针对不同的车辆规模，算法 GA 和 LA 的收敛情况也不尽相同。图 8-6(a) 描绘的是 40 辆充电 PHEV 和 45 辆供电 PHEV 时车辆可获得的最大社会福利，图 8-6(b) 描绘的是 35 辆充电 PHEV 和 45 辆供电 PHEV 时车辆可获得的最大社会福利，图 8-6(c) 描绘的是 35 辆充电 PHEV 和 60 辆供电 PHEV 时车辆可获得的最大社会福利。通过观察可知，算法 GA 的迭代次数随车辆规模的变化有所不同，但算法 LA 的迭代次数平均在 13 次，更为稳定。综合看来，两个算法都有很好的收敛性，从而有力地证明了所提算法 EIDA 的良好性能。

图 8-7 给出了充电 PHEV 固定为 35 辆时，所获得的最大社会福利与供电 PHEV 数量的关系。从图中可以看出，最大社会福利随供电 PHEV 数量的增加先增后减。在供电 PHEV 数量为 45 辆后，算法 GA 和算法 LA 获得的效益开始下降。原因是参与能量交易的供电 PHEV 过多，供应大于需求将造成能量的闲置浪费并以额外的能量损耗，使最大社会福利下降。

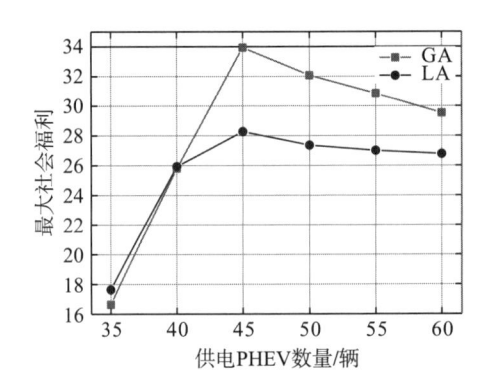

图 8-7　充电 PHEV 固定为 35 辆时最大社会福利与供电 PHEV 数量的关系对比

图 8-8 给出了供电 PHEV 固定为 45 辆时，所获得的最大社会福利与充电车辆的数量关系。从图中可以看出，最大社会福利随充电 PHEV 数量的增加先增后减。在充电 PHEV 为 35 辆时算法 GA 和算法 LA 获得的效益开始下降。原因是参与能量交易的充电 PHEV 过多，供不应求，社会需求无法满足从而造成最大社会福利下降。

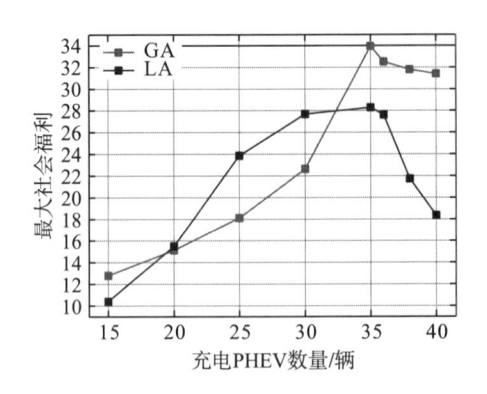

图 8-8　供电 PHEV 固定为 45 辆时最大社会福利与充电 PHEV 数量的关系对比

第8章 网联电动汽车能量交易安全

综合图 8-6 和图 8-7，最大社会福利与 PHEV 数量的关系符合实际规律，从而有力地证明了所建模型的正确性和所提算法的优越性。

为了描述模型获得最大社会福利的成本，下面定义性价比(cost performance，CP)为

$$\mathrm{CP} = \frac{\max\limits_{\boldsymbol{D}^n,\boldsymbol{S}^n}\sum_{i=1}^{I}U_i\left(\boldsymbol{D}_i^n\right)-\sum_{j=1}^{J}L_j\left(\boldsymbol{S}_j^n\right)}{\sum_{j=1}^{J}L_j\left(\boldsymbol{S}_j^n\right)} \tag{8-24}$$

图 8-9 描绘的是当充电 PHEV 和供电 PHEV 分别为 35 辆和 45 辆时，最大社会福利与交易损耗的比值，即性价比。对比两条曲线，算法 GA 的性价比稳定在 4.82，而算法 LA 的性价比开始有很大波动，之后稳定在 4.15。算法 GA 的性价比总体高于算法 LA，但两者都能以很小的代价换取很大效益。

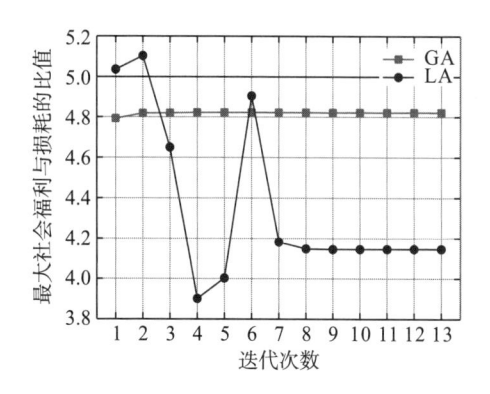

图 8-9　最大社会福利与交易损耗的比值变化

图 8-10 描绘的是充电 PHEV 和供电 PHEV 分别为 35 辆和 45 辆时，平均能量定价与双向拍卖迭代次数的关系，图 8-10(a)和 8-10(b)分别描绘了算法 LA 和算法 GA 的情况。通过观察可知，在双向迭代拍卖的过程中，充电 PHEV 和供电 PHEV 的平均能量竞价趋于稳定。原因是一段时间内，能量市场的价格是相对稳定的，这决定了 PHEV 参与 V2V 交易的能量价格只能在一个价格区间。所以迭代双向拍卖时，每次的平均能量竞价是相对稳定的。而每一次新的迭代都是为了寻求更大的社会福利而不断寻找更优的能量分配方式。

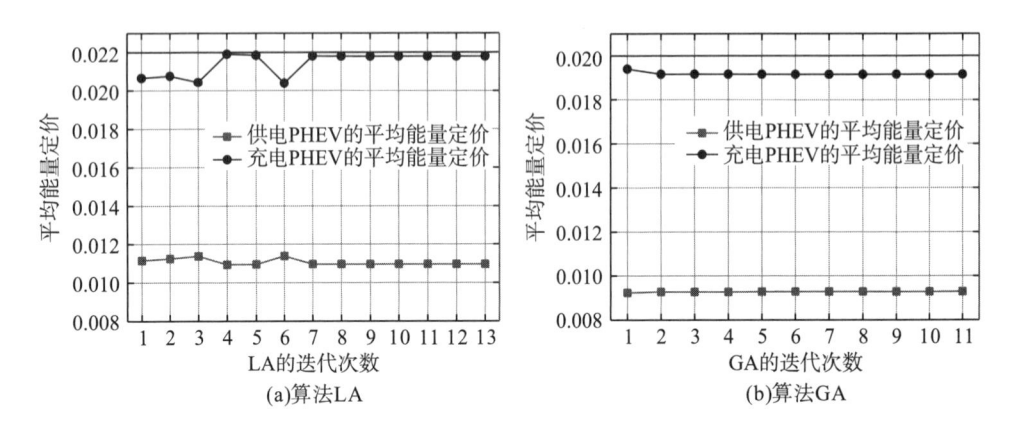

图 8-10 平均能量定价与迭代次数的关系对比

图 8-11 描绘的是充电 PHEV 和供电 PHEV 分别为 35 辆和 45 辆时,能量交易总量与双向拍卖迭代次数的关系,图 8-11(a)和图 8-11(b)分别描绘了算法 LA 和算法 GA 的情况。因为参与能量交易的车辆规模一定,所以在每一次迭代过程中,总的交易量是趋于平稳的。而算法 LA 每一次都是求解一个全新的 OEA 函数,在最开始时能量竞价 P''、Q'' 和能量交易量 D''、S'' 之间的相关性并不明显,所以经历了一段时间的波动,而后随着迭代次数的增加而逐渐趋于稳定。当车辆需求一定时,算法 GA 的寻优效果更好,可以获得更优的能量分配方案和能量定价,性价比更高,故其能以相同的交易量获得更高的社会福利。

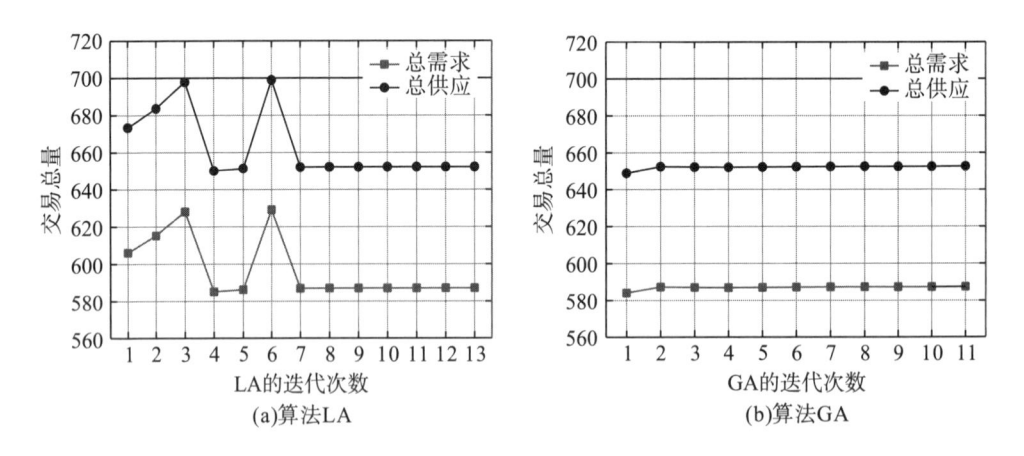

图 8-11 PHEV 交易总量和迭代次数的关系对比

8.3 本章小结

本章针对 PHEV 能量交易的安全问题提出了基于联盟区块链的 PHEV 能量优化交易方案。首先，在社会热点部署能量雾节点，为能量交易市场提供通信覆盖和交易控制，拉近数据中心和终端用户的距离。其次，将区块链分布式部署在雾节点上，多个能量雾节点共同维护能量区块链。再次，设计新的共识算法 DPOSP 以维护各分布式节点区块数据的一致性，节省像 POW 挖矿所耗费的大量算力和资源，并且能有效避免因区块奖励紧缩导致参与者积极性下降的问题。最后，基于 DRM 建立社会福利最大化问题模型，并设计基于迭代双向拍卖的求解算法，通过仿真结果给出 PHEV 的最优充放电决策和能量定价决策，验证所提算法在收敛性、优化目标值和性价比方面的优越性。

参 考 文 献

[1] Yaghmaee M M H, Leon-Garcia A. A fog-based internet of energy architecture for transactive energy management systems[J]. IEEE Internet of Things Journal, 2018, 5(2): 1055-1069.

[2] Pal S, Kumar R. Electric vehicle scheduling strategy in residential demand response programs with neighbor connection[J]. IEEE Transactions on Industrial Informatics, 2018, 14(3): 980-988.

[3] 李瑾, 杜成刚, 张华. 智能电网与电动汽车双向互动技术综述[J]. 供用电, 2010, 27(3): 12-14.

[4] 杨健, 王媚, 张屹, 等. 电动汽车动力电池参与电网调峰的应用[J]. 华东电力, 2010, 38(11): 1685-1687.

[5] Wang J T, Zeng P, Jin X, et al. Software defined wi-V2G: a V2G network architecture[J]. IEEE Intelligent Transportation Systems Magazine, 2018, 10(2): 167-179.

[6] Jang H, Lee J. An empirical study on modeling and prediction of Bitcoin prices with Bayesian neural networks based on blockchain information[J]. IEEE Access, 2018, 6: 5427-5437.

[7] Gill M. Bitshares-your share in the decentralized exchange[EB/OL]. https://bitshares.org/, Mar. 10, 2019.

[8] Sharples M, Domingue J. The blockchain and kudos: A distributed system for educational record, reputation and reward[C]//11th European Conference on Technology Enhanced Learning (EC-TEL 2016), Lyon, France, 2016: 490-496.

[9] Sukhwani H, Martínez J M, Chang X L, et al. Performance modeling of PBFT consensus process for permissioned blockchain network (hyperledger fabric)[C]//2017 IEEE 36th Symposium on Reliable Distributed Systems (SRDS), Hong Kong, China. IEEE, 2017: 253-255.

[10] Ding S, Li C, Li H. A novel efficient pairing-free CP-ABE based on elliptic curve cryptography for IoT[J]. IEEE Access, 2018, 6: 27336-27345.

[11] Wei C, Fadlullah Z M, Kato N, et al. GT-CFS: a game theoretic coalition formulation strategy for reducing power loss in micro grids[J]. IEEE Transactions on Parallel and Distributed Systems, 2014, 25(9): 2307-2317.

[12] Yu Z W. Mixed Integer Social Welfare maximization (MI-SWM) and implications in optimal electricity pricing[J]. IEEE Power Engineering Review, 1999, 19(7): 53-54.

[13] Li M M. Generalized Lagrange multiplier method and KKT conditions with an application to distributed optimization[J]. IEEE Transactions on Circuits and Systems II: Express Briefs, 2019, 66(2): 252-256.

[14] Li D H, Yang Q Y, An D, et al. On location privacy-preserving online double auction for electric vehicles in microgrids[J]. IEEE Internet of Things Journal, 2019, 6(4): 5902-5915.

[15] 邹均, 张海宁, 唐屹, 等. 区块链技术指南[M]. 北京: 机械工业出版社, 2016.

[16] 黄鸿基, 王雨菡, 程铄雅, 等. 车联网特点与发展趋势[J]. 中国新技术新产品, 2016, 15: 169-172.